Christian Dechêne

Marketing

Konzepte – Strategien – Maßnahmen

Verlag W. Kohlhammer

Dieses Werk einschließlich aller seiner Teile ist urheberrechtlich geschützt. Jede Verwendung außerhalb der engen Grenzen des Urheberrechts ist ohne Zustimmung des Verlags unzulässig und strafbar. Das gilt insb. für Vervielfältigungen, Übersetzungen, Mikroverfilmungen und für die Einspeicherung und Verarbeitung in elektronischen Systemen.

1. Auflage 2024

Alle Rechte vorbehalten
© W. Kohlhammer GmbH, Stuttgart
Gesamtherstellung: W. Kohlhammer GmbH, Stuttgart

Print:
ISBN 978-3-17-043728-9

E-Book-Formate:
pdf: ISBN 978-3-17-043729-6
epub: ISBN 978-3-17-043730-2

Für den Inhalt abgedruckter oder verlinkter Websites ist ausschließlich der jeweilige Betreiber verantwortlich. Die W. Kohlhammer GmbH hat keinen Einfluss auf die verknüpften Seiten und übernimmt hierfür keinerlei Haftung.

Inhaltsverzeichnis

Vorwort 9

Teil I Grundlagen des Marketing 11

1 Einführung 13
   1.1 Was ist Marketing? 13
   1.2 Welche Aufgaben hat das Marketing? 17
   1.3 Was wird getauscht? 21
   1.4 Wer sind die Spieler? 24
   1.5 Was ist das Spielfeld? 27

2 Ansätze der Marketingtheorie 32

Teil II Absatzmärkte verstehen 39

3 Konsumentenverhalten 41
   3.1 Fragestellungen und Erklärungsmodelle zum Konsumentenverhalten 41
   3.2 Einflussgrößen des Konsumentenverhaltens 43
      3.2.1 Psychische Einflussfaktoren 43
         3.2.1.1 Aktivierende Prozesse 43
         3.2.1.2 Kognitive Prozesse 50
      3.2.2 Umfeldbezogene Einflussfaktoren 53
   3.3 Kaufentscheidungstypen 57
   3.4 Kaufentscheidungsprozess 59

4 Marktforschung 62
   4.1 Bedeutung, Aufgaben und Untersuchungsansätze 62
   4.2 Ablauf von Marktforschungsprojekten 64
   4.3 Methoden der Datengewinnung 66
   4.4 Stichprobenauswahl 75
   4.5 Verfahren der Datenanalyse 77
      4.5.1 Univariate Analyseverfahren 78
      4.5.2 Bivariate Analyseverfahren 81
      4.5.3 Multivariate Analyseverfahren 84

| Teil III | Strategische Marketingplanung | 89 |

5	Situationsanalyse	91
5.1	Analyse der Marktattraktivität	92
5.2	Analyse der eigenen Wettbewerbsfähigkeit	98
5.3	Analyse innovativer Geschäftsmodelle	106

6	Festlegung von Marketingzielen	108
6.1	Zielpyramide eines Unternehmens	109
6.2	Marketingziele	113

7	Entwicklung einer Marketingstrategie	117
7.1	Normstrategien auf Basis der Portfolioanalyse	118
7.2	Kundengerichtete Marketingstrategien	121
7.2.1	Marktfeldstrategien	122
7.2.2	Marktstimulierungsstrategien	127
7.2.3	Marktparzellierungsstrategien	129
7.2.4	Marktarealstrategien	132
7.3	Wettbewerbsgerichtete Marketingstrategien	133
7.4	Handelsgerichtete Marketingstrategien	138

| Teil IV | Operative Marketingplanung | 141 |

8	Produktpolitik	143
8.1	Ziele und Entscheidungsfelder der Produktpolitik	143
8.2	Programmgestaltung	145
8.3	Produktgestaltung	148
8.4	Markenpolitik	150
8.5	Produktinnovation	157

9	Preispolitik	165
9.1	Ziele, Besonderheiten und Entscheidungsfelder der Preispolitik	165
9.2	Bestimmung des optimalen Angebotspreises	167
9.3	Preisdifferenzierung	173
9.4	Dynamische Preisstrategien	177
9.5	Konditionenpolitik	179

10	Kommunikationspolitik	182
10.1	Bedeutung, Funktion und Entscheidungsfelder der Kommunikationspolitik	182
10.2	Kommunikationsziele	184
10.3	Festlegung der Kommunikationsstrategie	185
10.4	Festlegung des Kommunikationsbudgets	186
10.5	Kommunikationsinstrumente	187

		10.5.1	Analoge Kommunikationsinstrumente	188
		10.5.2	Online-Kommunikationsinstrumente	192
	10.6	Mediaplanung		195
	10.7	Gestaltung der Botschaft		198
	10.8	Erfolgsmessung		200

11 Distributionspolitik **204**
    11.1 Ziele und Entscheidungsfelder der Distributionspolitik 204
    11.2 Akquisitorische Distribution 205
          11.2.1 Distributionsorgane 205
          11.2.2 Gestaltung der Distributionswege 209
          11.2.3 Indirekter Vertrieb 210
          11.2.4 Mehrkanalvertrieb 214
          11.2.5 Kooperationsinitiativen: Key Account Management und Efficient Consumer Response 216
          11.2.6 Der persönliche Verkauf 220
    11.3 Marketinglogistik 222

Teil V Marketing im speziellen Kontext **225**

12 Institutionelle Besonderheiten des Marketing **227**
    12.1 Dienstleistungsmarketing 227
          12.1.1 Grundlagen des Dienstleistungsmarketing 227
          12.1.2 Begriff und Merkmale von Dienstleistungen 228
          12.1.3 Das GAP-Modell der Servicequalität 233
          12.1.4 Messung der Dienstleistungsqualität und -zufriedenheit 234
          12.1.5 Instrumentelle Besonderheiten des Dienstleistungsmarketing 237
    12.2 Handelsmarketing 238
          12.2.1 Grundlagen des Handelsmarketing 238
          12.2.2 Betriebsformen und -typen des stationären Handels... 239
          12.2.3 Instrumentelle Besonderheiten des Handelsmarketing 241
          12.2.4 Online-Handel 248
    12.3 Investitionsgütermarketing 249
          12.3.1 Grundlagen des Investitionsgütermarketing 249
          12.3.2 Besonderheiten des Investitionsgütermarketing 252
          12.3.3 Geschäftstypen im Investitionsgütermarketing 253
          12.3.4 Organisationales Kaufverhalten 255
          12.3.5 Instrumentelle Besonderheiten des Investitionsgütermarketing 258
    12.4 Internationales Marketing 262
          12.4.1 Grundlagen des internationalen Marketing 262

12.4.2 Besonderheiten und Grundorientierungen
im internationalen Marketing 263
12.4.3 Entscheidungsfelder im internationalen Marketing..... 266
12.4.4 Instrumentelle Besonderheiten des internationalen
Marketing... 272

Teil VI Implementierung und Steuerung des Marketing 279

13 Marketingimplementierung 281
 13.1 Bedeutung, Ziele und Aufgaben der Marketingimplementierung
  281
 13.2 Durchsetzung der Marketingstrategie........................ 282
 13.3 Umsetzung der Marketingstrategie 284
  13.3.1 Aufbauorganisation................................... 284
  13.3.2 Ablauforganisation 293
  13.3.3 Budgetierung der Marketingaktivitäten 295
  13.3.4 Informationssysteme in Marketing
   und Vertrieb 297

14 Marketingcontrolling.. 301
 14.1 Bedeutung, Ziele und Aufgaben des Marketingcontrollings.... 301
 14.2 Verfahren des strategischen Marketingcontrollings........... 303
 14.3 Verfahren des operativen Marketingcontrollings 309
 14.4 Kennzahlen.. 317
 14.5 Kennzahlensysteme 319

Literatur **323**

Vorwort

Liebe Leserin, lieber Leser,

zu kaum einer anderen wirtschaftswissenschaftlichen Disziplin wurden bereits so viele Lehrbücher publiziert wie zum Marketing. Daher drängt sich die Frage auf: Braucht die Welt wirklich noch ein Marketinglehrbuch?

Drei Gründe haben mich angetrieben, der bestehenden Marketingliteratur ein weiteres Lehrbuch hinzuzufügen:

1. Wer die Standardwerke zum Marketing begutachtet, muss zu dem Schluss kommen, dass eine alle Themenfelder umfassende Einführung unter 700 Seiten nicht möglich ist. Dieses Lehrbuch will zeigen, dass ein schnellerer Einstieg möglich ist, indem an Seitenzahlen, nicht aber an Inhalten gespart wird.
2. Die Halbwertzeit des Marketingwissens war nie so kurz wie heute. Anbietern stehen insb. durch die digitale Vernetzung des Wirtschaftsgeschehens zahllose neue Kanäle zur Kommunikation und Interaktion mit Kunden zur Verfügung. Die Gestaltung einer stimmigen Customer Journey ist zum entscheidenden Wettbewerbsfaktor geworden. Vielfach müssen Anbieter heute auf globalen Märkten bestehen und anspruchsvolle Kundenbedürfnisse befriedigen. Kurzum: Die Geschwindigkeit im Marketing hat sich erhöht, ein Marketinglehrbuch muss daher »am Puls der Zeit« sein.
3. Ein erfolgreiches Lehrbuch sollte seine Leser meiner Einschätzung nach nicht nur zu einer kritischen Auseinandersetzung mit der Theorie motivieren, sondern sie auch zu erfolgreicheren Entscheidungen in der Praxis befähigen. Dieses Lehrbuch vermittelt sämtliche Inhalte daher sehr praxisnah, indem über das ganze Lehrbuch hinweg konsequent Beispiele zum Marketing erfolgreicher Unternehmen gegeben werden. Auf diese Weise soll die Theorie verfangen und Marketing konkret und greifbar werden.

Dieses Lehrbuch richtet sich an zwei Leserkreise: Primär werden Studierende der Wirtschaftswissenschaften in Bachelor- und Masterstudiengängen angesprochen, die einen kompakten Einstieg in das Marketing suchen und sich effizient auf ihre Prüfungen vorbereiten möchten. Angesprochen werden aber auch interessierte Marketingentscheider aus der Praxis, die ihre Entscheidungen theoretisch fundieren und ihre Marketingprozesse systematisch planen und umsetzen möchten. Beiden Leserkreisen soll dieses Lehrbuch einen leicht verständlichen, kompakten und praxisorientierten Einstieg in die Marketingwissenschaft ermöglichen.

In diesem Lehrbuch werden alle Themenfelder vorgestellt, die auch in den Standardwerken des Marketing zu finden sind. Um den Lesern einen roten Faden an die Hand zu geben, folgt die Struktur dieses Buches konsequent dem Marketingmanagementprozess. Nach einer Vorstellung der Bedeutung, Ziele und Aufgaben des Marketing und einer Vorstellung wichtiger Marketingtheorien werden zunächst die konzeptionellen Grundlagen geschaffen, um Absatzmärkte zu verstehen. Hierzu werden das Konsumentenverhalten und die Marktforschung vorgestellt. Anschließend steht die strategische Marketingplanung im Vordergrund: Es wird aufgezeigt, wie auf der Grundlage einer internen und externen Situationsanalyse Marketingziele und -strategien formuliert werden können. Die operative Umsetzung der Marketingstrategie ist Aufgabe der Marketinginstrumente, deren Ziele, Entscheidungsfelder und Interdependenzen ausführlich vorgestellt werden. Hierbei wird auch auf die Besonderheiten im Marketing von Dienstleistern, Handelsunternehmen und Investitionsgüteranbietern sowie die Herausforderungen und Entscheidungsfelder im internationalen Marketing eingegangen. Im letzten Teil des Buches werden die Marketingimplementierung und das Marketingcontrolling vorgestellt, die das Marketing im Unternehmen verankern und die Effektivität und Effizienz der Marketingmaßnahmen sicherstellen und verbessern sollen.

Ein solches Buchprojekt kann nicht ohne Unterstützung gelingen. Die Inspiration zu diesem Lehrbuch und zahlreiche inhaltliche Verbesserungsvorschläge verdanke ich meinem Doktorvater, Mentor und Freund Prof. Dr. Hartwig Steffenhagen. Er hat mich mit seinem Lehrbuch »Marketing – Eine Einführung«, ebenfalls erschienen im Kohlhammer-Verlag, 1997 für die Marketingwissenschaft begeistert und meinen beruflichen Weg damit entscheidend geprägt und gefördert. Hartwig Steffenhagen ist dieses Lehrbuch gewidmet. Dem Kohlhammer Verlag und dem Lektor Dr. Uwe Fliegauf danke ich sehr herzlich für die erstklassige Betreuung während des Erstellungsprozesses dieses Lehrbuchs und die professionelle Überarbeitung seiner Inhalte. Schließlich gilt mein großer Dank dem Präsidium und der Geschäftsführung der CBS International Business School sowie vielen Kolleginnen und Kollegen, die mir als wertvolle Sparringspartner gedient haben. Ohne die mir großzügig und unbürokratisch gewährten Freiräume während der Erstellung dieses Buches wäre es mir sicherlich nicht gelungen, ein so zeitintensives Unterfangen anzugehen und abzuschließen.

Nun wünsche ich Ihnen viel Freude bei der Lektüre und viele neue Erkenntnisse!

Aachen, im Juni 2024　　　　　　　　　　　　　　　　　　　　Christian Dechêne

Teil I   Grundlagen des Marketing

1 Einführung

1.1 Was ist Marketing?

Märkte sind die Arena des Marketing. Unter einem Markt ist das Aufeinandertreffen von Anbietern und Nachfragern von Gütern zu verstehen, die sich von einem Austausch Vorteile versprechen (vgl. Steffenhagen 2008, S. 17). Sie müssen dafür nicht an einem physischen Ort zusammentreffen (z. B. im Supermarkt), sondern können ihre Transaktion auch auf Distanz abwickeln (z. B. durch eine Bestellung bei AMAZON). Durch die starke und die gesamte Gesellschaft betreffende Ausbreitung des Internets haben sich Käufe in den letzten beiden Jahrzehnten zunehmend ins Internet verlagert.

Es gibt drei Voraussetzungen für einen Austausch zwischen Anbietern und Nachfragern:

1. Der Nachfrager muss vom Tauschobjekt erfahren, d. h. es muss ein **Informationsaustausch** zwischen den Austauschpartnern stattfinden. Auf vielen Märkten geht die Kommunikation vom Anbieter aus (z. B. über TV-Werbung oder bezahlte Influencer), ein Nachfrager kann aber auch selbst initiativ werden und sich bspw. durch eine Internetrecherche über Produkte informieren.
2. Beide Parteien müssen einen Anreiz (Gratifikation) zum Tausch haben. Ein Nachfrager wird bspw. nur dann einen Geldbetrag für ein neues Smartphone opfern, wenn er davon ausgeht, ein hochwertiges Gerät mit einer starken Marke zu einem akzeptablen Preis zu erwerben. Der Anbieter wiederum wird dem Nachfrager das Smartphone nur überlassen, wenn er durch den Verkauf seine Kosten decken und Gewinn erzielen kann. Diese Austauschbedingung wird als **Gratifikationsprinzip** bezeichnet.
3. Beide Parteien müssen über die notwendigen Ressourcen verfügen, die Transaktion auch durchzuführen zu können. Einem Nachfrager steht nur ein begrenztes Einkommen zur Verfügung, zudem muss er die Zeit aufbringen können, sich über das Produkt zu informieren und es zu kaufen. Dem Anbieter stehen nur begrenzte Produktionskapazitäten und eine beschränkte Zahl an Mitarbeitern zur Verfügung, um das Produkt herzustellen und zu vermarkten. Diese Bedingung für einen Austausch wird als **Kapazitätsprinzip** bezeichnet.

Darstellung 1 verdeutlicht das Grundmodell eines Austauschs.

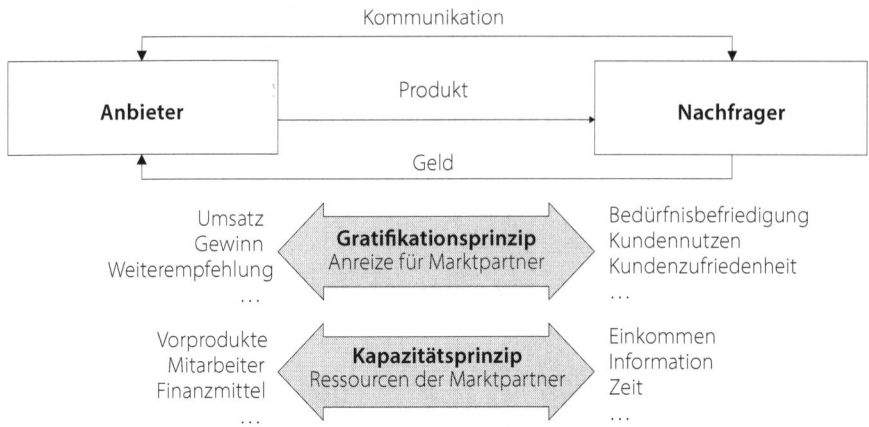

Dar. 1: Grundmodell eines Austauschs im Markt (vgl. Meffert et al. 2024, S. 3)

Märkte haben sich in den vergangenen Jahrzehnten stark gewandelt. Ein Zitat des Automobilproduzenten Henry Ford steht sinnbildlich für das Kräfteverhältnis zwischen Anbietern und Nachfragern nach dem Zweiten Weltkrieg. Er soll gesagt haben, dass jeder Kunde sein Auto in seiner Lieblingsfarbe erhalten kann – solange seine Lieblingsfarbe schwarz ist. Eine solche Situation, in der ein Unternehmen die Austauschbedingungen dominiert, wird als **Verkäufermarkt** bezeichnet. Ein Verkäufermarkt ist dadurch gekennzeichnet, dass die Nachfrage nach einem Produkt größer ist als das Produktangebot. In einer solchen Situation besteht für die Anbieter keine Notwendigkeit, sich intensiv mit Kundenbedürfnissen auseinanderzusetzen, da der Absatz der Produkte keinen Engpass darstellt. Stattdessen wird ein Unternehmen seine Anstrengungen darauf richten, die Beschaffungs- und Produktionskapazitäten auszuweiten, um mehr Produkte herstellen und verkaufen zu können (vgl. Bruhn 2019, S. 16).

In der heutigen Wohlstandsgesellschaft ist der Bedarf an vielen Gütern weitgehend gesättigt (z. B. Kleidung, TV-Geräte oder Smartphones). Da auf vielen Märkten das Angebot die Nachfrage übersteigt, können die Nachfrager wählen, bei welchem Anbieter sie ihre Produkte kaufen möchten, welchen Preis sie akzeptieren und über welchen Vertriebskanal (z. B. im stationären Handel oder online) sie das Produkt beziehen möchten. Diese Situation wird als **Käufermarkt** bezeichnet (vgl. Steffenhagen 2008, S. 32). Auf einem Käufermarkt stehen die Anbieter im Wettbewerb um die Gunst der Nachfrager, sodass sie sich zwangsläufig mit den Kundenbedürfnissen auseinandersetzen müssen, um wettbewerbsfähig zu sein. Der Anbieter, der die Bedürfnisse der Kunden z. B. durch Marktforschung am besten einschätzt, kann seine Angebote auch am stärksten auf die Kundenwünsche ausrichten, seinen Preissetzungsspielraum am besten einschätzen und diejenigen Kommunikations- und Vertriebskanäle nutzen, über die Käufer am besten erreicht werden können.

1 Einführung

> Ein Beispiel soll den Wandel vieler Absatzmärkte von Verkäufer- zu Käufermärkten verdeutlichen: Direkt nach dem Zweiten Weltkrieg bot VOLKSWAGEN einige Jahre lediglich den VW Käfer an, ein Auto für den Massenmarkt. Bis 1972 verkaufte sich der Käfer über 15 Mio. Mal und wurde zwischenzeitlich zum meistgekauften Auto der Welt. Heute spricht Volkswagen mit seinen Konzernmarken VW, AUDI, PORSCHE, ŠKODA, SEAT, CUPRA u. a. Käufer fast aller sozialen Schichten an, die aus hunderten Modellen in den unterschiedlichsten Qualitäts- und Preislagen auswählen können.
>
> Unternehmen, die auf Käufermärkten erfolgreich sein wollen, zeichnen sich also durch eine starke Kundenorientierung aus. Als IKEA feststellte, dass es einen großen ungedeckten Bedarf an bezahlbaren Möbeln gibt, entwickelte man dort Möbel zum Zusammenbauen, die für fast jedermann erschwinglich sind. APPLE, das Unternehmen mit dem derzeit mit großem Abstand höchsten Markenwert der Welt, steht für innovative Produkte, die weltweit für ihr formschönes Design, ihre hochwertige Verarbeitung und ihre Benutzerfreundlichkeit geschätzt und bewundert werden.

Die Notwendigkeit, kundenorientiert zu handeln, wird durch das **strategische Dreieck** des Marketing betont (▶ Dar. 2). Kundenorientierung wird hier verstanden als kontinuierliche Ermittlung und Analyse der individuellen Kundenerwartungen und die Erfüllung dieser Erwartungen durch entsprechende Leistungsangebote. Ziel der Kundenorientierung ist es nicht nur, Kunden einmalig zum Kauf zu bewegen, sondern langfristig stabile und rentable Kundenbeziehungen aufzubauen (vgl. Bruhn 2016, S. 15).

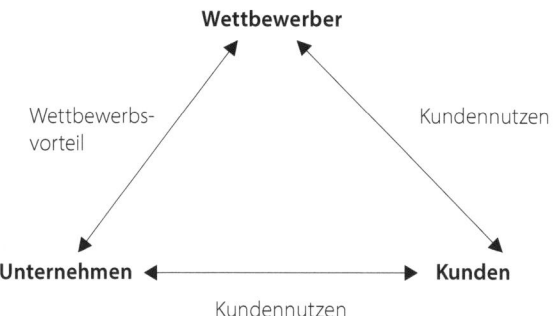

Dar. 2: Das strategische Dreieck des Marketing (vgl. Homburg 2020, S. 24)

Das strategische Dreieck betont neben der Kundenorientierung auch die hohe Bedeutung des Wettbewerbs. Auf Käufermärkten reicht es allein nicht aus, eine Leistung anzubieten, die Kundenbedürfnisse befriedigt. Vielmehr muss das Angebot aus Sicht der Käufer attraktiver sein als das der Konkurrenten. Eine Aufgabe des Managements besteht daher darin, strategische **Wettbewerbsvorteile** aufzubauen und zu verteidigen (vgl. Steffenhagen 2008, S. 53; Backhaus/Voeth 2014, S. 13). Ein Wettbewerbsvorteil liegt insb. dann vor, wenn drei Anforderungen erfüllt sind (vgl. Foscht et al. 2017, S. 4):

- Der Leistungsvorteil wird vom Kunden **wahrgenommen**,
- er ist für den Kunden **wichtig** und
- er ist **dauerhaft**, kann also von der Konkurrenz kurzfristig nicht aufgeholt werden.

> Zwei Beispiele sollen verdeutlichen, dass ein Wettbewerbsvorteil sowohl über niedrige Kosten, die einen attraktiven Preis ermöglichen, als auch über eine aus Kundensicht überlegene Leistung, die einen hohen Verkaufspreis rechtfertigt, erreicht werden kann:
>
> - Der Wettbewerbsvorteil der Fluglinie RYANAIR besteht darin, Flüge zu Niedrigstpreisen profitabel anbieten zu können. Dafür setzt das Unternehmen auf Kosteneffizienz in allen Bereichen. Durch eine einheitliche Flotte, niedrige Flughafengebühren und eingeschränkten Service an Bord erzielt RYANAIR Kostensenkungen, die es in Form von Niedrigstpreisen an seine Kunden weitergeben kann.
> - Der Wettbewerbsvorteil des Luxusuhrenherstellers ROLEX besteht nicht einfach darin, hochwertige Uhren herzustellen. Vielmehr verleiht die Marke ihren Trägern das Gefühl von Exklusivität und Status. Zwar bedient ROLEX damit nur einen Nischenmarkt, kann dort aufgrund der hohen Zahlungsbereitschaft der Käufer aber hohe Erträge erzielen.

Was verbirgt sich nun hinter dem Begriff Marketing? Eine sehr prägnante Definition liefern Kotler et al. (2022, S. 42). Sie verstehen »Marketing als ein Konzept zur Befriedigung von Kundenwünschen«. Diese Definition ist jedoch aus zwei Gründen stark verkürzt: Erstens werden Wettbewerber nicht in die Definition eingeschlossen, was der Bedeutung von Wettbewerbsvorteilen nicht gerecht wird. Zweitens lässt die Definition offen, was zu tun ist, um Kundenwünsche zu erfüllen. Daher wird hier ein etwas umfassenderes Begriffsverständnis gewählt, das Marketing als ein **duales Führungskonzept** versteht (vgl. Steffenhagen 2008, S. 49 ff.; Bruhn 2019, S. 13 f.; Meffert et al. 2024, S. 12): Zum einen als Leitkonzept der Unternehmensführung, zum anderen als Unternehmensfunktion, die zahlreiche marktbezogene Aufgaben zu erfüllen hat (▶ Dar. 3).

1. Marketing als **Leitkonzept der Unternehmensführung** bedeutet, dass alle betrieblichen Funktionsbereiche (z. B. neben Marketing auch Beschaffung, Produktion und Finanzierung) auf das Verhalten aller Marktbeteiligten (insb. Kunden und Wettbewerber) auszurichten sind. Alle Mitarbeiter sollen ein Bewusstsein für ihre Verantwortung für den Kundennutzen und zum Auf- und Ausbau von

Wettbewerbsvorteilen leisten. Marketing kann damit als eine **Unternehmensphilosophie** verstanden werden.
2. Darüber hinaus wird Marketing als eine **Unternehmensfunktion** verstanden, die neben anderen betrieblichen Grundfunktionen wie Produktion oder Finanzierung steht und bestimmte marktbezogene Aufgaben zu erfüllen hat. Dazu gehören die Informationsgewinnung über Absatzmärkte (Marktforschung), die Auswahl der vielversprechendsten Absatzmärkte und die Beeinflussung von Marktteilnehmern durch die Marketinginstrumente (vgl. Steffenhagen 2008, S. 50).

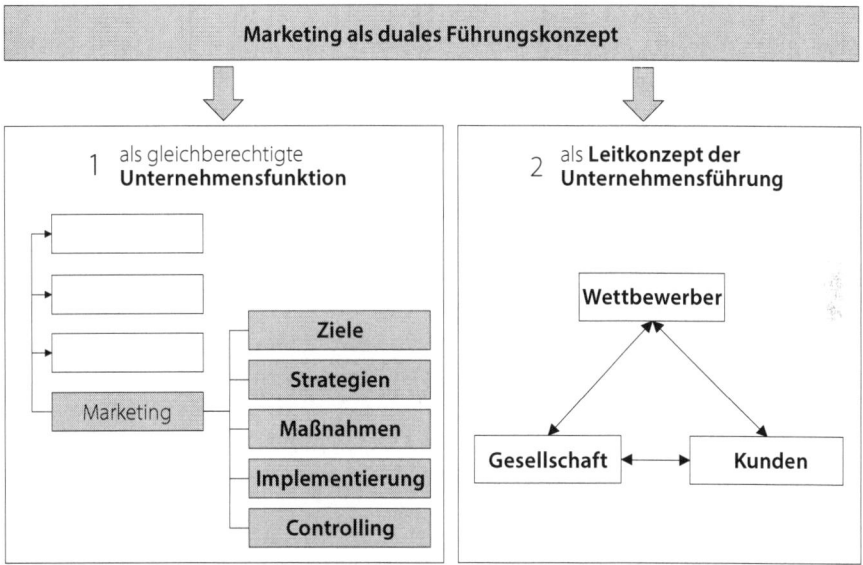

Dar. 3: Marketing als duales Führungskonzept (vgl. Meffert et al. 2024, S. 13)

Wird im Folgenden von Marketing gesprochen, wird der Begriff ausschließlich auf Absatzmärkte bezogen. Es sei jedoch darauf hingewiesen, dass der Begriff auch im Kontext anderer Unternehmensfunktionen verwendet wird (u. a. Beschaffungs-, Personal- und Finanzmarketing).

1.2 Welche Aufgaben hat das Marketing?

Die Vielzahl der Aufgaben, die Marketingverantwortliche zu bewältigen haben, werden durch den **Marketingmanagementprozess** strukturiert und zusammengefasst. Der Aufbau dieses Lehrbuchs orientiert sich an den Schritten des Marketingmanagementprozesses, daher werden diese hier ausführlich und mit Verweis auf die entsprechenden Kapitel vorgestellt.

Um Absatzmärkte erfolgreich bearbeiten zu können, muss ein Unternehmen die Bedürfnisse seiner aktuellen und zukünftigen Kunden zunächst verstehen. Das dritte Kapitel dieses Lehrbuchs führt den Leser daher zunächst in die **Konsumentenverhaltensforschung** ein. Ihr Ziel ist es, das Verhalten von Konsumenten vor, während und nach dem Kauf zu verstehen, um sie mithilfe der Marketinginstrumente erfolgreich gewinnen und an das Unternehmen binden zu können. Auf das Marketing gegenüber Organisationen (insb. Unternehmen), das sich vom Konsumentenverhalten stark unterscheidet, wird an späterer Stelle eingegangen (▶ Kap. 12.3).

Um Märkte und Marktteilnehmer beschreiben und verstehen zu können, benötigt ein Unternehmen Informationen über seine Absatzmärkte. Diese Informationen werden von der **Marktforschung** produziert, aufbereitet und den Entscheidungsträgern bereitgestellt. Das vierte Kapitel dieses Buches stellt daher die Methoden der Marktforschung vor. Es wird u. a. dargelegt, wie Marktforschungsuntersuchungen zu strukturieren sind, welche Methoden der Datengewinnung zur Verfügung stehen und anhand welcher Methoden die gewonnenen Informationen ausgewertet und dokumentiert werden können.

Der Marketingmanagementprozess umfasst sechs Schritte, die nacheinander durchlaufen werden, jedoch durch Rückkopplungsschleifen miteinander verbunden sind (vgl. Meffert et al. 2024, S. 21-24). Die **Situationsanalyse** bildet den Ausgangspunkt des Marketingmanagement. Ihre Aufgabe besteht darin, den Entscheidungsträgern anhand der Methoden der Marktforschung die für Marketingentscheidungen benötigten Informationen bereitzustellen. Im Kern geht es um zwei Fragen:

- Ist ein Absatzmarkt so attraktiv, dass es sich lohnt, ihn zu bearbeiten?
- Kann sich das Unternehmen auf diesem Markt behaupten und Wettbewerbsvorteile aufbauen und verteidigen?

Erst durch die integrierte Betrachtung der Marktattraktivität und der eigenen Wettbewerbsposition kann ein Anbieter einschätzen, auf welchen Märkten er erfolgreich bestehen kann. Mit der Situationsanalyse beschäftigt sich das fünfte Kapitel dieses Buches.

Im Anschluss an die Situationsanalyse sind **Marketingziele** zu formulieren. Sie sind die für den Marketingbereich festgelegten Vorzugszustände (»Wo wollen wir hin?«, z. B. Qualitäts- oder Preisführerschaft in einem Marktsegment) und sind Ausgangspunkt für die Formulierung einer Marketingstrategie. Marketingziele werden dabei nicht autonom gesetzt, vielmehr werden sie aus den übergeordneten Unternehmenszielen (v. a. Gewinnerzielung) abgeleitet. Neben ökonomischen, beobachtbaren Marketingzielen wie dem Umsatz oder Marktanteil sind dem beobachtbaren Kaufverhalten vorgelagerte psychografische, d. h. nicht beobachtbare (innere) Ziele wie Markenbekanntheit oder Einstellungen festzulegen. An dieser Stelle sei bereits angemerkt, dass die Überordnung von Marketingzielen gegenüber dem folgenden Schritt der Strategieformulierung stark vereinfachend ist, denn auch im Rahmen der Strategieformulierung sind Ziele zu formulieren, um der Marketingstrategie eine Stoßrichtung vorzugeben (vgl. Steffenhagen 2002). Mit der Formulierung von Marketingzielen setzt sich Kapitel 6 auseinander.

Sind die Marketingziele festgelegt, kann eine auf deren Erreichung ausgelegte **Marketingstrategie** entwickelt werden. Eine Marketingstrategie ist ein mittel- bis langfristig ausgelegter Verhaltensplan, um die Marketingziele zu erreichen. Im Zentrum einer Marketingstrategie stehen:

- **Kunden**: Es muss entschieden werden, mit welchen Produkten welche Kunden angesprochen werden sollen. Je nachdem, ob sich das Unternehmen eher auf etablierte oder neue Produkte bzw. auf bestehende oder neue Kunden konzentrieren möchte, ergeben sich unterschiedliche Strategiemuster.
- **Wettbewerber**: Es muss festgelegt werden, wie sich das Unternehmen im Wettbewerb behaupten möchte. Hier ist zwischen einer Strategie der Differenzierung, die auf bessere Leistungen als die der Wettbewerber abzielt bzw. einer Kostenführerschaft zu wählen.
- **Händler**: Konsumgüter werden i. d. R. über den Handel vertrieben. Daher müssen v. a. im Konsumgütermarketing Strategien entwickelt werden, wie der Handel bestmöglich in die Vermarktungskette eines Herstellers integriert werden kann (sog. vertikales Marketing).

Der Entwicklung von Marketingstrategien widmet sich Kapitel 7.

Um die Marketingstrategie umzusetzen, sind **Marketinginstrumente** auf die Zielgruppen des Unternehmens auszurichten und zu einem sog. **Marketing-Mix** zu integrieren. Marketinginstrumente sind Werkzeuge, mit denen Absatzmärkte bearbeitet und Marktteilnehmer beeinflusst werden können (vgl. Steffenhagen 2000, S. 145 ff.). Zur Systematisierung dieser Instrumente wird in Wissenschaft und Praxis häufig auf die auf McCarthy zurückgehende Systematisierung der »4P« zurückgegriffen (vgl. McCarthy 1960). Diese Instrumente sind:

- Product: Produktpolitik (▶ Kap. 8)
- Price: Preispolitik (▶ Kap. 9)
- Promotion: Kommunikationspolitik (▶ Kap. 10)
- Place: Distributionspolitik (▶ Kap. 11)

Das Marketing von Sachgütern und von Dienstleistungen unterscheidet sich stark. Da bei vielen Dienstleistungen Anbieter und Nachfrager unmittelbar aufeinandertreffen (z. B. in einem Beratungsgespräch in einer Bank), üben das Personal und die Räumlichkeiten des Dienstleisters eine starke Beeinflussungsfunktion aus. Auch die Wertschöpfungsprozesse eines Dienstleisters werden für den Kunden oft transparent. Daher werden die klassischen vier P im Dienstleistungsmarketing um folgende drei Instrumente ergänzt:

- **People**: Personalpolitik
- **Processes**: Prozesspolitik
- **Physical Facilities**: Ausstattungspolitik

Das zwölfte Kapitel setzt sich mit **institutionellen Besonderheiten** des Marketing, d. h. wirtschaftssektorenspezifische Besonderheiten auseinander. Hier werden das Dienstleistungsmarketing (▶ Kap. 12.1), das Handelsmarketing (▶ Kap. 12.2), das Investitionsgütermarketing (▶ Kap. 12.3) und das internationale Marketing (▶ Kap. 12.4) näher vorgestellt.

Aufgabe der **Marketingimplementierung** ist es, im Unternehmen die erforderlichen Rahmenbedingungen zu schaffen, um die Marketingstrategie umzusetzen und durchzusetzen. Hier wird über die Marketingorganisation entschieden, bei der Verantwortlichkeiten und Informationsflüsse geregelt werden. Auch wird hier über die Budgetierung des Marketing entschieden. Ein leistungsfähiges Informationssystem bereitzustellen, das die entscheidungsrelevanten Daten tagesaktuell zur Verfügung stellt, gehört ebenfalls zu den Aufgaben der Marketingimplementierung. Mit der Marketingimplementierung setzt sich Kapitel 13 auseinander.

Den Abschluss des Marketingmanagementprozesses bildet das **Marketingcontrolling**, dessen Aufgabe es ist, die Effektivität und Effizienz des Marketings sowie Zielerreichungsgrade und Abweichungen festzustellen und – falls erforderlich – Anpassungen in allen vorangegangenen Schritten des Marketingmanagementprozesses anzustoßen. Darüber hinaus sollen die Ursachen der Abweichungen festgestellt werden, um Prozesse und Strukturen im Marketing zu verbessern. Das Marketingcontrolling wird in Kapitel 14 näher vorgestellt.

Darstellung 4 zeigt den Marketingmanagementprozess im Überblick.

Dar. 4: Aufgaben des Marketing als Managementprozess (vgl. Meffert et al. 2024, S. 20)

1.3 Was wird getauscht?

Zwischen Anbietern und Nachfragern werden sehr unterschiedliche Objekte ausgetauscht. Diese Objekte lassen sich in verschiedene Kategorien einteilen. Als Tauschobjekte kommen grundsätzlich Sachgüter, Dienstleistungen, Informationen (z. B. Marktforschungsergebnisse), Geld (z. B. Kredite) und Rechte (z. B. Softwarelizenzen) in Betracht (vgl. Steffenhagen 2008, S. 17; Runia et al. 2019, S. 187 f.). Im Zuge der flächendeckenden Verbreitung des Internets ist noch eine weitere Güterart entstanden, die als digitale Güter bezeichnet werden (vgl. Homburg 2020, S. 600). Im Vordergrund dieses Buches stehen **Sachgüter**, **Dienstleistungen** und **digitale Güter**, daher werden diese hier näher vorgestellt. Darstellung 5 zeigt überblicksartig, was sich hinter diesen Kategorien verbirgt.

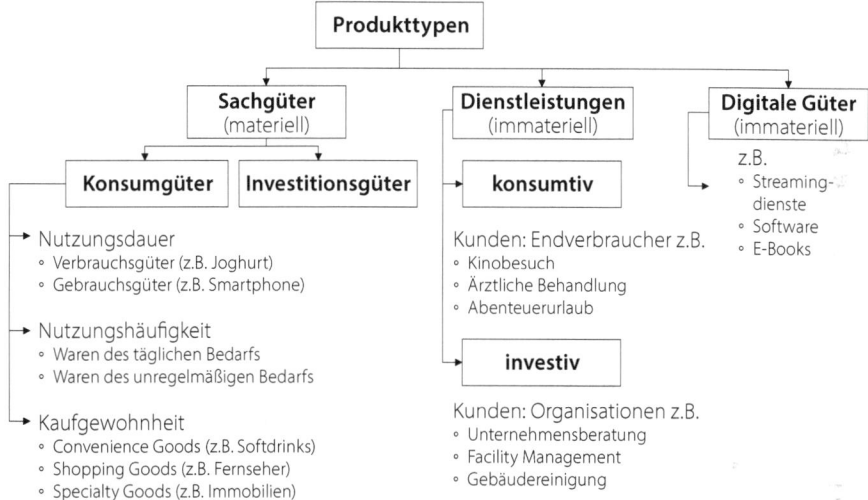

Dar. 5: Grundlegende Typologisierung von Produkten (vgl. Walsh et al. 2020, S. 283)

Sachgüter sind materielle Güter und lassen sich je nach Verwendungszweck in Konsumgüter und Investitionsgüter unterteilen. **Konsumgüter** sind Leistungen, die von Endverbrauchern (synonym: Konsumenten, private Haushalte) erworben werden. Sie lassen sich anhand folgender Kriterien untergliedern:

- Nach ihrer **Nutzungsdauer** lassen sich Konsumgüter in Verbrauchsgüter und Gebrauchsgüter unterteilen (vgl. Runia et al. 2019, S. 189 f.). **Verbrauchsgüter** (sog. Fast Moving Consumer Goods, FMCG) gehen unmittelbar im Nutzungsprozess unter und haben meist kurze Wiederkaufzyklen (z. B. Lebensmittel, Körperpflegeprodukte). **Gebrauchsgüter** überdauern im Regelfall viele Verwendungseinsätze (z. B. Fernsehgeräte, Kühlschränke) und erfordern oft einen höheren Service- sowie Beratungsaufwand, weswegen sie häufig über ausgewählte Fachhandelsgeschäfte mit hoher Beratungskompetenz vertrieben werden.

- Nach der **Bedarfssituation** des Käufers lassen sich Güter des regelmäßigen Bedarfs (z. B. Brot, Milchprodukte) und Güter des aperiodischen Bedarfs (z. B. Medikamente) unterscheiden. Aus der Sicht der Produzenten ist die Nachfrage nach regelmäßig konsumierten Sachgütern besser planbar.
- Nach der **Kaufgewohnheit** lassen sich Convenience Goods, Shopping Goods und Specialty Goods unterscheiden (vgl. Runia et al. 2019, S. 190). **Convenience Goods** sind Waren des täglichen Bedarfs, die ohne größere Planung und mit minimalem Vergleichs- und Einkaufsaufwand oftmals impulsiv erworben werden (z. B. Softdrinks, Backwaren). Hier ist das Risiko eines Fehlkaufs sehr gering. **Shopping Goods** sind Gebrauchsgüter, vor deren Kauf Menschen umfangreiche Such-, Vergleichs- und Auswahlprozesse vornehmen, um zu einem fundierten Urteil zu kommen (z. B. Schuhe, Smartphones). **Specialty Goods** sind Güter, für die ein hoher finanzieller Aufwand betrieben werden muss (z. B. Eigentumswohnungen, Designermöbel). Da sie einen hohen Kaufpreis haben und selten gekauft werden, investiert ein Käufer viel Zeit in die Kaufentscheidung. Zum Vergleich werden Merkmale wie Qualität, Preis, Design und Funktionalität herangezogen.

Produkte werden als **Investitionsgüter** (häufig wird der Begriff Industriegüter synonym verwendet) bezeichnet, wenn sie von Organisationen (z. B. Unternehmen, Staat) beschafft werden, um mit ihrem Einsatz weitere Güter zu erstellen oder sie im sog. Produktionsverbindungshandel (z. B. Stahl, Schrauben) weiterzuverkaufen (vgl. Engelhardt/Günter 1981, S. 24). Am Kauf von Investitionsgütern sind häufig mehrere Personen beteiligt (sog. Buying Center), weshalb Kaufprozesse oft wesentlich zeitintensiver als bei Konsumgütern ausfallen. Auf die Besonderheiten im Investitionsgütermarketing geht Kapitel 12.3 genauer ein.

Wirtschaftlich hochentwickelte Volkswirtschaften wie Deutschland, die USA oder Japan werden auch als Dienstleistungsgesellschaften bezeichnet, da Dienstleistungen (Services) mit fast 70 Prozent am Bruttoinlandsprodukt (BIP) den größten Anteil an der deutschen Wertschöpfung ausmachen. Die Definition des Begriffs Dienstleistung fällt nicht leicht, da es die unterschiedlichsten Dienstleistungen gibt. Hierzu gehört eine ärztliche Behandlung genauso wie ein Kinobesuch oder die Reparatur eines Autos. Daher werden an dieser Stelle die typischen Merkmale von Dienstleistungen vorgestellt (vgl. Hilke 1989; Meyer 1996; Meffert et al. 2024, S. 29 f.):

- Dienstleistungen sind **immateriell**, d. h. der Käufer kann sie vor dem Kauf nicht sehen, hören oder anfassen. Das empfundene Risiko eines Fehlkaufs ist daher tendenziell höher als bei Sachgütern, die vor dem Kauf häufig ausprobiert werden können. Aus diesem Grunde spielen die Reputation des Anbieters, eine starke Marke und Bewertungsportale hier eine große Rolle.
- Die Erbringung und Nutzung einer Dienstleistung fallen zeitlich zusammen. Dienstleistungen können daher im Unterschied zu Sachgütern **nicht gelagert** und **nicht transportiert** werden.

- Der Nachfrager oder ein von ihm bereitgestelltes Objekt wird in die Dienstleistungserstellung **integriert**. Bei einem Arztbesuch muss der Patient dem Arzt seine Schmerzen beschreiben, eine Autoreparatur kann nur durchgeführt werden, wenn der Kunde der Werkstatt das Auto zeitweilig überlässt.
- Durch die **Integration des Kunden in den Wertschöpfungsprozess** sind Qualitätsschwankungen höher als bei Sachgütern, an deren Produktion der Käufer nicht beteiligt ist.

Nicht alle Dienstleistungen werden von Endverbrauchern gekauft, auch Unternehmen fragen Dienstleistungen nach. Zum Beispiel beauftragen Unternehmen spezialisierte Anbieter, ihre Gebäude zu reinigen, den Fuhrpark zu verwalten oder das Top-Management zu beraten. Das Dienstleistungsmarketing wird in Kapitel 12.1 noch vertiefend behandelt.

Vor dem Hintergrund der fortschreitenden Digitalisierung gewinnen **digitale Güter** im Marketing stark an Bedeutung (vgl. Walsh et al. 2020, S. 286). Wie auch Dienstleistungen sind sie immaterieller Natur. Digitale Güter wie z. B. Software, Online-Zeitungen, E-Books oder Streamingdienste werden anhand elektronischer Infrastruktur (Hardware, Internet) entwickelt, vertrieben und genutzt (vgl. Luxem 2001, S. 24, Subramani/Walden 2001, S. 139 f.; Loebbecke 2002, S. 635). Im Gegensatz zu Dienstleistungen, die grundsätzlich unabhängig von anderen Gütern erbracht werden können (z. B. eine Rechtsberatung), sind digitale Güter nur mithilfe dieser technischen Infrastruktur nutzbar. Sie weisen einige charakteristische Eigenschaften auf:

- Die Produktion digitaler Güter verursacht im Regelfall **hohe Fixkosten** (first-copy-costs) und **geringe variable Kosten** der Vervielfältigung (vgl. Bhattacharjee et al. 2011; Jacob 2015, S. 75).
- Die Nutzung eines digitalen Gutes durch einen Nachfrager schließt die gleichzeitige Nutzung durch andere Nachfrager grundsätzlich nicht aus (vgl. Rayna 2008, S. 17 f.), d. h. es besteht **keine Rivalität im Konsum**. Während bspw. ein gedrucktes Buch nur von einer Person gelesen werden kann, ist ein E-Book grundsätzlich von einer beliebigen Zahl an Lesern gleichzeitig nutzbar.
- Digitale Güter unterliegen im Gegensatz zu Sachgütern **keiner Abnutzung** durch ihren Gebrauch, sondern weisen eine konstant hohe Qualität auf.
- Da digitale Güter eine Systemtechnologie voraussetzen, steigt ihr Nutzen i. d. R. mit zunehmender Nutzerzahl (**Netzwerkeffekt**), wie etwa die Beispiele NETFLIX (Streaminganbieter) und AUDIBLE (Hörbuchanbieter) zeigen.

Der Begriff Produkt wird in diesem Lehrbuch sehr weit definiert: Er umfasst neben Sachgütern auch Dienstleistungen und digitale Güter.

1.4 Wer sind die Spieler?

Am Zustandekommen von Austauschprozessen sind meist mehr Akteure beteiligt als lediglich ein Anbieter und ein Nachfrager. Diese Akteure übernehmen unterschiedliche Funktionen im Markt und verfolgen unterschiedliche Zielsetzungen. Folgende Marktteilnehmer können an Austauschbeziehungen beteiligt sein (vgl. hierzu Steffenhagen 2008, S. 25 ff.; Meffert et al. 2024, S. 55 f.):

Zu den **Nachfragern** zählen Konsumenten, Haushalte, Unternehmen, öffentliche (z. B. Behörden) und andere Institutionen (z. B. Vereine, Verbände). Auch der Staat kann Nachfrager sein, etwa beim Kauf von Rüstungsgütern. Dabei muss der Nachfrager nicht gleichzeitig der Nutzer einer Leistung sein, z. B. wenn Eltern für ihre Kinder ein Geschenk kaufen oder ein professioneller Einkäufer für eine Fachabteilung Büromaterial bestellt. Neben den aktuellen Nachfragern gibt es die potenziellen Nachfrager, die ein Bedürfnis haben, das Produkt zu kaufen, jedoch oftmals nicht über die erforderlichen finanziellen Mittel verfügen (z. B. Kauf eines PORSCHE).

Aktuelle **Anbieter** (Konkurrenten, Wettbewerber) stellen bestimmte Leistungen her und bieten sie am Markt an. Hierunter fallen insb. Produzenten von Sachgütern, Dienstleistungen und digitalen Gütern. Diese Anbieter stehen zueinander im Wettbewerb und bieten häufig ähnliche Leistungen an. Wer zu den Wettbewerbern eines Unternehmens gehört, hängt ebenfalls von der Abgrenzung des Marktes ab. Es gibt sowohl Massenmärkte (z. B. für Erfrischungsgetränke) mit einer Vielzahl an Anbietern und Nachfragern als auch Nischenmärkte, in denen wenige Anbieter einer kleinen Zahl an Nachfragern gegenüberstehen (z. B. Rüstungsgüter). Neben den aktuellen Anbietern gibt es auch potenzielle Anbieter. Durch die Globalisierung sind viele potenzielle Anbieter aus dem Ausland zu aktuellen Anbietern geworden. So sind viele asiatische Automobilehersteller (z. B. TOYOTA, HONDA) in den 1970er-Jahren in den deutschen Markt eingestiegen und sind seitdem Wettbewerber der heimischen Automobilproduzenten.

In der Regel werden Sachgüter nicht direkt von der Industrie an Konsumenten verkauft, sondern es sind **Absatzmittler (Händler)** involviert. Dies sind Unternehmen, die Waren einkaufen und sie ohne nennenswerte Veränderung im eigenen Namen und auf eigene Rechnung mit Gewinnabsicht weiterverkaufen (vgl. Homburg 2020, S. 1096). Absatzmittler lassen sich in Großhändler und Einzelhändler unterscheiden. Während Großhändler (z. B. METRO) ihre Waren ausschließlich an den Einzelhandel (z. B. Supermärkte) und professionelle Verwender weiterveräußern, verkaufen Einzelhändler (z. B. EDEKA, FOOT LOCKER) ihre Waren in gewöhnlich kleinen Mengen vorrangig an Konsumenten. Absatzmittler können im Markt verschiedene Funktionen übernehmen: Sie stellen ein Sortiment zusammen, beraten Kunden, können Transport und Lagerhaltung übernehmen und bewerben ihr Sortiment und damit auch die Produkte der Hersteller (vgl. Homburg 2020, S. 952). Auf die Marketinganstrengungen des Handels gegenüber den Konsumenten wird in Kapitel 12.2 noch eingegangen.

Absatzhelfer (Service-Anbieter) sind rechtlich selbstständige Marktakteure, die bei dem Zustandekommen von Austauschprozessen unterstützend tätig sind.

Im Gegensatz zu Absatzmittlern erwerben sie kein Eigentum am Austauschobjekt. Unter die Rubrik der Service-Anbieter fallen u. a. sog. Influencer, Logistikdienstleister und Lieferdienste, Banken, Handelsvertreter, Makler und Vertriebsagenturen (vgl. Meffert et al. 2024, S. 56 f.; Homburg 2020, S. 946).

Beispiele:

- Bezahlte Influencer bewerben Produkte und fördern so den Absatz von Anbietern.
- Der Küchengerätehersteller VORWERK setzt beim Vertrieb seiner Produkte begeisterte Produktnutzer ein, welche die Produkte (z. B. den Thermomix) im Bekanntenkreis vorstellen. Erfolgt ein Kaufabschluss, werden sie über eine Provision vergütet.
- Paketdienste fungieren oft als Bindeglied z. B. zwischen Online-Händlern und Konsumenten.
- Investmentbanken stellen Unternehmen oft hohe Kreditsummen zur Verfügung, die diese zur Finanzierung teurer Investitionsgüter verwenden.

Beeinflusser sind Marktteilnehmer, die einen Beitrag zur Markttransparenz und Verbraucheraufklärung übernehmen. Hierfür müssen sie keine vertragliche Beziehung zu Anbietern und Nachfragern unterhalten. Zu den Beeinflussern gehören u. a. Warentestinstitute (z. B. STIFTUNG WARENTEST), Verbraucherberatungen (z. B. VERBRAUCHERZENTRALE), Internetportale (z. B. CHECK24), Freunde, Bekannte und Blogger. Mittels eigener Informationsmedien (z. B. Internet, Zeitschriften und Broschüren) oder Mundpropaganda beeinflussen sie das Zustandekommen von Austauschprozessen (vgl. Meffert et al. 2024, S. 57).

Darstellung 6 verdeutlicht die Beziehungen zwischen diesen Marktakteuren aus der Perspektive eines Herstellers (z. B. dem Lebensmittelhersteller NESTLÉ).

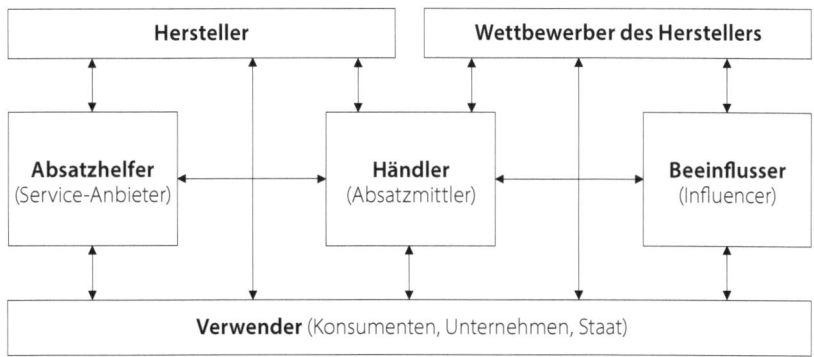

Dar. 6: Marktbeteiligte in Absatzmärkten (vgl. Steffenhagen 2008, S. 28)

Der Staat greift – nicht nur als Nachfrager – auf unterschiedliche Weise in das Marktgeschehen ein. Er kann auch Anbieter von Leistungen für Konsumenten und Unternehmen sein. Dazu gehört beispielweise die DEUTSCHE BAHN im Personenverkehr. Darüber hinaus greift der Staat u. a. über Gebote (z. B. Ladenöffnungszeiten) und Verbote (z. B. Kartellverbot) sowie durch die Erhebung von Steuern (z. B. Mehrwertsteuer) und Zöllen regulierend in das Wirtschaftsgeschehen ein. Auch Konsumenten können auf Märkten als Anbieter auftreten, etwa indem sie gebrauchte Produkte im Internet (z. B. auf EBAY) oder einem Flohmarkt anbieten.

Zwischen den vorgestellten Marktakteuren bestehen vielfältige Beziehungen (vgl. Steffenhagen 2008, S. 29 ff.). Hierzu gehören:

- **Kommunikationsbeziehungen**: Durch Kommunikation versuchen Anbieter und Nachfrager sich ein möglichst aussagekräftiges Bild von der jeweils anderen Marktseite zu verschaffen und diese zu beeinflussen. Seitens der Anbieter kann dies durch unpersönliche TV- oder Online-Werbung oder persönliche Kommunikation (z. B. im Rahmen eines Beratungsgesprächs) erreicht werden. Die Kommunikation kann auch vom Nachfrager ausgehen, indem er sich z. B. über eine Internetrecherche oder direkt beim Anbieter über Produkte informiert. Auch auf derselben Marktstufe bestehen Kommunikationsbeziehungen: Anbieter können sich z. B. auf Messen oder in Branchenverbänden über neue Marktentwicklungen austauschen, Konsumenten sprechen mit Freunden und Bekannten über ihre Erfahrungen mit Produkten oder orientieren sich bei der Auswahl an Produktbewertungen im Internet.
- Marktteilnehmer stehen nicht nur im Wettbewerb zueinander, häufig ergeben sich auch **Kooperationsbeziehungen**, wenn die Akteure ähnliche Interessen verfolgen. Dies kann bspw. durch gemeinsame Werbung oder im Rahmen von Konsortien erfolgen, bei denen Anbieter gemeinsam Leistungen erbringen, wie es bei komplexen Investitionsgütern (z. B. Berliner Flughafen BER) geschieht. Auch Konsumenten können miteinander kooperieren, indem sie Sammelbestellungen aufgeben, um Mengenrabatte zu erzielen.
- Gewöhnlich sind die Beziehungen zwischen den Anbietern in einem Markt eher von Wettbewerb als von Kooperation geprägt. Zwischen ihnen liegt eine **Wettbewerbsbeziehung** vor, wenn sich die Ziele beider Parteien ähneln (z. B. Erzielung hoher Gewinne), jede Partei ihr Ziel jedoch nur erreichen kann, indem sie die andere Partei an der Zielerreichung hindert. Der Wettbewerb ist gewöhnlich umso stärker, je größer die Angebotsmenge und je kleiner die Nachfrage in einem Markt ist (Käufermärkte). Aber auch Nachfrager können sich in einer Wettbewerbssituation befinden, wenn bspw. mehrere Nachfrager um eine attraktive Immobilie oder Spielekonsolen (z. B. PLAYSTATION) konkurrieren.
- Wenn Marktteilnehmer andere Akteure zu Maßnahmen veranlassen können, die diese sonst nicht ergriffen hätten, liegt eine **Machtbeziehung** vor. Wenn ein Hersteller bspw. bei den Konsumenten starke Präferenzen für seine Marke aufbaut, setzt er den Handel unter Druck, diese Marke ins Sortiment aufzunehmen. So musste der Discounter ALDI die Marke COCA-COLA ins Sortiment

aufnehmen, um keine Kunden an den Wettbewerb zu verlieren. Umgekehrt können viele Lebensmitteleinzelhändler ihre Lieferanten dazu bewegen, exklusiv für diesen Händler eine Marke zu produzieren.

1.5 Was ist das Spielfeld?

Neben den Marktbeteiligten ist von Interesse, welche Arten von Märkten für das Marketing von Bedeutung sind. Märkte lassen sich dabei anhand verschiedener **Kriterien** abgrenzen (vgl. Meffert et al. 2024, S. 58; Homburg 2020, S. 3 f.):

- Je nach der **Anzahl** der Anbieter und Nachfrager auf einem Markt wird zwischen den Marktformen Monopol, Oligopol und Polypol unterschieden. Bietet lediglich ein Anbieter Produkte an, wird von einem Monopol gesprochen (z. B. DEUTSCHE BAHN im Personenverkehr). Wird der Markt von einer kleinen Zahl an Anbietern bearbeitet, liegt ein Oligopol vor (z. B. Rüstungsunternehmen). Bieten auf einem Markt viele Anbieter vergleichbare Produkte an, spricht man von einem Polypol. Je geringer die Anzahl der Akteure auf einer Marktseite ist, desto stärker kann ein einzelner Marktteilnehmer die Austauschbedingungen i. d. R. zu seinen Gunsten beeinflussen. So kann ein Monopolist höhere Preise durchsetzen als ein Anbieter, der sich auf einem Markt mit vielen Wettbewerbern befindet (vgl. Olbrich/Battenfeld 2014, S. 43).
- Nach der Richtung der Transaktion wird zwischen **Beschaffungs-** und **Absatzmärkten** differenziert. Aus der Sicht des Nachfragers umfasst ein Beschaffungsmarkt alle Anbieter eines Beschaffungsobjektes sowie alle Nachfrager, mit denen der Nachfrager um die Beschaffungsobjekte konkurriert.
- Nach den getauschten **Gütern** kann – wie oben bereits erläutert – zwischen Konsumgütern (Kunden sind Endverbraucher) und Investitionsgütern (Kunden sind Organisationen) unterschieden werden. Darüber hinaus werden Dienstleistungen getauscht, die ebenfalls an Endverbraucher (konsumtive Dienstleistungen) bzw. Organisationen (investive Dienstleistungen) verkauft werden.
- Nach **regionaler Ausdehnung** werden regionale Märkte, Ländermärkte, internationale Märkte und globale Märkte unterschieden. Während Dienstleister häufig regionale Märkte bearbeiten (sie können ihre Leistungen nicht transportieren), bearbeiten viele Industrieunternehmen globale Märkte (z. B. COCA-COLA, HEINEKEN). Die Besonderheiten des internationalen Marketing werden in Kapitel 12.4 vorgestellt.
- Nach der **Transaktionsart** lassen sich stationäre und (elektronische) Distanzmärkte unterscheiden. In der Vergangenheit war es üblich, dass sich Anbieter und Nachfrager zu einem Austausch an einem Ort zusammenfinden. Durch das Internet oder im Versandhandel (z. B. OTTO) lassen sich Transaktionen auch auf Distanz abwickeln.
- Nach der **Machtverteilung** lassen sich – wie oben bereits erläutert – Verkäufer- und Käufermärkte unterscheiden.

Aus Sicht eines Anbieters sind insb. die Absatzmärkte von Bedeutung, auf denen das Unternehmen auf Kunden und Wettbewerber trifft. Hier stellt sich die Frage, wer die relevanten Akteure in seinem Markt sind. Die Beantwortung dieser Frage wird als **Marktabgrenzung** bezeichnet (vgl. Homburg 2020, S. 4; Steffenhagen 2008, S. 37). Sie umfasst die Strukturierung eines Marktes und die Eingrenzung auf relevante Marktbereiche. Als relevanter Markt eines Anbieters wird derjenige Markt bezeichnet, auf dem ein Anbieter seine Leistungen anbieten möchte. Zur Abgrenzung des relevanten Markts können verschiedene Kriterien herangezogen werden (vgl. Steffenhagen 2008, S. 40; Backhaus/Schneider 2009, S. 55 ff.; Homburg 2020, S. 4 f.; Meffert et al. 2024, S. 60):

- Die **sachliche Marktabgrenzung** orientiert sich an der Art der Leistungen, die das Unternehmen anbietet. Dies ist problematisch, wenn Käufer ihr Bedürfnis durch unterschiedliche Technologien befriedigen können. Ein Berufspendler kann bspw. per Auto, Bahn oder Fahrrad zur Arbeit fahren.
- Bei der **bedürfnisbezogenen Marktabgrenzung** sind alle Anbieter Wettbewerber, die das Bedürfnis eines Kunden lösen können. Will ein Konsument bspw. seinen Nachmittag unterhaltsam gestalten, wären ein Freizeitpark und ein Kino direkte Wettbewerber.
- Bei der **räumlichen Marktabgrenzung** wird der Markt örtlich definiert, d. h. alle Anbieter sind als Wettbewerber anzusehen, die in einem räumlich definierten Umfeld tätig sind (z. B. alle Lieferdienste für Fast Food in Aachen).
- Bei einer **zeitlichen Marktabgrenzung** geht es um die Frage, ob ein Markt zeitlich begrenzt ist oder nicht. Dies ist v. a. bei Saisonprodukten (z. B. Karnevalsartikel, Osterhasen) der Fall.

Nachdem ein Anbieter seine relevanten Märkte abgegrenzt und seine Tätigkeitsfelder festgelegt hat, muss er im nächsten Schritt entscheiden, welche Zielgruppen er auf diesen Märkten ansprechen möchte. Diese Entscheidung wird auf der Grundlage einer **Marktsegmentierung** getroffen. Unter einer Marktsegmentierung ist die Aufteilung eines heterogenen Gesamtmarktes in homogene Teilmärkte (Segmente) zu verstehen (vgl. Bauer 1977, S. 59 ff.; Freter 1983, S. 18; Steffenhagen 2008, S. 37 ff.; Homburg 2020, S. 519). Die Käufer innerhalb eines Segmentes weisen viele Gemeinsamkeiten z. B. bezüglich ihrer Kaufkraft, Bedürfnisse oder Reaktion auf Marketingmaßnahmen auf, unterscheiden sich jedoch stark von den Käufern anderer Marktsegmente. Eine Marktsegmentierung hat zwei Komponenten (vgl. Meffert et al. 2024, S. 215 f.; Scharf et al. 2022, S. 314): Gegenstand der **Markterfassung** ist die Gewinnung von Erkenntnissen über die einzelnen Marktsegmente. Dies erfordert einerseits Erklärungsmodelle zum Konsumentenverhalten (▶ Kap. 3), zum anderen die Erhebung und Auswertung von Informationen über die Konsumenten und ihre Reaktion auf Marketingmaßnahmen (Marktsegmentierung im engeren Sinne). Die zweite Komponente der **Marktbearbeitung** betrifft die Auswahl der Zielsegmente, die Strategien der Segmentabdeckung und Bearbeitung dieser Segmente anhand des Marketing-Mix. Darstellung 7 fasst beide Komponenten zusammen.

1 Einführung

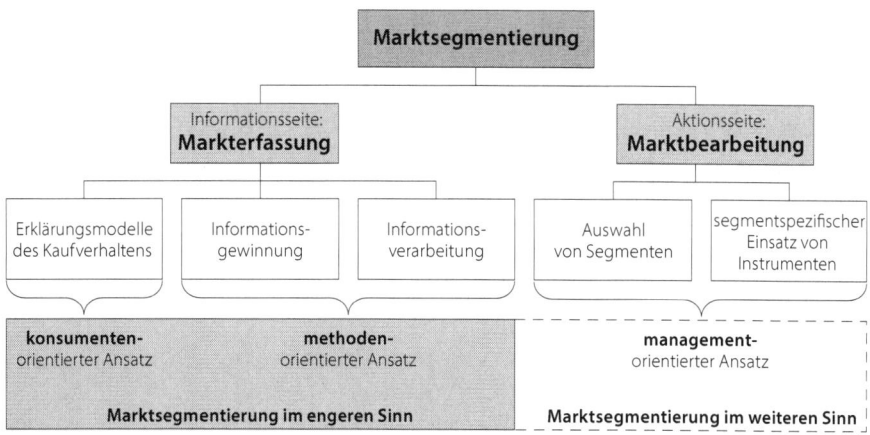

Dar. 7: Komponenten einer Marktsegmentierung (vgl. Meffert et al. 2024, S. 216 in Anlehnung an Freter 2008)

Die Bildung der Marktsegmente erfolgt anhand von Abgrenzungskriterien. Die Vielzahl denkbarer Segmentierungskriterien lässt sich drei Kategorien zuordnen (▶ Dar. 8): soziodemografische, psychografische und kaufverhaltensorientierte Kriterien (vgl. Kotler et al. 2022; Steffenhagen 2008, S. 42):

Dar. 8: Kriterien der Marktsegmentierung (vgl. Kreutzer 2017, S. 189)

Soziodemografische Kriterien beschreiben die Kunden u. a. anhand ihres Alters, Geschlechts, Einkommens oder ihrer Schulbildung. Soziodemografische Daten sind recht einfach zu messen, daher werden sie in der Praxis häufig zur Segmentierung genutzt.

Psychografische Kriterien beziehen sich auf nicht beobachtbare Merkmale »im Kopf« eines Konsumenten. Hierzu gehören u. a. Persönlichkeitsmerkmale, Lebensstil und Einstellungen. Sie bestimmen maßgeblich das Handeln von Kunden und ihre Reaktion auf Marketingmaßnahmen. Ihre Messung stellt allerdings erhebliche Anforderungen an die Marktforschung.

Kaufverhaltensorientierte Kriterien beziehen sich auf beobachtbares Kaufverhalten. Anders als bei soziodemografischen und bei psychografischen Kriterien handelt es sich nicht um Variablen, die das Kaufverhalten erklären, sondern um Ergebnisse von Kaufentscheidungsprozessen. Hierzu gehören etwa die Wahl bestimmter Produkte und ihrer Kaufhäufigkeit oder die Nutzung bestimmter Kommunikationskanäle (z. B. Social Media).

An eine Marktsegmentierung sind verschiedene Anforderungen zu stellen (vgl. Homburg 2020, S. 519; Becker 2019, S. 248 ff.; Kotler 2022, S. 361):

- **Kaufverhaltensrelevanz**: Die Segmente unterscheiden sich hinsichtlich des Kaufverhaltens ihrer Mitglieder deutlich voneinander.
- **Aussagekraft für Marketinginstrumente**: Es muss möglich sein, die Mitglieder der einzelnen Segmente durch Marketingaktivitäten zu erreichen bzw. zu bearbeiten.
- **Messbarkeit**: Segmentierungskriterien sollten mit vertretbarem Aufwand messbar sein. Dies ist – wie oben angesprochen – bei psychografischen Kriterien oft problematisch.
- **Erreichbarkeit**: Die Segmente müssen mit geeigneten Marketingmaßnahmen erreichbar sein.
- **Zeitliche Stabilität**: Struktur (Art und Anzahl) der Segmente und Zugehörigkeit von Personen zu den Segmenten sollten über längere Zeit stabil sein.
- **Wirtschaftlichkeit**: Die Segmente sollten mit wirtschaftlich vertretbarem Aufwand erfassbar und bearbeitbar sein.

Ein Beispiel für eine Marktsegmentierung mit dem Schwerpunkt auf verhaltensorientierten Merkmalen soll illustrieren, was das Ergebnis einer solchen Segmentierung sein könnte (Kotler et al. 2017, S. 325 f.): »Constellation Brands, ein Unternehmen, das alkoholische Getränke herstellt und vertreibt, arbeitete sechs unterschiedliche Käufersegmente im oberen Weinmarkt der USA (ab 5 Euro pro Flasche) heraus.

- **Enthusiasten (12 Prozent des Markts)**: Weibliche Konsumenten sind stärker vertreten, sie verfügen über ein durchschnittliches Jahreseinkommen von umgerechnet etwa 70.000 Euro. Ungefähr drei Prozent zählen zu den »Luxusenthusiasten«, wobei es mehr Männer mit einem höheren Einkommen gibt.
- **Imagesucher (20 Prozent)**: Das einzige Segment, bei dem es mehr männliche Verbraucher gibt, die im Durchschnitt 35 Jahre alt sind. Sie trinken Wein hauptsächlich, um zu zeigen, wer sie sind und sind deshalb auch bereit, mehr auszugeben, um sicherzugehen, dass sie die richtige Flasche Wein erwerben.

- **Clevere Shopper (15 Prozent)**: Diese Gruppe geht gerne einkaufen und findet, dass sie für eine gute Flasche Wein nicht viel Geld ausgeben muss. Sie bedient sich gerne an Angebotstischen.
- **Traditionalisten (16 Prozent)**: Sie pflegen traditionelle Werte und greifen gerne zu Marken, von denen sie bereits gehört haben, und kaufen von Winzern, die schon länger am Markt sind. Sie sind im Durchschnitt 50 Jahre alt und zu 68 Prozent weiblich.
- **Zufriedene Gelegenheitstrinker (14 Prozent)**: Sie wissen nicht viel über Wein und tendieren dazu, immer dieselben Marken zu kaufen. Der von ihnen konsumierte Wein ist zur Hälfte weißer Zinfandel.
- **Überforderte (23 Prozent)**: Ein potenziell attraktiver Zielmarkt, Personen dieser Gruppe finden den Einkauf von Wein jedoch verwirrend.«

2 Ansätze der Marketingtheorie

Im Zuge des Bedeutungsgewinns des Marketing wurden in den letzten Jahrzehnten zahlreiche Marketingtheorien entwickelt, die das komplexe Marktgeschehen analysieren, erklären und systematisieren. In diesem Kapitel werden die wichtigsten Ansätze der Marketingtheorie kompakt dargestellt. Darstellung 9 bietet einen Überblick über die verschiedenen Theorieansätze.

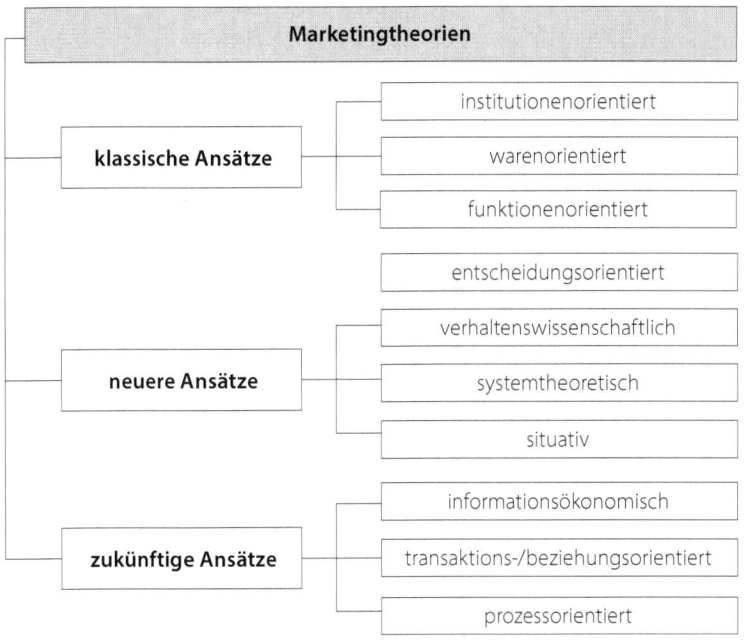

Dar. 9: Systematisierung von Marketingtheorien (vgl. Esch et al. 2017, S. 17)

Zu den ältesten Ansätzen der Marketingwissenschaft gehört der **institutionenorientierte Ansatz** (vgl. Meffert et al. 2024, S. 34). Er beschreibt, klassifiziert und erklärt das Verhalten von Institutionen. Zu diesen Instituten können **Wirtschaftsstufen** (u. a. produzierender Sektor, also Industrie und Baugewerbe, Dienstleistungssektor, **Branchen**, z. B. Chemie- und Pharmaindustrie oder **Größenklassifikationen**, d. h. kleine und mittlere Unternehmen (KMU) bzw. Großunternehmen) gezählt werden. Besondere Berücksichtigung im Rahmen dieser Ansätze hat der Handel erfahren, der sich in den letzten Jahrzehnten vom »Erfüllungsgehilfen« der Industrie (Warenverteilung) zu einem einflussreichen Marktakteur mit eigenständigen Zielen und Beeinflussungsinstrumenten entwickelt hat.

Im Zentrum des **warenorientierten** Ansatzes stehen Produkte bzw. Produkttypologien und deren Besonderheiten. Der Ansatz unterstellt, dass sich je nach Produkttypologie unterschiedliche Kaufentscheidungstypen ergeben, die ein differenziertes Vorgehen in der Vermarktung erfordern. In den 1970er-Jahren hat sich die Unterteilung in **Konsumgüter**, **Investitionsgüter** und **Dienstleistungen** etabliert. Den Besonderheiten in der Vermarktung dieser Produkttypologien widmet sich Kapitel 12 dieses Buches.

Funktionenorientierte Ansätze setzen bei den **Aufgaben** des Marketing an. Im Zentrum steht das Austauschobjekt zwischen dessen Herstellung und Verwendungen räumliche (Notwendigkeit des Transports der Produkte) und zeitliche Spannungen (Notwendigkeit der Lagerhaltung) bestehen, die durch die Distributionspolitik zu überbrücken sind. Besondere Beachtung innerhalb dieser Ansätze fand die Funktionsaufteilung zwischen Industrie und Handel, die sich im Zuge des Bedeutungsgewinns des Handels grundlegend verändert hat. Auf die Aufgabenteilung zwischen Industrie und Handel und typische Konfliktfelder sowie Initiativen zur Zusammenarbeit geht Kapitel 11 näher ein.

Der **verhaltenswissenschaftliche** Ansatz zielt darauf ab, Erkenntnisse über das Verhalten von Nachfragern und Organisationen bereitzustellen (vgl. Meffert et al. 2024, S. 35). Verhaltenswissenschaftliche Erklärungsmodelle sollen Kaufentscheidungsprozesse einerseits erklären, andererseits Anhaltspunkte dafür liefern, wie das Kaufverhalten durch den Einsatz der Marketinginstrumente im Sinne der Marketingziele beeinflusst werden kann. Im Zentrum dieser Ansätze stehen **Kaufentscheidungstypologien**. Je nachdem, wer die Kaufentscheidung trifft (Konsument oder Organisation) bzw. wie viele Personen an der Kaufentscheidung beteiligt sind (individuelle oder kollektive Kaufentscheidungen), ergeben sich unterschiedliche Vermarktungssituationen, die ein differenzierte Marketingmanagement erfordern (▶ Kap. 3.3 und 3.4).

Entscheidungsorientierte Ansätze betrachten Marketingentscheidungen als Entscheidungsprozesse, die sich durch Ziele, Alternativen, Umweltzustände und Ergebnisse beschreiben lassen. Der bereits vorgestellte **Marketingmanagementprozess**, der ausgehend von einer Situationsanalyse die Formulierung von Marketingzielen und -strategien, die Konzeption eines Marketing-Mix und die Umsetzung und Kontrolle der Maßnahmen umfasst, strukturiert diesen Entscheidungsprozess aus Sicht eines Anbieters.

Systemorientierte Ansätze zielen darauf ab, komplexe Marketingsysteme zu erfassen und zu beschreiben, um spezifische Verhaltensweisen der innerhalb dieser Systeme Handelnden zu erklären (vgl. Meffert et al. 2024, S. 36 f.). Im Mittelpunkt dieser Systeme stehen die Modellierung und die Erklärung der zwischen den Beteiligten stattfindenden Austauschbeziehungen. Hieraus sollen Gestaltungsempfehlungen für die Bearbeitung von Absatzmärkten abgeleitet werden. Insbesondere im Rahmen der **Situations-** und **Marktanalyse** spielen systemorientierte Ansätze eine zentrale Rolle, um das komplexe Geflecht von Marktakteuren und deren Beziehungen zu verstehen und abzubilden.

Der **situative** Ansatz stellt kontextbezogene, d. h. sich aus dem Umfeld des Unternehmens ergebende Anpassungsnotwendigkeiten in den Fokus der Betrachtung (vgl. Meffert et al. 2024, S. 37). Das Ziel dieses Ansatzes besteht darin, situationsgerechte Handlungsempfehlungen abzuleiten. Dieser Ansatz fand bspw. im Kontext des Produktlebenszyklusmodells intensive Berücksichtigung, das für unterschiedliche Lebenszyklusphasen eines Marktes unterschiedliche Marketingmaßnahmen empfiehlt (▶ Kap. 5.1).

Neben den bereits dargestellten Ansätzen der Marketingtheorie sind – auch wegen deren Unzulänglichkeiten – weitere Theorieansätze entwickelt worden, die hier ebenfalls kurz skizziert werden sollen.

Informationsökonomische Ansätze des Marketing betrachten Informationsasymmetrien zwischen den Austauschpartnern und daraus resultierende Verhaltensunsicherheiten. Eine wesentliche Informationsasymmetrie betrifft die Qualität der Austauschobjekte. Je nachdem, wie gut ein Käufer die Qualität vor, während und nach dem Kauf beurteilen kann, lassen sich drei Produkteigenschaften unterscheiden (vgl. Steffenhagen 2008, S. 24; Homburg 2020, S. 61 ff.):

- **Sucheigenschaften** sind solche Produkteigenschaften, die bereits vor dem Kauf durch einfache Inspektion des Austauschobjekts überprüft werden können. Beispielsweise handelt es sich bei der **Farbe** und dem **Gewicht** eines Apfels um typische Sucheigenschaften.
- **Erfahrungseigenschaften** können hingegen erst nach dem Kauf beurteilt werden. Eigene oder fremde Erfahrungen sind also für eine Beurteilung dieser Produkteigenschaften vor dem Kauf erforderlich. Beispielsweise handelt es sich bei dem **Geschmack** eines Apfels um eine Erfahrungseigenschaft, da dieser erst nach dem Konsum beurteilt werden kann.
- Bei **Vertrauenseigenschaften** handelt es sich um Eigenschaften eines Produktes, die **weder vor noch nach dem Kauf** durch den Käufer beurteilt werden können. Käufer müssen einem Anbieter bezüglich dieser Produkteigenschaft also vertrauen. Beispielsweise wäre das Merkmal **ökologischer Anbau** bei einem Apfel eine Vertrauenseigenschaft, das auch nach dem Konsum des Apfels nicht überprüft werden kann.

Wie Darstellung 10 verdeutlicht, weisen Sachgüter aufgrund ihrer Materialität vorwiegend Sucheigenschaften auf, sodass die Bewertung ihrer Qualität vor dem Kauf zumeist einfach möglich ist. Anders bei Dienstleistungen: Hier dominieren aufgrund ihrer Immaterialität häufig Erfahrungs- und Vertrauenseigenschaften, sodass ihre Qualität für den Käufer sowohl vor als auch nach dem Kauf deutlich schwieriger zu beurteilen ist.

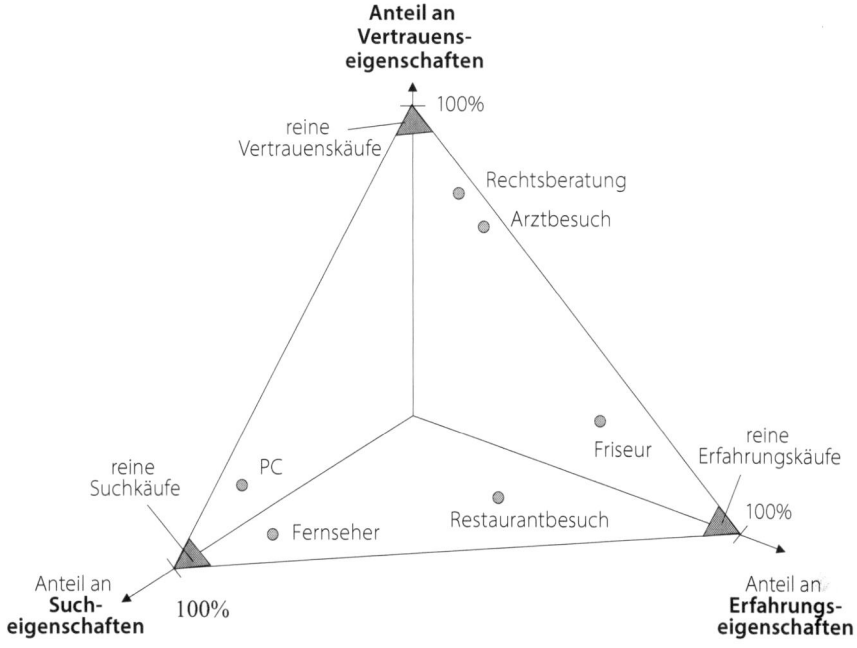

Dar. 10: Beispiele zur Positionierung von Leistungen anhand von Such-, Erfahrungs- und Vertrauenseigenschaften (vgl. Homburg 2020, S. 62 in Anlehnung an Weiber/Adler 1995, S. 100)

Zur **Reduktion der Qualitätsunsicherheit** stehen grundsätzlich **zwei Maßnahmentypen** zur Verfügung, je nachdem, ob diese vom Nachfrager oder Anbieter ergriffen werden (vgl. Homburg 2020, S. 62 f.):

- Beim **Screening** sucht ein Nachfrager aktiv nach Qualitätssignalen. Dies gestaltet sich bei Sucheigenschaften (z. B. Preis, Produktdesgin) vergleichsweise einfach. Handelt es sich um Erfahrungs- oder Vertrauenseigenschaften kann ein Nachfrager sich am Leistungsversprechen, der Marke oder Reputation des Anbieters orientieren. Auch Produktbewertungen durch andere Käufer (z. B. Rezensionen bei AMAZON) können die Unsicherheit des Nachfragers reduzieren.
- Beim **Signaling** ergreift ein Anbieter Maßnahmen, um die Qualität seiner Produkte zu verdeutlichen. Dies kann etwa durch Qualitäts- oder Kundenzufriedenheitsgarantien oder durch den Aufbau von Unternehmensreputation geschehen. Auch die Werbung mit positiven Testergebnissen oder zufriedenen Kunden gehört in diese Kategorie.

Mit zunehmendem Wettbewerbsdruck (u. a. durch die Internationalisierung vieler Absatzmärkte) beschäftigte sich die Marketingwissenschaft seit den 1980er-Jahren stärker mit Wettbewerbsvorteilen und der Wettbewerbspositionierung von Unternehmen. Mit zunehmender Wettbewerbsintensität rückten auch die Kundenbedürfnisse noch stärker in den Mittelpunkt. Im Vordergrund vieler Unternehmen standen dabei einzelne Transaktionen, weniger der Aufbau langfristiger Kundenbeziehungen. Vor diesem Hintergrund lässt sich diese Unternehmensausrichtung auch als **Transaktionsmarketing** bezeichnen.

Seit den 1990er-Jahren ist die langfristige Beziehung zu Kunden noch stärker in den Fokus vieler Unternehmen gerückt. Diese Ausrichtung wird auch als **Relationship Marketing** oder Beziehungsmarketing bezeichnet (vgl. Bruhn 2016). Relationship Marketing zielt auf den Aufbau, die Intensivierung und Pflege stabiler Kundenbeziehungen ab, damit Kunden nicht nur einmalig kaufen, sondern nach dem Kauf an das Unternehmen gebunden werden und Folgekäufe tätigen. Vergleichbar dem Produktlebenszyklus steht hier der Kundenbeziehungslebenszyklus im Zentrum der Betrachtung (▶ Dar. 11). Je nach Phase der Kundenbeziehung – von der Kundengewinnung bis zur Kundenrückgewinnung – stehen unterschiedliche Ziele und Maßnahmen im Vordergrund. Vor allem die Kundenzufriedenheit und Kundenbindung haben im Rahmen des Relationship Marketing einen erheblichen Bedeutungsgewinn erfahren. In Wissenschaft und Praxis wird die zielorientierte Gestaltung und Pflege der Kundenbeziehungen auch als **Customer Relationship Management** bezeichnet (vgl. Walsh et al. 2020, S. 247), wobei dieser Begriff auch für die Schaffung entsprechender informationstechnischer Voraussetzung zur Entscheidungsunterstützung verwendet wird (▶ Kap. 13.3.4).

Dar. 11: Merkmale des Kundenlebenszyklus (vgl. Bruhn 2016, S. 68)

Phase	Anbahnung	Sozialisation	Wachstum	Reife	Gefährdung	Auflösung	Abstinenz
Kundenbezogene Merkmale							
Ziele des Kunden	Information bezüglich Problemlösungen	Nutzung, Eingewöhnung, Abbau kognitiver Dissonanzen	All-in-one-Lösungen	Nutzung, Bequemlichkeit	Variety Seeking, bessere Lösungen	bessere Lösungen	wie Sozialisationsphase, Wachstum, Reife
Psychologische Merkmale	Interesse, Aufmerksamkeit, Qualitätsimage	Qualitätswahrnehmung	Zufriedenheit	Zufriedenheit	Unzufriedenheit	Loslösung, Indifferenz z. B. Rezensionen	wie Sozialisationsphase, Wachstum, Reife
Verhalten des Kunden	Informationssuche, Erstkauf	Beurteilung, Wiederkauf	Wiederkauf, Cross Buying	Wiederkauf, Mund-zu-Mund-Propaganda	Beurteilung, Alternativensuche	Erstkauf anderer Anbieter	Wiederkauf anderer Anbieter

2 Ansätze der Marketingtheorie

Dar. 11: Merkmale des Kundenlebenszyklus (vgl. Bruhn 2016, S. 68) – Fortsetzung

Phase	Anbahnung	Sozialisation	Wachstum	Reife	Gefährdung	Auflösung	Abstinenz
Kundenbezogene Merkmale							
Ökonomische Merkmale	Kosten	Kosten, erste Gewinne	steigende Gewinne	Gewinne auf hohem Niveau	abnehmende Gewinne	Kosten	Kosten
Unternehmensbezogene Merkmale							
Oberziele	Kundengewinnung	Kundeneingewöhnung	Kundenbindung	Kundenbindung	mentale Kundenrückgewinnung	taktische Kundenrückgewinnung	Faktische Kundenrückgewinnung
Aufgaben	Information, Überzeugung, Stimulierung	Information, Informationsgenerierung	Cross Selling, Individualisierung	Wechselbarrieren schaffen, Standardisierung	Fehlerverbesserung	Stimulierung, Überzeugung	Stimulierung, Überzeugung
Zielgruppe	Potenzielle Kunden	Neukunden	Stammkunden	Stammkunden	Gefährdungskunden	Gefährdungskunden	abgewanderte Kunden
Kundenbearbeitung	Markt	Einzelkunde	Kundengruppe	Kundengruppe	Einzelkunde	Einzelkunde	Einzelkunde bzw. Markt
Berücksichtigung des Wettbewerbs	stark	eher schwach	schwach	schwach	wieder stärker	stark	stark

Teil II Absatzmärkte verstehen

3 Konsumentenverhalten

3.1 Fragestellungen und Erklärungsmodelle zum Konsumentenverhalten

Unter dem Begriff Konsumentenverhalten werden alle Handlungen von Individuen im Zusammenhang mit dem Kauf und dem Konsum von Produkten betrachtet. Das primäre Ziel der **Konsumentenverhaltensforschung** besteht darin, Empfehlungen für den Einsatz der Marketinginstrumente zu entwickeln (vgl. Homburg 2020, S. 26; Zerres/Zerres 2006, S. 52). Gegenstand der Konsumentenverhaltensforschung sind nicht nur beobachtbare Verhaltensweisen (z. B. Auswahl einer Einkaufsstätte oder eines Produktes), sondern auch nicht-beobachtbares (inneres) Verhalten (z. B. Markenbekanntheit, Einstellung eines Konsumenten zu einem Produkt). Dabei bedient sich die Konsumentenverhaltensforschung vieler Erkenntnisse der Psychologie (z. B. Erklärung von Bedürfnissen), der Soziologie (z. B. Einflüsse des sozialen Umfelds) sowie der Biologie (Neuromarketing, vgl. Kroeber-Riel/Gröppel-Klein 2019, S. 4, S. 10 ff.). Bei der Erforschung des Konsumentenverhaltens stehen folgende Fragen im Vordergrund (vgl. Meffert et al. 2024, S. 95):

- **Wer kauft?** (→ Kaufakteure)
- **was?** (→ Kaufobjekte)
- **warum?** (→ Kaufmotive)
- **wie?** (→ Kaufentscheidungsprozesse und -praktiken)
- **wie viel** (→ Kaufmenge)
- **wann?** (→ Kaufzeitpunkt, -häufigkeit)
- **wo** bzw. bei **wem?** (→ Einkaufsstätten- bzw. Lieferantenauswahl)

Zur Erklärung des Konsumentenverhaltens haben sich zwei grundlegende Modelle herausgebildet, die als **S-R-Modelle** (behavioristische Forschungsansätze) und **S-O-R-Modelle** (echte Verhaltensmodelle) bezeichnet werden (vgl. Meffert et al. 2024, S. 96). Echte Verhaltensmodelle können wiederum in neobehavioristische und kognitive Modelle unterteilt werden (▶ Dar. 12).

Behavioristische Erklärungsansätze (S-R-Modelle) berücksichtigen ausschließlich beobachtbare Einflussgrößen bzw. beobachtbares Verhalten. Ihre Grundannahme ist, dass psychische Prozesse des Nachfragers nicht beobachtbar sind und daher auch nicht berücksichtigt werden sollten (vgl. Skinner 1938). Daher werden

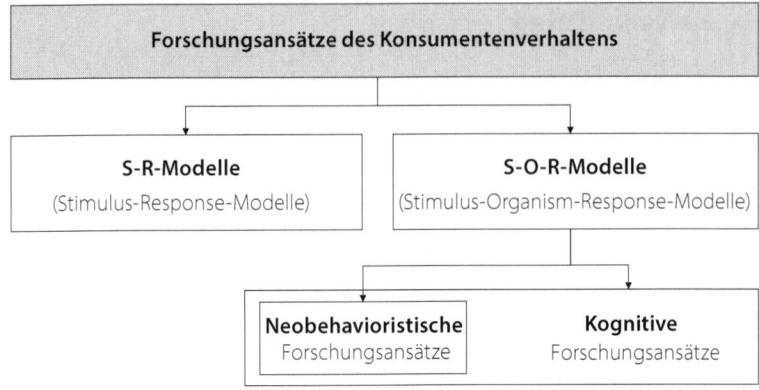

Dar. 12: Grundlegende Modelle der Konsumentenverhaltensforschung (vgl. Meffert et al. 2024, S. 96)

S-R-Modelle auch als **Black-Box-Modelle** bezeichnet. Das Konsumentenverhalten wird als Reaktion (**R** für Response) auf beobachtbare Stimuli (**S** für Stimulus) interpretiert. Zu den Stimuli zählen sämtliche Sinnesreize und damit auch alle auf den Konsumenten ausgerichteten Marketingmaßnahmen (z. B. Produkte, Preise, Kommunikationsaktivitäten). So kann die attraktive Gestaltung einer Produktverpackung (Stimulus) zu einem Impulskauf (Reaktion) führen. Nicht berücksichtigt werden dabei alle nicht-beobachtbaren Prozesse (z. B. Einstellungen), die im Konsumenten vor und während des Kaufes ablaufen. Black-Box-Modelle können das Konsumentenverhalten daher nicht erklären. Sie können insb. nicht beantworten, warum ein Konsument ein Produkt zu einem bestimmten Preis kauft und ein anderer nicht.

Neobehavioristische Erklärungsansätze berücksichtigen im Gegensatz zu S-R-Modellen auch intervenierende Variablen (vgl. Kroeber-Riel/Gröppel-Klein 2019, S. 41 ff.). Diese Ansätze ziehen auch die im Organismus (O) ablaufenden Prozesse zur Erklärung des Konsumentenverhaltens heran, die sich der unmittelbaren Beobachtung entziehen. Daher werden diese Modelle als **S-O-R-Modelle** (echte Verhaltensmodelle) bezeichnet. So kann die Wirkung eines Werbespots (**S** für Stimulus) durch die Einstellung des Konsumenten (**O** für Organism) positiv oder negativ verstärkt werden, was dazu führt, dass der Konsument das beworbene Produkt kauft oder nicht (**R** für Response). Neobehavioristische Modelle berücksichtigen die psychischen Konstrukte Aktiviertheit, Involvement, Emotionen, Motive und Einstellungen (mehr dazu später), jedoch keine kognitiven Prozesse. **Kognitive Erklärungsansätze** hingegen berücksichtigen auch Informationsverarbeitungsprozesse im Lang- und Kurzzeitgedächtnis wie »Lernen«, »Denken« und »Wissen«. In Darstellung 13 wird ein S-O-R-Modell gezeigt, das zusätzlich zu den bereits genannten psychischen Konstrukten auch Umfeldfaktoren (Einflüsse von Bezugsgruppen und der Kultur des Konsumenten) berücksichtigt.

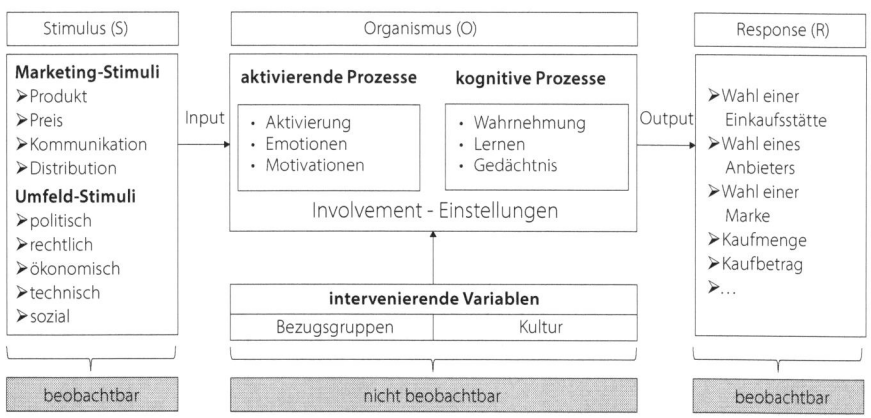

Dar. 13: SOR-Modell (vgl. Foscht et al. 2017, S. 30)

3.2 Einflussgrößen des Konsumentenverhaltens

Wie oben dargestellt, lassen sich die intervenierenden Variablen in **psychische** (intrapersonale) sowie **umfeldbezogene** (interpersonale) Einflussfaktoren untergliedern (vgl. Foscht et al. 2017, S. 33 f.; Trommsdorff/Teichert 2011, S. 31). Diese werden im Folgenden vorgestellt.

3.2.1 Psychische Einflussfaktoren

Aktivierende Prozesse sind mit inneren Erregungen und Spannungen verbunden und treiben den Menschen an. Dazu zählen Emotionen, Motivationen und Einstellungen. **Kognitive Prozesse** hingegen steuern die Aufnahme, Verarbeitung und Speicherung von Informationen. Hierzu zählen Wahrnehmungen und Bewertungen sowie Lern- und Entscheidungsprozesse (vgl. Kroeber-Riel/Gröppel-Klein 2019, S. 53). Aktivierende und kognitive Prozesse laufen i. d. R. nicht voneinander isoliert ab, sondern beeinflussen und ergänzen sich gegenseitig.

3.2.1.1 Aktivierende Prozesse

Aktivierung kann als entscheidende Antriebskraft für das Handeln aufgefasst werden und spiegelt die »innere Erregung« bzw. Spannung eines Menschen wider. Der Grad der **Aktivierung** ist ein Maß dafür, wie leistungsbereit und leistungsfähig der menschliche Organismus ist (vgl. Kroeber-Riel et al. 2009, S. 61). Gemäß der Lambda-Hypothese steigt die Leistungsfähigkeit eines Individuums mit dem Grad der Aktivierung an, fällt nach Erreichen des Leistungsmaximums mit zunehmender Aktivierung jedoch wieder ab. Die Aktivierung schwankt im Tagesverlauf.

Eine spezielle Form der Aktivierung ist das **Involvement** eines Konsumenten (vgl. Kroeber-Riel/Gröppel-Klein 2019, S. 389; Foscht et al. 2017, S. 136). Das Involvement kann als Relevanz (Ich-Beteiligung) eines Objektes für einen Konsumenten aufgefasst werden. Ein stark involvierter Konsument bringt einem Produkt viel Aufmerksamkeit entgegen und ist bereit, sich intensiv damit auseinanderzusetzen. Ein stark involvierter Konsument sucht häufig von sich aus nach Informationen und erkundigt sich bei Freunden und im Internet über Erfahrungen mit dem Produkt. Ist das Involvement schwach ausgeprägt, empfindet ein Konsument Informationen über das Objekt ggf. sogar als Belästigung (z. B. bei Werbeunterbrechungen im Fernsehen). Stark bzw. schwach involvierte Konsumenten verhalten sich somit sehr unterschiedlich und sind daher auch unterschiedlich durch das Marketing anzusprechen (▶ Dar. 14).

Dar. 14: Merkmale von High- und Low-Involvement-Käufen – dargestellt an Beispielen (vgl. Kuß/Tomczak 2007, S. 77)

	High-Involvement-Situation (Kauf eines Autos)	Low-Involvement-Situation (Kauf eines Haushaltsreinigers)
Informationsaufnahme	Lesen von Testberichten, Prospekten, Gespräche im sozialen Umfeld, Probefahrten	Zufälliger, passiver Kontakt zu Werbung, Verkaufsförderung, Verpackungsgestaltung etc.
Informationsverarbeitung	Vergleich einer größeren Anzahl von Alternativen, Abwägung relevanter Produkteigenschaften	Vertrautheit mit einer stark beworbenen oder am Point of Sale häufig gesehenen Marke
Verarbeitung von Werbebotschaften	Beschäftigung mit der in Anzeigen dargestellten Details	Geringes Interesse, zufälliger Kontakt zu Werbung
Auswahl einer Alternative	Suche nach der besten Alternative	Suche nach einer akzeptablen Alternative
Beziehung zu Persönlichkeit und Lebensstil	Große Bedeutung im Hinblick auf Selbstbild und Fremdbild	Keine nennenswerte Relevanz für den Lebensstil
Einfluss von Bezugsgruppen	Ausrichtung an Standards der sozialen Schicht/Subkultur	Keinerlei Relevanz hinsichtlich Bezugsgruppen

Um Konsumenten gezielt zu aktivieren, können verschiedene Reizmechanismen ausgelöst werden (vgl. Kroeber-Riel/Gröppel-Klein 2019, S. 77 ff.):

- **Affektive bzw. emotionale Reizwirkungen** schaffen innere Erregung und aktivieren biologische Verhaltensmuster (z. B. kann die Darstellung von Babys bei Frauen Muttergefühle auslösen).
- **Kognitive Reizwirkungen** können durch bewusste Widersprüche oder Überraschungen erzielt werden. Sie stimulieren Denkvorgänge und führen zum Wissensaufbau beim Konsumenten.

- **Physische Reizwirkungen** können z. B. durch den Einsatz intensiver Reize wie der Farbe Rot, Musik, Farben oder Gerüche ausgelöst werden und erhöhen die Aufnahmefähigkeit für Umweltreize.

Das Verhalten von Konsumenten wird in erheblichem Ausmaß von **Emotionen** gesteuert. Emotionen sind innere, physiologische Erregungszustände, die als angenehm oder unangenehm empfunden und mehr oder weniger bewusst erlebt werden (vgl. Kroeber-Riel/Gröppel-Klein 2019, S. 94). Sie lassen sich in primäre (universelle) und sekundäre (soziale) Emotionen untergliedern. Primäre Emotionen sind angeboren und lassen sich kulturübergreifend beobachten. Hierzu gehören Freude, Trauer, Ärger, Überraschung, Furcht und Ekel. Soziale Emotionen sind abhängig vom Umfeld eines Menschen, d. h. erlernt, und sind nicht in allen Kulturen gleich stark ausgeprägt. Hierzu gehören Mitgefühl, Scham, Verlegenheit, Eifersucht, Schuldgefühl, Stolz, Neid, Dankbarkeit, Bewunderung, Entrüstung und Verachtung (vgl. Damasio 2014). Emotionen können kurzfristig sein (Affekte) oder länger anhalten (Stimmungen) und lassen sich insb. durch nonverbale Reize wie Bilder, Farben, Musik oder Duftstoffe erzeugen. Visuelle Reize eignen sich besser als verbale Reize, um Emotionen auszulösen. Häufig wird versucht, Marken durch die Verknüpfung mit positiven Emotionen emotional aufzuladen (z. B. die frühere Marlboro-Werbung mit Cowboys in der Prärie oder Anzeigen von BECK'S mit einem Segelschiff im Hintergrund).

Menschliche **Motivationen** sind eng mit den emotionalen Prozessen verbunden, geben aber zusätzlich Aufschluss über das »Warum« des menschlichen Handelns (vgl. Scharf et al. 2022, S. 127). Ausgangspunkt ist ein bewusst oder unbewusst empfundener Mangelzustand (z. B. Einsamkeit). Eine bekannte Strukturierung menschlicher Motive geht auf Maslow zurück, der mit seiner **Bedürfnispyramide** viel Aufmerksamkeit innerhalb der Kaufverhaltensforschung erfahren hat (vgl. Maslow 1975, S. 358 ff.) Das Modell unterscheidet fünf grundlegende Bedürfniskategorien, die zueinander in einer hierarchischen Beziehung stehen (vgl. Meffert et al. 2024, S. 112):

- **Physiologische Bedürfnisse** (z. B. Nahrung, Schlaf, Erhaltung der Gesundheit)
- **Sicherheitsbedürfnisse** (z. B. Erhaltung der Erwerbsfähigkeit, Alterssicherung)
- **Soziale Bedürfnisse** (z. B. Zugehörigkeit, Geselligkeit, Liebe)
- **Prestigebedürfnisse** (z. B. Anerkennung durch Mitmenschen)
- **Selbstverwirklichung** (z. B. Entfaltung der Persönlichkeit, Spaß, Kreativität)

Nach Maslow kann jede Bedürfniskategorie bis hin zum »höchsten« Bedürfnis Selbstverwirklichung erst dann erreicht werden, wenn die darunter liegenden Bedürfnisse befriedigt werden konnten. Das Modell vereinfacht die Realität stark, da Bedürfnisse selten vollständig befriedigt sind und manchen Menschen ist etwa Status wichtiger als soziale Kontakte (vgl. Meffert et al. 2024, S. 112). Dennoch kann es Marketingverantwortlichen Hinweise darauf liefern, wie Leistungen zu gestalten und zu kommunizieren sind, um von Konsumenten als erstrebenswert wahrgenommen zu werden (▶ Dar. 15).

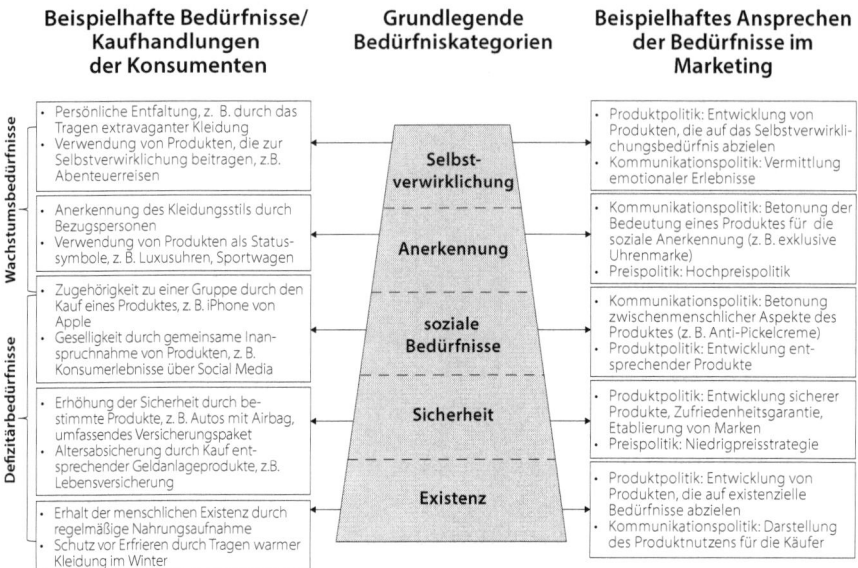

Dar. 15: Grundlegende Bedürfniskategorien und Möglichkeiten zu deren Ansprache (vgl. Homburg 2020, S. 32)

Um Bedürfnisse und ihre Auswirkungen auf das Konsumentenverhalten besser zu verstehen, bedient sich das Marketing seit längerer Zeit der Erkenntnisse aus den **Neurowissenschaften**. Im Zentrum des Züricher Modells der sozialen Motivation stehen – analog zu Maslows Bedürfnispyramide – die physiologischen Bedürfnisse wie z. B. Hunger, Durst, Schlaf und Sexualität. Darüber hinaus unterscheidet das Modell drei **Motivsysteme** (Scharf et al. 2022, S. 130 ff. in Anlehnung an Bischof 1985, S. 414 ff. sowie Bischof 1993, S. 5 ff.):

- Das **Sicherheitssystem** lässt den Menschen nach Bindung, Stabilität und Geborgenheit streben. Sind diese Bedürfnisse erfüllt, erlebt der Mensch ein Gefühl von Harmonie und Sicherheit, bei Nichterfüllung hingegen Unsicherheit oder Angst. Daher versucht ein Konsument durch sein Verhalten in den Zustand von Balance zurückzufinden. Als Anbieter kann es hier hilfreich sein, Qualitätssignale wie eine lange Unternehmenstradition oder die Bewerbung eines Produktes durch einen Influencer zu nutzen. Güter, die dieses Bedürfnis befriedigen, sind etwa Produkte zur Altersvorsorge oder Sicherheitssysteme wie ein Bremsassistenten oder Airbags im Pkw. Etablierte Markenartikel lösen auch ein Gefühl von Sicherheit aus.
- Das **Erregungssystem** lässt den Menschen nach Stimulanz, Abwechslung und Entdeckung streben und motiviert ihn, neuartige Reize aus der Umgebung auf-

zunehmen, um Langeweile zu vermeiden (vgl. zum Phänomen des **Variety Seeking** Dechêne 2006, S. 9 ff.). Bei Erfüllung empfindet der Mensch Überraschung, Spaß und Freude, bei Nichterfüllung Monotonie und Langeweile. Auch das Bedürfnis nach Individualität spielt hier eine große Rolle. Güter, die dieses Bedürfnis ansprechen, sind etwa Sportwagen, Abenteuerreisen oder Freizeitparks.
- Das **Autonomiesystem** motiviert Menschen dazu, außerordentliche Leistungen zu erbringen, Anerkennung im sozialen Umfeld zu erhalten und Macht auszuüben. Das Autonomiesystem steuert die Durchsetzungsfähigkeit des Individuums im Kampf gegen Konkurrenten um Nahrungsmittel, Lebensraum und Sexualpartner. Bei Erfüllung empfindet das Individuum Stolz bzw. ein Sieges- und Überlegenheitsgefühl, bei Nichterfüllung fühlt es Ärger, Wut oder ein Gefühl der Minderwertigkeit. Güter, die dieses System ansprechen sind bspw. Produkte wie Luxusuhren, VIP-Tickets oder luxuriöse Immobilien.

Bedient sich das Marketing neurowissenschaftlicher Erkenntnisse und Methoden, um die im Organismus des Konsumenten ablaufenden psychischen Prozesse zu verstehen und zu beeinflussen, wird neben **Neuromarketing** auch von **Consumer Neuroscience** gesprochen (vgl. Kenning 2020, S. Hubert/Kenning 2008). Dem Neuromarketing liegt die Annahme zugrunde, dass ökonomische Entscheidungen zu großen Teilen auf unbewusst ablaufenden Prozessen beruhen und Konsumenten ihr eigenes Verhalten oft nicht rational erklären können. Das Neuromarketing untersucht dabei sowohl das Verhalten einzelner Konsumenten als auch soziale Prozesse in Gruppen. Durch den Einsatz von Technologien wie funktioneller Magnetresonanztomographie (MRT), Elektroenzephalographie (EEG) und Eye-Tracking können Neuromarketing-Forscher die neuronale Aktivität und die emotionalen Reaktionen von Konsumenten messen (vgl. Kenning 2020, S. 36 ff.).

Das am häufigsten zur Erklärung des Kaufverhaltens herangezogene Konstrukt ist die **Einstellung** (vgl. Meffert et al. 2024, S. 113). Eine Einstellung lässt sich als gelernte, weitgehend dauerhafte Bereitschaft eines Menschen definieren, ein bestimmtes Objekt (z. B. Marke, Unternehmen) oder eine Person positiv oder negativ zu bewerten (vgl. Steffenhagen 2008, S. 69; Trommsdorff/Teichert 2011, S. 126). Einstellungen haben zentrale Bedeutung für das Marketing, da sie die Kaufbereitschaft maßgeblich beeinflussen und oft ein guter Indikator für das Kaufverhalten sind. Nach der Drei-Komponenten-Theorie setzen sich Einstellungen aus folgenden Komponenten zusammen (vgl. Triandis 1975, S.11; Dechêne 2006, S. 44):

- einer kognitiven (synonym: rationalen, verstandesbezogene) Komponente, die durch Denkvorgänge geprägt ist,
- einer emotionalen (synonym: gefühlsmäßigen) Komponente, die durch positive oder negative Gefühle geprägt ist sowie
- einer konativen (synonym: verhaltensbezogenen) Komponente, z. B. der Bereitschaft, eine bestimmte Handlung zu ergreifen.

Häufig wird der Begriff **Image** synonym zum Einstellungsbegriff verwendet. Der Begriff des Images setzt sich allerdings aus einer Vielzahl emotionaler und kognitiver Eindrücke von einem Objekt oder einem Anbieter zusammen und ist daher weniger klar als der Begriff der Einstellung (vgl. Steffenhagen 2008, S. 69).

Präferenzen lassen sich als innere Rangordnung einer Person bei der Einschätzung von Objekten oder Anbietern verstehen (vgl. Steffenhagen 2008, S. 69). Diese können sich sowohl auf der Grundlage einer rationalen Bewertung eines Objektes bilden (z. B. bevorzugt ein Käufer ein bestimmtes Auto aufgrund der höheren Motorleistung) als auch auf der Grundlage emotionaler Merkmale eines Produktes (z. B. wird ein Restaurant als gemütlicher bewertet als andere).

Nach dem Kauf bzw. der Verwendung eines Produktes stellt sich beim Käufer **Zufriedenheit** ein – oder auch nicht. Auch Kundenzufriedenheit ist eine wertende Haltung einer Person zu einer Leistung, sie kann daher als Einstellung verstanden werden. Sie nimmt innerhalb des Marketing eine herausragende Stellung ein (vgl. Walsh et al. 2020, S. 92), da sie darüber entscheidet, ob ein Konsumente ein Produkt erneut kauft und es in seinem sozialen Umfeld empfiehlt. Zur Erklärung von Kundenzufriedenheit wird das Confirmation-Disconfirmation-Paradigma (C/D-Paradigma) herangezogen (▶ Dar. 16). Es postuliert, dass Kundenzufriedenheit (nur) dann entsteht, wenn die Erwartungen eines Käufers an ein Produkt übertroffen wurden (vgl. Homburg 2022, S. 46; Kotler et al. 2022, S. 293).

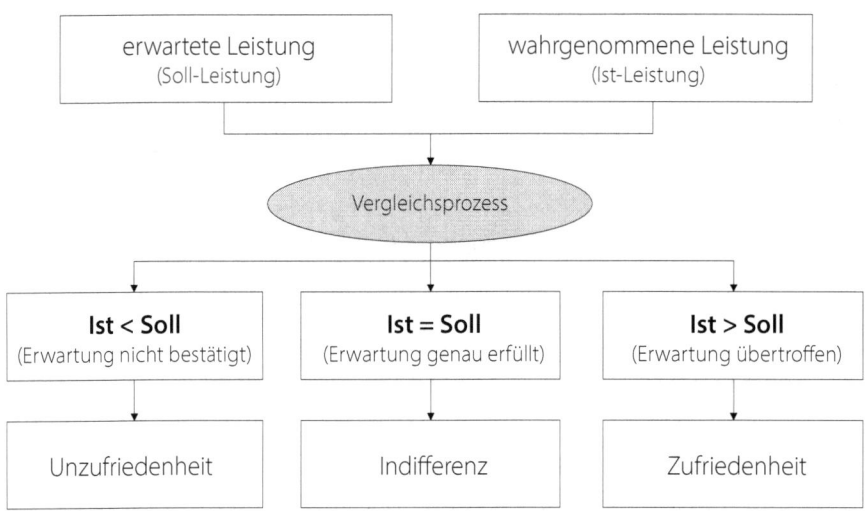

Dar. 16: Das Conformations-Disconfirmation-Paradigma (vgl. Homburg, 2020, S. 46)

Zu betonen ist die hohe Bedeutung eines professionellen Erwartungsmanagements: Denn je größer die Versprechungen eines Anbieters vor dem Kauf ausfallen, desto stärker steigen die Erwartungen des Käufers an die Leistung und desto schwieriger wird es, ihn zufriedenzustellen. Insofern ist entschieden davon abzuraten, den

Käufern Leistungsversprechen zu unterbreiten, die nicht erfüllt werden können. Die entstehende Unzufriedenheit kann sich in extremen Fällen in einem »Shitstorm« entladen, welcher der Reputation eines Anbieters erheblich schaden kann. Darüber hinaus spielen Erfahrungen aus der Vergangenheit eine wichtige Rolle: Je zufriedener ein Käufer in der Vergangenheit mit der Leistung des Anbieters war, desto höher sind seine Anforderungen an das nächste Konsumerlebnis. Insofern spielt auch ein professionelles Qualitätsmanagement, das auf die Optimierung von Prozessen und Produkten abzielt, eine wichtige Rolle, um ein durchgehend hohes Leistungsniveau sicherzustellen.

Kundenzufriedenheit wirkt sich positiv auf die **Kundenloyalität** aus (vgl. Homburg 2020, S. 47, 563; Bruhn 2019, S. 26). Loyalität fördert das Wiederkaufverhalten eines Käufers, seine Bereitschaft, auch andere Produkte beim Anbieter zu kaufen (Cross-Buying) und das Unternehmen und seine Produkte in seinem sozialen Umfeld zu empfehlen. Eine in der Praxis vielbeachtete Messmethode – der Net Promotor Score – misst die Kundenloyalität bzw. Weiterempfehlungsbereitschaft anhand einer einzigen Frage (»Wie wahrscheinlich ist es, dass Sie den Anbieter bzw. seine Produkte in Ihrem Umfeld weiterempfehlen?«, ▶ Kap 14.3).

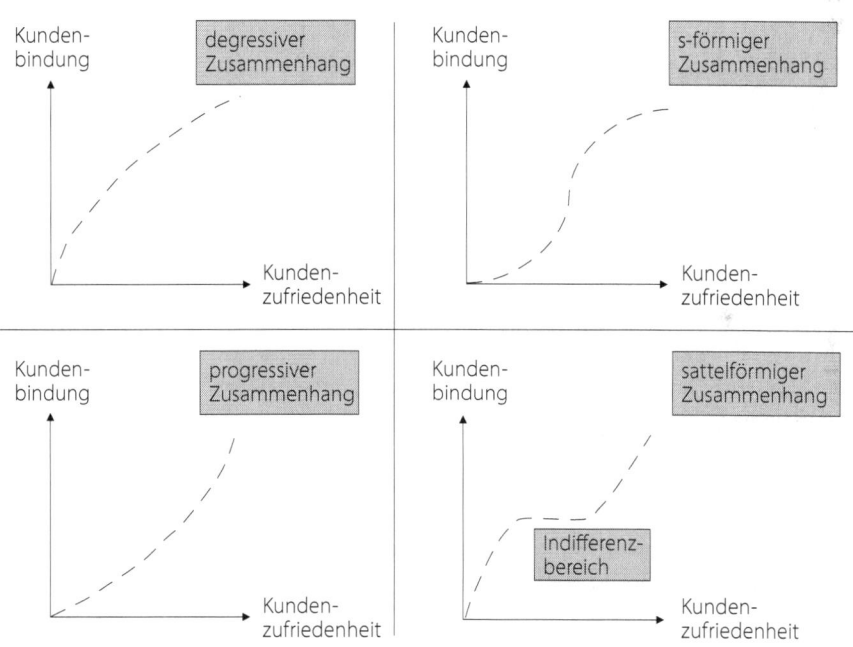

Dar. 17: Möglicher Verlauf des Zusammenhangs zwischen Kundenzufriedenheit und Kundenbindung (vgl. Homburg/Bucerius 2016, S. 60)

Darüber hinaus wirkt sich Kundenzufriedenheit positiv auf die **Kundenbindung** aus (Homburg 2020, S. 563). Der Zusammenhang zwischen Kundenzufriedenheit und Kundenbindung kann allerdings sehr unterschiedlich verlaufen, wie Darstellung 17 verdeutlicht. Dies liegt u. a. daran, dass es neben der Kundenzufriedenheit weitere Einflussfaktoren auf die Kundenbindung gibt: Ein Kunde kann auch aufgrund eines Vertrages an ein Unternehmen gebunden sein (»Fesselung«) oder zu hohe Kosten bei einem Anbieterwechsel tragen müssen (vgl. Homburg 2020, S. 562 f.). Daher ist es insb. auf Märkten mit austauschbaren Produkten wichtig, neben der Schaffung von Kundenzufriedenheit auch Barrieren gegen den Anbieterwechsel eines Kunden aufzubauen (vgl. Esch et al. 2017, S. 424).

3.2.1.2 Kognitive Prozesse

Die bislang erläuterten aktivierenden Prozesse treiben einen Menschen an. Demgegenüber sind **kognitive Prozesse** gedankliche Vorgänge, um das eigene Verhalten zu kontrollieren und zu steuern. Kognitionen sind subjektives Wissen, das einem Konsumenten durch Erinnern oder Wahrnehmung zur Verfügung steht (vgl. Trommsdorff/Teichert 2011, S. 75). Kognitive Prozesse lassen sich in **drei Teilprozesse untergliedern** (vgl. Kroeber-Riel/Gröppel-Klein 2019, S. 258):

- Informationsaufnahme
- Informationsverarbeitung (Wahrnehmen und Beurteilen)
- Informationsspeicherung (Lernen und Denken)

Es gibt zwei Wege der **Informationsaufnahme**: Interne Informationen werden von einem Konsumenten aus seinem Langzeitgedächtnis abgerufen und in das Kurzzeitgedächtnis überführt. So erinnert sich ein hungriger Konsument an den Geschmack eines Schokoladenriegels, den er vor längerer Zeit gegessen hat. Je mehr Erfahrungen ein Konsument mit einer bestimmten Produktkategorie gesammelt hat, desto unabhängiger ist er von externer Information: Externe Informationen nimmt der Konsument über seine Sinnesorgane (Sehen, Hören, Tasten, Riechen, Schmecken) wahr. Ein Konsument kann aktiv nach Informationen suchen (z. B. beim Planen des nächsten Urlaubs), die meisten Umweltreize werden jedoch passiv aufgenommen (z. B., wenn sich ein Konsument durch die Einkaufsstätte bewegt und die Marken im Verkaufsregal identifiziert oder wenn er während des Schauens eines Films mit Werbung für ein Produkt konfrontiert wird.

Im Rahmen der **Informationsverarbeitung** werden die vom Konsumenten aufgenommenen Informationen im Gehirn verarbeitet. Im Zentrum der Informationsverarbeitung steht der **Wahrnehmungsprozess**. Darunter versteht man die Aufnahme und Selektion von Informationen durch das Individuum sowie deren Gliederung, Strukturierung und Interpretation (vgl. Kroeber-Riel/Gröppel-Klein 2019, S. 304 ff.). Wahrnehmungsprozesse sind selektiv, d. h. ein Käufer filtert angesichts seiner begrenzten Informationsverarbeitungskapazität diejenigen Informationen heraus, die er angesichts seiner Bedürfnisse und Erfahrungen für wichtig hält (vgl. Klimke et al. 2020, S. 855). Die **Beurteilung** eines Produktes steht am Ende des Wahrnehmungsprozesses. Wie Darstellung 18 verdeutlicht, fließen in die Produktbeurteilung sowohl aktuelle Informationen über das Produkt (z. B. Verpackung) bzw. das Umfeld (z. B. Ladengestaltung, Warenpräsentation) als auch Gedächtnisinhalte ein. Decken sich die aktuellen Produktinformationen mit den gespeicherten Gedächtnisinhalten, erleichtert dies die Produktbeurteilung und fördert die Erinnerung. Zur Verarbeitung der Informationen nutzen Konsumenten **kognitive Programme**. Bei einfachen Kaufentscheidungen können dies »Denkschablonen« sein, die den Beurteilungsprozess stark vereinfachen. Beispielsweise orientiert sich ein Konsument bei der Auswahl eines Lebensmittels an dessen Preis oder einem Bio-Siegel. Im Falle von High-Involvement-Käufen kommen oft komplexere Beurteilungsverfahren zum Einsatz, indem sich der Konsument über alle Produktmerkmale informiert, diese gewichtet und zu einem Gesamturteil zusammenführt (vgl. vertiefend Scharf et al. 2022, S. 160 ff.).

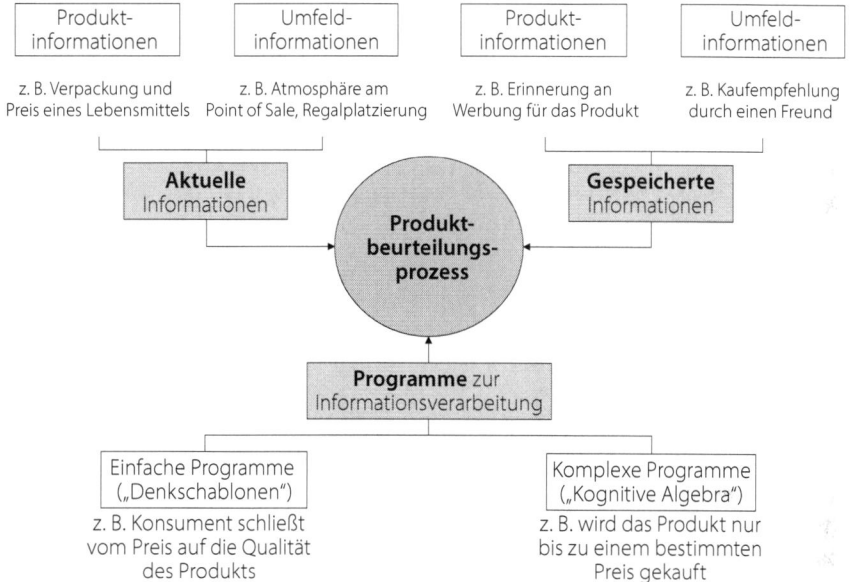

Dar. 18: Der Prozess der Produktbeurteilung im Überblick (vgl. Scharf et al. 2022, S. 157 in Anlehnung an Kroeber-Riel/Gröppel-Klein 2019, S. 313)

Der dritte Teilprozess im Rahmen der kognitiven Prozesse ist die **Informationsspeicherung**. Das **Drei-Speicher-Modell** erklärt, wie Informationen im **Gedächtnis** verarbeitet und gespeichert werden (vgl. Atkinson/Shiffrin 1968, S. 89 ff.). Das Modell unterscheidet drei Subsysteme:

1. Das **sensorische Gedächtnis** wird auch als Ultrakurzzeitgedächtnis bezeichnet. Hier werden die über die Sinne aufgenommenen Reize für ihre Weiterverarbeitung im Arbeitsspeicher zwischengelagert. Da das sensorische Gedächtnis keine Auswahl der eingehenden Eindrücke trifft, ist die Speicherkapazität zwar sehr groß, die Speicherdauer jedoch äußerst gering (0,1 bis 1 Sekunde).

2. Das **Kurzzeitgedächtnis** trifft eine erste Auswahl der Reize in Abhängigkeit ihres Aktivierungspotenzials. Die Reize werden entschlüsselt, interpretiert und mit den im Langzeitgedächtnis gespeicherten Erfahrungen abgeglichen. Die Informationen des Kurzzeitgedächtnisses werden entweder nach wenigen Sekunden gelöscht oder im Langzeitgedächtnis gespeichert.
3. Das **Langzeitgedächtnis** ist das »eigentliche« Gedächtnis des Menschen und besitzt eine enorm hohe Speicherkapazität und -dauer. Das Speichern von Informationen im Langzeitgedächtnis erfolgt dadurch, dass neue Informationen mit bereits vorhandenen abgeglichen und mit ihnen verbunden werden. In Abhängigkeit der gespeicherten Inhalte wird das Langzeitgedächtnis in drei Kategorien unterteilt:
   a) Das prozedurale Gedächtnis ist für das Erlernen von Fertigkeiten und Handlungen zuständig. Ein Konsument hat bspw. gelernt, eine Tätigkeit wie Radfahren auszuüben, ohne sich dessen Ausführung bewusst erinnern zu müssen. Es ermöglich also ein unterbewusst ausgeführtes, »automatisches« Verhalten.
   b) Das deklarative Gedächtnis speichert für das Marketing relevantes Wissen. Hier werden zwei Untergruppen unterschieden (vgl. Rolls 2000; Schacter/Tulving 1994): Das semantische Gedächtnis entspricht dem Wissenssystem des Menschen. Es speichert Fakten und Problemlösungsmuster, die von der sich erinnernden Person unabhängig sind. Hier ist bspw. das Wissen um Produkte und deren Eigenschaften verortet. Das episodische Gedächtnis hingegen speichert persönliche Erfahrungen mit einem direkten Raum- und Zeitbezug, z. B. eine positive Produkterfahrung wie einen als angenehm empfundenen Urlaub.

Aufgrund der hohen Bedeutung der **(Marken-)Bekanntheit (Awareness)** sollen hier die wichtigsten Formen der Bekanntheit vorgestellt werden (vgl. Becker 2019, S. 25):

- **Aktive, ungestützte Bekanntheit (Recall)** liegt vor, wenn ein Konsument sich frei an eine Marke oder einen Anbieter erinnern kann, d. h. diese von sich aus nennt, wenn ihm die Produktkategorie genannt wird (z. B. Frage: Welche Biermarken können Sie nennen? Antwort: BITBURGER).
- **Passive, gestützte Bekanntheit (Recognition)** liegt vor, wenn ein Konsument eine Marke nach visueller und/oder akustischer Stützung wiedererkennt (z. B. Frage: Kennen Sie die Marke BITBURGER? Antwort: ja oder nein).
- **Top-of-Mind-Awareness** bezieht sich auf die Marke, die ein Käufer zuerst nennt. Bei Low-Involvement-Produkten besitzt die(se) Marke die höchste Kaufwahrscheinlichkeit.

In der Konsumentenverhaltensforschung spielt das **Lernen** eine zentrale Rolle (vgl. Scharf et al. 2022, S. 166). Aus Sicht des Marketing bedeutet Lernen den Erwerb von Marken- und Produktwissen und die Anpassung des eigenen Verhaltens aufgrund dieses Wissens. Die Lernforschung unterscheidet verschiedene Konzepte, um Lernprozesse zu erklären. In der Erforschung des Konsumentenverhaltens haben insb. die klassische und instrumentelle Konditionierung großen Anklang gefunden (vgl. Raab et al. 2016, S. 203 ff.). Lernen durch **klassische Konditionierung** geht auf Iwan Pawlow (1927) zurück. Das klassische Experiment wurde von Pawlow mit einem Hund durchgeführt: Durch wiederholte Lernprozesse einer identischen Situation wird ein neutraler Reiz (beim Hund die Glocke bzw. auf das Marketing übertragen bspw. der Produktname) mit einem unbedingten Reiz aufgeladen (Futter bzw. emotionale Bilder). Die Reaktion (Speichelabsonderung bzw. im Marketing die emotionale Bedeutung eines Produktes für den Konsumenten) erfolgt nun allein durch den neutralen Reiz (vgl. Esch et al. 2017, S. 70). Dies wird als **emotionale Konditionierung** bezeichnet (vgl. Meffert et al. 2024, S. 108; Bänsch 2002, S. 86 f.; Kroeber-Riel/Gröppel-Klein 2019, S. 144 f.). Die Theorie der **instrumentellen Konditionierung** erklärt Lernen durch das Prinzip der Verstärkung. Hier wird davon ausgegangen, dass das Verhalten eines Individuums stark durch die Konsequenzen früherer Handlungen beeinflusst wird (vgl. Kroeber-Riel/Gröppel-Klein 2019, S. 357; Foscht et al. 2017, S. 126): Verhaltensweisen, die in der Vergangenheit zu positiven Erfahrungen geführt haben, werden gegenüber Verhaltensweisen bevorzugt, die in der Vergangenheit zu unangenehmen Empfindungen geführt haben.

3.2.2 Umfeldbezogene Einflussfaktoren

Die umfeldbezogenen Einflussfaktoren üben ihre Wirkung auf das Verhalten von Konsumenten über die Interaktion eines Individuums mit seinem Umfeld aus. Sie lassen sich in **soziale** und **kulturelle Determinanten** unterteilen (vgl. Scharf et al. 2022, S. 104). **Soziale Gruppen** bestehen aus Personen, die in wiederholten und nicht nur zufälligen wechselseitigen Beziehungen zueinander stehen. Dabei kann einerseits zwischen informalen und formalen und andererseits zwischen Mitgliedschafts- und Bezugsgruppen unterschieden werden (vgl. Meffert et al. 2024, S. 122).

- **Informale Gruppen (Primärgruppen)** sind meist Kleingruppen, deren Mitglieder sich persönlich nahestehen und ein ausgeprägtes Wir-Gefühl empfinden. Hierzu zählen insb. die Familie, der Freundeskreis und die Nachbarschaft (vgl. Hofmann/Akbar 2019, S. 143). Ihr Einfluss aufeinander ist stark ausgeprägt und gegenseitige Empfehlungen werden als glaubwürdig empfunden.
- **Formale Gruppen (Sekundärgruppen)** umfassen meist mehr Personen als Primärgruppen, die Beziehungen der Mitglieder zueinander sind jedoch weniger stark ausgeprägt als in Primärgruppen. Zu den Sekundärgruppen gehören bspw. Unternehmen, Schulen, Parteien oder Gewerkschaften. Die Struktur formaler Gruppen folgt einer festgelegten Organisation und ist eindeutig definiert. Der Einfluss einzelner Gruppenmitglieder auf andere ist hier schwächer ausgeprägt.
- **Mitgliedschaftsgruppen** sind formale und oft große Gruppen, in welche die Mitglieder faktisch oder nominell integriert sind (z. B. Mitgliedschaft in einem Sportverein). Die Beziehungen der Mitglieder sind meist lose bzw. die Mitglieder kennen sich untereinander nicht.

- **Bezugsgruppen** sind Gruppen, mit denen sich das Individuum identifiziert, ohne dass eine formale Zugehörigkeit bestehen muss. Die Wertvorstellungen, das Konsum- und Verbrauchsverhalten der Mitglieder dient häufig als Vergleichsmaßstab für andere Gruppenmitglieder. Anerkennung durch die Gruppenmitglieder wirkt als Belohnung. Influencer auf Social Media gehören bspw. in diese Kategorie und können als Meinungsführer das Verhalten der übrigen Gruppenmitglieder stark beeinflussen.

Bearden und Etzel (1982, S. 184) unterscheiden drei Arten des Einflusses von Bezugsgruppen auf das Kaufverhalten (vgl. auch Solomon 2013, S. 420):

- **Informativer Einfluss**: Gruppenmitglieder können auf die Expertise der Gruppe zurückgreifen. Oft schätzen sie die Informationen von anderen Mitgliedern z. B. aus Internetforen glaubwürdiger ein als das Leistungsversprechen eines Anbieters.
- **Nutzenbringender Einfluss**: Mitglieder können von den Gruppenmitgliedern Bestätigung erhalten oder soziale Missbilligung vermeiden, indem sie sich an das Verhalten der Gruppe anpassen (z. B. Anpassung im Kleidungsstil oder Musikgeschmack).
- **Wertexpressiver Einfluss**: Konsumenten können durch die Verwendung bestimmter Produkte (z. B. Luxuskleidung, iPhone) innerhalb der Bezugsgruppe ihren Lebensstil ausdrücken und hierdurch Anerkennung aus dem Netzwerk erfahren.

Auch **kulturelle Faktoren**, d. h. gesellschaftlich übereinstimmende Muster im Denken, Fühlen und Handeln prägen menschliches Verhalten. Sie umfassen folgende Dimensionen (Kroeber-Riel/Gröppel-Klein 2019, 524 ff.):

- Grundlegende **Werte** und **Normen**: Zum Beispiel gelten Deutsche als besonders pflichtbewusst (z. B. pünktliche Erfüllung von Aufgaben), Briten als besonders diszipliniert (z. B. beim Anstehen in einer Warteschlange) und Japaner als besonders höflich.
- Für eine Gesellschaft wichtiges **Wissen**: Hierunter fällt etwa die Militärtechnik in den USA oder die Fähigkeit zum produktiven Ackerbau in Afrika.
- Typische **Handlungsmuster**: Verbeugung bei der Begrüßung (Japan), Ablehnung durch Kopfschütteln (westliche Länder), Zustimmung durch Kopfschütteln (Indien).

Eines der bekanntesten Modelle zur Beschreibung von Unterschieden zwischen den Kulturen geht auf Hofstede zurück, der folgende sechs **Kulturdimensionen** unterscheidet (vgl. Hofstede 1980; Hofstede et al. 2017; Scharf et al. 2022, S. 104 ff.):

- **Hohe vs. niedrige Machtdistanz**: Diese Kulturdimension ist ein Indikator dafür, inwieweit weniger einflussreiche Menschen ungleiche Machtverhältnisse inner-

halb einer Gesellschaft akzeptieren. In Gesellschaften mit hoher Machtdistanz werden Personen, die die sich in einer höheren Position befinden, nicht infrage gestellt. Alter und Status werden in diesen Kulturen hoch angesehen. Viele westeuropäische Staaten wie Österreich oder Dänemark weisen eine vergleichsweise niedrige Machtdistanz auf, asiatische Länder eine hohe Machtdistanz.
- **Individualismus vs. Kollektivismus:** In individualistisch geprägten Gesellschaften werden Entscheidungen tendenziell unabhängig von anderen Mitgliedern getroffen und diese kümmern sich in erster Linie um sich selbst (z. B. England, USA, Australien). Kollektivistische Gesellschaften hingegen sind durch einen tendenziell stärkeren Zusammenhalt geprägt (z. B. China, Indonesien, Pakistan).
- **Hohe vs. niedrige Unsicherheitsvermeidung:** In Kulturen mit hoher Unsicherheitsvermeidung tendieren Personen dazu, risikobehaftete Situationen zu meiden und Sicherheit im Leben anzustreben (z. B. Japan, Griechenland, Russland). Kulturen mit niedriger Unsicherheitsvermeidung tendieren dazu, unkontrollierbare Situationen zu akzeptieren und Ungewissheit als Teil des Lebens zu betrachten (z. B. Singapur, Jamaika).
- **Maskulinität vs. Femininität:** In einer Gesellschaft mit hoher Maskulinität fühlen sich die Mitglieder von Wettbewerb und Leistung motiviert. Durchsetzungsfähigkeit und materieller Status werden positiv eingeschätzt (z. B. Italien, Irland, Mexiko). In Gesellschaften mit hoher Femininität wird der Aufbau persönlicher Beziehungen und einer hohen Lebensqualität für alle als wichtig empfunden (z. B. skandinavische Länder).
- **Langfristige vs. kurzfristige Orientierung:** Gesellschaften mit langfristiger Orientierung sind bereit, aktuelle Bedürfnisse zugunsten zukünftiger Bedürfnisse zurückzustellen und auf kurzfristige Erfolge zu verzichten. Die USA sind bspw. eher kurzfristig orientiert und streben tendenziell nach schnellen Erfolgen.
- **Genuss vs. Beherrschung:** Gesellschaften mit starker Genussorientierung sind dadurch gekennzeichnet, dass ihre Mitglieder ihre eigenen Bedürfnisse erreichen möchten und individuelle Wünsche ausleben. Gesellschaften mit starker Beherrschung hingegen folgen strikten sozialen Normen und stellen die eigenen Bedürfnisse hintan (z. B. Japan).

Darstellung 19 zeigt die Kulturdimensionen im Überblick.

Als **Subkulturen** bezeichnet man soziale Gruppen innerhalb einer Gesellschaft, die voneinander klar abgrenzbare Erfahrungen und Verhaltensweisen zeigen (vgl. Foscht et al. 2017, S. 158). Hierzu gehören ethnische, regionale und altersbezogene Subkulturen. In Bezug auf das Alter lassen sich in Deutschland verschiedene Subkulturen unterscheiden. Jede Subkultur hat ihre prägenden Ereignisse und unterschiedliche Werte ausgebildet (▶ Dar. 20).

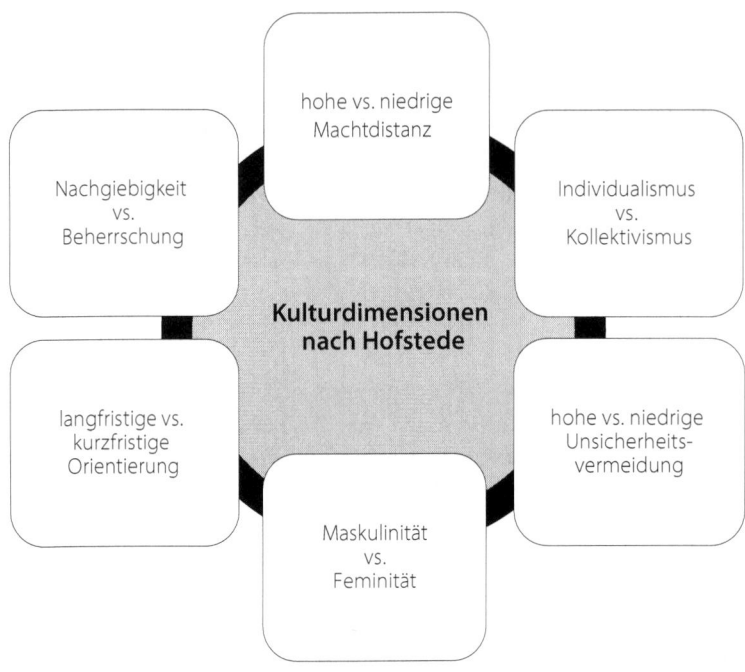

Dar. 19: Kulturdimensionen nach Hofstede (vgl. Scharf et al. 2022, S. 105)

Dar. 20: Überblick über altersbezogene Subkulturen in Deutschland (vgl. Scharf et al. 2022, S. 107 in Anlehnung an Mangelsdorf 2015, S. 13 ff.)

	Babyboomer	Generation X	Generation Y	Generation Z
Geburts-jahre	1946–1964	1965–1979	1980–1995	Ab 1996
Prägende Ereignisse	Wirtschafts-wunder Mauerbau Fernsehen Mondlandung Kuba-Krise	Ölkrise Tschernobyl WALKMAN Video MTV	Globalisierung Euro Wiedervereini-gung 9/11 Handy	Wirtschafts- und Finanzkrise iPad Smartphone Reality TV
Typische Ei-genschaften	pflichtbewusst tatkräftig optimistisch teamorientiert	skeptisch pragmatisch eigenständig pflichtergeben	authentisch selbstbewusst sozial vernetzt anspruchsvoll	realistisch fordernd hypervernetzt egozentrisch
Wichtige Werte	Strebsamkeit Gemeinschaft Demokratie Idealismus Loyalität	Autonomie Erfolg Flexibilität Individualismus Zielorientierung	Abwechslung Lifestyle Nachhaltigkeit Spaß Sinnstiftung	Erfüllung Sicherheit Unverbindlich-keit Zweckmäßigkeit Sparsamkeit

Von besonderer Bedeutung für das Marketing ist der Wandel von analoger zu digitaler Kommunikation. Insbes. innerhalb der Generation Z, die mit einem Smartphone aufgewachsen ist, ersetzt die digitale Kommunikation zunehmend analoge Kommunikationskanäle (z. B. Zeitschriftenwerbung) und sind über analoge Kanäle kaum noch zu erreichen.

3.3 Kaufentscheidungstypen

Der Kauf eines neuen Autos läuft anders ab als der regelmäßige Besuch eines Fast-Food-Restaurants. Um die Unterschiede im Verhalten von Konsumenten erklären zu können, ist eine nähere Betrachtung des Involvements des Konsumenten notwendig, da das Involvement die Bereitschaft zur Suche nach Informationen maßgeblich beeinflusst. Es hat eine emotionale und eine kognitive Facette. Bei **emotionalem Involvement** verspürt der Konsument besondere Gefühle in Bezug auf ein Produkt. Ist ein Konsument leidenschaftlicher Fan einer Musikgruppe, ist er emotional stark involviert und zeigt starkes Interesse für Informationen und Produkte bezüglich dieser Band. **Kognitives Involvement** zeigt sich darin, dass der Konsument Interesse hat, sich mit Informationen über Produkte auseinanderzusetzen und bereit ist, aktiv nach Informationen zu suchen. Je nach Ausmaß des emotionalen und kognitiven Involvements eines Käufers lassen sich vier Kaufentscheidungstypen unterscheiden (▶ Dar. 21).

Dar. 21: Arten von Kaufentscheidungen nach Involvement und kognitiver Auseinandersetzung (vgl. Homburg 2022, S. 114)

		Kognitives Involvement	
		Niedrig	Hoch
Emotionales Involvement	Hoch	Impulsive Kaufentscheidung (z. B. Modeschmuck, Süßes an der Supermarktkasse)	Extensive Kaufentscheidung (z. B. Immobilie, Pkw)
	Niedrig	Habitualisierte Kaufentscheidung (z. B. Milch, Brot)	Primär rationale Kaufentscheidung (z. B. Versicherungsprodukt, Fondsanteil)

- **Extensive Kaufentscheidungen** sind durch ein hohes kognitives und emotionales Involvement gekennzeichnet. Aufgrund des oftmals hohen Kaufrisikos und fehlender Erfahrungen innerhalb der Produktkategorie investiert ein Konsument viel Zeit in die Informationssuche und Bewertung des Produkts. Vor allem der Kauf hochpreisiger Güter (Specialty Goods wie eine Eigentumswohnung oder Fernreise) fällt in diese Kategorie.

- **Primär rationale Kaufentscheidungen** (auch als **limitierte Kaufentscheidungen** bezeichnet) zeichnen sich durch ein hohes kognitives und ein niedriges emotionales Involvement aus. Hier steht der funktionale Produktnutzen im Vordergrund, sodass der Konsument seine Entscheidung v. a. auf der Grundlage objektiver Produktinformationen trifft. Emotionen sind für die Kaufentscheidung hingegen kaum relevant (z. B. Kauf eines Versicherungsproduktes).
- **Habitualisierte Kaufentscheidungen** (niedriges kognitives und niedriges emotionales Involvement) laufen routiniert ab, da der Käufer diese gewohnheitsmäßig und ohne intensives Nachdenken kauft, d. h. die Entscheidung wird meist schnell und ohne einen systematischen Vergleich der Produktalternativen getroffen. Oft verfügt der Käufer aufgrund seiner Kauferfahrung über einen guten Überblick über die verfügbaren Angebote am Point of Sale. Habituelle Kaufentscheidungen finden sich häufig bei Gütern des täglichen Bedarfs (z. B. Lebensmittel).
- Bei **impulsiven Kaufentscheidungen** (oft auch als Impuls- oder Spontankäufe bezeichnet) liegt ein niedriges kognitives, jedoch ein hohes emotionales Involvement vor. Käufer reagieren hier oft unbewusst auf starke Reize (z. B. Farben, auffällige Produktinszenierung). Durch eine geschickte Platzierung am Point of Sale (z. B. auf Augenhöhe des Konsumenten oder an der Kasse) kann versucht werden, Impulskäufe gezielt auszulösen (z. B. Süßigkeiten).

Den Zusammenhang zwischen den Kaufentscheidungstypen und der Höhe des Involvements beim Kauf verdeutlicht Darstellung 22.

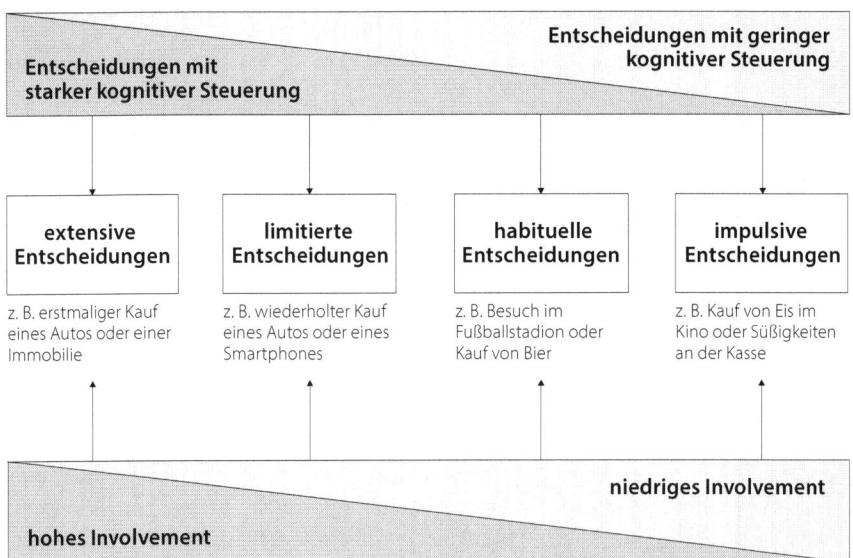

Dar. 22: Arten von Kaufentscheidungen in Abhängigkeit von kognitiver Kontrolle und Involvement (vgl. Esch et al. 2013, S. 67)

3.4 Kaufentscheidungsprozess

Der Kaufentscheidungsprozess (Buying Cycle) lässt sich in **fünf Phasen** untergliedern (vgl. Kotler et al. 2022, S. 287; Solomon 2013, S. 303), wie Darstellung 23 verdeutlicht.

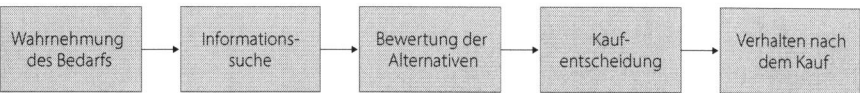

Dar. 23: Die fünf Phasen des Kaufprozesses (vgl. Kotler et al. 2022, S. 287)

- **Bedürfniserkennung**: Der Kaufentscheidungsprozess beginnt mit der Wahrnehmung eines Bedarfs, d. h. der Konsument verspürt ein Bedürfnis, das er durch den Kauf eines Produktes befriedigen möchte (vgl. Solomon 2013, S. 307). Das Bedürfnis kann durch innere Reize wie Hunger bzw. Durst oder durch einen äußeren Reiz geweckt werden. Der Konsument sieht z. B. ein Produkt im Schaufenster, in einem TV-Spot oder folgt der Produktempfehlung durch einen Influencer. Die Aufgabe des Marketingmanagements besteht darin, die Bedürfnisse der Konsumenten zu verstehen und externe Stimuli zu erzeugen, die eine Kaufbereitschaft fördern sollen (vgl. Runia/Wahl 2022, S. 56).
- **Informationssuche**: Gerade bei hohem Involvement sucht ein Konsument aktiv nach Informationen über ein Produkt. Die Informationssuche kann in eine interne und externe Suche unterteilt werden. In der Regel führt der Konsument zunächst eine interne Suche durch, d. h. er versucht, auf gespeicherte Gedächtnisinhalte zuzugreifen. Verfügt der Konsument über keine Erfahrungen, stehen ihm grundsätzlich vier Informationsquellen zur Verfügung (vgl. Kotler et al. 2022, S. 288 f.):
  - sein persönliches Umfeld (Familie, Freunde, Nachbarn, Bekannte, Kollegen)
  - Hersteller und Handel (Werbung, Verkaufspersonal, Verpackungen, Schaufenster, Internet)
  - allgemein zugängliche Quellen (Massenmedien, Stiftung Warentest und ähnliche Institutionen, Influencer)
  - Produkterfahrungen (Betrachten, Untersuchen und Nutzen des Produkts)

Die Aufgabe des Marketingmanagements ist es in dieser Phase, geeignete Informationsquellen auszuwählen und umfassend und glaubwürdig über das Produkt zu informieren.

- **Bewertung der Alternativen**: Der Konsument bewertet nun die verschiedenen Produkte auf der Grundlage der ihm zur Verfügung stehenden Informationen. Häufig entwickelt er eine Präferenz für ein bestimmtes Produkt, die zu einer Kaufabsicht führt. Je nachdem, wie intensiv die Suche erfolgt, nimmt der Konsument von der Gesamtheit verfügbarer Alternativen (Total Set) eine mehr oder weniger große Teilmenge wahr (Awareness Set), von der nur ein Teil im Bewertungsprozess berücksichtigt wird (Processed Set). Übrig bleiben nur wenige Alternativen, die für den Konsumenten infrage kommen (Relevant bzw. Evoked Set) und aus denen der Konsument letztlich auswählt (Choice). Die Aufgabe des Marketingmanagement ist es in dieser Phase, die eigenen Produkte so zu positionieren, dass diese es in das Relevant Set des Käufers schaffen.

- **Kaufentscheidung**: Üblicherweise wählt ein Konsument seine bevorzugte Marke. Mehrere Faktoren können jedoch dazu führen, dass es nicht zum Kauf kommt: Beispielsweise kann dies am Einfluss anderer Personen liegen: Wird ein Konsument bspw. von Freunden oder im Internet vor einem Kauf gewarnt, sinkt die Kaufwahrscheinlichkeit. Auch situative Einflüsse können eine Rolle spielen: Ist das Produkt an der Einkaufsstätte nicht verfügbar oder ist der Kauf eines anderen Produktes plötzlich dringender, kann dies zum Abbruch des Kaufprozesses führen. Schließlich mag die Kaufkraft des Konsumenten für den Erwerb des Produktes nicht ausreichen. Die Aufgabe des Marketingmanagements besteht in dieser Phase darin, Rahmenbedingungen zu schaffen, um eine vorhandene Kaufbereitschaft in einen tatsächlichen Kauf zu überführen (z. B. die Verfügbarkeit am Point of Sale oder Finanzierungsangebote).
- **Nachkaufphase**: Das Produkt wird nun vom Käufer ge- oder verbraucht. Übertrifft das Produkt die Erwartungen des Käufers, stellt sich Zufriedenheit oder sogar Begeisterung ein, wodurch die Wahrscheinlichkeit von Wiederholungskäufen bzw. einer Weiterempfehlung durch den Konsumenten steigt. Bei starker Unzufriedenheit ist ein Wiederkauf unwahrscheinlich und es ist mit negativer Mund-zu-Mund-Propaganda zu rechnen, die sich angesichts der starken Verbreitung sozialer Medien bis hin zu einem »Shitstorm« entwickeln kann. Studien belegen, dass unzufriedene Konsumenten deutlich mehr über ihr negatives Konsumerlebnis sprechen als zufriedene Kunden (vgl. Runia/Wahl 2022, S. 58). Anbieter sollten daher ein Beschwerdemanagement installieren, um Hinweise auf mögliche Verbesserungen zu gewinnen. Darüber hinaus ist es insb. bei technisch anspruchsvollen Produkten wichtig, Kunden in der Nachkaufphase professionell zu betreuen, um Vertrauen aufzubauen und die Kundenbindung zu steigern.

Der klassische Kaufprozess wird häufig mit der sog. **Customer Journey** in Verbindung gebracht. Im Verlauf des Kaufprozesses kommt ein Käufer mit den unterschiedlichsten analogen (z. B. Prospekte, Verkaufsberatung) und digitalen (z. B. Social Media, Webseite, Apps) Touchpoints in Kontakt (▶ Dar. 24). Die Customer Journey bezeichnet die aufeinanderfolgenden Berührungspunkte eines Konsumenten mit dem Anbieter und dessen Angebot im Verlauf des Kaufprozesses. Die Aufgabe des Marketingmanagements bei der Gestaltung der Customer Journey besteht darin, die Bedeutung der einzelnen Touchpoints innerhalb der Kaufphasen zu erkennen und diese so aufeinander abzustimmen, dass ein Käufer die in den einzelnen Phasen benötigten Informationen zum Anbieter und zum Produkt erhält. Dabei ist es wichtig, über die einzelnen Touchpoints hinweg konsistent zu kommunizieren, um ein stimmiges Markenimage im Kopf des Konsumenten zu verankern. Die Customer Journey bildet die Grundlage für die **Customer Experience**. Während die Customer Journey die Kontaktpunkte im Kaufentscheidungsprozess abbildet, geht es in der Customer Experience um die Gesamterfahrung eines Käufers mit einem Anbieter über die Kontaktpunkte entlang der durchlaufenen Customer Journey (vgl. Homburg et al. 2017, S. 378).

Online-Touchpoints

Wahrnehmung des Bedarfs	Informations- suche	Bewertung der Alternativen	Kauf- entscheidung	Verhalten nach dem Kauf
• Suchmaschinen • Unternehmenswebseite • Soziale Medien • Mobile App • Newsletter • Onlineshop	• Influencer • Onlineforen • Preisvergleichsseiten • Blogs	• Online-Kombinationsangebote • Personalisiertes Online Angebot • Online-Preisaktion	• Mobile App • Servicechat	• Mailing • Onlinereviews • Onlinesupport
• Messe/Ausstellung • TV/spot • Plakat • Produktpräsentation	• Servicehotline • Produktkatalog • Empfehlung • Handel	• Produktversuch • Preislisten • Fachzeitschriften • Expertenmeinung	• Verkaufsberatung • Messeangebot • Empfehlung • Direktmarketing	• Verkäufer • Produkt • Verpackung • Handel	• Garantie • Servicehotline • WOM • Gebrauchs- anleitung

Offline-Touchpoints

Dar. 24: Konzept der Customer Journey und Kommunikationskontaktpunkte (vgl. Bruhn 2019, S. 210)

4 Marktforschung

4.1 Bedeutung, Aufgaben und Untersuchungsansätze

Gestiegene Erwartungen der Verbraucher, Sättigungstendenzen auf vielen Märkten, ein verschärfter Wettbewerb und verkürzte Produktlebenszyklen haben dazu geführt, dass für die strategische Planung heute mehr denn je verlässliche Informationen zu den jeweiligen Märkten und Marktteilnehmern notwendig sind (vgl. Scharf et al. 2022, S. 173). Diese Informationen zu produzieren und aufzubereiten ist Aufgabe der Marktforschung. Marktforschung ist die »systematisch betriebene Erforschung (Gewinnung, Aufbereitung, Interpretation) der Absatz- und Beschaffungsmärkte eines Unternehmens« (Meffert et al. 2024, S. 176). Ihre Aufgabe ist es, Marktbedürfnisse zu analysieren und zu antizipieren, das Verhalten der Marktteilnehmer mittels geeigneter Methoden zu messen und Anhaltspunkte zur erfolgreichen Ausrichtung der Marketinginstrumente zu gewinnen.

Zu den **Aufgaben der Marktforschung** gehört es, alle für die Entscheidungsfindung im Marketing notwendigen Informationen zur richtigen Zeit in der richtigen Qualität zur Verfügung zu stellen. Ihre Informationen werden gebraucht, um (vgl. Kotler et al. 2022, S. 203):

- Marketingchancen und Marketingprobleme zu erkennen,
- Marketingaktivitäten zu konzipieren und zu optimieren,
- den Erfolg von Marketingaktivitäten zu messen und
- das Geschehen auf Märkten zu verstehen.

Die Aufgabe der Marktforschung besteht darin, den Informationsbedarf festzustellen, die Marktforschungsziele und das Untersuchungsdesign festzulegen, die benötigten Daten zu erheben, zu analysieren und Handlungsempfehlungen abzugeben (vgl. Kotler et al. 2022, S. 203). Zu den Informationen, die zur Entscheidungsfindung benötigt werden, gehören sowohl objektive und vergleichsweise einfach zu erhebende Daten (z. B. Marktvolumen und -wachstum, Zahl der Wettbewerber), also auch Informationen zu psychografischen Variablen des Kaufverhaltens (z. B. Einstellungen, Kundenzufriedenheit), die sich einer unmittelbaren Beobachtung entziehen und höhere Anforderungen an die Marktforschung stellen. Darstellung 25 zeigt im Überblick, worin die wichtigsten Erkenntnisobjekte der Marktforschung bestehen.

4 Marktforschung

Marktposition
- absoluter Marktanteil
- relativer Marktanteil
- Bekanntheit des Unternehmens und der Produkte/ Marken
- Image des Anbieters

Marktkennzahlen und Marktentwicklungen
- Marktvolumen
- Marktwachstum
- Stand des Marktes im Produktlebenszyklus
- erzielbare Gewinne im Markt

Kundensegmente
- Anzahl der Kunden im Markt
- Anzahl und Größe der Marktsegmente
- Charakteristika der Kundensegmente (z. B. Kaufkraft)

Erkenntnisobjekte der Marktforschung

Wettbewerber
- Anzahl der Wettbewerber
- Marktposition der Wettbewerber
- Ressourcen, Ziele und Strategien der Wettbewerber
- Veränderungen im Wettbewerbsverhalten

Kundenzufriedenheit und -loyalität
- Stand der Kundenzufriedenheit
- Stand der Kundenloyalität
- Veränderungen in Kundenzufriedenheit und -loyalität

Kundenbedürfnisse und Kundenverhalten
- Bedürfnisse der Kunden
- Entwicklung der Bedürfnisse
- Einkaufsverhalten der Kunden
- Veränderungen im Kundenverhalten

Dar. 25: Zentrale Erkenntnisobjekte der Marktforschung (vgl. Homburg 2020, S. 272)

Mit Blick auf den Erkenntnisstand und das Untersuchungsziel lassen sich drei **Untersuchungsansätze** unterscheiden (vgl. Kuß et al. 2018, S. 11; Kotler et al. 2022, S. 204):

- **Explorative Untersuchungen** zielen darauf ab, Ursachen von Problemen oder Zusammenhänge zwischen Variablen zu entdecken und Hypothesen zu bilden. Sie stehen oft am Anfang eines Marktforschungsprojektes und dienen der Vorbereitung weiterer Untersuchungen. Hier werden Methoden eingesetzt, die den Befragten viel Raum für ihre Antworten geben (z. B. Tiefeninterview, Gruppendiskussion).
- **Deskriptive Untersuchungen** zielen darauf ab, Untersuchungsgegenstände (z. B. die Größe eines Marktes oder die Kaufkraft der Zielgruppen) möglichst präzise zu erfassen und zu beschreiben, ohne Zusammenhänge zwischen Phänomenen zu untersuchen. Deskriptive Untersuchungen setzen fundierte Kenntnisse des Marktforschungsproblems voraus und beruhen daher häufig auf explorativen Untersuchungen. Sie lassen sich, je nach Häufigkeit und Zeitbezug der Messung, wie folgt unterteilen:
  - **Querschnittsanalysen** sind auf einen Zeitpunkt ausgerichtet und beschreiben eine Grundgesamtheit einmalig (z. B. die Einkommensverteilung innerhalb der Zielgruppe).
  - **Längsschnittuntersuchungen** hingegen werden eingesetzt, wenn die Entwicklung von Merkmalen im Zeitablauf beschrieben werden soll und erfor-

dern mehrere Messungen in gleichen Abständen (z. B. Einkommensentwicklungen innerhalb der Zielgruppe).
- **Kausale Untersuchungen** verfolgen das Ziel, Ursache-Wirkungszusammenhänge zwischen verschiedenen Variablen offenzulegen. Hier werden Hypothesen auf ihre Gültigkeit überprüft. Die Herausforderung bei diesen Untersuchungen liegt darin, Störgrößen auszuschalten, deren Einfluss nicht untersucht werden soll. Dies erfordert ein aufwendiges Untersuchungsdesign, das als Experiment bezeichnet wird.

4.2 Ablauf von Marktforschungsprojekten

Marktforschungsprojekte lassen sich in fünf Phasen (5 D der Marktforschung) gliedern (vgl. Herrmann/Huber 2013, S. 36 ff.; Scharf et al. 2022, S. 186 ff.):

- In der **Definitionsphase** sind Gegenstand und Ziel der Untersuchung möglichst präzise festzulegen. Sind nur wenige Erkenntnisse vorhanden, ist ein möglichst flexibler Untersuchungsansatz zu wählen (explorative Untersuchung). Ist das Entscheidungsproblem hingegen gut strukturiert, spricht dies für einen detaillierteren Untersuchungsplan (deskriptive oder kausale Untersuchung).
- In der **Designphase** wird ein Erhebungsplan entwickelt. Hier werden die Informationsquellen sowie die Erhebungsmethoden und -einheiten festgelegt. Zudem ist in der Designphase ein Zeit- und Kostenplan für die Marktforschungsuntersuchung zu erstellen.
- Die **Datenerhebungsphase** wird auch als Feldarbeit bezeichnet und ist dadurch charakterisiert, dass die durchzuführenden Schritte zu organisieren, durchzuführen und zu überwachen sind. Zudem ist das für die Untersuchung erforderliche Personal (z. B. Interviewer) anzuwerben und zu schulen. Je nachdem, wie groß die Stichprobe ist, kann diese Phase sehr zeitintensiv sein, auch, weil es oftmals nötig ist, die Mitglieder der Stichprobe an ihre Teilnahme an der Untersuchung zu erinnern.
- In der **Datenanalysephase** werden die erhobenen Daten zunächst auf Vollständigkeit und logische Konsistenz überprüft und im Hinblick auf das Untersuchungsziel ausgewertet. Da die Auswertung der Daten i. d. R. computergestützt abläuft, sind die verfügbaren Informationen in eine vom Computer lesbare Form zu transformieren. Bei quantitativen (deskriptiven und kausalen) Untersuchungen, bei denen große Datenmengen anfallen, sind die Daten oftmals mithilfe statistischer Verfahren zu verdichten. Je nach Untersuchungsansatz kommen einfache deskriptive Verfahren (z. B. statistische Kennzahlen, Häufigkeitstabellen, grafische Darstellungen), Schätzungen und statistische Tests (Schlüsse von Stichproben auf die Grundgesamtheit) und multivariate Verfahren (gleichzeitige und zusammenhängende Analyse einer Vielzahl von Variablen) zum Einsatz (vgl. Kuß et al. 2018, S. 12 f.).

- In der abschließenden **Dokumentationsphase** wird ein Forschungsbericht erstellt, der die wesentlichen Erkenntnisse, Schlussfolgerungen und Handlungsempfehlungen umfasst. Üblicherweise enthält dieser Bericht mindestens vier Teile (vgl. Kuß et al. 2018, S. 13): Eine kurze Zusammenfassung der Problemdefinition und Zielsetzung, die Erläuterung der Untersuchungsmethode, die Darstellung der Analyseergebnisse und die daraus gezogenen Erkenntnisse und Handlungsempfehlungen.

Darstellung 26 zeigt die Phasen eines Marktforschungsprojektes am Beispiel eines neuen Einweggeschirrs (vgl. Scharf et al. 2022, S. 187).

Dar. 26: Phasen des idealtypischen Marktforschungsprozesses (vgl. Scharf et al. 2022, S. 187)

Phase	Aufgaben	Beispiel
1. Definitionsphase	• Definition des Marktforschungsproblems • Festlegung der Marktforschungsziele	• Ein Anbieter von Einweggeschirr hat ein neues Produkt entwickelt, dessen Marktchancen überprüft werden sollen. • Wie wird das neue Geschirr aus nachwachsenden Rohstoffen im Vergleich zu marktgängigem Plastikgeschirr – bezogen auf die Handhabung beim Essen – wahrgenommen und beurteilt? • Ermittlung der sensorischen Wahrnehmung und Beurteilung des neuen Geschirrs
2. Designphase	• Hypothesenbildung • Festlegung der Informationsquellen sowie der Erhebungsmethoden und -einheiten • Zeit- und Kostenplanung	• Zentrale Untersuchungshypothese: »Bezüglich der Handhabung schneidet das neue Geschirr im Vergleich zu herkömmlichem Plastikgeschirr signifikant besser ab.« • Durchführung einer mündlichen Befragung von 100 Studierenden in der Mensa einer Hochschule während des Essens. 50 Studierende erhalten das neue Geschirr, 50 Studierende essen mit dem herkömmlichen Plastikgeschirr. • Terminierung der Datenerhebung in der Zeit von 12 bis 14 Uhr. • Kosten entstehen für die Interviewertätigkeit, für die Kon-

Dar. 26: Phasen des idealtypischen Marktforschungsprozesses (vgl. Scharf et al. 2022, S. 187) – Fortsetzung

Phase	Aufgaben	Beispiel
		zeption und den Druck des Fragebogens sowie für die Eingabe und Auswertung der Daten.
3. Datenerhebungsphase	• Anwerbung und Schulung des Erhebungspersonals • Organisation, Durchführung und Kontrolle der Datenerhebung	• Die ausgewählten Interviewer werden vom Projektleiter in den Ablauf der Befragung und ihre Aufgaben eingewiesen. • Die Befragten erhalten ihren Teller vor und ihr Besteck nach der Essensausgabe. • Das Ausfüllen des Fragebogens erfolgt während des Essens durch den Interviewer.
4. Datenanalysephase	• Auswertung, Verdichtung und Interpretation der gewonnenen Daten	• Ermittlung der Mittelwerte für die einzelnen Beurteilungsdimensionen (z. B. »Schnittfestigkeit des Messers«, »Stabilität der Gabel«). • Berechung der Signifikanz der Mittelwertunterschiede zwischen den beiden Geschirrvarianten.
5. Dokumentationsphase	• Erstellung eines Forschungsberichts • Präsentation der Forschungsergebnisse	• Grafische Aufbereitung der Ergebnisse. • Stichwortartige Dokumentation der wichtigsten Erkenntnisse bzwüglich der formulierten Hypothesen. • Mündliche Präsentation der Ergebnisse in einem Projektmeeting.

4.3 Methoden der Datengewinnung

Der Marktforschung stehen grundsätzlich zwei Datenquellen zur Verfügung (vgl. Kuß et al. 2018, S. 11): Im Rahmen der **Primärforschung (Field Research)** werden neue Daten erhoben und aufbereitet. Sie können aus Befragungen, Beobachtungen, Experimenten und/oder Panels stammen. Dem Vorteil hoher Aktualität steht jedoch gegenüber, dass die Erhebung von Primärdaten aufwändig ist und oftmals hohe Kosten verursacht. Auch reicht die eigene Expertise nicht immer aus, um die Daten zu erheben und auszuwerten, sodass auf Marktforschungsdienstleister zurückgegriffen werden muss. Im Rahmen der **Sekundärforschung (Desk Research)** wird auf Daten zurückgegriffen, die bereits früher und für andere Zwecke erhoben wurden. Sekundärdaten stammen aus unternehmensinternen Quellen (z. B. Kundenstatistiken, Buchhaltung, Kostenrechnung) oder aus unternehmensexternen Quellen (z. B. Statistisches Bundesamt, Veröffentlichungen von Wirtschaftsverbänden oder wissenschaftlichen Institutionen). Die Sekundärforschung stellt oftmals den ersten Schritt bei der Informationsgewinnung dar (vgl. Büning et al. 1981, S. 67 ff.; Kromrey 1998, S. 510; Koch et al. 2016, S. 41 ff.; Kotler et al. 2022, S. 206). Dem Vorteil geringer Kosten und schnellerer Verfügbarkeit steht gegenüber, dass Sekundärdaten immer mehr oder weniger veraltet sind und meist nur wenige Erkenntnisse zum jeweiligen Marktforschungsthema liefern. Darstellung 27 zeigt überblicksartig, welche Methoden im Rahmen der Primär- und Sekundärforschung konkret eingesetzt werden.

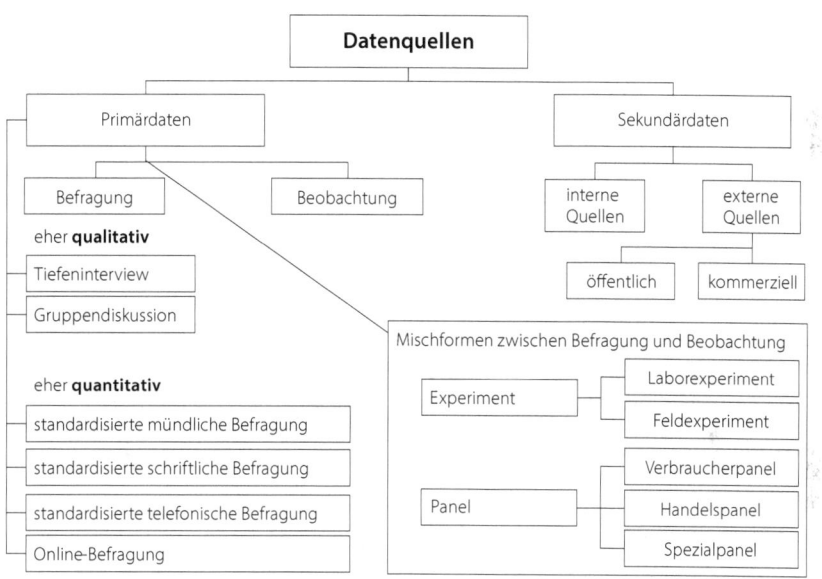

Dar. 27: Methoden zur Gewinnung von Daten im Rahmen der Marktforschung (vgl. Homburg 2020, S. 286)

Die Grundidee von **Befragungen** besteht darin, die gesuchten Informationen von den Befragten als Reaktion auf gestellte Fragen zu erhalten (vgl. Kuß et al. 2018, S. 64). Es ist die am häufigsten eingesetzte und am besten entwickelte Erhebungsmethode im Marketing. Es kann zwischen quantitativen Fragen mit einem hohen Standardisierungsgrad und qualitativen Fragen mit einem geringen Standardisierungsgrad unterschieden werden. Je nach Art der Frage wird weiterhin unterschieden zwischen offenen Fragen (keine Einschränkung bei den Antworten) und geschlossenen Fragen (die Antwortoptionen werden vorgegeben) unterschieden.

Qualitative Befragungen sind auf die Gewinnung von Ideen und Hypothesen ausgerichtet, nicht auf exakte Messungen und Analysen (vgl. Kuß et al. 2018, S. 51). Sie sind auf kleine und oft nicht repräsentative Stichroben ausgerichtet, deren Umfang unter 10 Untersuchungsteilnehmern liegen kann. Typische Einsatzgebiete qualitativer Befragungen sind (vgl. Homburg 2020, S. 287)

- die Analyse tiefer liegender Kundenbedürfnisse,
- das frühzeitige Erkennen neuer Trends,
- die Gewinnung neuer Produktideen,
- der Test von Prototypen neuer Produkte,
- die Image-Marktforschung.

Im Rahmen der qualitativen Marktforschung werden **Tiefeninterviews** und **Gruppendiskussionen** eingesetzt. Ein **Tiefeninterview** ist ein relativ offen gehaltenes qualitatives Interview in Form eines persönlichen Gesprächs, das geführt wird, um tiefere Einsichten in den Untersuchungsgegenstand zu erhalten und die Denk-, Empfindungs- und Handlungsweisen der Befragten zu gewinnen (vgl. Homburg 2020, S. 287). Tiefeninterviews werden meist auf der Grundlage eines Interviewleitfadens durchgeführt, wobei der Interviewer das Gespräch lenkt. Wichtig ist hier, dem Befragten verhältnismäßig viel Freiraum bei der Beantwortung der Fragen einzuräumen, da sich ein tieferes Verständnis des Untersuchungsgegenstandes und der damit verbundenen Fragestellungen oftmals erst im Gespräch ergibt. Aus diesem Grund empfiehlt sich eine vertrauensvolle Gesprächsatmosphäre, die es dem Befragten ermöglicht, seine Gedanken spontan zu äußern und zu ordnen. Tiefeninterviews sind dazu geeignet, schwer erfassbare Konstrukte wie Motive oder Einstellungen zu erforschen (vgl. Kepper 2008, S. 142 f.). Die Ergebnisse verschiedener Tiefeninterviews zum gleichen Sachverhalt sind jedoch nur eingeschränkt vergleichbar, da den Befragten bewusst große Freiheitsgrade bei der Beantwortung der Fragen eingeräumt wird.

Während das Tiefeninterview Einblicke in die die individuellen Verhaltensweisen von Probanden ermöglichen soll, zielen **Gruppendiskussionen** darauf ab, einen möglichst umfassenden Einblick in die Meinungen und Ideen mehrerer Personen zu erhalten. Unter der Leitung eines qualifizierten Moderators wird innerhalb der Gruppe (Fokusgruppe) von sechs bis zehn Mitgliedern ein Themenkatalog diskutiert. Bei der Auswahl der Befragten sollte beachtet werden, dass sowohl eine zu hohe Homogenität als auch eine zu hohe Inhomogenität der Gruppe kontraproduktiv sind. Die Vorteile von Gruppendiskussionen liegen u. a. in der Vielfalt der geäußerten Meinungen und ihrer hohen Dynamik, bei der sich die Teilnehmer gegenseitig inspirieren und ergänzen können. Nachteilig an Gruppendiskussionen ist der hohe zeitliche Aufwand. Zudem muss sichergestellt werden, dass die Diskussion nicht von einzelnen Teilnehmern dominiert wird und die Teilnehmer ihre Meinung frei äußern, anstatt sozial erwünschte Aussagen zu treffen.

Im Gegensatz zu qualitativen Befragungen sind **quantitative Befragungen** stärker standardisiert, d. h. die Antwortmöglichkeiten sind für alle Befragungsteilnehmer gleich (z. B. »Wie bewerten Sie Ihre Zufriedenheit mit Marke X auf einer Skala von 1 bis 5?«). Das Ziel dieser Standardisierung liegt darin, die Antworten vieler Befragter unmittelbar vergleichen zu können. Die Auswertung der so gewonnenen Daten kann daher mit quantitativen Auswertungstechniken erfolgen (vgl. Homburg 2020, S. 291), aus denen sich Rückschlüsse auf die Grundgesamtheit ziehen lassen. Zu den quantitativen Befragungsformen zählen insb. standardisierte mündliche, schriftliche und telefonische Befragungen sowie Online-Befragungen (vgl. Homburg 2020, S. 291ff).

Bei **standardisierten schriftlichen Befragungen** beantworten die Probanden einer Stichprobe einen Fragebogen, der ihnen postalisch zugestellt wurde. Da der Interviewer dem Befragten hier keine Hilfestellung leisten kann, müssen die Fragen verständlich und eindeutig formuliert sein. Damit die Fragebögen im Nachgang einfacher ausgewertet und die Ergebnisse besser verglichen werden können, sollten vorwiegend geschlossene Fragen verwendet werden. Um die gewöhnlich niedrige Rücklaufquote zu steigern, werden Befragte häufig an ihre Teilnahme erinnert.

Das **standardisierte mündliche Interview** wird auf der Grundlage eines standardisierten Fragebogens durchgeführt, wobei die Fragen in Form, Inhalt und Reihenfolge festgelegt sind. Der Interviewer soll im Gesprächsablauf daher keine neuen Fragen formulieren oder die Reihenfolge der Fragen ändern. Nicht nur die Fragen, sondern auch die Antworten können standardisiert sein, um sie vergleichen zu können. Typische Orte für die Durchführung mündlicher Interviews sind die Wohnungen von Konsumenten, Einkaufszentren und Fußgängerzonen sowie Unternehmen, falls Manager befragt werden sollen. Bei der Durchführung mündlicher Interviews wird verstärkt auf Computer zurückgegriffen (**C**omputer **A**ssisted **P**ersonal **I**nterview oder **CAPI**). Aus der Anwesenheit des Interviewers können sich Verzerrungen (Interviewereffekte) ergeben, wenn z. B. ein Befragter Antworten gibt, die er als sozial erwünscht ansieht.

Bei **standardisierten Telefoninterviews** werden die Befragten angerufen und anhand eines Fragebogens zum Untersuchungsgegenstand befragt. Um die Abbruchquote zu reduzieren, sollte die Befragung nicht länger als 20 bis 30 Minuten dauern (vgl. Homburg 2020, S. 292). Zeigen die Befragten allerdings großes Interesse, etwa wenn sich Firmenkunden durch ihre Antworten eine Verbesserung der betreffenden Produkte und Dienstleistungen versprechen, kann die Interviewzeit verlängert werden. Telefonische Befragungen werden häufig computergestützt als **CATI** (**C**omputer **A**ssisted **T**elephone **I**nterview) durchgeführt. Hier liest der Interviewer die Fragen vom Bildschirm ab und gibt die Antworten in den Computer ein. Dies reduziert nicht nur die Fehleranfälligkeit bei der Dateneingabe, sondern ermöglicht auch eine automatische Konsistenzprüfung sowie die Möglichkeit von verzweigten Fragestellungen.

Online-Befragungen werden meist als E-Mail- oder Internet-Umfrage durchgeführt. Die Befragten beantworten hierbei i. d. R. einen interaktiven Online-Fragebogen und klicken dabei entweder die Antwortoption an oder geben ihre Antworten in einem Freitextfeld ein. Die Antworten der Befragten werden in einer Datenbank gespeichert und können i. d. R. unmittelbar in ein statistisches Analyseprogramm (z. B. SPSS von IBM) eingelesen werden (vgl. Homburg 2020, S. 292 f.). E-Mail-Umfragen unterscheiden sich nicht wesentlich von schriftlichen Befragungen, wenn der Fragebogen oder ein Hyperlink zu einem Online-Fragebogen an eine entsprechende E-Mail-Adresse versandt wurde. Bei Internet-Umfragen wird meist über einen Hyperlink auf der Website des Unternehmens auf den Fragebogen verwiesen. Innerhalb der letzten Jahre hat der Anteil an Online-Befragungen stark zugenommen (Kuß et al. 2018, S. 138).

Darstellung 28 zeigt die Vor- und Nachteile der Befragungsmethoden im Überblick.

Dar. 28: Vor- und Nachteile der Befragungsformen (vgl. Meffert et al. 2024, S. 195 f.)

	Schriftliche Befragung	Mündliche Befragung	Telefonische Befragung	Online-Befragung
Vorteile	• Abdeckung eines großen räumlichen Gebiets. • Niedrige Kosten, wenn Interesse seitens der Stichprobe und damit eine hohe Rücklaufquote zu erwarten ist. • Keine Beeinflussung durch Interviewer (Interviewer-Effekt)	• Hohe Erfolgsquote, dadurch hohe Repräsentativität der Ergebnisse. • Fragebogenumfang und -inhalt kaum eingeschränkt. • Befragungstaktisches Instrumentarium (Frageformen und -reihenfolge) bestmöglich einsetzbar. • Befragungssituation weitgehend kontrollierbar. • Zusätzliche Informationen zu Spontanität oder emotionale Reaktionen erhebbar.	• Sehr kurzfristig einsetzbar. • Geringere Kosten als bei mündlicher Befragung.	• Relativ geringe Kosten. • Schnelle Kontaktierung von Befragten per E-Mail bzw. Internetseite (Zeitvorteil). • Hohe Reichweite und Möglichkeit der Ansprache internationaler Zielgruppen. • Automatische Erfassung der Daten.
Nachteile	• Nur Personen erreichbar, deren Adresse bekannt ist. • Rücklauf- und Erfolgsquoten von nur 5 bis 30 Prozent. • Fragenumfang ist limitiert, tabuisierte The-	• Hohe Kosten. • Interviewer-Effekt: Verzerrungen durch Situation und Einfluss des Interviewers	• Durch Anonymität des Interviewers und fehlenden Sichtkontakt ergibt sich eine Beschränkung der Befragungsthemen und optischen Hilfsmittel.	• Rücklaufquoten ggf. gering. • Oftmals unzureichende Information über die Grundgesamtheit. • Repräsentativität ggf. eingeschränkt. • Selbstselektion

Dar. 28: Vor- und Nachteile der Befragungsformen (vgl. Meffert et al. 2024, S. 195 f.) – Fortsetzung

Schriftliche Befragung	Mündliche Befragung	Telefonische Befragung	Online-Befragung
menstellung wenig erfolgreich. • Kein Kontakt in der Ausfüllsituation, dadurch weniger repräsentativ (Wer füllt aus?). • Keine Kontrolle der Reihenfolge der Fragebeantwortung sowie des situativen Umfeldes und dessen Einflusses.			von Internetnutzern. • Keine Kontrolle der Ausfüllsituation. • Antwortverzerrung aufgrund von Anonymität der Befragten.

Die Fragen erfolgen häufig in dieser Reihenfolge (vgl. Meffert et al. 2024, S. 196; Nieschlag et al. 2002, S. 404 ff.; Koch et al. 2016, S. 63 ff.):

- **Einleitungs-, Kontakt- und Eisbrecherfragen** sollen den Probanden die Befangenheit nehmen und Reserviertheit auflösen, damit die Probanden dem nachfolgenden Interview aufgeschlossen gegenüberstehen.
- **Sachfragen** beziehen sich auf den eigentlichen Untersuchungsgegenstand und bilden den Hauptteil der Fragen.
- **Kontroll- und Plausibilitätsfragen** dienen zum einen der Überprüfung der Antworten auf Konsistenz und zum anderen zur Kontrolle der Interviewer.
- **Fragen zur Person** werden meist am Schluss des Interviews gestellt und dienen der Messung soziodemografischer (z. B. Alter, Geschlecht) und ökonomischer Merkmale (z. B. Haushaltseinkommen) der Befragten.

Neben der Befragung ist die **Beobachtung** eine grundlegende Methode der Primärforschung. Eine Beobachtung ist eine von Personen oder technischen Hilfsmitteln (z. B. Blickaufzeichnungsgerät) durchgeführte systematische Erfassung sinnlich wahrnehmbarer Sachverhalte zum Zeitpunkt ihres Geschehens (vgl. Meffert et al. 2024, S. 193; Becker 1973, S. 6; Kromrey et al. 2016, S. 325 ff.). Gegenstand von Beobachtungen können Merkmale und Verhaltensweisen von Personen (z. B. zurückgelegte Wege in einem Supermarkt), von Gruppen (z. B. Kommunikationsverhalten und -prozesse) oder von Objekten (z. B. Einkaufsstätten) sein (vgl. Kuß 2018,

S. 139). Es gibt verschiedene Varianten der Beobachtung. Dazu gehören (vgl. Kuß et al. 2018, S. 142 f.; Meffert et al. 2024, S. 193 f.):

- **Offene vs. getarnte Beobachtung**: Bei einer offenen Beobachtung ist dies für den Beobachteten oder die Gruppe erkennbar. Dies kann zu Verzerrungen führen, wenn Probanden sich in einer offenen Beobachtungssituation anders verhalten als in einer lebensnahen (biotischen) Situation.
- **Persönliche vs. unpersönliche Beobachtung**: Eine persönliche Beobachtung erfolgt durch einen Beobachter, bei unpersönlicher Beobachtung kommen Beobachtungsinstrumente (z. B. Blickaufzeichnungsgeräte) zum Einsatz. Die Anwesenheit eines Beobachters kann das Verhalten des Beobachteten verzerren.
- **Fremdbeobachtung vs. Selbstbeobachtung**: Eine Fremdbeobachtung bezieht sich auf Sachverhalte, die außerhalb der Person des Beobachters liegen (z. B. das Betrachten einer Werbeanzeige), bei einer Selbstbeobachtung hingegen analysiert und beschreibt der Beobachtete momentane psychische Vorgänge.
- **Feldbeobachtung vs. Laborbeobachtung**: Bei einer Feldbeobachtung findet die Beobachtung in der gewohnten Umgebung der Personen statt, z. B. in einem Geschäft, zu Hause oder auf der Straße. Eine Laborbeobachtung findet in einem künstlichen, vom Forscher geschaffenen Umfeld statt. Sind für die Beobachtung spezielle technische Geräte notwendig (z. B. Blickaufzeichnungsgeräte), muss i. d. R. auf Laborbeobachtungen zurückgegriffen werden.

Zu den Einsatzgebieten der Beobachtung im Marketing gehören folgende Anwendungsfelder (vgl. Kuß et al. 2018, S. 140; Scharf et al. 2022, S. 223 ff.):

- **Handhabungsbeobachtungen** z. B. bei der Entwicklung neuer Verpackungen,
- **Blickaufzeichnungen** z. B. bei der Entwicklung von Werbeanzeigen,
- **Kundenlaufstudien** z. B. zur Verbesserung der Ladengestaltung und Warenpräsentation,
- **Web-Analysen** z. B. zur Optimierung der Webpage,
- **Einkäufe**, aufgezeichnet durch Scanner-Daten.

Der zentrale Vorteil von Beobachtungen besteht darin, dass Ereignisse in ihrer spezifischen Umweltsituation zum Zeitpunkt des Geschehens festgehalten werden können und – im Gegensatz zu Befragungen – häufig keine Kommunikation zwischen dem Beobachteten und dem Beobachter stattfinden muss (z. B. bei Kundenlaufstudien). Je nach Durchschaubarkeit der Situation durch den Beobachteten kann sich jedoch ein Beobachtungseffekt einstellen, d. h. ein Proband verhält sich in einer Beobachtungssituation anders als unter normalen Voraussetzungen. Eine generelle Einschränkung der Anwendbarkeit von Beobachtungen zeigt sich im Hinblick auf psychische Variablen, da sich inneres Verhalten wie Einstellungen, Präferenzen oder Verhaltensbereitschaften der unmittelbaren Beobachtung entzieht.

Das Ziel eines **Experiments** ist die Analyse von Ursache-Wirkungszusammenhängen. Experimente kommen in der Marktforschung daher v. a. im Rahmen kausaler Untersuchungen zum Einsatz, wenn analysiert werden soll, welchen Einfluss eine Marketingvariable auf eine Erfolgsgröße wie Umsatz oder Marktanteil hat (vgl. umfassend Berekoven et al. 2009, S. 146 ff.). Da sich Experimente der Beobachtung und Befragung bedienen, sind sie streng genommen keine eigenständigen Analysemethoden. Ausgangspunkt eines Experiments ist eine Kausalhypothese, d. h. ein vermuteter Zusammenhang zwischen einer als ursächlich vermuteten (»unabhängigen«) Variablen (z. B. dem Preis) und einer hiervon beeinflussten (»abhängigen«) Variablen (z. B. dem Marktanteil). Um den Zusammenhang zu prüfen, bildet der Marktforscher mindestens zwei Gruppen (Experimental- und Kontrollgruppe), die sich hinsichtlich der Ausprägung der unabhängigen Variable voneinander unterscheiden müssen. Unterscheiden sich die Gruppen hinsichtlich der abhängigen Größe, kann der Marktforscher unter bestimmten Voraussetzungen auf einen Ursache-Wirkungszusammenhang schließen (vgl. Kuß et al. 2018, S. 189). Eine zentrale Herausforderung bei Instrumenten besteht darin, Störgrößen, deren Einfluss auf die abhängige Variable nicht untersucht werden soll, auszuschalten.

In der Marktforschungspraxis wird zwischen **Laborexperimenten (Studioexperimenten)** und **Feldexperimenten** unterschieden. Laborexperimente finden in einer künstlichen Umgebung statt, die stark vom Forscher geprägt und kontrolliert wird, damit möglichst alle Störgrößen, d. h. Variablen, deren Einfluss auf die abhängige Variable nicht gemessen werden soll, ausgeschaltet werden. Auf diese Weise soll der Einfluss der unabhängigen Variable(n) auf die interessierende Zielgröße möglichst unverfälscht gemessen werden. Die Laborsituation macht es darüber hinaus möglich, technische Hilfsmittel und Apparaturen einzusetzen. Typische Einsatzfelder von Laborexperimenten sind sensorische Produkttests in einem Sensoriklabor oder Werbemitteltests mittels Blickaufzeichnung (vgl. Scharf et al. 2022, S. 228). **Feldexperimente** finden im Gegensatz zu Laborexperimenten unter möglichst realen Marktbedingungen statt, wobei den Testpersonen häufig nicht bewusst ist, dass sie an einem Feldexperiment teilnehmen, sodass ihr Verhalten realitätsnäher ist als bei einem Laborexperiment. Ein typischer Anwendungsfall für ein Feldexperiment wäre die Analyse, welchen Einfluss alternative Regalplatzierungen für ein neues Produkt auf die Kaufbereitschaft der Probanden ausüben. Eine Gegenüberstellung der Vor- und Nachteile von Experimenten findet sich in Darstellung 29.

Unter einem **Panel** versteht man eine feste und möglichst gleichbleibende Menge von Erhebungseinheiten (Personen, Einkaufsstätten, Unternehmen), bei denen über einen längeren Zeitraum wiederholt oder kontinuierlich die gleichen Merkmale erhoben werden. Anhand von Panels können nicht nur Veränderungen aggregierter Größen (z. B. Marktanteile) analysiert werden, sondern auch Veränderungen auf der Ebene der Untersuchungseinheiten. Folgende Arten von Panels werden unterschieden (vgl. Kuß et al. 2018, S. 169 f.):

Dar. 29: Ausgewählte Vor- und Nachteile von Labor- und Feldexperimenten (vgl. Homburg 2020, S. 305)

Laborexperiment		Feldexperiment	
Vorteile	Nachteile	Vorteile	Nachteile
• gute Wiederholungsmöglichkeit • gute Kontrolle aller Variablen • Zeit- und Kostenvorteile • hohe interne Validität (Ergebnisse frei von Störeinflüssen)	• geringe Realitätsnähe aufgrund der künstlichen Situation • geringe externe Validität (Generalisierbarkeit der Ergebnisse)	• hohe Realitätsnähe aufgrund der natürlichen Situation • hohe externe Validität (Generalisierbarkeit der Ergebnisse)	• schlechte Wiederholungsmöglichkeit • schlechte Kontrolle der unabhängigen Variablen sowie der Störgrößen • geringe interne Validität • Zeit- und Kostennachteile

- Bei **Verbraucherpanels** wird das Einkaufverhalten von Verbrauchern analysiert. Dabei können unterschieden werden: Großverbraucherpanels (z. B. Panels von Krankenhäusern oder Kantinen), Haushaltspanels (Panels zur Erfassung der Einkäufe von privaten Haushalten) und Individualpanels (Panels zur Erfassung der Einkäufe einzelner Personen in Haushalten). Hiervon besitzen Haushaltspanels die größte Bedeutung.
- Im Rahmen von **Handelspanels** werden die Abverkäufe von Einzelhändlern ermittelt. Neben den Verkäufen im stationären Einzelhandel können auch die Verkäufe von Online-Händlern erfasst werden.
- **Fernsehzuschauerpanels** erfassen das TV-Zuschauerverhalten, **Internetpanels** das Internetsurfverhalten von Personen in Privathaushalten.
- **Testmarktpanels** zur Messung der Reaktion von Verbrauchern auf Marketingimpulse wie z. B. neue Produkte oder Werbeaktivitäten. Das bekannteste Beispiel bildet der Testmarkt GfK BehaviorScan in Haßloch, der Ende 2021 geschlossen wurde.

Die Ergebnisse von Panels werden durch die sog. Panelsterblichkeit (Ausscheiden von Panelteilnehmern), den Paneleffekt (ein Panelteilnehmer passt sein Verhalten infolge der Selbstkontrolle an) und Panelerstarrung (Entwicklung bzw. Veränderung soziodemografischer Merkmale des Panels) eingeschränkt.

Zur **Beurteilung der Datenqualität** werden bei Marktforschungsprojekten diese **Gütekriterien** herangezogen (vgl. Esch et al. 2013, S. 154 ff.; Homburg 2020, S. 277 ff.):

- **Objektivität**: Die aus dem Messvorgang resultierenden Ergebnisse müssen unabhängig von demjenigen sein, der den Messvorgang durchgeführt hat, d. h. das Verhalten der Probanden darf nicht vom Durchführenden beeinflusst sein (Durchführungsobjektivität). Darüber hinaus darf der Durchführende keine Freiheitsgrade bei der Auswertung (Auswertungsobjektivität) und Interpretation der Messergebnisse (Interpretationsobjektivität) haben.

- **Reliabilität** ist gegeben, wenn das Messverfahren frei von Zufallsfehlern ist. Bei wiederholten Messungen unter identischen Rahmenbedingungen muss also dasselbe Ergebnis erzielt werden, d. h. die Messergebnisse müssen reproduzierbar sein.
- **Validität** ist gegeben, sofern es gelingt, den eigentlich interessierenden Sachverhalt auch tatsächlich zu messen. Das Messverfahren muss dafür reliabel und frei von systematischen Fehlern sein. Interne Validität liegt vor, wenn die Messung frei von unkontrollierten Störgrößen ist. Externe Validität liegt vor, wenn eine Messung generalisierbar ist, also auf die Grundgesamtheit übertragen werden kann.

Darüber hinaus müssen die Daten aktuell sein und Kosten und Nutzen der Datenerhebung müssen in einem vertretbaren Verhältnis stehen.

4.4 Stichprobenauswahl

Im Rahmen der Datenerhebung ist zu entscheiden, bei welchen Personen (z. B. Konsumenten, Manager) oder Objekten (z. B. Verkaufsgebiete) Daten erhoben werden sollen. Hierfür ist zunächst die relevante Grundgesamtheit zu bestimmen. Die **Grundgesamtheit** ist die Gesamtmenge aller Personen oder Objekte, über die Erkenntnisse gewonnen werden sollen. Eine **Stichprobe** ist eine nach einem bestimmten Verfahren erfolgende Auswahl einer begrenzten Anzahl von Elementen der Grundgesamtheit. Eine Stichprobe ist **repräsentativ**, wenn die Stichprobe in ihrer Zusammensetzung der Grundgesamtheit exakt entspricht (vgl. Homburg 2020, S. 327). Darstellung 30 zeigt die Verfahren der Stichprobenauswahl im Überblick.

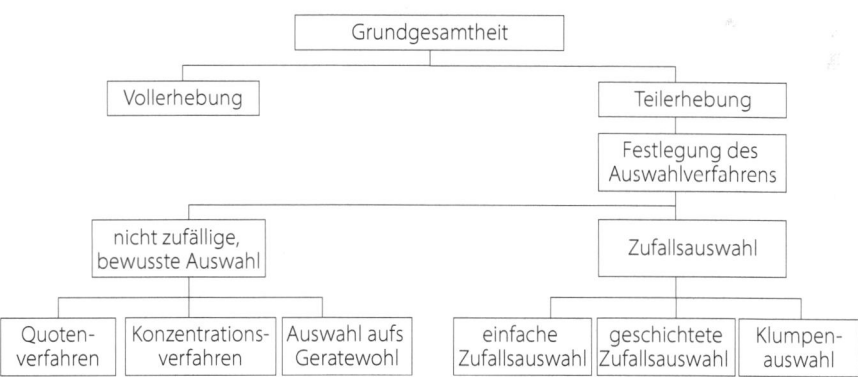

Dar. 30: Verfahren der Stichprobenauswahl im Überblick (vgl. Scharf et al. 2022, S. 201 in Anlehnung an Hammann/Erichson 2006, S. 133)

Bei der Auswahl der zu untersuchende Elemente gibt es zwei Möglichkeiten: Bei einer **Vollerhebung** (Zensus) wird jedes Element der Grundgesamtheit berücksichtigt und hinsichtlich der interessierenden Merkmale untersucht. Eine Vollerhebung eignet sich aus organisatorischen, zeitlichen und finanziellen Gründen meist nur in Ausnahmefällen. Sie kommt daher nur bei einer kleinen Grundgesamtheit zum Einsatz, etwa wenn ein Unternehmen mit wenigen Großkunden diese hinsichtlich ihrer Zufriedenheit mit den Produkten des Anbieters befragt.

Im Rahmen einer **Teilerhebung** wird lediglich die Stichprobe untersucht. Hier unterscheidet man zwischen **Verfahren der Zufallsauswahl** und **Verfahren der bewussten Auswahl** (vgl. Homburg 2020, S. 330; Kotler et al. 2022, S. 218). Bei den Verfahren der Zufallsauswahl erfolgt die Auswahl der Untersuchungseinheiten nach dem Zufallsprinzip. Bei der **einfachen Zufallsauswahl** (Random Sampling) gelangt jedes Element der Grundgesamtheit mit der gleichen Wahrscheinlichkeit in die Stichprobe, wobei die Grundgesamtheit bekannt sein muss. Bei der **geschichteten Zufallsauswahl**, die insb. bei heterogenen Grundgesamtheiten zum Einsatz kommt, wird die Grundgesamtheit in mehrere, sich gegenseitig ausschließende Gruppen aufgeteilt, aus denen jeweils eine Stichprobe nach dem Zufallsprinzip gebildet wird. Soll bspw. die Bekanntheit einer Marke in unterschiedlichen Marktsegmenten ermittelt werden, würde sich eine geschichtete Zufallsauswahl eignen. Bei der **Klumpenauswahl** (Cluster Sampling) wird die Grundgesamtheit ebenfalls in sich gegenseitig ausschließende Gruppen eingeteilt, von denen einige per Zufallsauswahl gezogen werden. Bearbeitet ein Unternehmen bspw. verschiedene Verkaufsgebiete, kann in einzelnen Klumpen eine Vollerhebung durchgeführt werden. Die Klumpenauswahl bietet sich an, wenn die Grundgesamtheit nicht vollständig bekannt ist.

Bei den Verfahren der bewussten Auswahl werden die Untersuchungsobjekte gezielt nach bestimmten Merkmalen ausgewählt. Bei dem sehr weit verbreiteten **Quotenverfahren** werden Quoten (Verhältnisse) für die Stichprobe vorgegeben (z. B. hinsichtlich des Geschlechtes, Alters oder der Kaufkraft), die proportional der Verteilung innerhalb der Grundgesamtheit entsprechen (vgl. Kotler et al. 2022, S. 219). Diese Verhältnisse aus der Grundgesamtheit werden dann in der Stichprobe proportional abgebildet. Damit dieses Verfahren durchführbar ist, muss die Verteilung der Merkmale innerhalb der Grundgesamtheit bekannt sein und die Anzahl der Merkmale sollte aus Kosten- und Zeitgründen auf wenige Merkmale beschränkt werden. Beim **Konzentrationsverfahren** werden nur diejenigen Teile der Grundgesamtheit untersucht, die für das Untersuchungsziel von Bedeutung sind. So kann etwa ein Anbieter mit wenigen großen A-Kunden seine B- und C-Kunden von der Untersuchung ausschließen, da sie keine nennenswerte Bedeutung für seinen Umsatz haben. Bei der **Auswahl aufs Geratewohl** (willkürliche Auswahl) wählt der Forscher nach freiem Ermessen Untersuchungsteilnehmer aus. Durch diese willkürliche Auswahl kann jedoch nicht sichergestellt werden, dass alle Elemente der Grundgesamtheit mit derselben Wahrscheinlichkeit in die Stichprobe gelangen, da häufig Probanden ausgewählt werden, die leicht für eine Teilnahme zu gewinnen sind.

4.5 Verfahren der Datenanalyse

Die Wahl der Analysemethode hängt davon ab, welchen Informationsgehalt die gemessenen Daten haben. Hier ist der Begriff der **Skalierung** von besonderer Bedeutung. »Unter Skalierung versteht man die Entwicklung eines Maßstabs (einer Skala) zur Messung der Merkmalsausprägungen bei den betrachteten Untersuchungseinheiten« (Homburg 2020, S. 332). Durch das Skalenniveau werden die mathematischen Eigenschaften einer Skala festgelegt und damit der Informationsgehalt der zu erhebenden Daten. Es können vier Skalenniveaus unterschieden werden, von denen die ersten beiden als nicht-metrisch und die letzten beiden als metrisch skaliert bezeichnet werden (vgl. Kuß et al. 2018, S. 228; Homburg 2020, S. 332 f.):

- Bei der **Nominalskala** werden Klassen gebildet, sodass lediglich eine Aussage darüber möglich ist, ob sich zwei Merkmalsausprägungen entsprechen oder nicht (z. B. Geschlecht, Familienstand). Mittelwerte lassen sich bei nominalskalierten Daten nicht berechnen.
- Mit einer **Ordinalskala** wird eine Rangfolge ermittelt, sodass Größer-kleiner-Vergleiche möglich sind, ohne dass die Abstände zwischen den Merkmalsausprägungen gleich groß sein müssen (z. B. gibt ein Untersuchungsteilnehmer an, dass er Marke A vor Marke B vor Marke C bevorzugt). Ordinalskalierte Daten können durch Positionsmaße beschrieben werden (Median, Quantile), eine Berechnung des arithmetischen Mittels ist jedoch auch hier unzulässig.
- Die Messung auf einer **Intervallskala** erfolgt in gleichen Abständen, so dass die Unterschiede zwischen den Merkmalsausprägungen quantifiziert werden können. Da der Nullpunkt der Skala willkürlich gewählt werden kann, ist die Aussage, Ausprägung A sei ein Vielfaches von B, nicht zulässig (z. B. Temperatur in Grad Celsius, Intelligenzquotient).
- Eine **Ratioskala** (Verhältnisskala) besitzt einen natürlichen Nullpunkt und misst in konstanten Einheiten, weshalb hier die Aussage getroffen werden kann, dass eine Merkmalsausprägung A ein Vielfaches der Ausprägung von B ist (z. B. Alter, Umsatz).

Die Verfahren der Datenanalyse lassen sich anhand von zwei Kriterien voneinander abgrenzen (vgl. Homburg 2020, S. 355):

- Nach der Zielsetzung der Methoden können **deskriptive** und **induktive** Verfahren unterschieden werden. Deskriptive Ansätze lassen ausschließlich Aussagen über die Stichprobe zu. Sie verfolgen das Ziel, große Datenmengen mithilfe von Kennzahlen, Tabellen und Grafiken übersichtlich darzustellen, lassen aber keine Rückschlüsse auf die Grundgesamtheit zu. Die Daten werden anhand statistischer Verfahren so aufbereitet, dass sie Entscheidungsträgern einen schnellen Überblick über die Verteilung der untersuchten Variablen und deren Beziehungen ermöglichen (vgl. Scharf et al. 2022, S. 238). **Induktive Ansätze** verfolgen das Ziel, von der Stichprobe Rückschlüsse auf die Grundgesamtheit zu ziehen. Hier werden Hypothesen zur Struktur der Grundgesamtheit anhand von Wahrscheinlichkeitsberechnungen überprüft. Wurde im Rahmen einer repräsentativen Befragung bspw. festgestellt, dass von 200 Biertrinkern 60 Personen mindestens einmal im Monat die Biermarke X kaufen, könnte eine Hypothese lauten: »30 Prozent aller Bierkäufer (Grundgesamtheit) kaufen mindestens einmal pro Monat die Marke X.«

- Nach der Anzahl der in die Analyse gleichzeitig einbezogenen Variablen können **uni-**, **bi-** und **multivariate Verfahren** unterschieden werden (vgl. Berekoven et al. 2009, S. 188). **Univariate Verfahren** analysieren lediglich eine Variable, bei **bivariaten** werden zwei und bei **multivariaten** mindestens drei Variablen gleichzeitig betrachtet. Darstellung 31 zeigt die wichtigsten deskriptiven und induktiven uni- und bivariaten Verfahren im Überblick.

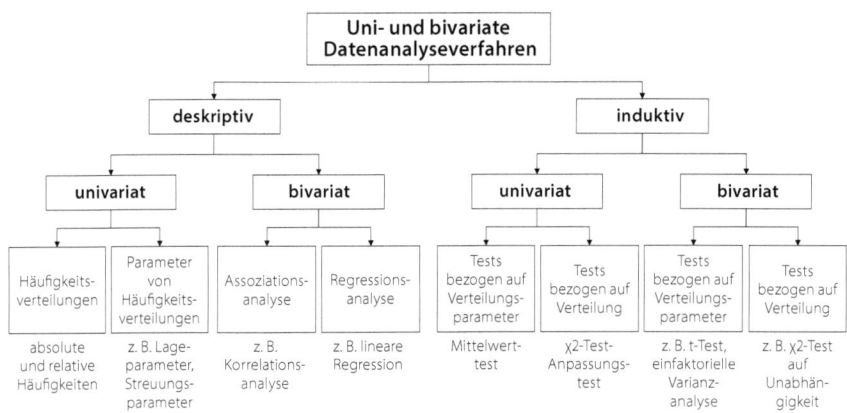

Dar. 31: Wichtige uni- und bivariate Datenanalysemethoden (vgl. Scharf et al. 2022, S. 239 in Anlehnung an Homburg 2020, S. 356)

4.5.1 Univariate Analyseverfahren

Univariate Analyseverfahren, die lediglich eine Variable untersuchen, lassen sich in univariate deskriptive und univariate induktive Verfahren unterscheiden. Das Ziel der univariaten deskriptiven Verfahren besteht darin, Merkmalsausprägungen von Untersuchungsobjekten bezüglich eines einzigen Merkmals zu beschreiben. Hierzu werden zum einen eindimensionale Häufigkeitsverteilungen, zum anderen Verfahren zur Ermittlung von Parametern der untersuchten Häufigkeitsverteilungen herangezogen (vgl. Berekoven et al. 2009, S. 188).

Eindimensionale Häufigkeitsverteilungen können absolut oder relativ verwendet werden, um Daten übersichtlich darzustellen. Wird die absolute Häufigkeitsverteilung untersucht, wird deutlich, wie häufig ein bestimmter Wert vorkommt (z. B.

Anzahl der männlichen und weiblichen Personen innerhalb einer Stichprobe). Die relative Häufigkeitsverteilung drückt aus, welcher Anteil der Merkmalsträger auf eine Merkmalsausprägung entfällt (z. B. Anteil weiblicher und männlicher Personen innerhalb einer Stichprobe). Zur Darstellung werden häufig Histogramme, d. h. Säulen-, Balken- oder Kreisdiagramme eingesetzt, bei denen die Häufigkeiten mittels proportionaler Flächen dargestellt werden (vgl. Kreis et al. 2021, S. 242 f.).

Zur Beschreibung von Häufigkeitsverteilungen werden **Lage-** und **Streuungsparameter** herangezogen (vgl. Scharf et al. 2022, S. 241 f.): **Lageparameter** kennzeichnen die Merkmalsausprägung, welche die untersuchte Häufigkeitsverteilung am besten repräsentiert. Die wichtigsten Lageparameter sind folgende Mittelwerte (vgl. Bleymüller et al. 2020, S. 19 ff.):

- Der **Modus** (**Modalwert**) ist der am häufigsten vorkommende Wert einer Beobachtungsreihe. Er kann schon bei nominalem Skalenniveau ermittelt werden.
- Als **Median** (**Zentralwert**) wird der Wert bezeichnet, der in der Mitte steht, wenn die Beobachtungswerte der Größe nach sortiert werden. Die Ermittlung des Medians setzt ordinalskalierte oder metrische Daten voraus.
- Das **arithmetische Mittel** ergibt sich, indem die Summe der Beobachtungswerte durch deren Anzahl dividiert wird. Die Berechnung des arithmetischen Mittels erfordert ein metrisches Messniveau (x_i = beobachtete Werte; n = Anzahl der Beobachtungen): $\bar{x} = \frac{1}{n} \sum_{i=1}^{n} x_i$

Streuungsparameter drücken aus, wie eng bzw. weit die einzelnen Merkmalsausprägungen über den Bereich der Skala verteilt sind. Die wichtigsten Streuungsparameter sind:

- Die **Varianz** ist der in der Marktforschung am häufigsten genutzte Streuungsparameter. Sie entspricht der durchschnittlichen quadratischen Abweichung der Beobachtungswerte vom Mittelwert und wird so berechnet ($\bar{x}$ = arithmetisches Mittel; n = Anzahl der Beobachtungen): $\sigma = \frac{\sum_{i=1}^{n}(x_i - \bar{x})^2}{n-1}$
- Die **Standardabweichung** ist die Quadratwurzel aus der Varianz und wird auch als Streuung oder mittlere Abweichung bezeichnet. Sie ist Grundlage vieler statistischer Tests.
- Der **Variationskoeffizient** ist als Quotient der Standardabweichung und des Mittelwerts definiert. Hiermit lassen sich Stichproben, die unterschiedliche Mittelwerte aufweisen, in Bezug auf ihre Streuung vergleichen.
- Die **Spannweite** ist die Differenz zwischen der größten und kleinsten Merkmalsausprägung. Hier besteht – wie beim arithmetischen Mittel – die Gefahr von Verzerrungen durch Ausreißer.

Univariate **induktive** Verfahren verfolgen das Ziel, bezüglich eines interessierenden Merkmals Rückschlüsse von einer Stichprobe auf die Grundgesamtheit zu ziehen. Hierzu werden Signifikanztests eingesetzt. Sie ermöglichen es, Hypothesen über die Verteilung bzw. einzelne Verteilungsparameter von Merkmalen in der

Grundgesamtheit zu überprüfen. Diese laufen in folgenden Schritten ab (vgl. Homburg 2020, S. 369 ff.):

1. Zunächst wird eine Nullhypothese formuliert (H_0), die durch den Signifikanztest überprüft werden soll. Die gegensätzliche Aussage wird als Alternativhypothese (H_1) bezeichnet.
2. Anschließend wird das Signifikanzniveau festgelegt, das der Wahrscheinlichkeit entspricht, dass die Nullhypothese abgelehnt wird, obwohl sie in Wahrheit (d. h. in der Grundgesamtheit) zutrifft.
3. Von den vielen statistischen Testverfahren besitzt der **Mittelwerttest** (Einstichproben-t-Test) eine besondere Bedeutung (vgl. Scharf et al. 2022, S. 243). Dieser Test prüft anhand des Mittelwertes einer Stichprobe, ob der Mittelwert innerhalb der Grundgesamtheit einem bestimmten Wert entspricht oder nicht (zur konkreten Durchführung von Mittelwerttests sowie weiterer Signifikanztests vgl. Bortz/Schuster 2010, S. 97 ff.).
4. Anschließend wird der Ablehnungsbereich festgelegt. Hiermit wird festgelegt, bei welchen Werten der Prüfgröße die Nullhypothese abgelehnt wird. Dieser Ablehnungsbereich ist vom Signifikanzniveau und dem verwendeten Testverfahren abhängig.
5. Im nächsten Schritt wird der empirische Wert der Prüfgröße auf der Grundlage der Daten der Stichprobe berechnet.
6. Abschließend wird die Entscheidungsregel angewendet (z. B. Ablehnung der Nullhypothese) und das Ergebnis des Tests interpretiert.

Die allgemeine Vorgehensweise bei Signifikanztests wird in Darstellung 32 gezeigt.

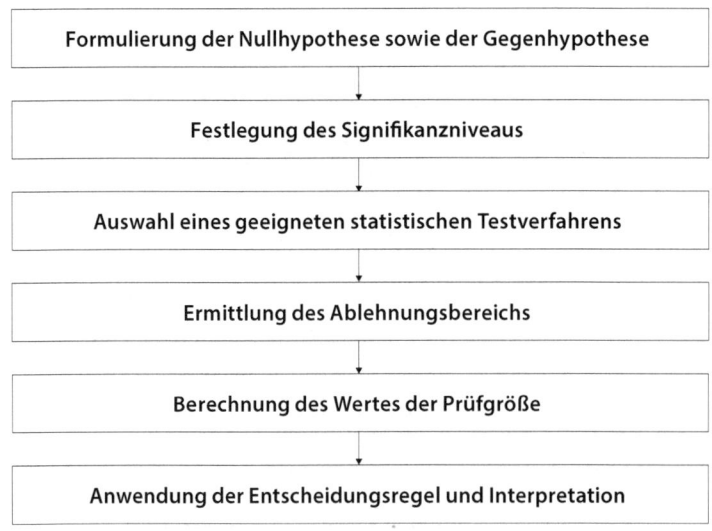

Dar. 32: Allgemeine Vorgehensweise bei Signifikanztests (vgl. Homburg 2020, S. 370)

4.5.2 Bivariate Analyseverfahren

Bivariate deskriptive Analyseverfahren analysieren die Beziehung zwischen zwei Variablen, wobei diese lediglich Zusammenhänge beschreiben und keine Rückschlüsse auf die Grundgesamtheit zulassen. Sie können in Verfahren der **Assoziationsanalyse** und Verfahren der **Regressionsanalyse** untergliedert werden (vgl. Homburg 2020, S. 361). Verfahren der Assoziationsanalyse analysieren den Zusammenhang zwischen zwei Variablen, ohne zwischen einer unabhängigen und abhängigen Variable zu unterscheiden. Hierzu gehören die Kreuztabellierung (bei nominalem Skalenniveau der Variablen) und die Korrelationsanalyse (bei metrischem Skalenniveau der Variablen). Verfahren der Regressionsanalyse hingegen unterscheiden zwischen einer unabhängigen (gegebenen) und abhängigen (zu erklärenden) Variable, drücken im Gegensatz zu Assoziationsanalysen also gerichtete Zusammenhänge zwischen zwei Variablen aus.

Die **Kreuztabellierung** ist ein einfaches Verfahren der Assoziationsanalyse, das lediglich nominalskalierte Daten erfordert (vgl. Homburg 2020, S. 361). Hierbei werden die absoluten und relativen Häufigkeiten aller möglichen Kombinationen der Merkmalsausprägungen in einer Matrix zusammengefasst (▶ Dar. 33). Im vorliegenden Beispiel wird untersucht, ob es einen Zusammenhang zwischen dem Alter und dem wöchentlichen Konsum von Cola-Getränken gibt. In einer Kreuztabelle wird nun eingetragen, wie hoch der Konsum von Cola (< 0,5 Liter, 0,5 bis 1 Liter, > 1 Liter) in drei verschiedenen Altersgruppen ist. An Darstellung 33 lässt sich ablesen, dass hier ein Zusammenhang besteht: So befinden sich innerhalb der jüngsten Altersklasse 50 Prozent der Personen mit dem höchsten Cola-Verbrauch, während es bei Personen über 40 Jahre lediglich 10 Prozent sind. Ob der mittels Kreuztabellierung festgestellte Zusammenhang nicht nur innerhalb der Stichprobe, sondern auch innerhalb der Grundgesamtheit vorliegt, kann jedoch nur mittels induktiver Verfahren (χ^2-Test) überprüft werden.

Sind zwei Merkmale metrisch skaliert, kann deren Zusammenhang anhand der **Korrelationsanalyse** untersucht werden. Die Korrelationsanalyse analysiert die Stärke eines möglichen linearen Zusammenhangs zwischen zwei Variablen, indem der Grad der gemeinsamen Variation beider Variablen betrachtet wird. Sie untersucht also, zu welchem Teil eine Veränderung der Werte einer Variablen mit einer Änderung der Werte der anderen Variable einhergeht (vgl. Homburg 2020, S. 362). Die Stärke des Zusammenhangs wird anhand des Pearsonschen Korrelationskoeffizientens r ausgedrückt, der Werte zwischen -1 und +1 annehmen kann. Liegt der Korrelationskoeffizient bei +1 (-1), besteht zwischen den Variablen ein vollständig positiver (negativer) linearer Zusammenhang. Liegt er hingegen bei r = 0, besteht kein linearer Zusammenhang zwischen beiden Variablen. Auch bei einem Korrelationskoeffizienten von 0 kann ein starker Zusammenhang zwischen den Variablen bestehen, der allerdings nichtlinear ist. Die Korrelationsanalyse sagt jedoch nichts über die Richtung des Einflusses aus. Dies leitet zur Regressionsanalyse über.

Die **einfache lineare Regressionsanalyse** untersucht den Einfluss einer metrisch skalierten unabhängigen (gegebenen) Variable auf eine metrisch skalierte

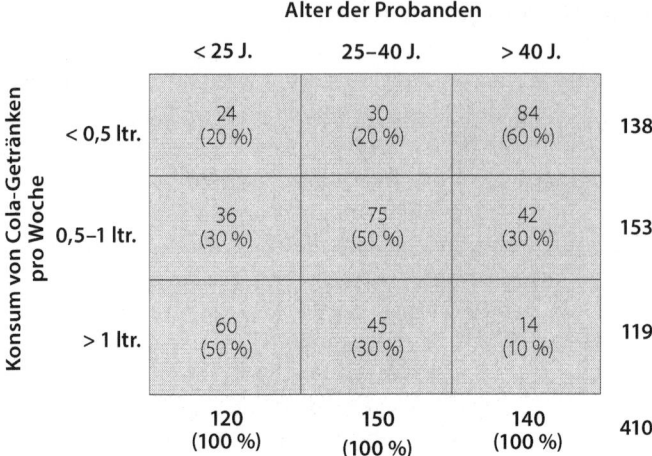

Dar. 33: Beispiel einer Kreuztabelle (vgl. Kuß et al. 2018, S. 236)

abhängige (zu erklärende) Variable. Sie unterstellt also eine Wirkungsrichtung zwischen den betrachteten Variablen (vgl. Berekoven et al. 2009, S. 196 ff.). Das Einsatzgebiet von Regressionsanalysen ist breit. Mit ihr lassen sich folgende Fragen beantworten (vgl. Meffert et al. 2024, S. 205; Backhaus et al. 2021, S. 62 ff.):

1. Wie stark ist der Einfluss einer Marketingvariablen (z. B. Preis, Werbung) auf Zielgrößen wie Umsatz, Image oder Bekanntheitsgrad (**Ursachenanalyse**)?
2. Wie verändern sich abhängige Variable wie Umsatz oder Marktanteil, wenn die Marketinganstrengungen erhöht werden (**Wirkungsprognose**)?
3. Wie verändern sich abhängige Größen wie Markenbekanntheit im Zeitablauf bei gleichbleibendem Mitteleinsatz (**Zeitreihenanalyse**)?

Fragestellungen aus der Marktforschung sind z. B. die Abhängigkeit der Absatzmenge von Preis-, Werbe- und Distributionsaktivitäten oder die Analyse von Konsumentenpräferenzen in Abhängigkeit von Produkteigenschaften (vgl. Lehmann et al. 1998, S. 464 ff.; Skiera/Albers 2000, S. 205 ff.). So ist es etwa sinnvoll zu unterstellen, dass der Preis eines Produktes seine Absatzmenge beeinflusst und nicht umgekehrt. Damit ist der Preis die unabhängige und die Absatzmenge die abhängige Variable.

Das Konzept und die Vorgehensweise einer Regressionsanalyse sollen anhand eines Beispiels verdeutlicht werden (vgl. Berekoven et al. 2009, S. 196 ff.): Ein Unternehmen möchte ein neues Produkt einführen und bietet es in zehn Testgeschäften zu jeweils unterschiedlichen Preisen an. Dabei werden die Absatzmengen je Testgeschäft erfasst (▶ Dar. 34).

Werden diese zehn Wertepaare in ein Streudiagramm eingetragen, bilden sie eine Punktewolke (▶ Dar. 35). Die Aufgabe der Regressionsanalyse ist es nun, eine Gerade oder Kurve durch die Punktwolke zu legen und den Funktionsverlauf durch

Dar. 34: Verkaufspreise und Absatzmengen eines Produktes in zehn Testgeschäften (vgl. Berekoven et al. 2009, S. 197)

Testgeschäft	1	2	3	4	5	6	7	8	9	10
Verkaufspreis	3,15	2,65	2,60	2,90	3,05	2,55	2,70	3,00	2,85	2,80
Absatzmenge	37	48	45	38	35	51	44	40	43	41

eine mathematische Funktion zu beschreiben (Esch et al. 2013, S. 134). Hierbei kommt die »Methode der kleinsten Quadrate« zum Einsatz (vgl. Homburg 2020, S. 366). Diese Gerade kann durch die folgende Gleichung dargestellt werden:

$$y = a + b \cdot x$$

mit y = abhängige Variable (hier: Absatzmenge), x = unabhängige Variable (hier: Preis), a = Schnittpunkt mit der x-Achse, b = Steigung der Regressionsgraden

Für das vorliegende Beispiel lautet die Regressionsgerade $\hat{y} = 105{,}83 - 22{,}53 \cdot x$. Laut der Regressionsgeraden ergibt sich eine Absatzmenge von (gerundet) 106 Einheiten, wenn das Produkt verschenkt wird. Wird der Preis um einen Euro erhöht, geht der Absatz laut Regressionsgeraden um (gerundet) 23 Einheiten zurück.

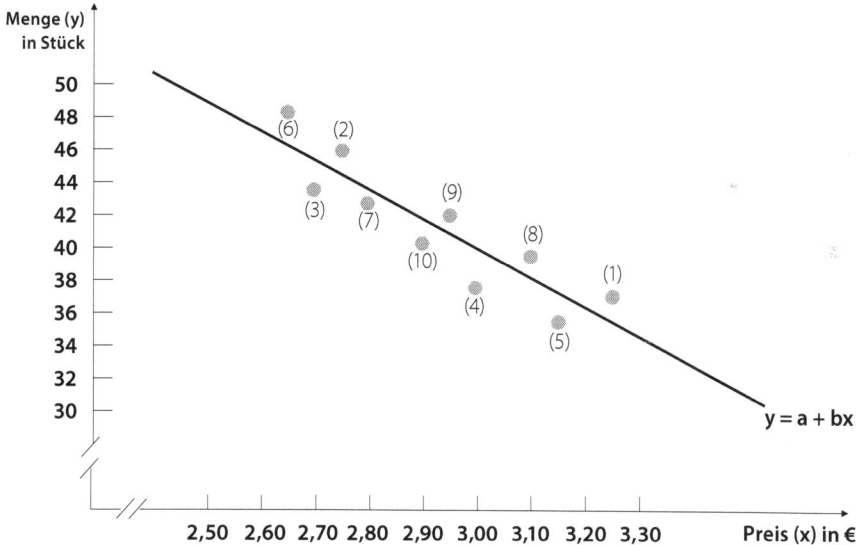

Dar. 35: Streudiagramm zu den Verkaufspreisen und Absatzmengen eines Produktes (vgl. Scharf et al. 2022, S. 247 in Anlehnung an Berekoven et al. 2009, S. 197)

Auf der Grundlage der Regressionsgerade lässt sich nun abschätzen, wie sich die Absatzmenge ändert, wenn der Preis erhöht oder reduziert wird. Die Güte der

Schätzung kann anhand des Quadrates des Korrelationskoeffizienten zwischen x und y beurteilt werden. Dieser Parameter wird auch als Bestimmtheitsmaß (r^2) bezeichnet und kann Werte zwischen 0 und 1 annehmen. Im obigen Fall ergibt sich ein r-Quadrat von 0,82, d. h. 82 Prozent der Streuung der Absatzmenge wird durch den Preis erklärt, 18 Prozent aus anderen Variablen bzw. zufälligen Störgrößen.

Von der Vielzahl **bivariater induktiver Analyseverfahren** seien hier lediglich zwei wichtige Testverfahren kurz angesprochen:

- Der **t-Test** wird verwendet, um die Mittelwerte innerhalb zweier unabhängiger Stichproben miteinander zu vergleichen. Ausgangspunkt ist ein Merkmal, das in zwei Stichproben gemessen wurde. Ein Beispiel: Eine Brauerei mag sich bspw. die Frage stellen, ob der Pro-Kopf-Konsum von Pils im Rheinland signifikant höher ausfällt als in Bayern. Zur Überprüfung sind zwei Stichproben (eine im Rheinland, eine in Bayern) zu ziehen, deren Mittelwerte im Pro-Kopf-Konsum anhand eines t-Tests auf signifikante Unterschiede geprüft werden (vgl. vertiefend Homburg 2020, S. 378 ff.). Ist die Differenz hinreichend groß, kann davon ausgegangen werden, dass dies auch innerhalb der beiden Grundgesamtheiten (Rheinland, Bayern) gilt.
- Der **Chi-Quadrat-Test** überprüft auf der Grundlage der oben vorgestellten Kreuztabellierung, ob zwei nominal skalierte Merkmale innerhalb der Grundgesamtheit voneinander unabhängig sind oder nicht. Ein Beispiel: Ein Hersteller von Süßigkeiten stellt sich die Frage, ob die Präferenz für Schokolade oder Chips unabhängig vom Geschlecht der Käufer ist. Die Grundlage dieses Tests ist eine Kreuztabelle mit den Häufigkeiten der interessierenden Variablen (vgl. vertiefend Böhler et al. 2022, S. 196 ff.; Homburg 2020, S. 384 ff.).

4.5.3 Multivariate Analyseverfahren

In der Marktforschung werden häufig sehr komplexe Phänomene untersucht, bei denen viele Einflussgrößen zusammenspielen. Hier kommen multivariate Methoden zum Einsatz, die Zusammenhänge zwischen mehr als zwei Variablen analysieren. Es lassen sich zwei Verfahrenstypen unterscheiden (vgl. Homburg 2020, S. 386): Verfahren der **Dependenzanalyse** untersuchen gerichtete Abhängigkeiten zwischen mindestens drei Variablen. Diese werden wie schon bei der Regressionsanalyse in unabhängige und abhängige Variablen eingeteilt. Beispielsweise wird untersucht, welchen Einfluss der Preis, die Produktqualität und die Qualität des Kundendienstes auf die Kundenzufriedenheit ausüben. Bei Verfahren der **Interdependenzanalyse** erfolgt keine Unterscheidung in unabhängige und abhängige Variablen, hier besitzen alle Variablen denselben Status. Ziel dieser Methoden ist es, wechselseitige Einflüsse und Abhängigkeiten zwischen den Variablen zu verstehen. Darstellung 36 zeigt die wichtigsten multivariaten Analyseverfahren im Überblick (vgl. Scharf et al. 2022, S. 251, Berekoven et al. 2009, S. 199 ff., Homburg 2020, S. 388).

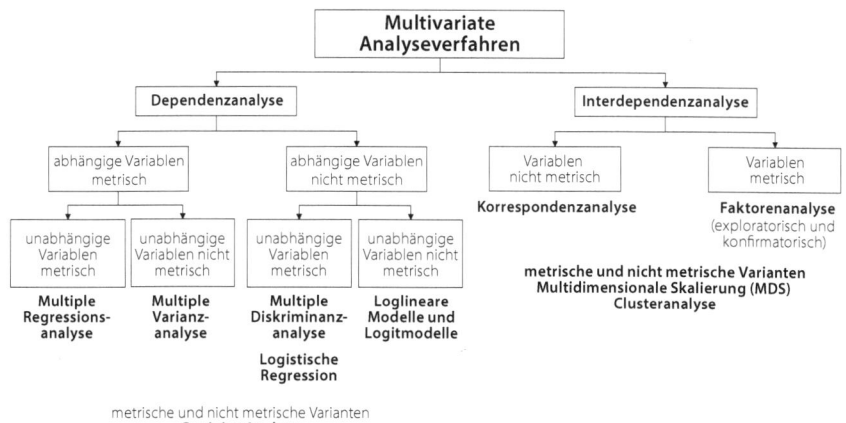

Dar. 36: Übersicht über die wichtigsten multivariaten Analyseverfahren (vgl. Scharf et al. 2022, S. 251 in Anlehnung an Homburg 2020, S. 388)

Ausgewählte Verfahren der in Darstellung 36 aufgeführten multivariaten Analyseverfahren sollen hier nur kurz skizziert werden (vgl. im Folgenden und vertiefend Homburg 2020, S. 386 ff.).

Die **multiple Regressionsanalyse** ist eines der am häufigsten eingesetzten multivariaten Analyseverfahren. Sie ist ein Verfahren der Dependenzanalyse und untersucht die Art und Stärke des Einflusses mehrerer unabhängiger Variablen auf eine abhängige Variable. Sie erfordert für die unabhängigen sowie die abhängige Variable ein metrisches Datenniveau. Weist die abhängige Variable nominales Skalenniveau auf, sind Verfahren der logistischen Regression heranzuziehen. Im Ergebnis kann beurteilt werden, ob einzelne Einflussfaktoren einen statistisch signifikanten Einfluss auf die abhängige Variable ausüben und wie stark dieser Einfluss ist.

> Beispielhafte Fragestellung: Wie verändert sich die Absatzmenge eines neuen Smartphones, wenn der Preis gesenkt und das Werbebudget erhöht wird?

Auch die **multiple Varianzanalyse** ist ein Verfahren der Dependenzanalyse und untersucht die Wirkung nominalskalierter unabhängiger Variablen auf metrisch skalierte abhängige Variablen. Sie beantwortet damit die Frage, ob zwischen Gruppen in Bezug auf abhängige Variablen signifikante Unterschiede bestehen (vgl. Green und Tull 1982, S. 324 ff.; Weis/Steinmetz 2012, S. 329 ff.). Die Varianzanalyse ist damit die wichtigste Analysetechnik zur Auswertung von Experimenten. Bei einer Kovarianzanalyse wird darüber hinaus auch der Einfluss von Störgrößen (z. B. das Alter der Probanden) kontrolliert, indem diese Störgrößen in die Analyse mit aufgenommen werden.

> Beispielhafte Fragestellung: Wie wirken sich verschiedene Verpackungsarten und -größen auf das Kaufverhalten aus?

Bei der **multiplen Diskriminanzanalyse** werden analog zur Regressionsanalyse gerichtete Abhängigkeiten analysiert (Verfahren der Dependenzanalyse), jedoch ist die abhängige Variable bei der multiplen Diskriminanzanalyse nominalskaliert. Daher lassen sich die Merkmalsausprägungen der abhängigen Variablen zu Gruppen zusammenfassen (z. B. Warengruppen oder Marktsegmente). Das Ziel der Diskriminanzanalyse besteht darin, die Zuordnung von Objekten zu bestimmten Gruppen durch die unabhängigen Variablen zu erklären (vgl. Homburg 2020, S. 436).

> Beispielhafte Fragestellung: Welche Käufermerkmale sind dafür verantwortlich, dass manche Kunden ein Produkt kaufen und andere nicht?

Die **Conjoint-Analyse** (Conjoint = **Con**sidered **Joint**ly) als weiteres Verfahren der Dependenzanalyse hat im Gegensatz zu vielen der hier vorgestellten Analysemethoden einen sehr speziellen Fokus: Sie untersucht, welchen Einfluss einzelne Produktmerkmale und deren Ausprägungen aus Sicht eines Kunden auf den Gesamtnutzen eines Produktes ausüben. Dabei beurteilen die Probanden keine einzelnen Produkteigenschaften, sondern erfassen eine Gesamtpräferenz für verschiedene Produktvarianten. Ausgehend von abgefragten Gesamturteilen (»Welches Produkt würden Sie kaufen?«) ermittelt die Conjoint-Analyse die Einzelbeiträge der Produkteigenschaften. Damit besitzt die Conjoint-Analyse eine hohe Bedeutung bei der Entwicklung neuer Produkte sowie bei der Ermittlung der Zahlungsbereitschaft von Käufern.

> Beispielhafte Fragestellung: Wie verändert sich der Gesamtnutzen eines Smartphones, wenn der Speicherplatz um 10 % und die Kameraauflösung um 20 % vergrößert werden?

Die **Faktorenanalyse** ist eine Methode der Interdependenzanalyse, die keine Einteilung in unabhängige und abhängige Variablen vornimmt. Ihr Ziel ist es, eine größere Zahl metrisch skalierter Variablen auf einige wenige Faktoren zu reduzieren. Somit ist sie eine Methode zur Komplexitätsreduktion (vgl. Backhaus et al. 2021, S. 413 ff.; Homburg 2020, S. 388). Es lassen sich zwei Verfahrenstypen unterscheiden: Das Ziel der explor48torischen Faktorenanalyse besteht darin, diese Faktoren zu entdecken, ohne dass vorab eine Faktorstruktur unterstellt wird. Bei der konfirmatorischen Faktorenanalyse hingegen wird eine Faktorenstruktur unterstellt, die auf Basis erhobener Daten überprüft wird. Insbes. die explorative Faktorenanalyse wird in der Marktforschung häufig eingesetzt, z. B. um die die zahlreichen Eigenschaften von Produkten oder Marken auf wenige zugrunde liegende Beurteilungsdimensionen (Faktoren) zu verdichten.

> Beispielhafte Fragestellung: Lassen sich die vielen Eigenschaften eines Smartphones auf einige wenige Nutzen stiftende Faktoren (z. B. Bedienerfreundlichkeit, Verarbeitungsqualität) reduzieren?

Das Ziel der **Clusteranalyse**, eines Verfahrens der Interdependenzanalyse, besteht darin, die Komplexität eines Datensatzes durch die Zusammenfassung von Objekten (z. B. Kunden) zu sog. Clustern (z. B. Kundensegmenten) zu reduzieren. Diese Cluster sollen in sich möglichst homogen und untereinander möglichst heterogen sein (vgl. Backhaus et al. 2021, S. 489 ff.). Wie auch die Faktorenanalyse wird sie eingesetzt, um die Komplexität eines Datensatzes zu reduzieren. Sie wird insb. im Rahmen der Marktsegmentierung eingesetzt und setzt kein bestimmtes Skalenniveau der Variablen voraus.

> Beispielhafte Fragestellung: Wie können Käufer von Smartphones nach kaufverhaltensrelevanten Merkmalen (z. B. Einkommen, Qualitätsansprüche) segmentiert werden?

Das Ziel der **multidimensionalen Skalierung** (Ähnlichkeitsstrukturanalyse) besteht darin, Objekte (z. B. Marken) auf der Basis von Ähnlichkeitsrelationen in einem Raum möglichst niedriger Dimension zu positionieren. Dieses Verfahren der Interdependenzanalyse wird insb. bei Positionierungsanalysen eingesetzt, um zu verstehen, wie Kunden eine Marke oder ein Produkt wahrnehmen. Anhand des Verfahrens soll insb. festgestellt werden, welche Produkte bzw. Marken ähnlich positioniert sind und von den Kunden als Konkurrenzangebote betrachtet werden. Sie erfordert lediglich ordinales Datenniveau.

> Beispielhafte Fragestellung: Welche Marken konkurrieren aus Sicht der Käufer miteinander und wie sind diese positioniert?

Teil III   Strategische Marketingplanung

5 Situationsanalyse

Die strategische Situationsanalyse steht am Beginn des Marketingmanagementprozesses und hat die Aufgabe, den Marketingverantwortlichen die für strategische und operative Marketingentscheidungen benötigten Daten bereitzustellen. Sie greift auf die im letzten Kapitel vorgestellten Methoden der Marktforschung zurück. Ihr Gegenstand steht in engem Zusammenhang mit zwei Managementansätzen, die als Market-Based-View und Resource-Based-View bezeichnet werden. Der **Market-Based-View** unterstellt, dass ein dauerhafter Unternehmenserfolg entscheidend von der Attraktivität der Absatzmärkte, in denen ein Unternehmen tätig ist, abhängt. Daraus resultiert eine starke Betonung der marktorientierten Sicht. Vertreter des **Resource-Based-View** argumentieren hingegen, dass die Profitabilität von Unternehmen wesentlich von den Wettbewerbsvorteilen des Unternehmens in einem Markt abhängt. Um beide Ansätze miteinander zu vereinen, hat die Situationsanalyse zwei Stoßrichtungen:

- Sie soll Aussagen über die **Attraktivität von Märkten** treffen. Dafür muss sie die Chancen und Risiken der Absatzmärkte ermitteln und bewerten (Market-based-View).
- Sie soll Informationen über die **Wettbewerbsfähigkeit des Unternehmens** bereitstellen. Dafür muss sie die Stärken und Schwächen des Unternehmens denen der Wettbewerber gegenüberstellen (Resource-Based-View).

Die Marketingwissenschaft hat eine Vielzahl an Ansätzen zur Beurteilung der Marktattraktivität und Wettbewerbssituation von Unternehmen hervorgebracht (vgl. für einen Überblick Meffert et al. 2024, S. 249 ff.). Abschnitt 5.1 bietet zunächst einen Überblick über zentrale Markt- und Unternehmenskennzahlen und stellt mit dem Produktlebenszykluskonzept und der Branchenstrukturanalyse (Five Forces) nach Porter zwei etablierte Modelle zur Beurteilung der Marktattraktivität vor. Abschnitt 5.2 erörtert zentrale Konzepte zur Beurteilung der Wettbewerbsfähigkeit etablierter Unternehmen und führt mit der SWOT-Analyse die externe und interne Perspektive zusammen. Schließlich stellt Abschnitt 5.3 mit dem Business Model Canvas einen Ansatz zur ganzheitlichen Beurteilung neuer Geschäftsmodelle vor. Der Business Model Canvas wird insbes. zur Analyse innovativer Geschäftsmodelle z. B. von Start-ups verwendet.

5.1 Analyse der Marktattraktivität

Aus der Vielzahl von Konzepten zur **Analyse der Marktattraktivität** sollen hier folgende näher vorgestellt werden:

- Schlüsselgrößen zur Beschreibung eines Marktes
- Produktlebenszyklusmodell
- Branchenstrukturanalyse (Modell der Five Forces)

Um die Attraktivität von Absatzmärkten beurteilen zu können, ist es zunächst sinnvoll, diese anhand quantitativer **Schlüsselgrößen** zu beschreiben. Ist ein Unternehmen auf einem Absatzmarkt bereits tätig, kann seine Position auf Grundlage dieser Schlüsselgrößen eingeschätzt werden. Um folgende Schlüsselgrößen geht es (vgl. Steffenhagen 2008, S. 64 f.; Meffert et al. 2024, S. 61 f.):

- Das **Marktpotenzial** entspricht der maximal möglichen Absatzmenge (mengenbezogen) bzw. den maximal erzielbaren Umsätzen (wertbezogen), die auf einem Absatzmarkt erreicht werden könnten. Werden durch Produktinnovationen neue Märkte geschaffen, besteht i. d. R. zunächst ein hohes, nicht ausgeschöpftes Marktpotenzial, das mit zunehmender Verbreitung der Produkte ausgeschöpft wird. Märkte mit hohem Marktpotenzial können grundsätzlich als attraktiver eingeschätzt werden als Märkte mit geringem Marktpotenzial.
- Das **Marktvolumen** beschreibt die tatsächlich erzielten Absatzmengen bzw. Umsätze aller Anbieter im Markt. In frühen Phasen eines Marktes sind v. a. Erstkäufe für das Marktvolumen verantwortlich, mit zunehmendem Reifegrad des Marktes umfasst das Marktvolumen hingegen überwiegend Ersatzkäufe.
- Der **Marktsättigungsgrad** (**Marktausschöpfungsgrad**) ist der Quotient aus Marktvolumen und Marktpotenzial. Er drückt aus, inwieweit das vorhandene Marktpotenzial bereits ausgeschöpft ist. Je stärker ein Markt gesättigt ist, desto schwieriger wird es für einen neu eintretenden Anbieter, neue Käuferschichten zu erschließen. Der Marktsättigungsgrad hat daher für Markteintrittsentscheidungen eine hohe Bedeutung.
- Das **Absatzvolumen** (**Umsatzvolumen**) entspricht der von einem Anbieter in einem Zeitraum erzielte Absatzmenge bzw. dem erzielten Umsatz mit einem Produkt. Wird die Absatzmenge eines Produktes mit seinem Preis multipliziert, ergibt sich der Umsatz.
- Der **Marktanteil** beschreibt das Verhältnis des Absatz- bzw. Umsatzvolumens eines Anbieters zum Marktvolumen. Er ist ein wichtiger Indikator für die Wettbewerbsfähigkeit eines Anbieters, worauf später noch genauer eingegangen wird:

$$\text{Marktanteil} = \frac{\text{Absatz- bzw. Umsatzvolumen}}{\text{Marktvolumen}} \cdot 100$$

- Der **relative Marktanteil** entspricht dem Verhältnis des Marktanteils eines Anbieters zum Marktanteil seines stärksten Wettbewerbers:

$$\text{relativer Marktanteil} = \frac{\text{eigener Marktanteil}}{\text{Marktanteil des Hauptwettbewerbers}} \cdot 100$$

Die Ermittlung des relativen Marktanteils kann zur Abschätzung von Kostendegressionseffekten im Vergleich zur Konkurrenz eine wichtige Kenngröße darstellen. Hierauf wird später noch genauer eingegangen.

Märkte sind nicht statisch, vielmehr unterliegen sie kontinuierlichen Veränderungen. Gründe dafür sind u. a. Änderungen der Kundenbedürfnisse, der Eintritt neuer Wettbewerber oder verbesserte Produkttechnologien (z. B. Substitution von CD und DVD durch Streamingangebote). Lebenszyklusmodelle versuchen, diese Dynamik abzubilden und Märkte in einzelne Lebensphasen zu unterteilen. Das im Marketing sehr prominente **Produktlebenszyklusmodell** geht von der Grundannahme aus, dass ein Markt durch eine Produktinnovation entsteht und im Zeitablauf typische Lebenszyklusphasen durchläuft, die durch unterschiedliche Absatz- bzw. Umsatz- und Gewinnpotenziale gekennzeichnet sind (▶ Dar. 37).

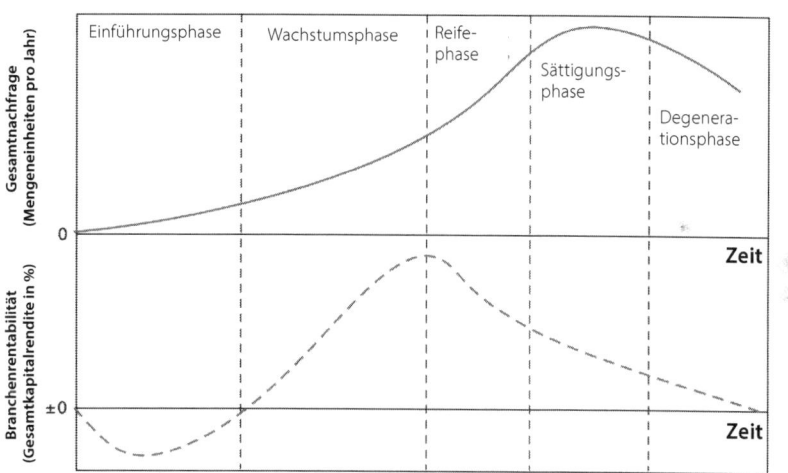

Dar. 37: Idealtypischer Verlauf eines Produktlebenszyklus (vgl. Meffert et al. 2024, S. 74)

Folgende Lebenszyklusphasen werden unterschieden (vgl. Steffenhagen 2008, S. 145; Walsh et al. 2020, S. 287 f.):

- Die **Einführungsphase** beginnt, indem ein Unternehmen (Pionier) eine Neuheit zum Kauf anbietet. Anfangs sind die Umsätze noch niedrig, da viele Käufer abwarten, ob sich das Produkt am Markt etabliert. Aufgrund hoher Kosten für

Entwicklung und Markteinführung des Produktes werden hier noch keine Gewinne erzielt. Das Produkt muss bekannt gemacht werden und es sind Vertriebswege aufzubauen, damit das Produkt für die Käufer erhältlich ist. Die Länge der Einführungsphase hängt v. a. davon ab, ob die potenziellen Käufer den Mehrwert des Produktes erkennen.

- In der **Wachstumsphase** beginnen die Marketingmaßnahmen zu greifen, sodass der Umsatz steigt und mit dem Produkt Gewinn erzielt wird. Dies lockt neue Wettbewerber in den Markt. In dieser Phase gilt es, schnell zu wachsen, um hohe Marktanteile aufzubauen, indem neue Käuferschichten angesprochen werden. Da die Anbieter hohe Investitionen zu leisten haben, um mit dem Markt mitzuwachsen, steigt die Profitabilität nur langsam an.
- In der **Reifephase** ist das Produkt am Markt etabliert und die Umsätze steigen weiterhin an. Hier erreicht die Rentabilität ihren Höhepunkt, da oft noch kein ausgeprägter Verdrängungswettbewerb zwischen den Anbietern entbrannt ist. Aufgrund der hohen Rentabilität des Marktes treten weitere Anbieter in den Markt ein, die sich oft auf Marktnischen konzentrieren oder Produkte sehr preisgünstig anbieten (sog. Me-too-Anbieter).
- In der **Sättigungsphase** sind Umsatz und Gewinn rückläufig. Hierdurch entsteht oft ein starker Verdrängungswettbewerb, der zu Preiskämpfen und zum Ausscheiden von Anbietern führt. Da sich Produktstandards etabliert haben, können sich Anbieter Vorteile durch verbesserte Produktvarianten verschaffen. Da kaum noch neue Käufer in den Markt eintreten, spielt die Kundenbindung in dieser Phase eine zentrale Rolle.
- In der **Degenerationsphase** lässt sich der Umsatzrückgang auch durch die Intensivierung der Marketinginstrumente nicht mehr aufhalten, da oft technologisch überlegene Substitutionsprodukte verfügbar sind (z. B. wurde der WALKMAN vom DISCMAN abgelöst). Häufig verbleiben Nischenmärkte, wie dies etwa bei Schallplatten der Fall ist, die fast nur noch an Liebhaber und Sammler verkauft werden. Vereinzelt kann durch einen **Relaunch** (Life Cycle Stretching) der Produktlebenszyklus verlängert werden (z. B. durch verbesserte Nachfolgevarianten bestehender Produkte).

Das Produktlebenszyklusmodell liefert wertvolle Hinweise für die Auswahl und Bearbeitung von Absatzmärkten (vgl. Pojda 2012, S. 1576):

- Fundierung von Markteintrittsentscheidungen,
- verbesserte Absatz- und Gewinnprognosen,
- Hinweise zur Gestaltung der Marketinginstrumente,
- Maßnahmen zur Verlängerung des Lebenszyklus (Life Cycle Stretching),
- (zeitliche) Planung von Nachfolgeprodukten und neuen Produktvarianten.

Darstellung 38 charakterisiert die ersten vier Phasen des Lebenszyklus.

Dar. 38: Charakteristika einzelner Produktlebenszyklusphasen (in Anlehnung an Kotler et al. 2022, S. 497 f.; Voeth, Herbst 2013, S. 583; Homburg 2020, S. 487 f.)

Phase Merkmal	Einführung	Wachstum	Reife	Sättigung
Umsatzwachstum	Gering	Stark	Auf Maximum stagnierend	negativ
Kosten pro kaufender Person	Sehr hoch	Durchschnittlich	Gering	Gering
Gewinn	Negativ (Verlust)	Positiv, steigend	Hoch	Fallend
Marktrisiko	Sehr hoch	Fallend	Weiter fallend	steigend
Marktstruktur	(temporäres) Monpol	Oligopol	Polypol	Oligopol
Wettbewerbstypen; Herstellungstypen	Pioniere; schnelle Folger	Schnelle Folger; Imitatoren	Imitatoren; Anpasser	Späte Anpasser
Wettbewerbsintensität	Gering	Steigend	Sehr hoch	Fallend
Marktbarrieren	Anfängliche Eintrittsbarrieren	Zusätzliche Konkurrenzbarrieren	Hohe Ein- und Austrittsbarrrieren	Hohe Austrittsbarrieren
Nachfragertypen	Risikobereite Innovatoren	Frühadopter; viele Erstkäufer	Frühe Mehrheit; Erst- und Wiederholungskäufer	Späte Mehrheit; Wiederholungskäufer

In vielen Branchen verkürzen sich aufgrund des Innovationsdrucks und zunehmender technologischer Möglichkeiten die Lebenszyklen vieler Produkte (vgl. Berndt et al. 2016, S. 9). Aus einer Studie der Unternehmensberatung ROLAND BERGER geht hervor, dass sich die Lebenszyklen in den Branchen Automobil, Chemie- und Pharmaindustrie, Maschinenbau und Fast Moving Consumer Goods (FMCG) zwischen 1997 und 2012 um 24 Prozent verkürzt haben (vgl. Roland Berger 2012, o. S.).

Ein zentraler Kritikpunkt am Lebenszyklusmodell ist die Verwendung der Zeit als einziger Variable zur Erklärung des Absatzes (vgl. Homburg 2020, S. 486). Berücksichtigt man die vielfältigen Möglichkeiten, durch den Einsatz der Marketinginstrumente auf den Absatz eines Produkts Einfluss zu nehmen, sowie vom Unternehmen nicht steuerbare Einflussgrößen wie das Verhalten der Wettbewerber und der Kunden, wird unmittelbar ersichtlich, dass dieses Modell die Realität stark vereinfacht. Insofern ist es wenig überraschend, dass tatsächliche, empirisch beobachtete Absatzverläufe diesem idealtypischen Verlauf oft nicht entsprechen (vgl. Meffert et al. 2024, S. 74).

Ein weiteres prominentes Modell zur Analyse der Attraktivität von Märkten bzw. Branchen ist das Konzept der **fünf Wettbewerbskräfte** (Five Forces) nach Porter (vgl. Porter 2013, S. 35 ff., siehe auch Benkenstein/Brock 2021, S. 35 ff.; Herrmann/Huber 2013, S: 58 ff.; Tomczak et al. 2014, S. 47 ff.). Das Modell zeigt Darstellung 39, wobei unterstellt wird, dass die Wettbewerbsintensität und Profitabilität einer Branche von folgenden fünf grundlegenden Wettbewerbskräften (Five Forces) abhängen, die nachfolgend kurz vorgestellt werden:

1. Rivalität unter den Wettbewerbern
2. Verhandlungsstärke der Lieferanten
3. Verhandlungsstärke der Abnehmer
4. Bedrohung durch neue Konkurrenten
5. Bedrohung durch Ersatzprodukte

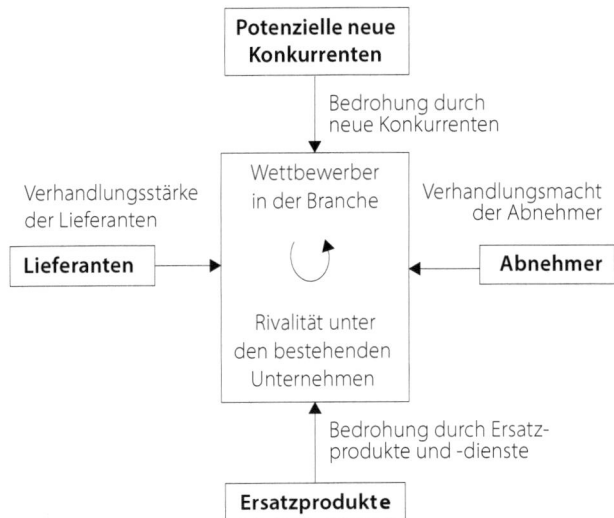

Dar. 39: Die 5 Forces zur Analyse der Wettbewerbsintensität (vgl. Porter 2008, S. 80)

Die Wettbewerbsintensität in einer Branche steigt mit zunehmender **Rivalität unter den bestehenden Wettbewerbern** an. Die Rivalität ist dann besonders hoch, wenn es viele Anbieter gibt, die den Kunden ähnliche Produkte oder Dienstleistungen anbieten. Stagniert der Markt oder ist er sogar rückläufig, lässt sich weiteres Wachstum nur auf Kosten der Wettbewerber erzielen. Dann setzt ein Kampf um Marktanteile ein und der einsetzende Preiswettbewerb reduziert die Gewinnmargen der Wettbewerber. Auch Marktaustrittsbarrieren (z. B. hohe Investitionskosten oder Lieferverpflichtungen) können die Rivalität unter den Anbietern steigern. Ein Beispiel für eine besonders wettbewerbsintensive Branche ist der Markt für Streamingdienste. NETFLIX, AMAZON PRIME und DISNEY+ produzieren daher zunehmend eigene Serien und Filme und bieten verschiedene Abonnementmodelle an, um sich einen möglichst hohen Marktanteil zu sichern.

Je stärker die **Verhandlungsmacht der Lieferanten** ausgeprägt ist, desto höhere Preise können sie durchsetzen und desto geringer sind die in einem Markt erzielbaren Gewinne. Insbesondere, wenn es wenige, stark spezialisierte Zulieferer gibt, ist deren Verhandlungsmacht groß. Beispielsweise teilen sich AIRBUS und BOEING den Markt für Großraumflugzeuge, sodass Fluggesellschaften nur zwischen zwei Anbietern wählen können. Die Verhandlungsmacht der Zulieferer wird noch verstärkt, wenn es hohe Wechselkosten bei den Kunden gibt (z. B. aufgrund bestehender Verträge) und die Lieferanten glaubwürdig mit Vorwärtsintegration drohen können, d. h. die Wertschöpfungsprozesse der Kunden selbst übernehmen könnten. Hier ist an den Versandhändler AMAZON zu denken, der seine Pakete selbst ausliefert oder an NESTLÉ, das eigene Läden zum Vertrieb der Marke NESPRESSO betreibt.

Je höher die die **Verhandlungsstärke der Abnehmer** ist, desto stärker können sie Druck auf Preise ausüben und verbesserte Produkte verlangen. Eine starke Nachfragemacht ist für Märkte typisch, auf denen wenige Käufer große Mengen abnehmen (z. B. im Lebensmitteleinzelhandel), das Produkt für den Kunden von untergeordneter Bedeutung ist oder der Kunde mit Rückwärtsintegration drohen kann, d. h. das beschaffte Gut selbst herstellen kann (z. B. übernimmt ein Automobilhersteller die Produktion zuvor gekaufter Komponenten selbst). Sind die Produkte stark standardisiert (z. B. bei Rohstoffen), erleichtert dies einem Kunden den Lieferantenwechsel, sodass die Verhandlungsstärke der Abnehmer steigt.

Als vierte Kraft beeinflussen **Ersatzprodukte** (Substitutionsprodukte) die Rentabilität einer Branche. Sind neue Produkte technologisch überlegen oder können sie günstiger produziert und angeboten werden, stellt dies Anreize für die Käufer dar, auf ein Ersatzprodukt auszuweichen. Insbes. disruptive Technologien und Digitalisierung können die Attraktivität von Branchen erheblich reduzieren. So reduzieren E-Books den Absatz klassischer Bücher oder E-Zigaretten den Absatz von Zigaretten.

Schließlich können **neue Anbieter** die Wettbewerbsintensität innerhalb einer Branche erheblich erhöhen und die in diesem Markt erzielbaren Gewinne reduzieren. Die Gefahr des Eintritts neuer Wettbewerber ist insb. von der Höhe der Eintrittsbarrieren und den Fähigkeiten der potenziellen Wettbewerber abhängig, diese Barrieren zu überwinden. Je geringer der Kapitalbedarf zum Eintritt in den Markt und je schwächer die Bindung der Kunden an die bestehenden Anbieter ausfällt, desto eher ist mit einem Eintritt neuer Wettbewerber zu rechnen. Liegen hingegen hohe Markteintrittsbarrieren vor (z. B. Schienenverkehr, Kraftwerksbetreiber), schützt dies die etablierten Anbieter vor neuer Konkurrenz.

Das Modell der Five Forces unterstützt das Marketingmanagement dabei, eine systematische Bewertung der Wettbewerbsintensität innerhalb einer Branche vorzunehmen und damit Hinweise auf die Marktattraktivität zu gewinnen. Das Modell besitzt damit eine hohe Relevanz für **Markteintrittsentscheidungen**. Ein weiterer Vorteil des Modells liegt darin, dass nicht nur der Status quo einer Branche analysiert wird, sondern auch zukünftige Marktentwicklungen einbezogen werden können. Ein Nachteil des Modells ist jedoch darin zu sehen, dass hier die Rivalität der Akteure im Vordergrund steht und Möglichkeiten der Kooperation zwischen den Akteuren kaum Beachtung finden (vgl. Herrmann/Huber 2013, S. 60).

5.2 Analyse der eigenen Wettbewerbsfähigkeit

Von der Vielzahl an Konzepten, die zur Beurteilung der Wettbewerbsfähigkeit eines Unternehmens herangezogen werden können, sollen folgende Ansätze vorgestellt werden:

- Erfolgsfaktorenforschung (PIMS-Projekt),
- Erfahrungskurvenmodell,
- Wertkette nach Porter,
- Konkurrenzanalyse und Stärken-Schwächen-Profil,
- Benchmarking.

Nachdem – neben der Analyse der Marktattraktivität – auch die Position des Unternehmens im Wettbewerb beurteilt wurde, können die markt- und unternehmensbezogenen Perspektiven integriert betrachtet werden. Hierzu eignet sich die **SWOT-Analyse**, die in der Unternehmenspraxis eine große Bedeutung besitzt. Sie wird am Ende dieses Abschnitts vorgestellt.

Mit der **Erfolgsfaktorenforschung**, dem sog. PIMS-Projekt (PIMS = **P**rofit **I**mpact of **M**arket **S**trategies), hat eine großangelegte empirische Untersuchung die Entwicklung der strategischen Marketingplanung maßgeblich beeinflusst. Das in den 1960er-Jahren begonnene Projekt verwendet empirische Daten, um branchenübergreifend zu überprüfen, welche Geschäftsstrategien zum Erfolg führen (vgl. PIMS Associates Ltd. o. J.). Hierzu wurden die strategisch relevanten Determinanten von ca. 3.000 strategischen Geschäftseinheiten aus 450 Unternehmen verschiedenster Branchen erfasst und hinsichtlich ihrer Erfolgswirkung beurteilt (vgl. Benkenstein/Brock 2021, S. 103). Unter einer strategischen Geschäftseinheit (SGE) wird eine organisatorische Einheit im Unternehmen mit eigenständiger Marktaufgabe verstanden (vgl. Homburg 2020, S. 469). Die Forschungsziele des PIMS-Projekts lassen sich durch folgende Fragen kennzeichnen (vgl. Tomczak et al. 2014, S. 41):

- Inwiefern beeinflussen Marktverhältnisse den Zusammenhang zwischen dem Handeln von Unternehmen und der Erreichung von Unternehmenszielen (z. B. Return on Investment (RoI), Cashflow)?
- Welche Faktoren erklären die unterschiedliche Rentabilität von Unternehmen bzw. Geschäftseinheiten? Welches sind also die strategischen Erfolgsfaktoren?
- Wie stark wird der wirtschaftliche Erfolg von den verfolgten Strategien der Unternehmen beeinflusst?

- Welchen Einfluss nimmt die Wettbewerbsposition des Unternehmens auf den Erfolg?

Im Rahmen der PIMS-Studien wurden u. a. folgende Variablen untersucht:

- **Merkmale der Marktverhältnisse**: lang- und kurzfristiges Marktwachstum, Preisentwicklung, Anzahl und Umsatzgröße der Kunden
- **Wettbewerbsposition und Strategie der Geschäftseinheit**: absoluter und relativer Marktanteil, Leistungsqualität, Preis im Vergleich zum Wettbewerb, Marketingaufwendungen im Vergleich zum Wettbewerb, Marktsegmentierung, Innovationsrate
- **Merkmale der Leistungserstellung**: Kapitalintensität, Ausmaß vertikaler Integration, Kapazitätsauslastung, Produktivität
- **Budgetaufteilung**: Forschungs- und Entwicklungsbudgets, Budgets für Werbung und Verkaufsförderung
- **verfolgte Strategie**: Arten von Änderungen der o. g. Variablen, soweit sie vom Unternehmen bestimmt werden
- **Ergebnisse**: Profitabilität, Cashflow, Wachstum

Besonders deutlich wurde der positive Zusammenhang zwischen dem **relativen Marktanteil** und der **Profitabilität**: Geschäftseinheiten, mit denen eine Marktführerschaft erreicht wurde, erzielten im Mittel einen **Return on Investment** (RoI) von über 30 Prozent. Der Return on Investment ist eine Erfolgskennzahl, die das Verhältnis von Gewinn zum eingesetzten Kapitel ausdrückt (▶ Kap. 14.5). Daneben liegt der RoI von Geschäftseinheiten bspw. an Position fünf im Markt bei nur knapp über zehn Prozent (vgl. Tomczak et al. 2014, S. 42 f.). Folgendes könnten Gründe für diesen Zusammenhang sein:

- höhere Effizienz von Produktion und Verkauf bei hohen Produktionsmengen (sog. Economies of Scale), die zu niedrigeren Stückkosten führt,
- höhere Mengenrabatte im Einkauf aufgrund höherer Bestellmengen,
- Möglichkeit großer Unternehmen, aufgrund ihrer Machtposition höhere Preise durchzusetzen,
- Zugang zu bestimmten Vertriebskanälen oder Lieferunternehmen, der dem Wettbewerb ggf. versperrt bleibt.

Ein weiteres bedeutendes Ergebnis des PIMS-Projekts bezieht sich auf die Auswirkungen der Produktqualität auf den wirtschaftlichen Erfolg. Hierzu wird die Qualität der eigenen Leistung ins Verhältnis zur Produktqualität der Wettbewerber gesetzt. Es konnte ein deutlich positiver Zusammenhang zwischen der **relativen Produktqualität** und der **Rentabilität** nachgewiesen werden. Auch für dieses Ergebnis gibt es sowohl theoretische als auch auf praktischer Erfahrung beruhende Gründe:

- höhere Loyalität der Kunden,
- mehr Wiederholungskäufe,
- geringere Anfälligkeit gegen eine aggressive Preispolitik des Wettbewerbs.

Vereinzelt äußert sich jedoch auch Kritik an den PIMS-Studien, v. a. bezüglich der zugrunde liegenden Daten, der Untersuchungsmethodik und der aus den Ergebnissen abgeleiteten Strategieempfehlungen. Darstellung 40 fasst die wesentlichen Kritikpunkte zusammen.

Dar. 40: Wesentliche Kritikpunkte am PIMS-Projekt (vgl. Homburg 2020, S. 478)

• **subjektive Bewertung** einzelner Variablen (z. B. der relativen Leistungsqualität) • **kurzfristige Betrachtung** einzelner Variablen trotz langfristiger konzeptioneller Ausrichtung • (zumindest ursprünglich) **mangelnde Repräsentation** weniger erfolgreicher sowie nicht US-amerikanischer strategischer Geschäftseinheiten und von strategischen Geschäftseinheiten aus dem Dienstleistungssektor	• ggf. **Scheinkorrelationen**: Rückschlüsse aus reinen Korrelationen auf kausale Beziehungen • **Vernachlässigung von Interdependenzen** zwischen erklärenden Variablen bei multipler Regression • **mangelnde Eignung** der multiplen Regressionsanalyse zur Untersuchung komplexer Abhängigkeitsstrukturen wie z. B. von Kausalketten	• **einseitige Orientierung an** der Erfolgsgröße Return on Investment (**RoI**) • **Vernachlässigung möglicher Synergieeffekte** zwischen verschiedenen strategischen Geschäftseinheiten desselben Unternehmens • **fehlende Berücksichtigung branchenspezifischer Besonderheiten**

Das **Erfahrungskurvenmodell** besagt, dass die Stückkosten eines Produkts mit zunehmender Erfahrung bei dessen Herstellung und Vermarktung sinken. Die Unternehmensberatung BOSTON CONSULTING GROUP (BCG) konnte in empirischen Studien bei einer Verdopplung der kumulierten Produktionsmenge ein Stückkostenreduzierungspotenzial von 20 bis 30 Prozent feststellen (▶ Dar. 41). Gründe hierfür sind (vgl. Tomczak et al. 2014, S. 35):

- **Lerneffekte**: Durch häufige Wiederholung der gleichen Tätigkeit steigt die Effizienz, weil
  - die Tätigkeit schneller ausgeführt werden kann,
  - Fehler reduziert werden und
  - Arbeitsabläufe besser gestaltet werden.
- **Neue Produktionstechnologien**: Beispielsweise führte die Automatisierung der Fertigung in vielen Branchen (u. a. Halbleiterindustrie) zu stark sinkenden Kosten.
- **Veränderungen des Produkts**: Es ist es oftmals möglich, die Stückkosten eines Produkts erheblich zu senken, indem

- günstigere Werkstoffe eingesetzt werden,
- die Zahl der Bauteile verringert wird und/oder
- die Montage des Produkts vereinfacht wird.

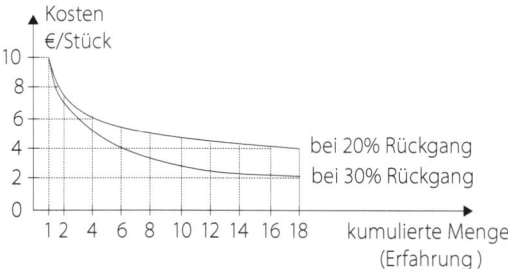

Dar. 41: Modell der Erfahrungskurve bei linear eingeteilten Ordinaten (vgl. Meffert et al. 2024, S. 294 in Anlehnung an Gälweiler 1974, S. 243)

Die vom Erfahrungskurvenmodell beschriebene Senkung der Stückkosten durch eine Ausweitung der Produktions- bzw. Absatzmenge konnte in vielen empirischen Studien nachgewiesen werden. Obwohl die Kostenverläufe recht unterschiedlich ausfielen, liefert die Erfahrungskurve wertvolle Hinweise für die Unternehmenspraxis (vgl. Meffert et al. 2024, S. 295). So bietet dieses Modell die Grundlage für

- eine langfristige Prognose der Kosten- und Gewinnentwicklung bei einer Marktanteilsveränderung,
- eine langfristige Prognose der Preisentwicklung (sofern sich die Preisfindung längerfristig an der Kostenentwicklung orientiert) und der eigenen Preissetzungsspielräume,
- die langfristige Prognose von Gewinnpotenzialen,
- eine Fundierung von Entscheidungen über Eigenfertigung bzw. Fremdbezug (Make-or-Buy-Entscheidungen).

Sowohl die PIMS-Studie als auch das Erfahrungskurvenmodell liefern aufgrund ihrer branchenübergreifenden Betrachtungsweise grundlegende Hinweise zum Aufbau von Wettbewerbsvorteilen.

Die Methoden der **Wertkettenanalyse** zielen darauf ab, die wertschöpfenden Aktivitäten eines Unternehmens zu strukturieren, um Hinweise darauf zu gewinnen, wie einzelne Prozesse optimiert werden können. Der bekannteste Ansatz der Wertkettenanalyse stammt von Michael Porter, der die Wertschöpfungsprozesse eines Unternehmens in primäre und unterstützende (sekundäre) Aktivitäten untergliedert (vgl. Benkenstein/Brock 2021, S. 87 ff.). Unter den **primären Aktivitäten** werden die betrieblichen Funktionen verstanden, die mit dem physischen Durchlauf der produzierten Leistungen verbunden sind und den Markt mit Produkten versorgen. Zu den **sekundären Aktivitäten** zählt Porter alle Tätigkeiten, die zur

Aufrechterhaltung der primären Aktivitäten notwendig sind und diese mit den benötigten Ressourcen versorgen. Darstellung 42 zeigt den Grundaufbau der Wertkette.

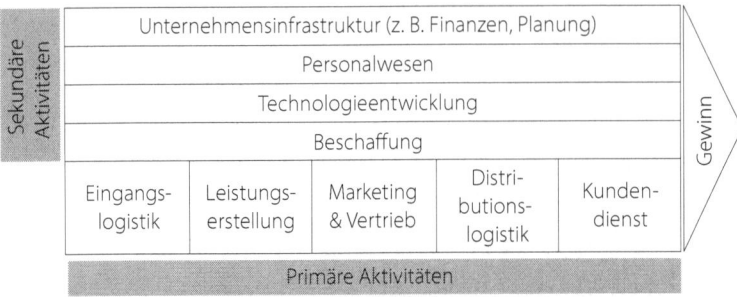

Dar. 42: Wertkette (vgl. Porter 2000, S. 66)

Porter unterscheidet die folgenden **primären Prozesse** (vgl. Tomczak et al. 2014, S. 55 f.):

- **Eingangslogistik**: Eingang, Lagerung und Bereitstellung von Materialien/Bauteilen
- **Operationen**: Leistungserstellung (Produktion) einschließlich Montage, Qualitätskontrolle, Verpackung
- **Marketing und Verkauf**: Einsatz der Marketinginstrumente
- **Ausgangslogistik**: Lieferung der Produkte an Kunden einschließlich Transport, Lagerhaltung, Auftragsabwicklung usw.
- **Kundendienst** (After-Sales Service): Unterstützung beim Einsatz der verkauften Produkte (z. B. Wartungs- und Reparaturservice)

Als **sekundäre unterstützende Aktivitäten** unterscheidet Porter:

- **Beschaffung**: Einkaufsaktivitäten, die nicht nur die Bereitstellung von Material und Bauteilen (Eingangslogistik) betreffen, sondern die Inputs für alle Aktivitäten (z. B. Ausstattung der verschiedenen Bereiche, Dienstleistungen)
- **Technologieentwicklung**: Entwicklung des Wissens, das für die Aufgabenerfüllung in den verschiedenen Bereichen nötig ist (z. B. Produktentwicklung, Marktforschung)
- **Personalwirtschaft**: Sicherung und Entwicklung der personellen Voraussetzungen für verschiedene Aktivitäten des Unternehmens (z. B. Personalauswahl, Weiterbildung, Personalplanung)
- **Unternehmensinfrastruktur**: Tätigkeiten im Unternehmen, die nicht einzelnen Aktivitäten zuzuordnen sind, sondern sich v. a. auf die Führung des Unternehmens insgesamt beziehen (z. B. Geschäftsführung, Rechnungswesen, Rechtsabteilung)

Die Wertkette liefert einem Unternehmen also einerseits eine strukturierte Übersicht der wertschöpfenden Prozesse, aus denen sich Hinweise zur Optimierung von Prozessen ableiten lassen (z. B. Optimierung der Eingangslogistik durch eine Just-in-time-Belieferung oder eine Auslagerung von Prozessen an Kunden wie bei Selbstzahler-Terminals im Einzelhandel). Andererseits bildet die Wertkette ein tragfähiges Fundament zur weitergehenden Analyse der Wettbewerbsposition eines Unternehmens.

Um eine verlässliche Einschätzung der eigenen Wettbewerbsposition vornehmen zu können, sind auch die Wettbewerber des Unternehmens zu analysieren. Dies ist Gegenstand einer **Konkurrenzanalyse**. Ihr Ziel ist es, diejenigen aktuellen und/oder potenziellen Wettbewerber zu identifizieren und zu analysieren, die für das Unternehmen besonders relevant sind. Zu den Konkurrenten können sowohl Anbieter gezählt werden, deren Leistungen aus Kundensicht ähnlich sind (vgl. Kotler et al. 2022, S. 853), als auch Anbieter, die eine ähnliche Strategie wie das eigene Unternehmen verfolgen. Häufig kristallisieren sich Gruppen von Wettbewerbern heraus, die ähnliche Ziele und Strategien verfolgen sowie über ähnliche Ressourcen verfügen. Diese sog. **strategischen Gruppen** (etwa Mercedes-Benz, BMW und Audi auf dem deutschen Automarkt) konkurrieren um ähnliche oder dieselben Kundengruppen und orientieren sich bei ihrem Marketing-Mix stark aneinander.

Inhaltlich sind mindestens folgende vier Elemente Bestandteil einer Konkurrenzanalyse (vgl. Tomczak et al. 2014, S. 53 in Anlehnung an Porter 1999, S. 86 ff.; Kotler et al. 2022, S. 853):

1. die Einschätzung der **Ziele der Wettbewerber** (z. B. Gewinnung der Marktführerposition, Sicherung der aktuellen Marktposition, Wachstums- und Gewinnziele)
2. die Identifikation der **Grundlagen für die Strategie der Wettbewerber** (z. B. Zufriedenheit und Loyalität der Konkurrenzkunden).
3. die Analyse der von den Wettbewerbern **verfolgten Strategien** (z. B. Fokus auf Qualitäts- oder Kostenführerschaft)
4. die Einschätzung der **Fähigkeiten, Stärken und Schwächen der Konkurrenten** (z. B. Patente, Verkaufsorganisation)

Die Analyse der Stärken und Schwächen der Wettbewerber mündet oft in ein Stärken-Schwächen-Profil, in dem das eigene Unternehmen den wichtigsten Wettbewerbern in Bezug auf erfolgsrelevante Faktoren gegenübergestellt wird. Darstellung 43 stellt ein mögliches Ergebnis einer **Stärken-Schwächen-Analyse**.

Das **Benchmarking** stellt eine in der Praxis vielbeachtete Spielart der Stärken-Schwächen-Analyse dar. Beim Benchmarking geht es nicht um einen grundsätzlichen Vergleich der Leistungspotenziale zwischen Unternehmen, sondern um den Vergleich mit einem Unternehmen derselben oder anderer Branche, das in Bezug auf spezifische Fähigkeiten und Ressourcen führend ist. Beispielsweise hat der amerikanische Elektrokonzern GENERAL ELECTRIC zur Verbesserung seiner Servicequalität das in diesem Bereich führende Einzelhandelsunternehmen WALMART ausgemacht und analysiert, um Anregungen für Verbesserungen zu gewinnen (vgl. Tomczak et al. 2014, S. 55).

Kritische Ressourcen (Leistungspotenziale)	Beurteilung									Bemerkungen
	schlecht			mittel			gut			
	1	2	3	1	2	3	1	2	3	
Produktlinie x					○			●		
Absatzmärkte (Marktanteile)					○	●				
Marketingkonzept					○	●				
Finanzsituation					● ○					
Forschung & Entwicklung			○		●					
Produktion						● ○				
Versorgung mit Rohstoffen und Energie						●			○	
Standort		●	○							
Kostensituation, Differenzierung					●			○		
Qualität der Führungskräfte				○			●			
Führungssysteme				○				●		
Steigerungspotenzial der Produktivität				○		●				

●–●–● Untersuchte strategische Geschäftseinheit
○–○–○ Stärkste Konkurrenzunternehmung

Dar. 43: Beispiel eines Stärken-Schwächen-Profils (vgl. Herrmann/Huber 2013, S. 73)

Nach Abschluss der Markt- und Unternehmensanalyse kennt das Marketingmanagement die Chancen und Risiken der Absatzmärkte einerseits und die Stärken und Schwächen des eigenen Unternehmens andererseits. Im Rahmen einer **SWOT-Analyse** (Strengths, Weaknesses, Opportunities, Threats) werden die externe Marktsicht

(Market-Based-View) und die interne Unternehmenssicht (Resource-Based-View) miteinander kombiniert. Hierdurch gewinnt das Unternehmen einerseits einen kompakten Überblick über die strategische Ausgangssituation und andererseits Hinweise auf Erfolg versprechende Marketingstrategien (vgl. Meffert et al. 2024, S. 254 f.). Die SWOT-Matrix hat vier Felder (▶ Dar. 44):

- **Stärken in Kombination mit Chancen** (Feld 1): Hier zeigt sich ein strategisches Fenster. Das Unternehmen sollte seine überlegene Marktposition voll ausspielen, um das Marktpotenzial bestmöglich abzuschöpfen. Dieser Wettbewerbsvorteil sollte stabilisiert und ausgebaut werden.
- **Stärken in Kombination mit Risiken** (Feld 2): Hier kann das Unternehmen die rückläufige Marktentwicklung durch eigene Stärken kompensieren. Mit Blick auf die langfristige Positionierung des Unternehmens im Absatzmarkt stellt sich hier die Frage, ob sich Risiken langfristig in Chancen verwandeln lassen.
- **Schwächen in Kombination mit Chancen** (Feld 3): Es wird deutlich, dass vorhandene Marktchancen nicht genutzt werden können, weil die notwendigen Fähigkeiten und Ressourcen für eine erfolgreiche Marktbearbeitung fehlen. Dieser Wettbewerbsnachteil sollte möglichst schnell behoben werden.
- **Schwächen in Kombination mit Risiken** (Feld 4): Hier besteht unmittelbarer Handlungsbedarf: Die ungünstige Marktentwicklung kann aufgrund eigener Schwächen kurzfristig nicht kompensiert werden. Um die Existenz des Unternehmens nicht zu gefährden, sollten diese Schwächen umgehend beseitigt werden (sog. Verteidigungsstrategie).

Dar. 44: SWOT-Analyse anhand eines fiktiven Beispiels aus der Automobilindustrie (vgl. Meffert et al. 2024, S. 255)

Unternehmensexterne Faktoren Unternehmens-interne Faktoren	Chancen • Preisbereitschaft im Mittel- und Oberklassesegment	Risiken • Rückgang des Pkw-Absatzes mit Verbrennungsmotoren
Stärken • Markführer im Mittelklassesegment • hohe Rentabilität	(1) Starke Marktführerschaft im Mittelklassesegment zur Abschöpfung der Preisbereitschaft nutzen	(2) Hohe Rendite zur Entwicklung alternativer Antriebe nutzen (Elektroantrieb, Brennstoffzelle)
Schwächen • Entwicklungsstand Elektromotoren • schwache Position im Oberklassesegment • Keine Marktpräsenz in China	(3) Upgrading des Produktprogramms in der Oberklasse zur Partizipation an der höheren Preisbereitschaft	(4) Abbau des Entwicklungsrückstandes bei Elektroantrieben und Markteintrittsstrategie für China

Die SWOT-Analyse ist somit nicht nur ein übersichtliches Instrument für die Situationsanalyse, sie unterstützt die Verantwortlichen auch bei der Marketingstrategie (vgl. Herrmann/Huber 2013, S. 77 f.).

5.3 Analyse innovativer Geschäftsmodelle

Die bislang vorgestellten Ansätze der Unternehmensanalyse werden vorrangig auf bestehende Unternehmen angewandt. Die Methode des **Business Model Canvas (BMC)** hingegen zielt auf die Entwicklung und Bewertung innovativer Geschäftsmodelle ab und wird häufig von Start-ups verwendet. Ein Geschäftsmodell beschreibt, wie ein Unternehmen Wertschöpfung betreibt und durch die Befriedigung der Kundenbedürfnisse Werte schafft (vgl. Osterwalder/Pigneur 2010, S. 14). Weit verbreitet sind Ansätze, die ein Geschäftsmodell anhand von neun Dimensionen beschreiben, die sowohl marktbezogene als auch unternehmensbezogene Schlüsselfaktoren eines Unternehmens repräsentieren (vgl. im Folgenden Meffert et al. 2024, S. 257 ff.). Folgende Dimensionen bzw. Analysebereiche werden dabei unterschieden (vgl. Osterwalder 2004; Osterwalder/Pigneur 2010):

Die zentrale marktbezogene Dimension des BMC ist das **Nutzenversprechen** an die Kunden. Die angebotenen Produkte bzw. Dienstleistungen müssen die Bedürfnisse der Kunden erfüllen, um erfolgreich zu sein. Mit dem Nutzenversprechen drückt das Unternehmen die Einzigartigkeit seiner Leistung (Unique Selling Proposition, USP) und häufig auch den eigenen Wettbewerbsvorteil aus. Mit Blick auf die Kunden unterscheidet das BMC ferner die Dimensionen Kundensegmente, Kommunikations- und Vertriebskanäle sowie Kundenbeziehungen. Zunächst sind die **Kundensegmente** festzulegen, für die das Unternehmen Werte schaffen möchte. Aufbauend auf den Bedürfnissen und Merkmalen aktueller und potenzieller Kunden sind Kundengruppen (Segmente) festzulegen, denen die Produkte und Dienstleistungen angeboten werden sollen. Um diese Kundensegmente zu erreichen, sind **Kommunikations- und Vertriebskanäle** festzulegen. Ein Geschäftsmodell kann nur dann erfolgreich sein, wenn den Käufern das Angebot bekannt ist und von ihnen positiv bewertet wird. Es müssen daher Maßnahmen im Bereich der Kommunikation festgelegt werden, um die Kunden anzusprechen und ihnen das Angebot näherzubringen (▶ Kap. 10). Zudem müssen Vertriebswege ausgebaut werden, über die Kunden das Produkt kaufen und erhalten können (▶ Kap. 11). Für den Erfolg des Unternehmens spielt ferner die Gestaltung der **Kundenbeziehung** eine zentrale Rolle. Nur wenn es gelingt, Erstkäufer zu Stammkunden zu entwickeln, kann das Unternehmen dauerhaft erfolgreich sein. Daher muss das Unternehmen entscheiden, wie die Kundenbeziehungen gestaltet werden sollen (z. B. persönliche Betreuung oder Selbstbedienung durch den Kunden), um Kunden an das Unternehmen zu binden. Schließlich ist zu entscheiden, über welche **Einnahmequellen** das Unternehmen Umsätze erzielen soll. Neben dem Verkauf von Gütern kommen hier z. B. Nutzungsgebühren, Lizenzen, Abo-Modelle oder Einnahmen aus Vermietung oder Werbung infrage.

Die Infrastruktur des Unternehmens wird durch die Schlüsselaktivitäten, Schlüsselressourcen, Schlüsselpartner sowie die Kostenstruktur abgebildet. **Schlüsselaktivitäten** sind alle Tätigkeiten, die zur Herstellung des Produktes bzw. zur Erbringung der Dienstleistung notwendig sind. Bei der Identifikation der Schlüsselaktivitäten kann sich das Unternehmen an der Wertkette nach Porter orientieren (▶ Kap. 5.2). Um die Schlüsselaktivitäten des Unternehmens durchführen zu können, werden **Schlüsselressourcen** benötigt. Schlüsselressourcen können in materielle (z. B. Fahrzeuge, Gebäude), immaterielle (z. B. Patente, Urheberrechte) sowie menschliche und finanzielle Ressourcen gegliedert werden. Es muss festgelegt werden, welche Schlüsselressourcen unbedingt notwendig sind, um das Nutzenversprechen einlösen zu können. Um die Schlüsselaktivitäten erfolgreich durchführen zu können, sind Beziehungen zu **Schlüsselpartnern** aufzubauen und zu pflegen. Diese Kernpartner (insb. Lieferanten) steuern Ressourcen bei und können wichtige Tätigkeiten übernehmen. Der Dimension Einnahmequellen steht die **Kostenstruktur** des Unternehmens gegenüber. Hier ist festzulegen, welche (variablen und fixen) Kosten anfallen, um das Geschäftsmodell umzusetzen und die Wertschöpfung betreiben zu können. In Darstellung 45 werden die neun Dimensionen am Beispiel von RYANAIR konkretisiert, wobei die unternehmensinternen Schlüsselaktivitäten auf der linken, die marktbezogenen Faktoren auf der rechten Seite des Business Model Canvas angeordnet werden.

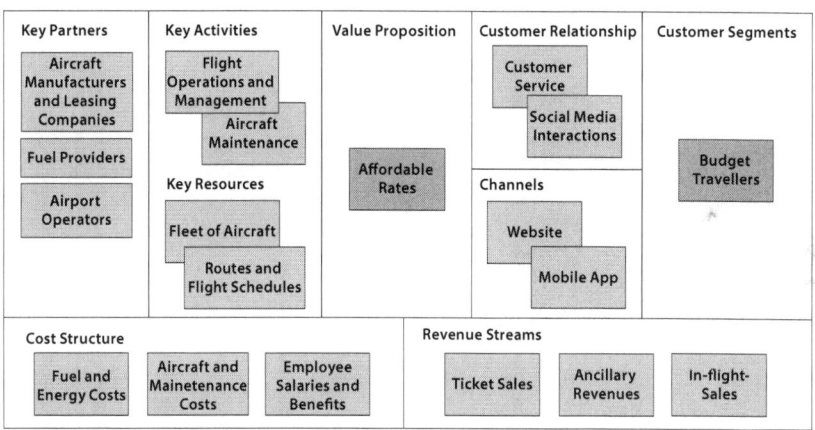

Dar. 45: Business Model Canvas am Beispiel Ryanair (vgl. The Business Model Analyst 2023)

Der Ansatz des Business Model Canvas ist in der Praxis weit verbreitet, da er leicht verständlich und schnell erlernbar ist. Durch die übersichtliche Visualisierung fördert er die Kommunikation und eignet sich daher gut für die Anwendung in Teams. Allerdings vereinfacht er die Realität insofern stark, da komplexe Zusammenhänge zwischen den Dimensionen nicht dargestellt werden. Zudem berücksichtigt er Dimensionen wie den Wettbewerb oder das Makroumfeld des Unternehmens nicht explizit.

6 Festlegung von Marketingzielen

»Wer den Hafen nicht kennt, in den er segeln will, für den ist kein Wind der richtige.« (Seneca)

Das Fundament erfolgreicher Marketingmaßnahmen ist eine vorausschauende unternehmensindividuelle **Marketingkonzeption**. Unter einer Marketingkonzeption ist ein ganzheitlicher Handlungsplan (»Fahrplan«) zu verstehen, der ausgehend von den angestrebten Marketingzielen (»Wunschorte«) geeignete Strategien (»Routen«) formuliert, die durch den Marketing-Mix (»Beförderungsmittel«) erreicht werden sollen (vgl. Becker 2019, S. 5). Darstellung 46 verdeutlicht die Zusammenhänge zwischen diesen drei Konzeptionsebenen.

Dar. 46: Konzeptionspyramide als Bezugsrahmen des Marketingmanagements (vgl. Becker 2019, S. 4)

In diesem Kapitel stehen die **Marketingziele** im Vordergrund. Unter einem Ziel versteht man ganz allgemein einen zukünftigen, angestrebten Vorzugszustand, der als Triebfeder das Verhalten einer Person oder Organisation steuert (vgl. Steffenhagen 2008, S. 60). Ziele erfüllen mehrere Funktionen (vgl. Kreutzer 2017, S. 130 f.):

- **Orientierungs- und Lenkungsfunktion**: Ziele verdeutlichen, »wohin die Reise gehen soll«. Sie sollen dafür sorgen, dass die Führungskräfte und Mitarbeiter ein gemeinsames Verständnis dafür haben, was als Ergebnis des gemeinsamen Handelns erreicht werden soll.
- **Kontrollfunktion**: Erst durch das Setzen von Zielen lässt sich feststellen, ob das Unternehmen innerhalb einer Zeitspanne (z. B. einem Geschäftsjahr) erfolgreich war. Aus den Abweichungen zwischen den gesetzten Zielen und den tatsächlichen Ergebnissen lassen sich Maßnahmen ableiten, um den Erfolg zu steigern.
- **Motivationsfunktion**: Ziele sollen Mitarbeiter und Führungskräfte motivieren. Dies gelingt umso besser, je stärker die Ziele an monetäre (z. B. eine variable Vergütung) und nicht-monetäre Anreize (z. B. Lob, Aufstiegschancen) gekoppelt werden. Die Ziele müssen jedoch erreichbar sein, sonst führt dies zur Demotivation der handelnden Personen.

6.1 Zielpyramide eines Unternehmens

Die Formulierung und Konkretisierung von Zielen erstreckt sich im Unternehmen über verschiedene Zielebenen, die sich anhand einer **Zielpyramide** visualisieren lassen (vgl. Becker 2019, S. 28). An der Spitze stehen übergeordnete Wertvorstellungen eines Unternehmens, auf deren Grundlage das Unternehmen seinen Unternehmenzweck (Mission) und seine Vision entwickeln kann. Hieraus lassen sich wiederum Unternehmensziele ableiten, die auf den nachgelagerten Ebenen in Bereichs-, Aktionsfeld- und Instrumentalziele zu überführen sind. Von oben nach unten findet eine zunehmende Konkretisierung der Ziele statt. Die Ziele auf den untergeordneten Zielebenen sind dabei so zu formulieren, dass sie einen möglichst großen Beitrag zum Erreichen der übergeordneten Zielsetzungen leisten (▶ Dar. 47).

Allgemeine Wertvorstellungen sind Unternehmensgrundsätze und drücken aus, dass ein Unternehmen nicht nur einzelwirtschaftlich (d. h. für sich selbst) von Bedeutung ist, sondern auch eine gesamtwirtschaftliche Aufgabe übernimmt (vgl. Scharf et al. 2022, S. 276). Wertvorstellungen werden oft im Rahmen eines **Leitbildes** schriftlich festgehalten.

> Zwei Beispiele sollen dies verdeutlichen:
>
> - APPLE (2024): »The values we share at Apple inspire the work we share with everyone. They're also why we're committed to leaving the world better than we found it. Each of us contributes to that effort in our own way, bringing a passion for what we do best and what we believe matters most.«
> - BMW (2024): »Wir nehmen als BMW Group einen wichtigen Platz in der Gesellschaft ein und wollen zur Lösung gesellschaftlicher Herausforderungen einen Beitrag leisten: we make individual mobility more human, more intelligent and more responsible – to create an inspiring future for us all.«

Dar. 47: Elemente der Zielpyramide (vgl. Becker 2019, S. 28)

Unternehmen werden ihren einzel- und gesamtwirtschaftlichen Aufgaben gerecht, indem sie einen bestimmten **Unternehmenszweck** in den Mittelpunkt ihres Denkens und Handelns stellen und diesen konsequent verfolgen. Viele Unternehmen formulieren eine **Mission**, um den Unternehmenszweck zu konkretisieren. Die Mission hat eine sinngebende Funktion und legt die Grundlagen des unternehmerischen Handelns fest. Sie sollte folgende Fragen beantworten (vgl. Becker 2019, S. 43):

- Was sind wir?
- Warum existieren wir?
- Wofür stehen wir?
- Woran glauben wir?

> Zwei Beispiele sollen dies verdeutlichen:
>
> - IKEA (2024): »Wir bringen die Marke IKEA in Millionen Wohnungen und Häuser, indem wir Menschen mit großen Träumen und kleinen Geldbeuteln formschöne, funktionelle, langlebige, erschwingliche und nachhaltige Einrichtungslösungen anbieten. Wir sind neugierig auf die Welt um uns herum und möchten im Leben der Menschen etwas Positives bewirken.«
> - STARBUCKS (2024): »To inspire and nurture the human spirit – one person, one cup, and one neighborhood at a time.«

Die Mission ist die Grundlage der **Vision** eines Unternehmens. Die Vision formuliert einen ehrgeizigen Anspruch (»machbare Utopie«), um die Leistungspotenziale des Unternehmens zu mobilisieren. Sie sollte folgende Fragen beantworten (vgl. Becker 2019, S. 46):

- Wo müssen wir hin?
- Wie müssen wir uns weiterentwickeln?
- Wie können wir Existenz und Wachstum sichern?
- Wovon träumen wir?

> Erneut zwei Beispiele:
>
> - AMAZON (2024): »Amazon strives to be Earth's most customer-centric company.«
> - COCA-COLA (2024): »Our vision is to craft the brands and choice of drinks that people love, to refresh them in body & spirit.«

Mission und Vision haben somit eine Sinngebungs-, Koordinations-, Orientierungs- und v. a. eine Motivationsfunktion. Ihr Zeithorizont sollte fünf bis zehn Jahre betragen und sie sollten

- einen Ansatz für konkrete Unternehmens- bzw. Marketingziele bieten,
- realistisch sein,
- eine Abgrenzung zur Konkurrenz ermöglichen,
- auf Kernkompetenzen basieren,
- zur Erzielung von Wettbewerbsvorteilen beitragen und
- auf die Zukunft ausgerichtet sein.

Auf der nächsten Zielplanungsebene besteht die Aufgabe für das Management darin, **Unternehmensziele** zu formulieren. Unternehmensziele stellen Orientierungs- bzw. Richtgrößen für unternehmerisches Handeln dar (»Wo wollen wir hin?«). Sie sollten möglichst konkrete Aussagen über die angestrebten Zustände und Ereignisse treffen, die von den handelnden Personen erreicht werden sollen (vgl. Becker 2019, S. 14). Typische Unternehmensziele in der Praxis sind (vgl. Meffert/Kirchgeorg 1998; Meffert et al. 2024, S. 265):

- **Marktleistungsziele**: Produktqualität, Produktneueinführungen, Servicequalität, Sortimentskompetenz
- **Marktstellungsziele**: Umsatz, Marktanteil, Kundenzufriedenheit, Marktgeltung, Markterschließung
- **Rentabilitätsziele**: Gewinn, Umsatz-, Eigenkapital- und Gesamtkapitalrentabilität, Unternehmenswert
- **Finanzielle Ziele**: Kreditwürdigkeit, Liquidität, Selbstfinanzierungsgrad, Kapitalstruktur

- **Macht- und Prestigeziele**: Unabhängigkeit, Image und Prestige, politischer Einfluss, gesellschaftlicher Einfluss, Unternehmensreputation
- **Soziale Ziele**: Arbeitszufriedenheit, Einkommen und soziale Sicherheit, soziale Integration, persönliche Entwicklung
- **Gesellschaftsbezogene Ziele**: nicht kommerzielle Leistungen für Anspruchsgruppen, Sponsoringleistungen für gesellschaftliche Institutionen
- **Umweltschutzziele**: Reduzierung von Emissionen, Treibhausgasneutralität, Reduzierung des Verbrauchs natürlicher Ressourcen, Recyclingquoten

Auf der Grundlage empirischer Untersuchungen lässt sich dokumentieren, dass sich die Rangfolge der Wichtigkeit von Unternehmenszielen im Lauf der Jahrzehnte deutlich verschoben hat. Während in den 1960er- und 1970er-Jahren vorwiegend ökonomische, insb. ertragswirtschaftliche Ziele (Gewinnmaximierung) im Vordergrund standen, rückten die Erhaltung der Wettbewerbsfähigkeit sowie die Sicherstellung von Kundenzufriedenheit und der Angebotsqualität in den 1980er- und 1990er-Jahren stärker in den Vordergrund. Danach rückte die Maximierung des Shareholder Value in den Mittelpunkt vieler Zielsysteme. Inzwischen haben für viele Unternehmen Nachhaltigkeitsziele wie Umweltschutz und soziale Verantwortung erheblich an Bedeutung gewonnen (vgl. Meffert et al. 2024, S. 266 ff.).

Oberziel des Unternehmens: 10 % Return on Investment (vor Steuern)		
Marketingziele	**Produktionsziele**	**Beschaffungsziele**
Umsatzsteigerung der Marke A um 12 % durch	**Kostensenkung** in Betrieb 1 um 15 % durch	**Einkaufspreissenkung** für Zukaufteile um 10 % durch
• Erschließung neuer Teilmärkte (Zielgruppen) • Erschließung neuer Absatzgebiete • Ausweitung des Anteils des Auslandsumsatzes • Erhöhung des Umsatzanteils von in den letzten 3 Jahren eingeführten Produkten	• Abbau von Gemeinkosten durch Reorganisation • Kostensenkung durch Wertanalyse • Verkauf unrentabler Anlagen • Erhöhung der Durchlaufgeschwindigkeit in der Produktion	• Konzentration auf wenige leistungsfähige Zulieferer • verstärkt weltweiter Einkauf (Global Sourcing) • Intensivierung der Beziehungen zu Zulieferern • Verringerung der eigenen Wertschöpfung durch vermehrten Zukauf von Produkten

Dar. 48: Beispielhafte Bereichsziele zur Erfüllung des Oberziels Return on Investment (vgl. Becker 2019, S. 56)

Die Unternehmensziele können nur erreicht werden, wenn den einzelnen Funktionsbereichen des Unternehmens (Beschaffung, Produktion, Marketing, Finanzierung) konkrete Teilziele (**Funktionsziele**) vorgegeben werden. Das Beispiel in Darstellung 48 verdeutlicht, dass die einzelnen Funktionsbereiche eines Unternehmens sehr unterschiedliche Zielgrößen verfolgen: Während die Funktionsbereiche Beschaffung und Einkauf insb. Kostenziele verfolgen, stehen im Marketingbereich kundenbezogene Zielsetzungen wie der Umsatz im Vordergrund. Das Spektrum möglicher Marketingziele wird im folgenden Abschnitt näher vorgestellt und systematisiert.

6.2 Marketingziele

In Bezug auf die Marketingaktivitäten eines Unternehmens übernehmen Marketingziele eine herausragende Steuerung- und Koordinationsfunktion. Sie kennzeichnen die dem Marketingbereich gesetzten Vorzugszustände, die durch den Einsatz der Marketinginstrumente erreicht werden sollen (vgl. Meffert et al. 2024, S. 272). Damit Marketingziele zu den gewünschten Ergebnissen führen können, müssen sie vollständig ausformuliert sein. Ein vollständiges Marketingziel umfasst **fünf Dimensionen** (vgl. Steffenhagen 2008, S. 60 f.):

- **Zielinhalt**: Damit wird die zu erreichende Zielgröße festgelegt (z. B. Steigerung der Markenbekanntheit, Erhöhung der Deckungsbeitragsrate).
- **Objektbezug**: Hiermit wird ausgedrückt, mit welchem Produkt bzw. welcher Produktgruppe die Zielgröße erreicht werden soll (z. B. eine neu eingeführte Marke).
- **Käufersegmentbezug**: Hierdurch wird festgelegt, bei welchen Nachfragern das Ziel erreicht werden soll. Im Business-to-Business-Marketing kann dies auch ein einzelner Kunde sein.
- **Ausmaß**: Hier wird festgelegt, um welchen Betrag sich die Zielgröße verändern soll. Beispielsweise kann eine Steigerung (z. B. Ausbau der Markenbekanntheit um 10 Prozent) oder das Erreichen eines bestimmten Betrages (z. B. Ausbau des Marktanteils auf 25 Prozent) angestrebt werden.
- **Zeitbezug**: Damit wird festgelegt, zu welchem Zeitpunkt (z. B. zu Beginn der nächsten Fußball-WM) oder in welchem Zeitraum (z. B. innerhalb des nächsten Geschäftsjahrs) ein bestimmtes Ergebnis erreicht sein soll.

Man unterscheidet zwei Kategorien von Marketingzielen: **psychografische** und **ökonomische Marketingziele**, die in einer engen Beziehung zueinander stehen und in Darstellung 49 zusammengefasst sind (Homburg nimmt eine andere Systematisierung vor, die potenzialbezogene, markterfolgsbezogene und wirtschaftliche Marketingziele umfasst, vgl. Homburg 2020, S. 470). **Psychografische Marketingziele** knüpfen an den mentalen Prozessen potenziell Kaufinteressierter an und besitzen eine zentrale Bedeutung für die Erreichung ökonomischer Marketingziele, da sie Vorstufen des Kaufverhaltens darstellen. Es konnte empirisch nachgewiesen werden, dass Motive, Einstellungen und Images der Käufer die Kaufbereitschaft und damit das Kaufverhalten positiv beeinflussen. Da die psychografischen Zielsetzungen bereits in Abschnitt 3.2.1 vorgestellt wurden, sollen sie hier nur genannt werden (vgl. vertiefend Steffenhagen 1999):

- Erhöhung des Bekanntheitsgrades,
- Aufbau von Wissen über das Unternehmen und seine Produkte,
- Förderung von Einstellungen und Images,
- Erhöhung der Präferenzen,
- Verstärkung der Kauf- und Wiederkaufabsicht,
- Erhöhung von Kundenzufriedenheit und -bindung,
- Stimulierung des Weiterempfehlungsverhaltens.

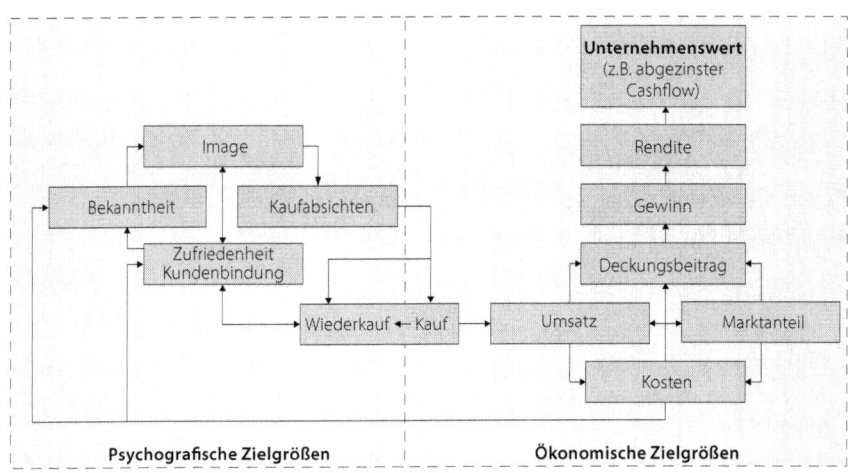

Dar. 49: Zusammenhänge zwischen psychografischen und ökonomischen Marketingzielen (vgl. Esch et al. 2013, S. 26)

Ökonomische Marketingziele hängen eng mit den generellen Unternehmenszielen (Gewinn, Rentabilität, Unternehmenswert u. a.) zusammen und lassen sich anhand der Markttransaktionen (Kauf bzw. Absatz) messen (vgl. Meffert et al. 2024, S. 273). Folgende Ziele stehen im Vordergrund:

- Der **Umsatz** entspricht der Summe der in einer Periode verkauften, mit ihren jeweiligen Verkaufspreisen bewerteten Produkte.
- Der absolute **Marktanteil** ist der Quotient aus dem Absatzvolumen eines Unternehmens und dem Marktvolumen, der relative Marktanteil der Quotient aus dem absoluten Marktanteil eines Unternehmens und dem seines größten Wettbewerbers.
- Der **Deckungsbeitrag** ist definiert als Differenz zwischen dem Umsatz und den variablen Kosten. Er drückt aus, welcher Betrag zur Deckung der Fixkosten zur Verfügung steht. Wird der Stückdeckungsbeitrag auf den Stückerlös (d. h. den Nettopreis eines Produkts) bezogen, ergibt sich die **Deckungsbeitragsrate** (vgl. Steffenhaben 2008, S. 63).
- **Kostenziele** sind auch im Marketing relevant, da sie eine erhebliche Auswirkung auf den Gewinn haben. Marketingkosten fallen insb. für den Einsatz der Marketinginstrumente (z. B. für die Produktentwicklung und Kommunikation).

- Der **Kundenlebenszeitwert (Customer Lifetime Value)** ist der finanzielle Wert einer Kundenbeziehung, der sich als abdiskontierter Zahlungsstrom aller durch den Kunden entstehenden Ein- und Auszahlungen ergibt (▶ Kap. 14.2). Durch Addition der Kundenlebenszeitwerte aller Kunden ergibt sich der **Kundenstammwert (Customer Equity)**.

Auf der Ebene unterhalb der Bereichsziele sind **Aktionsfeldziele** zu formulieren. Unter Aktionsfeldern sind instrumental orientierte **Subsysteme** zu verstehen, die Beiträge zur Erfüllung der Bereichsziele leisten. In Anlehnung an Becker können vier Aktionsfeldziele formuliert werden (Becker 2019, S. 57 f.):

1. **Produktpolitische Aktionsfeldziele**: Basisrichtungen für die Produktpolitik (z. B. Erringen der Technologieführerschaft)
2. **Preispolitische Aktionsfeldziele**: Basisrichtungen für die Preispolitik (z. B. Aufbau einer Premiumpreisposition)
3. **Kommunikationspolitische Aktionsfeldziele**: Basisrichtungen für die Kommunikationspolitik (z. B. Profilierung als Qualitätsführer)
4. **Distributionspolitische Aktionsfeldziele**: Basisrichtungen für die Distributionspolitik (z. B. flächendeckende Distribution)

Instrumentalziele sind schließlich Unterziele auf der Ebene der einzelnen Marketinginstrumente. Wie das Beispiel in Darstellung 50 verdeutlicht, sind auf der Ebene der einzelnen Marketinginstrumente wiederum Teilziele zu formulieren, die zu einem konsistenten Marketingzielsystem zu integrieren sind und im Zusammenspiel das Erreichen der psychografischen und ökonomischen Marketingziele fördern sollen.

Dar. 50: Beispielhaftes System von Instrumentalzielen (vgl. Becker 2019, S. 59)

Zwischen den unterschiedlichen Marketingzielen, die ein Unternehmen verfolgt, können verschiedene Typen wechselseitiger Beziehungen bestehen (vgl. Becker 2019, S. 20):

- Bei einer **komplementären Zielbeziehung** (Zielharmonie) fördert die Erreichung des einen Marketingziels die Erreichung eines anderen Ziels. Beispielsweise führt die Steigerung der Markenbekanntheit i. d. R. auch zu einem Anstieg der Absatzmengen und Umsätze dieser Marke. Eine weitere positive Zielbeziehung liegt auch zwischen der Kundenzufriedenheit und Kundenloyalität vor.
- Bei einer **konkurrierenden Zielbeziehung** (Zielkonflikt) wirkt sich die Erreichung des einen Ziels negativ auf die Erreichung eines anderen Ziels aus. Zum Beispiel erfordert der Ausbau des Marktanteils eines Produktes (Ziel 1) häufig eine Ausweitung des Kommunikationsbudgets, wodurch die Kosten steigen und die Profitabilität der Produkte (Ziel 2) zumindest kurzfristig sinkt. Stehen zwei Marketingziele in einer konkurrierenden Beziehung zueinander, sind Prioritäten zwischen diesen Zielen zu setzen. Es ist dann sinnvoll, Mindestniveaus in Bezug auf die einzelnen Ziele festzulegen, damit keine wichtigen Anforderungen der Kunden verletzt werden.
- Eine **indifferente Zielbeziehung** (Zielneutralität) bedeutet, dass sich zwei Ziele gegenseitig nicht beeinflussen, z. B. stehen die Steigerung der Markenbekanntheit und die Optimierung logistischer Prozesse in keinem unmittelbaren Zusammenhang, d. h. die Erreichung des einen Ziels beeinflusst das andere Ziel nicht.

Darstellung 51 verdeutlicht die verschiedenen Zielbeziehungen.

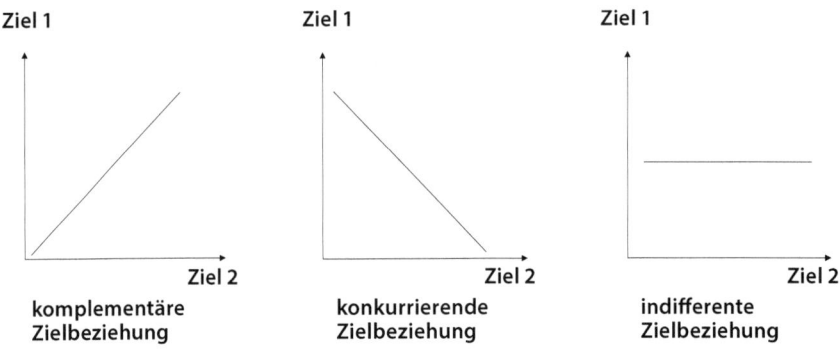

Dar. 51: Beispiele für Zielbeziehungen (vgl. Becker 2019, S. 20)

7 Entwicklung einer Marketingstrategie

Im Marketingmanagementprozess folgt auf den Schritt der Zielformulierung die Entwicklung einer Marketingstrategie. Diese strikte hierarchische Überordnung der Zielformulierung gegenüber der Strategieplanung wird von Steffenhagen kritisiert (vgl. Steffenhagen 2002): Zwar gibt es (Unternehmens-)Ziele, die als Imperative und Orientierungspunkte für eine Strategieformulierung aufzufassen sind und eine Richtung vorgeben. Jedoch können Ziele selbst auch als notwendige Bestandteile einer Marketingstrategie aufgefasst werden, weil sie das strategisch Gewollte ausdrücken und eine Stoßrichtung vorgeben. So erfordert etwa die Umsetzung einer Kostenführerschaftsstrategie hohe Absatzmengen, sodass ein absatzbezogenes Mengenziel für eine erfolgreiche Umsetzung erforderlich ist. Insofern stehen beide Schritte des Marketingmanagementprozesses in einem engen wechselseitigen Verhältnis.

Strategische Entscheidungen sind **Grundsatzentscheidungen**, die das mittel- bis langfristige Verhalten eines Unternehmens festlegen und darauf ausgerichtet sind, die Marketingziele zu erreichen. Marketingstrategien können auf **drei Ebenen** formuliert werden (vgl. Meffert et al. 2024, S. 278; Hax/Majluf 1996, S. 24; Backhaus/Schneider 2009, S. 16; Swoboda et al. 2022, S. 21):

- Strategien auf **Unternehmensebene** (Unternehmensstrategie): Im Rahmen der strategischen Unternehmensplanung werden Entscheidungen über das Gesamtunternehmen getroffen. Unternehmensstrategien geben die Rahmenbedingungen für alle nachgelagerten Geschäftseinheiten- und Funktionsbereichsstrategien vor.
- Strategien auf **Geschäftseinheitenebene** (Geschäftseinheitenstrategie): Unter einer strategischen Geschäftseinheit (SGE) ist eine organisatorische Einheit im Unternehmen zu verstehen, die eine eigenständige Marktaufgabe besitzt und wie ein »Unternehmen im Unternehmen« geführt wird. Strategische Geschäftseinheiten verfolgen eigenständige Zielsetzungen, verfügen über einen individuellen Entscheidungsspielraum und konkurrieren mit eindeutig identifizierbaren Wettbewerbern.

Beispiel: Der US-amerikanische Nahrungsmittelkonzern MARS INCORPORATED führt drei strategische Geschäftseinheiten, zu denen viele bekannte Marken gehören:

- **Mars Petcare:** Whiskas, Chappi, Pedigree, Cesar, Sheba u. a.
- **Mars Food & Nutrition:** Mirácoli, Ben's Original, Tasty Bite u. a.
- **Mars Wrigleys:** Snickers, Twix, Milky Way, Bounty, M&Ms u. a.

- Strategien auf **Funktionsebene** (Funktionsbereichsstrategie): Werden strategische Entscheidungen in einzelnen Funktionsbereichen wie Beschaffung, Produktion, Absatz oder Finanzierung definiert, werden diese als Funktionsbereichsstrategien bezeichnet.

Die verschiedenen Schwerpunkte, die ein Anbieter im Rahmen seiner Marketingstrategie zu setzen hat, werden in den folgenden Abschnitten behandelt:

- Normstrategien auf Basis der Portfolioanalyse (▶ Kap. 7.1)
- Kundengerichtete Marketingstrategien (▶ Kap. 7.2)
- Wettbewerbsgerichtete Marketingstrategien (▶ Kap. 7.3)
- Handelsgerichtete Marketingstrategien (▶ Kap. 7.4)

7.1 Normstrategien auf Basis der Portfolioanalyse

Zur Strategiefindung wird im Marketing häufig auf **Portfolioanalysen** zurückgegriffen. Sie betrachten die verschiedenen strategischen Geschäftseinheiten eines Unternehmens in einer Gesamtschau und leiten Normstrategien ab, wie die verfügbaren Ressourcen auf die Geschäftseinheiten zu verteilen sind (vgl. Meffert et al. 2024, S. 291). Damit trifft das Unternehmen die Entscheidung, welche Märkte priorisiert werden sollen und wie die Überschüsse etablierter Geschäftseinheiten zu verwenden sind, um Geschäftseinheiten in der Entwicklungshase zu unterstützen, die oft hohe Kosten der Marktentwicklung zu tragen haben.

Eine Portfolioanalyse geht zweistufig vor: Im ersten Schritt deckt sie die Chancen und Risiken strategischer Geschäftseinheiten auf. Dies geschieht anhand einer zweidimensionalen Matrix. Auf der einen Achse werden Kriterien abgebildet, die vom Management unmittelbar beeinflusst werden können (z. B. relativer Marktanteil, relative Wettbewerbsvorteile), auf der anderen Achse Faktoren, die sich am Markt orientieren und nicht bzw. nur mittelbar beeinflussbar sind (z. B. Marktvolumen oder Stadium im Produktlebenszyklus). Die verschiedenen Geschäftseinheiten werden anhand der beiden Dimensionen bewertet und in der Matrix positioniert. Im zweiten Schritt werden – je nach Position der strategischen Geschäftseinheit innerhalb der Matrix – verschiedene Normstrategien abgeleitet.

Ein in Wissenschaft und Praxis viel beachteter Vorschlag stammt von der BOSTON CONSULTING GROUP (BCG). Die BCG-Matrix verwendet den **relativen Marktanteil** als Indikator für die Wettbewerbsstärke und das (prozentuale) **Marktwachstum** als Indikator für die Marktattraktivität (▶ Dar. 52). Die empirische Begründung für die Verwendung dieser Indikatoren wurde mit dem PIMS-Projekt in Abschnitt 5.2 bereits vorgestellt. Anhand der Größe der eingezeichneten Kreise lässt sich zudem eine weitere Erfolgsgröße (z. B. Umsatz, Cashflow) für jede strategische Geschäftseinheit in der Portfoliomatrix veranschaulichen.

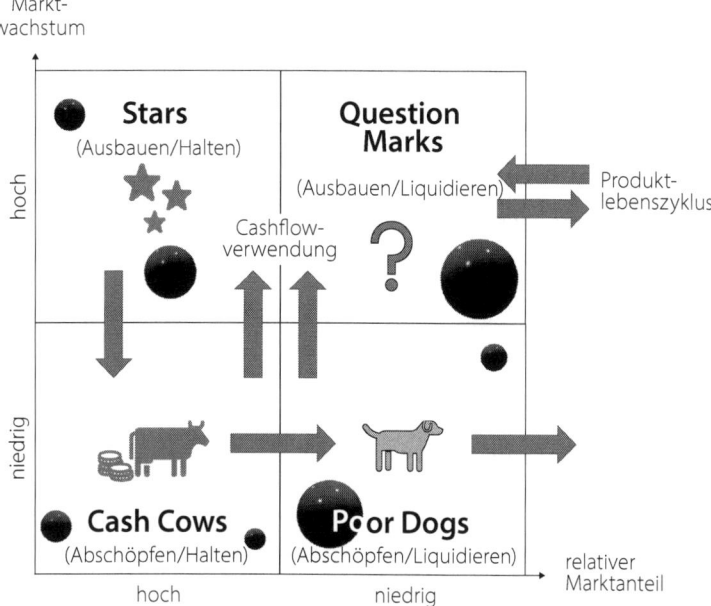

Dar. 52: BCG-Matrix mit Ergänzungen und Normstrategien (vgl. Walsh et al. 2020, S. 173)

Auf der Basis ihrer Matrix empfiehlt die BCG als Normstrategien

- für die Poor Dogs das Abschöpfen oder das Liquidieren → Desinvestitionsstrategie,
- für die Cash Cows das Abschöpfen und das Halten → Abschöpfungsstrategie,
- für die Question Marks das Ausbauen oder das Liquidieren → Selektivstrategie (es muss im Einzelfall darüber entschieden werden, ob investiert oder desinvestiert werden soll),
- für die Stars das Ausbauen und das Halten → Investitionsstrategie.

Eine Geschäftseinheit entwickelt sich bei idealtypischem Verlauf von einem Question Mark über einen Star zu einer Cash Cow. Während Question Marks und Stars durch negative Cashflows gekennzeichnet sind, erwirtschaftet eine Cash Cow idealerweise so hohe Cashflows, dass die für Question Marks und Stars notwendigen Investitionen getätigt werden können. Ziel ist ein Portfolio, bei dem den Geschäftseinheiten im Investitionsbereich entsprechende Geschäftseinheiten im Abschöpfungsbereich gegenüberstehen.

Von der McKINSEY & COMPANY CORP. wurde als Erweiterung des BCG-Ansatzes ein eigenes, differenzierteres Portfolio erstellt, das einige Schwächen überwinden soll, für die die BCG-Matrix kritisiert wird (vgl. Walsh et al. 2020, S. 174). Die Kritik an der BCG-Matrix bezieht sich v. a. darauf,

- dass zur Bildung von Normstrategien lediglich zwei Erfolgsgrößen herangezogen werden und weitere relevante Faktoren daher unberücksichtigt bleiben,
- dass sich keine eindeutigen Prognosen ableiten lassen, da Marktwachstum und relativer Marktanteil lediglich Momentaufnahmen sind,
- dass Verbundeffekte zwischen Produkten und Cross-Selling-Potenziale nicht berücksichtigt werden und
- dass die Zuordnung der Geschäftseinheiten zu den vier Feldern nicht eindeutig ist (z. B. Wo beginnt starkes und wo endet geringes Marktwachstum?).

McKINSEY nutzt aus diesem Grunde zusätzliche Indikatoren, um die Marktattraktivität und die relativen Wettbewerbsvorteile zu operationalisieren (vgl. Bruhn 2019, S. 76):

- relative Wettbewerbsvorteile:
  - relative Marktposition (z. B. Marktanteil, Wachstumsrate, Rentabilität)
  - relatives Produktionspotenzial (z. B. Kostenvorteile, Standortvorteile)
  - relatives Forschungs- und -Entwicklungspotenzial (z. B. Innovationspotenzial, Innovationsfähigkeit)
  - relative Qualifikation der Beschäftigten (z. B. Professionalität, Motivation)
- Marktattraktivität:
  - Marktwachstum und Marktgröße
  - Marktqualität (z. B. Branchenrentabilität, Eintrittsbarrieren)
  - Energie- und Rohstoffversorgung
  - Umfeldsituation (z. B. Konjunktur, Gesetzgebung, öffentliche Meinung)

Zudem erweitert McKinsey die Matrix für sein Portfolio auf neun Felder, wie in Darstellung 53 zeigt.

Auf Basis dieser Matrix empfiehlt McKINSEY

- bei niedriger bis mittlerer Ausprägung beider Kriterien eine **Abschöpfungs-** oder **Desinvestitionsstrategie**,
- bei starker Ausprägung des einen und schwacher Ausprägung des anderen Kriteriums eine **Selektivstrategie** (d. h. hier ist im Einzelfall zu entscheiden, ob eher offensiv oder defensiv vorgegangen werden soll) und
- bei starker Ausprägung beider Kriterien eine **Investitions-** und **Wachstumsstrategie**.

Wenngleich auch die Portfolioanalyse nach McKINSEY nicht alle Schwachstellen des BCG-Ansatzes überwinden kann bzw. wiederum anderweitig zu kritisieren ist

7 Entwicklung einer Marketingstrategie

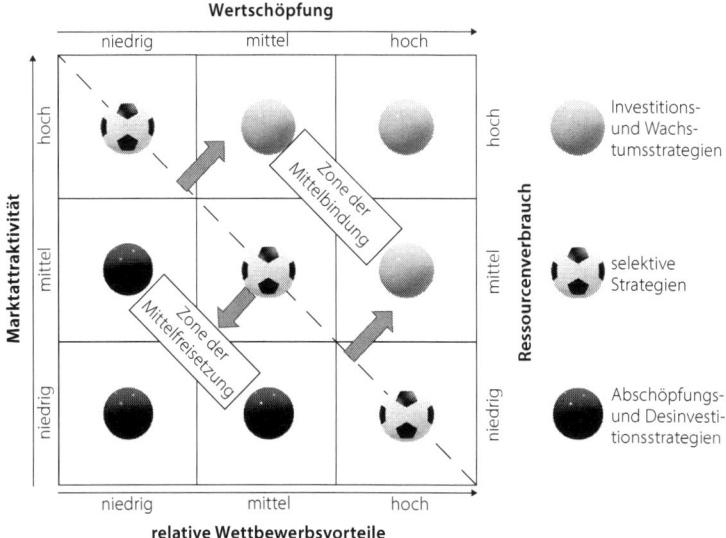

Dar. 53: Aufbau des Wettbewerbsstärke-Marktattraktivitäts-Portfolios (vgl. Walsh et al. 2020, S. 175)

(z. B. sehr hoher Aufwand bei der Datengewinnung), haben sich beide Ansätze in der strategischen Unternehmensführung bewährt und bieten konkrete Ansatzpunkte etwa zur Allokation verfügbarer Fähigkeiten und Ressourcen auf die verschiedenen strategischen Geschäftseinheiten eines Unternehmens.

7.2 Kundengerichtete Marketingstrategien

Angesichts der Vielzahl verfügbarer Strategieoptionen besteht eine zentrale unternehmerische Herausforderung darin, ein geschlossenes und konsistentes System von Marketingstrategien zu entwickeln. Es lassen sich vier abnehmerorientierte Marketingstrategien, sog. Basisstrategien, unterscheiden, die sich durch spezifische Fragestellungen charakterisieren lassen (vgl. Ansoff 1965, S. 109; Becker 2019, S. 148; Homburg 2020, S. 557):

- Marktfeldstrategien,
- Marktstimulierungsstrategien,
- Marktparzellierungsstrategien,
- Marktarealstrategien.

Darstellung 54 gibt einen Überblick über die Charakteristika dieser Typen von Basisstrategien.

Dar. 54: Marketingstrategisches Grundraster (vgl. Becker 2019, S. 148)

Strategieebene	Fragestellungen	Strategische Basisoptionen
Marktfeldstrategien	Welche Produkte sollen auf welchen Märkten angeboten werden?	• Marktdurchdringung • Marktentwicklung • Produktentwicklung • Diversifikation
Marktstimulierungsstrategien	Auf welche Art und Weise soll der Markt beeinflusst werden?	• Präferenzstrategie • Preis-Mengen-Strategie
Marktparzellierungsstrategien	Wie differenziert soll der Markt bearbeitet werden?	• Massenmarktstrategie • Marktsegmentierungsstrategie
Marktarealstrategien	Welcher Markt- bzw. Absatzraum soll bearbeitet werden?	• Nationale Strategien • Übernationale Strategien

7.2.1 Marktfeldstrategien

Eine grundlegende strategische Entscheidung betrifft die Frage, welche (gegenwärtigen und neuen) Märkte ein Unternehmen mit welchen (gegenwärtigen und neuen) Produkten bearbeiten möchte. Die **Produkt-Markt-Matrix** (▶ Dar. 55) zeigt die vier strategischen Stoßrichtungen für eine strategische Geschäftseinheit, die im Folgenden erläutert werden.

Dar. 55: Alternative strategische Stoßrichtungen zur Erschließung von Wachstumsquellen (vgl. Meffert et al. 2024, S. 288)

Produkte \ Märkte	Gegenwärtig	Neu
Gegenwärtig	Marktdurchdringung	Marktentwicklung
Neu	Produktentwicklung	Diversifikation

Die Strategie der **Marktdurchdringung** (Intensivierungsstrategie) zielt auf die Ausschöpfung des Marktpotenzials vorhandener Produkte in bestehenden Märkten ab. Diese Strategie besteht im Wesentlichen in einer Verstärkung der Marketingaktivitäten und stellt die Plattform dar, von der alle anderen marktfeldstrategischen Optionen ausgehen (angedeutet durch die Pfeile in Darstellung 55). Zur Umsetzung der Marktdurchdringung existieren verschiedene Optionen (vgl. Becker 2019, 149 ff.; Meffert et al. 2024, S. 288; Scharf et al. 2022, S. 285 ff.):

- Intensivierung der Produktverwendung bei bestehenden Kunden, erreichbar durch:
  - Vergrößerung der Verkaufseinheit (z. B. Großpackungen)
  - Beschleunigung des Ersatzbedarfs (z. B. durch sog. »Sollbruchstellen«)
  - Verbesserung der Distribution (z. B. Einschalten des Online-Handels)
  - Verstärkung der Kommunikation (z. B. Einsatz bekannter Influencer)
  - Verkaufsförderungsaktionen (z. B. Gewinnspiele, Zweitplatzierungen)
- Gewinnung von Kunden der Konkurrenz, erreichbar durch
  - Preisänderungen (z. B. Preisunterbietung des Wettbewerbs)
  - Nutzung von Vertriebswegen, die auch von Wettbewerbern genutzt werden
  - eine verbesserte Kommunikation, z. B. indem in der Werbung auf die Vorteile eines Anbieterwechsels eingegangen wird
- Erschließung bisheriger Nichtverwender, erreichbar durch
  - Sonderpreisaktionen zur Gewinnung preissensibler Nichtverwender
  - Verteilung von Produktproben
  - Starterpakete (z. B. beim Kauf einer Skiausrüstung oder eines Aquariums)
  - Einschaltung neuer Vertriebskanäle

> Am Beispiel von COCA-COLA lässt sich die Strategie der Marktdurchdringung verdeutlichen: So hat COCA-COLA durch Großgebinde wie 1-, 1,5- und sogar 2-Liter-Flaschen den Hauskonsum seiner Getränke gefördert und damit neben Stammkäufern auch bisherige Nicht- (oder auch Nicht-mehr-)Verwender erreicht. Diese Politik, neben dem Außer-Haus-Konsum mit den typischen Kleingebinden (0,33-Liter-Flasche oder -Dose) auch den Hauskonsum zu forcieren, wird inzwischen von allen wichtigen Anbietern alkoholfreier Erfrischungsgetränke verfolgt.

Bei der Strategie der **Marktentwicklung** wird angestrebt, für die gegenwärtigen Produkte einen oder mehrere neue Märkte zu finden (vgl. Becker 2019, S. 152 ff; Scharf et al. 2022, S. 288 ff.). Hier bieten sich verschiedene Möglichkeiten an:

- **Räumliche Marktentwicklung**: Es werden zusätzliche Markt- bzw. Absatzregionen erschlossen, um »weiße Flecken« im Absatzgebiet zu schließen. Dies geht häufig mit räumlich begrenzten Preissenkungen und Werbemaßnahmen einher. Beispielsweise bietet ein Konsumgüterhersteller aus der Europäischen Union seine Produkte auch in südamerikanischen Ländern zu reduzierten Preisen an.
- **Sachliche Marktentwicklung**: Hierbei werden neue Verwendungsmöglichkeiten (»new uses«) für bestehende Leistungen geschaffen. So kann z. B. ein Hersteller von Schokoladenpralinen seine Kunden dazu animieren, die Produkte nicht nur zum Eigenverzehr, sondern auch als Geschenk zu kaufen.
- **Personelle Marktentwicklung**: Bei dieser Strategie werden bestehende Produkte an neue Nutzergruppen (»new users«) vermarktet. So kann z. B. ein Hersteller

von Feuchtigkeitscremes bestehende Produkte in anderer Verpackung auch an Männer vermarkten, die Wert auf ihr äußeres Erscheinungsbild legen.

Die Strategie der **Produktentwicklung** basiert auf der Überlegung, für bestehende Märkte neue Produkte zu entwickeln (Becker 2019, S. 156 f.; Scharf et al. 2022, S. 293 ff.). Auch hier bieten sich einem Unternehmen drei Optionen:

- **Echte (radikale) Innovationen** (Basisinnovation): Es werden Leistungen angeboten, die es in dieser Art und Weise vorher auf dem Markt noch nicht gab. Durch radikale Innovationen werden neue Märkte geschaffen, die oftmals bestehende Produkte obsolet machen (z. B. erstes Auto, erster PC usw.).
- **Quasi-Innovationen** (Verbesserungsinnovation): Es werden neuartige Leistungen angeboten, die an bestehende Leistungen anknüpfen, aber zusätzliche und verbesserte Produkteigenschaften besitzen (z. B. E-Bike, Diätprodukte).
- **Mee-too-Innovationen** (Routineinnovation): Dies sind Produkte, die bestehende Leistungen nachahmen und für den Markt keinen Neuigkeitsgrad besitzen. Hierzu zählen bspw. preisgünstige Alternativen zu etablierten Medikamenten (etwa Ibuprofen als Alternative zu Aspirin) oder Handelsmarken.

Innovationsarten unterscheiden sich hinsichtlich ihrer Voraussetzungen und Konsequenzen z. T. erheblich, wie Darstellung 56 zeigt.

Dar. 56: Innovationsarten und ihre Voraussetzungen bzw. Konsequenzen (vgl. Becker 2019, S. 158)

Innovationsart Voraussetzung/ Konsequenz	Basisinnovation	Verbesserungs- innovation	Routine- innovation
Schwerpunkt der Forschungs- und Entwicklungstätigkeit	Grundlagen- forschung	Angewandte Forschung und Entwicklung	Konzentration auf Anwendungstechnik
Fortschrittsart	Wissenschaftlich	Technologisch	Technisch
Ressourcenaufwand	Hoch	Mittel	Niedrig
Innovationsbarrieren am Markt	Hoch	Durchschnittlich	Gering
Chance zur Steigerung der Wettbewerbs- fähigkeit	Überproportional	Proportional	Unterproportional
Risiko	Hoch	Mittel	Niedrig
Gewinnpotenzial	Überdurchschnittlich	Durchschnittlich	Eher gering

Die Strategie der **Diversifikation** ist durch die Ausrichtung der Unternehmensaktivitäten auf neue Produkte für neue Märkte gekennzeichnet (vgl. Meffert et al. 2024, S. 288). Je nach dem Grad der mit dieser Strategie verfolgten Risikostreuung und dem Risikoausmaß lassen sich drei Varianten einer Diversifikationsstrategie unterscheiden (vgl. Ansoff 1966, S. 152 ff.; Yip 1982, S. 129 ff.; Hutzschenreuter 2001; Aaker 2007):

- **Horizontale Diversifikation**: Bei dieser Form der Diversifikation erweitert ein Anbieter sein Produktprogramm um verwandte Produkte auf derselben wirtschaftlichen Stufe (daher »horizontal«). Verwandt bedeutet, dass bspw. gleiche Materialien bzw. Technologien oder gemeinsame Vertriebswege genutzt werden. Produziert bspw. ein Kosmetikhersteller zusätzlich Parfums, die er über seine etablierten Vertriebskanäle (z. B. Drogerien) an neue Zielgruppen verkauft, entspricht dies einer horizontalen Diversifikation (▶ Dar. 57). Das Risiko dieser Strategie ist im Vergleich zu den folgenden Diversifikationsstrategien überschaubar.
- **Vertikale Diversifikation**: Bei dieser Form der Diversifikation integriert ein Unternehmen vor- bzw. nachgelagerte Produktions- bzw. Vermarktungsstufen in seine eigene Wertschöpfung und vergrößert so die Wertschöpfungstiefe. Am Beispiel des Kosmetikherstellers läge eine vorgelagerte vertikale Diversifikation (**Rückwärtsintegration**) vor, wenn das Unternehmen Rohstoffe, die es zuvor von Lieferanten bezogen hat, nun selbst produziert (vgl. Steffenhagen 2008, S. 253). Umgekehrt läge eine nachgelagerte vertikale Diversifikation (**Vorwärtsintegration**) vor, wenn das Unternehmen eigene Verkaufsfilialen aufbaut, um die Vermarktung, die bislang durch den Fachhandel erfolgt ist, selbst zu übernehmen. Diesen Schritt sind bspw. ZWILLING (Hersteller von Messern und Küchengeschirr), LEGO (Bauspielzeug) und BEIERSDORF (Hersteller von Nivea-Produkten) durch die Eröffnung eigener Flagship-Stores gegangen.
- **Laterale Diversifikation**: Mit dieser Strategie stößt ein Anbieter in völlig neue Produkt- und Marktgebiete vor, indem er aus der angestammten Branche ausbricht und Produkte anbietet, die keinen Zusammenhang mehr zum bestehenden Produktprogramm aufweisen. Würde der Kosmetikhersteller bspw. in die Produktion von Nahrungsmitteln einsteigen, entspräche dies einer lateralen Diversifikation. Diese Form der Diversifikation birgt zwar die höchsten Wachstumspotenziale, da es keine Überschneidungen zum Kerngeschäft (und damit etwa Kannibalisierungen zwischen den eigenen Produkten) gibt, aufgrund der fehlenden Erfahrungen in Bezug auf die angebotenen Produkte und die angepeilten Nachfrager ist sie allerdings auch die riskanteste der drei Diversifikationsstrategien.

Teil III Strategische Marketingplanung

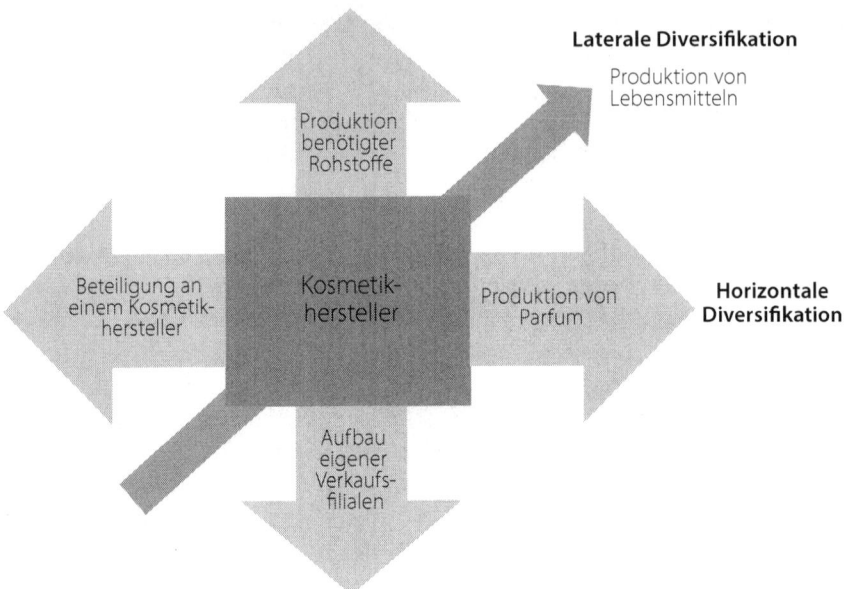

Dar. 57: Formen der Diversifikation am Beispiel eines Herstellunternehmens von Körperpflegeleistungen (vgl. Kreutzer 2017, S. 180)

> Viele Unternehmen durchlaufen im Zeitablauf verschiedene dieser Marktfeldstrategien bzw. kombinieren diese gezielt miteinander. Dies soll am Beispiel des finnischen Unternehmens NOKIA CORPORATION verdeutlicht werden.
> 1865 gegründet, bot das finnische Unternehmen NOKIA CORPORATION zunächst Papiererzeugnisse und später Gummistiefel sowie Fahrrad- und Autoreifen an, bevor es 1912 in das Kabelgeschäft einstieg. Später konzentrierte sich das Unternehmen überwiegend auf Elektronikprodukte und entwickelte in den 1960er-Jahren u. a. Telefone für das finnische Militär. Nachdem 1981 das erste skandinavische Mobilfunknetz in Betrieb genommen wurde, stellte NOKIA ab 1982 Autotelefone her und wurde 1998 zum Weltmarktführer für Mobiltelefone. 2013 verkündete Nokia den Verkauf der Handysparte an den US-amerikanischen Softwarekonzern MICROSOFT, um sich zukünftig verstärkt v. a. in den Geschäftseinheiten Netzwerkinfrastruktur, Navigation und Technologieentwicklung zu engagieren.

Darstellung 58 verdeutlicht, welche Möglichkeiten zur Realisation einer Diversifikationsstrategie bestehen und bewertet diese hinsichtlich verschiedener Beurteilungskriterien.

Dar. 58: Vergleich der Realisierungsformen von Diversifikationen nach grundlegenden Beurteilungskriterien (vgl. Becker 2019, S. 172)

Realisierungs- formen Beurteilungs- kriterium	Eigene Forschung und Ent- wicklung (= Eigen- bau)	Lizenzübe- rnahme (= Know- how-Kauf)	Aufnahme von Han- delswaren (= Leis- tungskauf)	Kooperati- on in Form von Joint Ventures (= Partner- kauf)	Unterneh- mensbeteili- gung/-zu- sammen- schluss (= Unterneh- menskauf)
Zeitfaktor	Langsam	Schnell	Schnell	Ziemlich schnell	Ziemlich schnell
Kosten	Hoch	Ziemlich niedrig	Ziemlich niedrig	Niedrig	Niedrig
Organisations- probleme	Wenige	Praktisch keine	Praktisch keine	Wenige	Zahlreiche
Risiko	Groß	Klein	Klein	Relativ groß	Relativ groß

Wenngleich sich die Produkt-Markt-Matrix bei der Strategieplanung in der Praxis etabliert hat, beeinträchtigen verschiedene Faktoren deren Aussagekraft (vgl. Meffert et al. 2024, S. 290):

- Marktfeldstrategien sind **einseitig auf Wachstum ausgerichtet** und damit unvollständig. In stagnierenden oder gar schrumpfenden Märkten kann es nämlich – wie von der Portfolioanalyse vorgeschlagen – sinnvoll sein, eine Desinvestitions- oder Rückzugsstrategie zu verfolgen (vgl. Schmidt 1994; Strohte 2006).
- Das **Verhalten anderer Marktteilnehmer**, insb. der **Wettbewerber** und des Handels bleibt bei der Strategiefindung unberücksichtigt.
- Die Strategien berücksichtigen **keine Abhängigkeiten** zwischen den strategischen Geschäftseinheiten des Unternehmens. Letztlich konkurrieren alle Geschäftseinheiten um verfügbare Ressourcen, sodass eine übergeordnete Ressourcenplanung und -zuweisung erforderlich ist.

7.2.2 Marktstimulierungsstrategien

Die zweite Strategieebene betrifft die Frage, wie die Nachfrager zum Kauf eines Produktes animiert werden sollen. Vereinfacht gesagt kann ein Unternehmen zwei Zielgruppen ansprechen (stimulieren): Käufer, die ein Produkt aufgrund des niedrigen Preises kaufen (Preissensible bzw. Preiskäufer) oder Käufer, die ein Produkt aufgrund seiner überlegenen Qualität (Qualitätsbewusste bzw. Markenkäufer) kaufen. Ein Unternehmen steht im Preiswettbewerb, wenn es sich vorrangig an Käuferschichten richtet, die bereit sind, für einen günstigen Preis auf hohe Produktstandards zu verzichten (z. B. Kauf einer Handelsmarke). Diese Strategie spricht preissensible Käufer (Preiskäufer) an und wird als **Preis-Mengen-Strategie** bezeichnet. Konzentriert sich ein Unternehmen hingegen auf Käufer, die für eine hohe Qualität einen überdurchschnittlichen Preis zu zahlen bereit sind (Markenkäufer), befindet es sich im Qualitätswettbewerb und kann auf eine **Präferenzstrategie** zurückgreifen. Bei dieser Strategie werden Käufer durch Leistungsvorteile überzeugt. Hier ist es i. d. R. nicht ausreichend, den Käufern nur einen Grundnutzen zu bieten, vielmehr muss das Kernprodukt durch attraktive Zusatzleistungen (z. B. ansprechende Verpackung, hochwertige Verarbeitung, Beratung) angereichert werden (▶ Kap. 8.3). Im Vordergrund steht hier oft nicht die reine Problemlösung, vielmehr möchte der Käufer sich durch den Kauf auch Zusatznutzen wie Vergnügen und soziale Anerkennung erschließen (z. B. Kauf von Luxusuhren, Sportwagen, Immobilien). Darstellung 59 verdeutlicht den Zusammenhang zwischen den Strategietypen und den hiermit angesprochenen Käuferschichten.

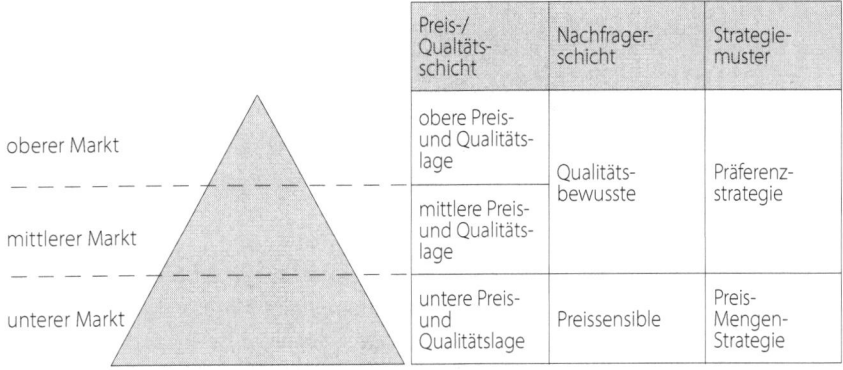

Dar. 59: Idealtypische Schichten und zugehörige strategische Optionen (vgl. Becker 2019, S. 181)

Darstellung 60 stellt die beiden Marktstimulierungsstrategien einander gegenüber:

Dar. 60: Vergleich der Realisierungsformen von Diversifikationen (vgl. Becker 2019, S. 231 f.)

Kriterium	Präferenzstrategie	Preis-Mengen-Strategie
Prinzip	Qualitätswettbewerb → Hochpreis-/Markenartikelkonzept	Preiswettbewerb → Niedrigpreis-/Discountkonzept
Ziel	Gewinn **vor** Umsatz/Marktanteil (Fokus: Umsatzrentabilität)	Umsatz/Marktanteil **vor** Gewinn (Fokus: Kapitalumschlag)
Charakteristik	Ausrichtung aller absatzpolitischen Maßnahmen auf die Erhöhung der subjektiv von den Konsumierenden wahrgenommenen Leistungsqualität	einseitige Ausrichtung auf niedrigen Preis bei durchschnittlicher bzw. zufriedenstellender Leistungsqualität

Dar. 60: Vergleich der Realisierungsformen von Diversifikationen (vgl. Becker 2019, S. 231 f.) – Fortsetzung

Kriterium	Präferenzstrategie	Preis-Mengen-Strategie
Zielgruppe	Qualitätsbewusste (Marke **vor** Preis)	Preissensible (Preis **vor** Qualität)
Wirkungsweise	langsam, mit der Chance langanhaltender Wirkung	schnell, mit der Gefahr des schnellen Verschleißes
Dominanter Funktionsbereich	Marketing → Ertragsorientierung	Produktion und Logistik → Kostenorientierung
Marketing-Mix	• überdurchschnittliche Qualität • attraktive Verpackung • hohes Serviceniveau • imageorientierte Markenprofilierung • starke Endverbraucherwerbung • starker persönlicher Verkauf und Service • hoher Preis • Distribution ausschließlich über den Fachhandel	• durchschnittliche bzw. Mindestqualität • rationelle Verpackung • keine oder schwache Werbung • handelsgerichtete Verkaufsförderung • niedriger Preis • Distribution über Discounter
Vorteile	• Aufbau einer eigenständigen Marktposition • mittel- bis langfristig hohe Erträge durch Leistungsvorteil gegenüber dem Wettbewerb	• geringe Kommunikationsaufwendungen • hohe Erträge bei kostenoptimaler Fertigungsstruktur, rationeller Logistik und effizientem Vertrieb
Nachteile	• hoher Mitteleinsatz • hohes Marktrisiko	• Verzicht auf den Aufbau echter Präferenzen • ruinöser Preiswettbewerb

7.2.3 Marktparzellierungsstrategien

Auf vielen Märkten unterscheiden sich die Käufer hinsichtlich ihrer Bedürfnisse, ihrer Kaufkraft und anderer Merkmale stark voneinander. Anhand einer Marktsegmentierung kann ein Unternehmen feststellen, aus welchen Käufergruppen (Marktsegmenten) der Markt besteht und wie sich diese Käufergruppen voneinander unterscheiden (vgl. zur Marktsegmentierung ▶ Kap. 1.5). Anhand einer **Marktparzellierungsstrategie** (Marktsegmentierungsstrategie) legt ein Anbieter fest, wie breit er den Markt abdeckt und ob bzw. wie differenziert er einzelne Marktsegmente bearbeitet (vgl. Becker 2019, S. 237). Hier wird also entschieden, ob ein Anbieter auf eine Marktsegmentierung gänzlich verzichtet (**Massenmarketing**) oder seine Leistungsangebote auf einzelne Marktsegmente zuschneidet (**differen-**

ziertes Marketing). Darstellung 61 zeigt die Basisalternativen der Marktparzellierung.

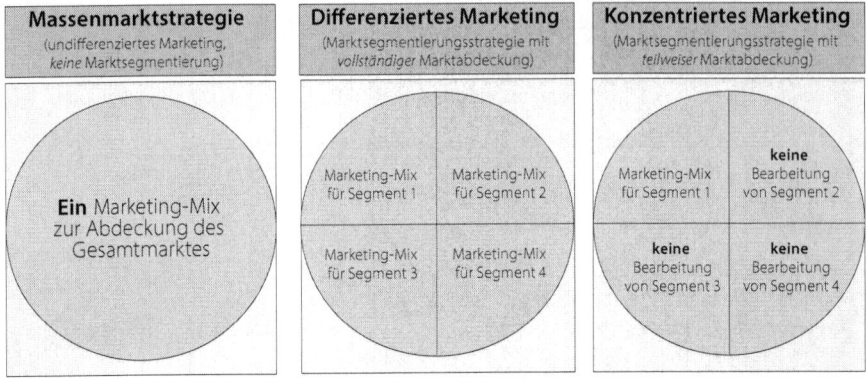

Dar. 61: Basisalternativen der Marktsegmentierung (vgl. Kreutzer 2017, S. 186)

Folgende Varianten der Marktparzellierungsstrategie sind zu unterscheiden:

- Bei einer **Massenmarktstrategie** (undifferenziertes Marketing) verzichtet ein Unternehmen gänzlich auf eine Marktsegmentierung. Allen Käufern wird ein Standardprodukt angeboten, eine Anpassung an individuelle Kundenbedürfnisse wird nicht vorgenommen. Daher wird das undifferenzierte Marketing auch als »Schrotflintenkonzept« bezeichnet. Die Massenmarktstrategie war auf vielen Verkäufermärkten die dominante Strategie. Heute ist sie insb. typisch für Low-Involvement-Produkte (z. B. Güter des täglichen Bedarfs wie Mehl oder Benzin) und für viele Markenartikel, die sich an breite Käuferschichten richten. Aber auch im Investitionsgütermarketing gibt es viele Standardleistungen (z. B. Schrauben oder Lacke).
- Bei einer **Marktsegmentierungsstrategie mit vollständiger Marktabdeckung** (differenziertes Marketing) spricht ein Anbieter jedes Segment des Markts mit einem differenzierten Marketing-Mix an. Das Ziel dieser Strategie besteht darin, das Ertragspotenzial jedes Segments dadurch abzuschöpfen, dass den Segmenten eine auf ihre Nutzenerwartung zugeschnittene Problemlösung angeboten wird. Auf Märkten, auf denen sich die Käuferbedürfnisse stark voneinander unterscheiden, ist diese Strategie erfolgversprechender als eine Massenmarktstrategie, jedoch erfordert sie sehr hohe Ressourcen, die oft nur vom Großunternehmen aufgebracht werden können.
- Bei einer **Marktsegmentierungsstrategie mit teilweiser Marktabdeckung** (konzentriertes Marketing) spricht ein Anbieter nur eines oder wenige Marktsegmente mit differenzierten Marketing-Mixes an. Der Vorteil dieser Strategie besteht darin, dass das Unternehmen seine Leistungen stark auf die Bedürfnisse der Segmente zuschneiden kann, sodass überdurchschnittliche Preise durch-

gesetzt werden können. Diese Strategie eignet sich v. a. für Unternehmen, die nicht die finanziellen Mittel haben, einen Markt breitflächig abzudecken. Oft wird eine Marktnische bearbeitet, in der wenig Konkurrenz herrscht. Viele sog. Hidden Champions in Deutschland bearbeiten sehr erfolgreich solche Nischenmärkte v. a. im B2B-Marketing und sind in der Öffentlichkeit kaum bekannt.

> **Praxisbeispiele (in Anlehnung an Scharf et al. 2022, S. 311)**
>
> - **Coca-Cola** bot ursprünglich nur eine einzige Sorte seines Erfrischungsgetränks in einer einzigen Geschmacksrichtung in einer Standardflasche an. → **Massenmarktstrategie**
> - Inzwischen bietet **Coca-Cola** neben der klassischen Variante zahlreiche weitere Produktvarianten (u. a. Vanille, Kirsche, Lemon und Energy) an, oft noch zusätzlich oder ausschließlich kalorienreduziert oder koffeinfrei. → **Marktsegmentierungsstrategie**
> - Direkt nach dem Ende des Zweiten Weltkriegs bot Volkswagen einige Jahre lang lediglich den Typ 1 (VW Käfer) an, ein typisches Produkt für das breite Publikum. → **Massenmarktstrategie**
> - Heute spricht Volkswagen mit seinen Konzernmarken VW, Seat, Škoda, Audi, Porsche u. a. die unterschiedlichsten Zielgruppen an, deren Nutzenerwartungen und Kaufkraft sich erheblich voneinander unterscheiden. → **Marktsegmentierungsstrategie**

Darstellung 62 zeigt die Vor- und Nachteile der Massenmarkt- bzw. Marktsegmentierungsstrategie im Überblick.

Dar. 62: Vergleichende Darstellung von Massenmarkt- und Marktsegmentierungsstrategie (in Anlehnung an Becker 2019, 290)

	Massenmarktstrategie	**Marktsegmentierungsstrategie**
Vorteile	- Kostenvorteile durch Massenproduktion - Abdeckung des Gesamtmarktes - vereinfachter, wenig aufwendiger Marketing-Mix - geringerer marketingorganisatorischer Aufwand	- hohe Bedarfsentsprechung (Erfüllung zielgruppendifferenzierter Wünsche) - Erarbeitung überdurchschnittlicher Preisspielräume - reduzierte Gefahr eines ruinösen Preiswettbewerbs
Nachteile	- Bei heterogenen Käuferbedürfnissen keine Entsprechung individueller Nutzenerwartungen - begrenzte Preisspielräume	- Hoher (Kosten)Aufwand bei der Produktentwicklung und Marktbearbeitung - Verzicht auf Kostenvorteile durch Massenproduktion

Dar. 62: Vergleichende Darstellung von Massenmarkt- und Marktsegmentierungsstrategie (in Anlehnung an Becker 2019, 290) – Fortsetzung

	Massenmarktstrategie	Marktsegmentierungsstrategie
	• gezielte Marktsteuerung nur eingeschränkt möglich • Gefahr eines ruinösen Preiswettbewerbs	• hoher Bedarf an Marketing-Know-how bzw. entsprechender Marketingorganisation
Gesamt-beurtei-lung	• Rentabilität aufgrund des Preiswettbewerbs primär von einer niedrigen Kostenposition abhängig	• Rentabilität aufgrund der spezifischen Zielgruppenentsprechung primär durch überdurchschnittliche Preise möglich

7.2.4 Marktarealstrategien

Marktarealstrategien legen fest, auf welchen geografischen Absatzmärkten ein Anbieter tätig sein will. Man unterscheidet hierbei v. a. teilnationale bzw. nationale und übernationale Strategien (vgl. Becker 2019, S. 200 ff.).

Teilnationale bzw. nationale Strategien sind auf lokale, regionale, überregionale oder nationale Märkte ausgerichtet. Diese Strategie wird insb. von kleinen und mittleren Unternehmen verfolgt, die nicht über die notwendigen Ressourcen zur internationalen Marktbearbeitung verfügen. Möchte ein Unternehmen sein Marktareal ausweiten, kann es zwischen verschiedenen Varianten wählen:

- Bei **konzentrischer Ausdehnung** wird das Absatzgebiet ring- bzw. schichtenförmig erweitert. Das Unternehmen versucht, Abstrahleffekte regionaler Märkte zu nutzen, etwa durch Werbung über das ursprüngliche Kerngebiet hinaus.
- Bei einer **selektiven Ausdehnung** verfolgt das Unternehmen die Zielsetzung, zusätzliche Aufbau- bzw. Verdichtungsgebiete zu erschließen. Lücken zwischen den neuen Gebieten und dem aktuellen Kernabsatzgebiet werden dabei bewusst in Kauf genommen, um diese später mithilfe kommunikations- und distributionspolitischer Maßnahmen zu schließen.
- Grundgedanke einer **inselförmigen Ausdehnung** ist die zusätzliche Erschließung einiger weniger (Großstadt-)Zentren. Gelingt dies, kann anschließend versucht werden, diese Zentren schrittweise miteinander zu vernetzen.

Aufgrund vielfach gesättigter nationaler Märkte, des Bedürfnisses nach hoher Kapazitätsauslastung und Risikostreuung bieten sich Unternehmen verschiedene Varianten **übernationaler Marktarealstrategien** (vgl. für einen umfassenden Überblick zum internationalen Marketing ▶ Kap. 12.4):

- Ein **international** operierendes Unternehmen ist zusätzlich zum Inlandsmarkt auf einem oder mehreren, häufig ausschließlichen benachbarten Auslandsmärkten aktiv (z. B. Benelux- oder DACH-Länder). Die Leistungsangebote orientieren sich hier stark am Heimatmarkt.
- Eine **multinationale** Strategie liegt vor, wenn die Orientierung am Heimatland aufgegeben und die Marketingstrategie an die individuellen Bedürfnisse und Besonderheiten der Ländermärkte angepasst wird, um Ertragspotenziale besser auszuschöpfen.
- Eine **globale Strategie** ist auf den Weltmarkt ausgerichtet, d. h. es erfolgt keine länderspezifische Differenzierung der Produkte. Ein global tätiges Unternehmen verfügt meist über eine große Anzahl an Niederlassungen im Ausland.

Kombiniert man die vier verschiedenen Strategieebenen miteinander, ergeben sich vielfältige Varianten einer möglichen Marktbearbeitung. Darstellung 63 verdeutlicht, wie ein so erzeugtes **Strategieprofil** aussehen könnte. Eine solche Visualisierung hilft einem Unternehmen, den Gesamtüberblick über die eigene Strategie zu behalten und sich mit wichtigen Wettbewerbern zu vergleichen.

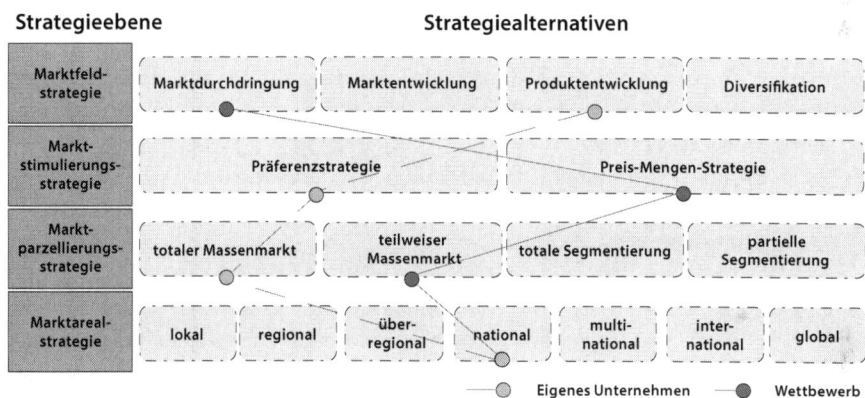

Dar. 63: Beispiel-Strategieprofil des eigenen Unternehmens im Vergleich zum Wettbewerb (vgl. Becker 2019, S. 356)

7.3 Wettbewerbsgerichtete Marketingstrategien

Im Rahmen wettbewerbsorientierter Strategien legt ein Anbieter fest, wie er auf seinen Absatzmärkten Wettbewerbsvorteile gegenüber Konkurrenten aufbauen und diese möglichst langfristig verteidigen möchte. Porter (2013, S. 73 ff.) unterscheidet drei strategische Ansätze, um seine Wettbewerber zu übertreffen (▶ Dar. 64):

- umfassende Kostenführerschaft,
- Differenzierung oder
- Konzentration auf Schwerpunkte.

Dar. 64: Wettbewerbsgerichtete Strategietypen (generische Strategien) (vgl. Porter 2013, S. 79)

		Strategischer Vorteil	
		Einzigartigkeit aus Sicht der Nachfragenden	Kostenvorsprung
Strategische Zielobjekt	branchenweit	Differenzierung	umfassende Kostenführerschaft
	beschränkt auf ein Segment	Konzentration auf Schwerpunkte	

Ziel der **umfassenden Kostenführerschaft** (Cost Leadership) ist es, die Stückkosten unter das Kostenniveau der wichtigsten Konkurrenten zu senken, damit das Unternehmen die Wettbewerber preislich unterbieten kann (vgl. Porter 2013, S. 74 ff.). Folgende Ansatzpunkte zur Umsetzung gibt es (vgl. Kreutzer 2017, S. 169 ff., Tomczak et al. 2014, S. 100 f.):

- Ausschöpfung von **Erfahrungskurveneffekten** durch Massenproduktion (Economies of Scale),
- kostengünstiges **Produktdesign** (z. B. Billig-Airlines),
- Standardisierung von Produktkomponenten durch eine **Plattformstrategie** (bspw. werden in der Automobilindustrie häufig identische Teile in unterschiedlichen Modellen verbaut),
- **Verzicht auf Investitionen in Forschungs- und Entwicklung** (z. B. wirkstoffgleiche Kopien von Arzneimitteln im Rahmen einer Mee-too-Strategie),
- **Vermeidung von Kleinstkunden.**

Damit diese Strategie zum Erfolg führt, müssen einige Voraussetzungen erfüllt sein: So benötigt das Unternehmen bspw. einen vergleichsweise hohen Marktanteil, um Kostendegressionseffekte erzielen zu können. Neben der Beschränkung auf wenige Produktvarianten verlangt diese konkurrenzorientierte Strategie auch vielfach eine aggressive Preispolitik sowie ein effizientes Controlling. Es lässt sich festhalten, dass zwischen der Kostenführerschaftsstrategie und der Preis-Mengen-Strategie ein eindeutiger Zusammenhang besteht.

Die Strategie der **Differenzierung** (Differentiation) zielt darauf ab, die eigenen Produkte so zu konzipieren, dass sie Konkurrenzprodukten überlegen sind (vgl. Porter 2013, S. 76 f.). Der Wettbewerbsvorteil kann über folgende Wege realisiert werden (vgl. Kreutzer 2017, S. 171 f., Tomczak et al. 2014, S. 97 ff.):

- Aufbau einer starken **Marke** (z. B. MERCEDES-BENZ),
- Nutzung leistungsfähiger **Technologien** (z. B. BOSCH),
- Aufbau einer spezifischen **Design-Kompetenz** (z. B. APPLE),
- Breites und tiefes **Sortiment** (z. B. AMAZON),
- Inszenierung der **Warenpräsentation** (z. B. PEEK & CLOPPENBURG),

- Hohe **Servicequalität** (z. B. Ersatzteilservice von MIELE),
- Attraktive **Kundenbindungsprogramme** (z. B. IKEA Family).

Der Vorteil der Differenzierungsstrategie liegt darin, dass sowohl die Nutzenerwartungen der Kunden als auch die Konkurrenzsituation berücksichtigt werden. Aufgrund der Leistungsvorteile kann ein Anbieter überdurchschnittliche Preise durchsetzen. Diese Strategie kann jedoch scheitern, wenn die Wettbewerber die Leistungsvorteile rasch aufholen können. Voraussetzung für die Umsetzung sind ein überdurchschnittliches Innovationsmanagement und eine effiziente Marketingorganisation. Die Differenzierungsstrategie ist eng an eine Präferenzstrategie gekoppelt.

Die **Konzentration auf Schwerpunkte** (Nischenstrategie) ist dadurch gekennzeichnet, dass sich ein Unternehmen auf ein bestimmtes Branchensegment bzw. einen oft kleinen Nischenmarkt konzentriert, um durch eine starke Spezialisierung Vorteile zu erlangen (vgl. Porter 2013, S. 77 ff.). Der Aufbau von Wettbewerbsvorteilen kann dabei entweder durch das Angebot überlegener Leistungen (Differenzierungsschwerpunkt) oder die Gewinnung von Kostenvorteilen (Kostenschwerpunkt) in einem Marktbereich erfolgen. Unternehmen wie ROLEX, FERRARI, MONTBLANC bieten ihre Produkte bspw. nur im Hochpreissegment an. Textil-Discounter wie KIK oder TAKKO hingegen bedienen ausschließlich das Billigsegment. Die Konzentration auf Schwerpunkte entspricht einer Marktsegmentierung mit partialer Marktabdeckung.

Viele Unternehmen verfolgen inzwischen eine **Outpacing-Strategie**, die auch als Überholstrategie bezeichnet wird (vgl. Gilbert/Strebel 1987). Mit dieser Strategie wird versucht, die Vorteile der Kostenführerschafts- und der Differenzierungsstrategie im Zeitverlauf miteinander zu kombinieren, indem die verfolgte Strategie rechtzeitig gewechselt wird (vgl. Tomczak et al. 2014, S. 101). So kann bspw. ein Anbieter, der aufgrund einer Differenzierungsstrategie überdurchschnittliche Preise realisieren kann, unter diesem »Preisschirm« Maßnahmen zur Kostensenkung einleiten (vgl. Kleinaltenkamp/Saab 2021, S. 60) Ein solcher Strategiewechsel ist sinnvoll, wenn durch eine weitere Qualitätsverbesserung keine zusätzlichen Wettbewerbsvorteile erzielt werden können. Umgekehrt bietet sich ein Wechsel von einer Kostenführerschafts- auf eine Differenzierungsstrategie an, sobald keine weiteren Kostendegressionseffekte mehr realisiert werden können. So sind bspw. viele asiatische Automobilhersteller mit kostengünstigen Pkw in den deutschen Markt eingestiegen und haben ihre Modelle im Laufe der Zeit qualitativ stetig verbessert. Darstellung 65 verdeutlicht das Vorgehen einer Outpacing-Strategie ausgehend von einer Differenzierungsstrategie (vgl. Kreutzer 2017, S. 174).

Bei der Systematisierung konkurrenzgerichteter Strategien ist zudem zwischen aktivem und passivem Verhalten zu unterscheiden (vgl. Meffert et al. 2024, S. 325):

- **Passives Verhalten** äußert sich darin, dass Aktivitäten der Konkurrenz bei der Entscheidungsfindung nicht berücksichtigt werden. Dieses Verhalten wird oft von Großunternehmen verfolgt, die eine so dominante Marktstellung besitzen,

dass sie es sich leisten können, Wettbewerber nicht in ihre Strategieplanung einzubeziehen.
- Bei **aktivem Verhalten** hingegen werden kompetitive Maßnahmen bei der Strategieformulierung explizit berücksichtigt. In diesem Fall ist zu entscheiden, ob ein Unternehmen
  - innovativ oder imitativ bzw.
  - wettbewerbsvermeidend oder wettbewerbsstellend vorgehen soll.

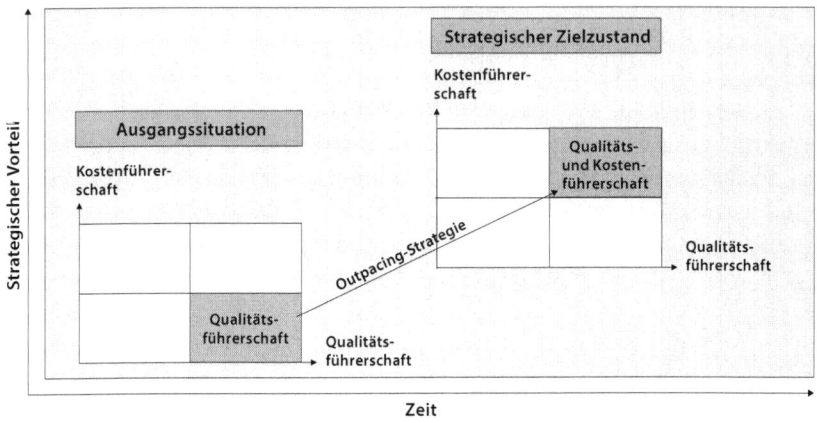

Dar. 65: Konzept einer Outpacing-Strategie (vgl. Kreutzer 2017, S. 174)

Hieraus ergeben sich vier Varianten konkurrenzgerichteter Strategien (▶ Dar. 66).

Dar. 66: Typen wettbewerbsgerichteten Verhaltens (vgl. Meffert et al. 2024, S. 326)

Verhaltensdimension	Innovativ	Imitativ
Wettbewerbsvermeidend	Ausweichen	Anpassung
Wettbewerbsstellend	Konflikt	Kooperation

Im Rahmen einer **Kooperationsstrategie** arbeitet ein Unternehmen mit Wettbewerbern zusammen, ohne seine Selbstständigkeit aufzugeben. Dies bietet sich v. a. dann an, wenn ein Unternehmen ohne Zusammenarbeit mit Konkurrenten keine Wettbewerbsvorteile erringen kann und sich von der Zusammenarbeit mit dem Wettbewerb daher wirtschaftliche Vorteile verspricht. Beispielsweise können Synergieeffekte aufgedeckt und genutzt werden. Insofern wird dieses Verhalten meist von Unternehmen gewählt, denen die notwendigen Fähigkeiten und Ressourcen für Auseinandersetzungen mit dem Wettbewerb fehlen.

- Eine **horizontale Kooperation** liegt dann vor, wenn Unternehmen derselben Wirtschaftsstufe zusammenarbeiten. So haben z. B. VOLKSWAGEN und FORD

gemeinsam eine Plattform für einen Van entwickelt und ihre Marken Sharan (VW) und Galaxy (FORD) anschließend separat vermarktet.
- Eine **vertikale Kooperation** liegt vor, wenn Unternehmen verschiedener Wirtschaftsstufen zusammenarbeiten. Beispielsweise haben VOLKSWAGEN und sein Zulieferer BOSCH in der Motorenentwicklung eng miteinander kooperiert.

Organisatorisch und rechtlich sind verschiedene Kooperationsmodelle denkbar, etwa Lizenzvereinbarungen, Vertragsfertigungen oder Franchising. Zudem werden insb. im Rahmen der internationalen Marktbearbeitung sog. **Joint Ventures** oder **strategischen Allianzen** eingegangen, deren Ziel darin besteht, die gemeinsame Position in besonders schwierigen Märkten zu stärken und die Fähigkeit zu flexiblen Reaktionen auf Markt- und Technologieveränderungen zu steigern (▶ Kap. 12.4.3). Diese Kooperationsformen sind etwa in der Automobil- und Telekommunikationsindustrie häufig zu beobachten (vgl. Scharf et al. 2022, S. 327).

Konfliktstrategien haben zum Ziel, durch ein im Vergleich zu Wettbewerbern innovatives Verhalten Marktanteile zu gewinnen und ggf. sogar die Marktführerschaft zu realisieren. Eine Konfrontation mit Wettbewerbern wird hierbei bewusst in Kauf genommen oder sogar angestrebt, um deren Marktposition zu schwächen. Folgende Optionen bieten sich an (vgl. Meffert et al. 2024, S. 328):

- Ein **Direktangriff** soll Hauptleistungsbereiche des Wettbewerbs treffen, indem mit neuen oder verbesserten Produkten die Marktstellung der Konkurrenten erschüttert werden soll.
- Durch eine **Umzingelung** soll die Marktstellung des Konkurrenten von mehreren Seiten geschwächt werden. Dies kann z. B. geschehen, indem den Konkurrenten nicht nur ein vergleichbares Angebot gegenübergestellt wird, sondern zusätzlich noch eine preisgünstigere und qualitativ überlegene Produktvariante.
- Ein **Flankenangriff** zielt auf schwache Bereiche des Wettbewerbs, indem etwa in Ländermärkte investiert wird, in denen der Wettbewerb nur einen niedrigen Marktanteil besitzt. Dies ist v. a. dann erfolgversprechend, wenn die diese Märkte ein starkes Wachstum aufweisen und zukünftig eine bedeutende Rolle spielen.

Insbesondere auf Märkten mit heterogenen Kundenbedürfnissen kann ein Anbieter versuchen, durch eine **Ausweichstrategie** einen Verdrängungswettbewerb mit überlegenen Konkurrenten zu vermeiden. Dies geschieht, indem Marktnischen gesucht werden, die von Wettbewerbern bislang nicht oder nur unzureichend bearbeitet werden. Diese Strategie kommt daher v. a. für kleine Unternehmen infrage, die mithilfe von Produkt- oder Prozessinnovationen die spezifischen Bedürfnisse einer ausgewählten Abnehmergruppe zu befriedigen versuchen. Die Ausweichstrategie entspricht damit der Konzentration auf Schwerpunkte in der Porterschen Wettbewerbsmatrix.

Eine **Anpassungsstrategie** verfolgt das Ziel, den Leistungsvorteil eines erfolgreichen Konkurrenzprodukts nachzuahmen, um am Absatzpotenzial des Wettbewerbers teilzuhaben (vgl. Scharf et al. 2022, S. 326). Dies gelingt i. d. R. nur dann, wenn das Imitat billiger angeboten wird als das Originalprodukt, da für die Nachfrager ansonsten kein Anreiz zum Wechsel besteht. Kosten, z. B. für Marktforschung oder Produktentwicklung, lassen sich damit einsparen, wodurch die Höhe des kostendeckenden Verkaufspreises sinkt. Die Anpassungsstrategie kann jedoch Gegenmaßnahmen des Wettbewerbs (z. B. zur Verbesserung von dessen Leistung) auslösen, wenn der Absatz der imitierten Leistung spürbar zurückgeht. Darüber hinaus besteht die Gefahr eines Preiskriegs, wenn das imitierte Unternehmen mit einer Preissenkung der kopierten Leistung reagiert. Insofern ist die Anpassungsstrategie eher dann anzuraten, wenn keine solchen Gegenmaßnahmen zu erwarten sind.

7.4 Handelsgerichtete Marketingstrategien

Die überwiegende Zahl der (physischen) Konsumgüter wird indirekt über den Handel vertrieben. Aus diesem Grunde muss ein Hersteller auch seine Handelskunden in die eigene Marketingstrategie einbinden. In vielen Branchen (z. B. Lebensmitteleinzelhandel, Baumärkte) hat sich der Handel in den letzten Jahrzehnten von einem »Warenverteiler« zu einem mächtigen Akteur mit eigenständigen Vermarktungszielen entwickelt. Um Einfluss auf den Handel auszuüben, kann ein Hersteller zwei strategische Ansätze verfolgen:

- Mit einer **Push-Strategie** setzt ein Hersteller gegenüber einem Handelspartner Anreize, die Produkte des Herstellers in sein Sortiment aufzunehmen (zu »listen«). Zu diesen Anreizen können etwa Rabatte und Boni, eine exklusive Belieferung des Händlers oder Werbekostenzuschüsse (d. h. eine Beteiligung an den Marketingaufwendungen des Handels) gehören (vgl. Steffenhagen 2003). Weiterhin können mit dem Handel abgestimmte Verkaufsförderungsaktivitäten (z. B. Sonderpreisaktionen) oder Kooperationsinitiativen wie ein Key Account Management oder der ECR-Ansatz (▶ Kap. 9.2) entsprechende Anreize setzen. Diese Kooperationsinitiativen werden auch als **vertikales Marketing** innerhalb des Absatzkanals bezeichnet.
- Mit einer **Pull-Strategie** richtet sich der Hersteller mittels Kommunikationsaktivitäten unmittelbar an die Konsumenten (»Sprungwerbung«). Ziel dieser Kommunikation ist es, die eigenen Marken bei den Endverbrauchern zu profilieren und Markenpräferenzen zu schaffen. Der Kunde fordert die Produkte des Herstellers beim Handel und setzt diesen so unter Druck, die Produkte des Herstellers zu listen, damit der Käufer nicht »mit den Füßen abstimmt« und die Einkaufsstätte wechselt. Auf diese Weise ist es Herstellern mit starken Marken wie z. B. COCA-COLA oder HARIBO gelungen, von ALDI gelistet zu werden, obwohl die Sortimentsstrategie von ALDI grundsätzlich ausschließlich auf Handelsmarken ausgerichtet ist.

Darstellung 67 veranschaulicht beide Strategien.

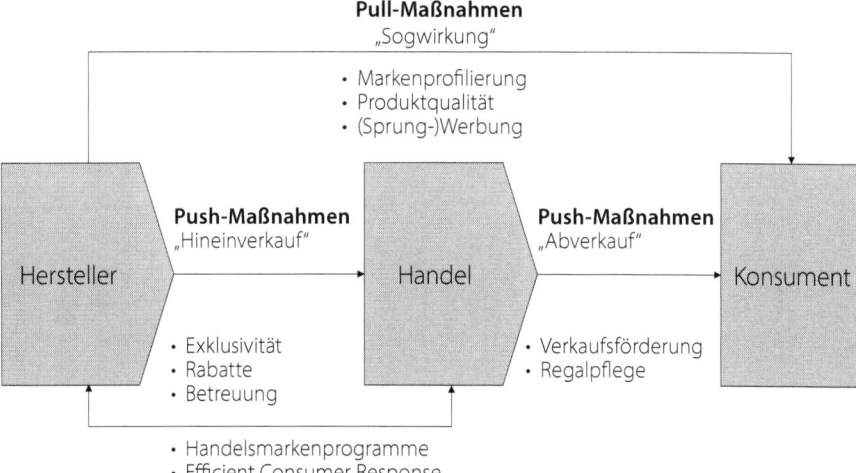

Dar. 67: Anreizmöglichkeiten zur Absatzmittlerstimulation (vgl. Scharf et al. 2022, S. 649)

Teil IV Operative Marketingplanung

Zur Realisierung der im dritten Teil dieses Buches diskutierten Marketingstrategie dient der systematische Einsatz der Marketinginstrumente (eine Übersicht über das mitunter sehr unterschiedliche Verständnis des Begriffs des Marketinginstrumentes findet sind bei Steffenhagen 2000, S. 145 f.). Die Gesamtheit dieser Marketinginstrumente wird als Marketing-Mix bezeichnet. Durch die Gestaltung des Marketing-Mix wird die Marketingstrategie in konkrete Maßnahmen umgesetzt. Der klassische Marketing-Mix umfasst die folgenden vier Instrumente (eine Ergänzung um drei weitere Instrumente im Dienstleistungsmarketing wird in Abschnitt 12.1 vorgestellt):

- Produktpolitik (▶ Kap. 8)
- Preispolitik (▶ Kap. 9)
- Kommunikationspolitik (▶ Kap. 10)
- Distributionspolitik (▶ Kap. 11)

8 Produktpolitik

Die Produktpolitik ist das Herz des Marketing

8.1 Ziele und Entscheidungsfelder der Produktpolitik

Die Produktpolitik hat alle Entscheidungen zum Gegenstand, die sich auf die Gestaltung der auf einem Absatzmarkt angebotenen Produkte eines Unternehmens beziehen (vgl. Meffert et al. 2024, S. 378; Bruhn 2019, S. 127). Die zentrale Zielsetzung der Produktpolitik ist die Ausrichtung der Produkte und Dienstleistungen auf die Bedürfnisse der Nachfrager, um diesen Nutzen zu stiften und Wettbewerbsvorteile zu generieren. Der Produktnutzen lässt sich in einen **Grundnutzen** sowie einen darüberhinausgehenden **Zusatznutzen** gliedern (▶ Dar. 68). Der Grundnutzen resultiert aus den technischen Basiseigenschaften eines Produktes. Im Fall eines Automobils fallen hierunter alle Eigenschaften, die zum individuellen Transport erforderlich sind (z. B. Räder, Motor, Sitze). Zudem kann ein Produkt dem Käufer einen **Erbauungsnutzen** (Zusatznutzen) vermitteln, der sich aus einer ästhetischen, als schön empfundenen Produktgestaltung (z. B. ansprechendes De-

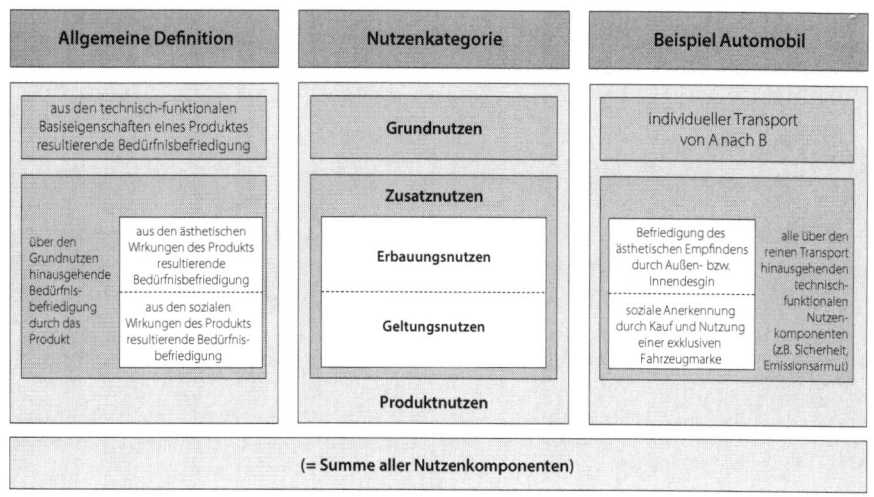

Dar. 68: Nutzendimensionen eines Produktes (vgl. Meffert et al. 2024, S. 380)

sign von Möbeln) ergibt. Darüber hinaus kann ein Käufer einen **sozialen Geltungsnutzen** verspüren, wenn er sich durch das Produkt in seinem sozialen Umfeld profilieren kann und Anerkennung erfährt. So gilt es als Statussymbol, ein iPhone zu besitzen oder einen Porsche zu fahren. Auf wettbewerbsintensiven Märkten wird die Erfüllung des Grundnutzens allein nicht ausreichen, um einen potenziellen Käufer vom Produkt zu überzeugen. Hier muss der Anbieter weitere Kaufargumente über einen Zusatznutzen liefern, um Wettbewerbsvorteile aufzubauen.

Der Begriff des Produktes kann unterschiedlich breit verstanden werden (vgl. Kotler et al. 2022, S. 402):

- Das **Kernprodukt** bezeichnet den Basisnutzen eines Sachgutes oder einer Dienstleistung, nach der ein Käufer sucht. So ermöglicht es ein Smartphone dem Käufer, Kontakt zu Menschen aufzubauen und im Internet nach Informationen zu suchen. Eine Abgrenzung von Wettbewerbern ist über das Kernprodukt zumeist nicht möglich.
- Das **reale Produkt** erweitert das Kernprodukt um fünf Charakteristika: die Qualität, die Produktfunktionalität, das Design, die Marke und die Verpackung. Hierüber kann sich ein Anbieter von Wettbewerbern, die denselben Grenznutzen anbieten, differenzieren und den erlebten Gesamtnutzen steigern. Beispielsweise assoziieren viele Käufer mit dem iPhone von APPLE ein formschönes Design und eine intuitive Bedienbarkeit. Zudem können sie sich über die Marke Apple in ihrem sozialen Umfeld profilieren.
- Noch weiter gefasst ist das **erweiterte Produkt**. Hier wird das reale Produkt um Dienstleistungen angereichert, die zusätzliche Bedürfnisse des Nachfragers befriedigen. Hierzu gehört etwa eine Frei-Haus-Lieferung, eine Telefon-Hotline, kostenlose Schulungen oder die Möglichkeit einer Ratenzahlung. APPLE bietet seinen Kunden über das iPhone hinaus ein riesiges Angebot an Zubehör und einen iCloud-Dienst an, der Fotos, Musik, Apps, Kontakte und andere Inhalte der Nutzer von überall aus auf sämtliche Geräte integriert. Der Wettbewerb hat sich auf vielen Märkten inzwischen auf das Niveau des erweiterten Produktes verlagert.

Darstellung 69 zeigt die drei Produktdimensionen im Überblick.

Um das Leistungsangebot bestmöglich an den Kundenbedürfnissen auszurichten und sich vom Wettbewerb erfolgreich zu differenzieren, sind im Bereich der Produktpolitik folgende Entscheidungsfelder zu bearbeiten:

- Programmgestaltung (▶ Kap. 8.2)
- Produktgestaltung (▶ Kap. 8.3)
- Markenpolitik (▶ Kap. 8.4)
- Produktinnovation (▶ Kap. 8.5)

8 Produktpolitik

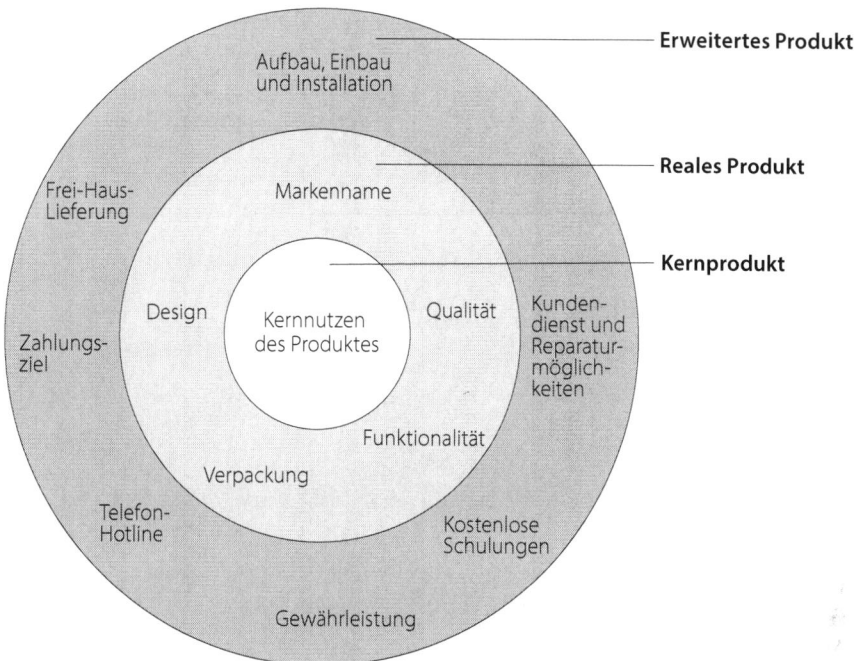

Dar. 69: Die drei Produktdimensionen: Kernprodukt, reales Produkt und erweitertes Produkt (vgl. Kotler et al. 2022, S. 402)

8.2 Programmgestaltung

Mit dem Begriff **Produktprogramm** bzw. **Produktportfolio** (im Handel **Sortiment**) ist die Gesamtheit aller zu einem bestimmten Zeitpunkt angebotenen Produkte eines Unternehmens gemeint. Im Zuge der strategischen Programmplanung ist über die Breite und Tiefe des Produktprogramms zu entscheiden. Unter der **Programmbreite** ist die Anzahl der Produktlinien (auch als Produktkategorie oder Produktgruppe bezeichnet) innerhalb des Produktprogramms zu verstehen. Unter einer Produktlinie ist eine Gruppe von Produkten zu verstehen, die durch ähnliche Funktionen, Kundengruppen, Vertriebswege oder ein vergleichbares Preisniveau miteinander verbunden sind (vgl. Kotler 2022, S. 418). Beispielsweise stellt ADIDAS unterschiedliche Produktlinien für Sportschuhe (z. B. Fußball-, Jogging- oder Kletterschuhe) her. Unter der **Programmtiefe** ist die Zahl der Produktvarianten zu verstehen, die das Unternehmen innerhalb einer Produktlinie anbietet. Hiermit wird festgelegt, wie viel Auswahl ein Kunde innerhalb einer Produktlinie hat. Beispielsweise hat der Weltmarktführer für Mineralwasser, NESTLÉ, neben der bekannten Marke PERRIER 70 weitere Mineralwassermarken im Produktprogramm. Darstellung 70 zeigt beispielhaft einen Ausschnitt der Programmstruktur des Konsumgüterherstellers PROCTER & GAMBLE.

Dar. 70: Produktprogrammstruktur am Beispiel eines Konsumgüterherstellers (Procter und Gamble 2019, vgl. Homburg 2020, S. 661)

Das Produktprogramm kann insb. über folgende Maßnahmen verändert werden:

- Produktvariation
- Produktdifferenzierung
- Diversifikation
- Produktelimination

Unter einer **Produktvariation** (Produktmodifikation) wird die Veränderung bereits am Markt eingeführter Produkte verstanden, wobei die Kernfunktionen des Produktes nicht verändert werden (vgl. Steffenhagen 2008, S. 112). Ziel der Produktvariation ist es, das Produkt den sich wandelnden Käuferbedürfnissen anzupassen bzw. sich gegenüber neu eingeführter Konkurrenzprodukte positiv hervorzuheben und so den Lebenszyklus des Produktes zu verlängern. Eine Produktvariation kann durch kleinere, kontinuierliche (**Produktpflege**) oder größere Anpassungen (**Produktrelaunch**) umgesetzt werden, die oft durch intensive Marketingmaßnahmen z. B. im Bereich der Kommunikation begleitet werden müssen.

> Dazu ein weiteres Beispiel: Der Konsumgüterhersteller HENKEL hat sein Waschmittel PERSIL seit der Markteinführung 1907 aufgrund veränderter Kundenwünsche, rechtlicher Auflagen (z. B. Umweltschutz) und produktionstechnischer Gegebenheiten kontinuierlich weiterentwickelt und dabei u. a. die Rezeptur, die Verpackung und den Preis mehrfach angepasst.

Mittels **Produktdifferenzierung** wird versucht, ein Produkt durch das zeitlich parallele Angebot mehrerer Produktvarianten gezielt auf die Bedürfnisse unterschiedlicher Zielgruppen abzustimmen (vgl. Steffenhagen 2008, S. 112). Dies wird auch als **Produktlinienerweiterung** (**Line Extension**) bezeichnet. Ziel ist es, zusätzliche Marktsegmente zu erschließen bzw. auf veränderte Kundenbedürfnisse zu reagieren, um höhere Preise durchsetzen zu können. Im Gegensatz zur Produktvariation, bei der die Programmtiefe unverändert bleibt, wird hier die Anzahl der Varianten und damit die Auswahl für die Käufer vergrößert. Eine solche Produktdifferenzierung findet sich in vielen Produktkategorien wie z. B. bei Soft Drinks (COCA-COLA classic → COCA-COLA Light, COCA-COLA Zero) oder Bier (BECK'S classic → BECK'S Gold). Allerdings gehen mit verschiedenen Produktvarianten i. d. R. hohe Komplexitätskosten einher und können zur Kannibalisierung führen, d. h. zu Umsatzeinbußen bei den ursprünglichen Produktvarianten. Eine Produktdifferenzierung kann horizontal oder vertikal durchgeführt werden. Bei einer horizontalen Produktdifferenzierung werden neue Varianten auf derselben Qualitätsstufe eingeführt, während bei vertikaler Produktdifferenzierung neue Produktvarianten höherer (Trading-up) bzw. geringerer Qualität (Trading-down) angeboten werden.

> **Beispiel:** Der Supermarkt EDEKA hat sein Sortiment um preisgünstige Eigenmarken (z. B. GUT & GÜNSTIG) ergänzt (Trading-down), während der Discounter ALDI sein Sortiment um zahlreiche Markenartikel (z. B. COCA-COLA, RED BULL) erweitert hat (Trading-up).

Darstellung 71 zeigt die Stoßrichtungen zur Anpassung einer Produktlinie im Überblick.

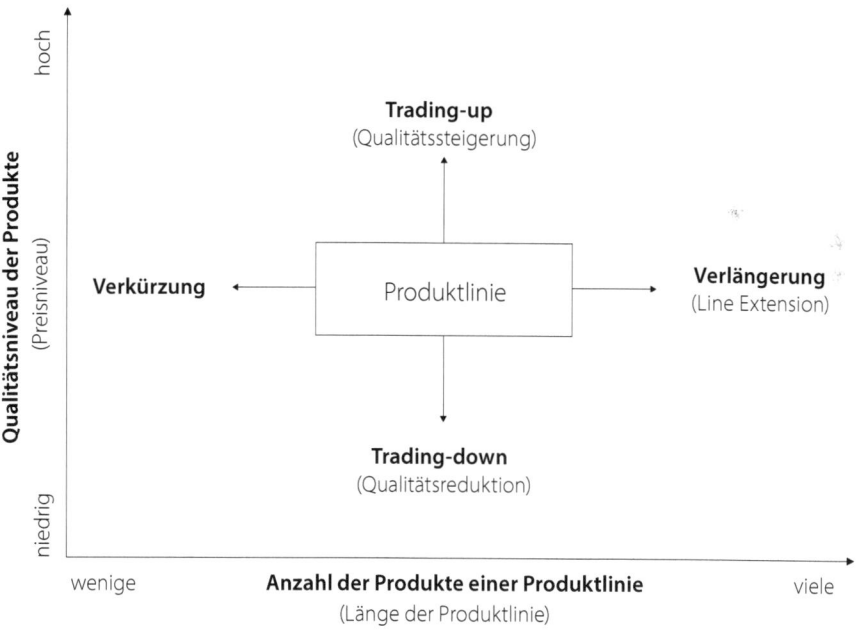

Dar. 71: Ansatzpunkte zur Veränderung einer Produktlinie (vgl. Meffert et al. 2024, S. 385)

Im Rahmen der Produktprogrammgestaltung nehmen **Diversifikationsentscheidungen** eine Sonderrolle ein, da sie eine hohe strategische Tragweite besitzen. Bei einer Diversifikation werden funktional-technisch völlig neuartige Produkte in das Produktprogramm aufgenommen, die oftmals überhaupt keinen direkten Zusammenhang zum bestehenden Produktprogramm aufweisen und auf neuen Märkten angeboten werden. Somit verbreitern sie das Produktprogramm um neuartige Produktlinien. Die drei Arten der Diversifikation wurden bereits in Abschnitt 7.2.1 vorgestellt.

Bei der **Produktelimination** werden Produktvarianten oder ganze Produktlinien ersatzlos aus dem Produktprogramm entfernt. Eine Produktelimination kann notwendig werden, wenn ein Produkt am Markt nicht mehr erfolgreich ist oder die Ressourcen eines Unternehmens begrenzt sind (z. B. Produktionskapazitäten oder finanzielle Mittel). In die Entscheidung, ein Produkt zu eliminieren, sollten potenzialbezogene (z. B. Markenbekanntheit), markterfolgsbezogene (z. B. Marktanteil) und wirtschaftliche Aspekte (z. B. Deckungsbeitrag) einbezogen werden (vgl. Homburg 2020, S. 671). Bestehen jedoch Verbundeffekte zu anderen Produkten, etwa weil der Kunde »alles aus einer Hand wünscht«, ist eine Eliminierung mitunter nicht möglich.

8.3 Produktgestaltung

Es können vier Entscheidungsbereiche in Bezug auf das einzelne Produkt unterschieden werden. Diese werden im Folgenden erläutert (▶ Dar. 72).

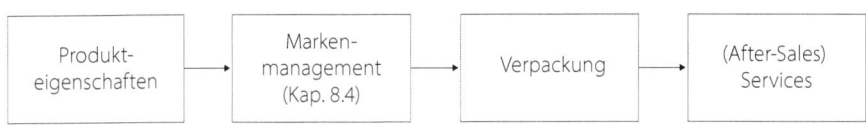

Dar. 72: Individuelle Produktentscheidungen (vgl. Kotler et al. 2022, S. 409)

Entscheidungen über die **Produkteigenschaften** sind besonders bedeutsam, da sie die Reaktionen von Käuferinteressierten besonders stark beeinflussen und sich unmittelbar auf die Kundenzufriedenheit auswirken. Entscheidungen über die Produkteigenschaften betreffen unmittelbar folgende Gestaltungsbereiche:

- Die **Produktqualität** kann aus der Sicht der Käufer als Summe aller positiven Produkteigenschaften wie Langlebigkeit, Zuverlässigkeit, einfache Handhabbarkeit oder leichte Reparatur verstanden werden. Bei einem Lebensmittel sind dies bspw. Geschmack, Frische, Verträglichkeit und gesundheitlicher Nutzen. Bei einem Anbieter von Verpackungsmaschinen gehören eine kompetente Beratung vor dem Kauf, ein störungsfreier Betrieb und ein schneller Kundendienst zur Produktqualität. Zwar können einige dieser Eigenschaften objektiv gemessen werden (z. B. Verspätungen bei der DEUTSCHEN BAHN), letztlich kommt es aber auf das subjektive Qualitätserleben des Käufers an (z. B. Frust infolge von Verspätungen). Verfolgt ein Unternehmen eines Präferenzstrategie, sind die Produkte mit einer höheren Qualität auszustatten als bei einer Preis-Mengen-Strategie (▶ Kap. 7.2.2). Dies kann z. B. durch das Angebot produktbegleitender Dienstleistungen geschehen.

- **Produktausstattung**: Ein Produkt kann so variiert werden, dass verschiedene Produktausführungen (▶ Kap. 8.2) mit unterschiedlichen Leistungsmerkmalen angeboten werden. Ausgehend von einem Basismodell können Modelle höheren Niveaus angeboten werden. Auf diese Weise kann ein Anbieter unterschiedlichen Kundenanforderungen gerecht werden und sich von Wettbewerbern differenzieren, die lediglich eine Produktvariante anbieten. Zusätzliche Ausstattungsvarianten erhöhen die Programmtiefe.
- Das **Produktdesign** ist die Summe aller Produkteigenschaften, die das äußere Erscheinungsbild eines Produktes formen. Im Vordergrund stehen hier die Form- und Farbgebung. Das Design kann sich sowohl auf das Produkt selbst (z. B. eine Tiefkühlpizza) als auch auf dessen Verpackung beziehen. Insbesondere bei Premium-Produkten (z. B. Designermöbel von ROLF BENZ, Anzüge von ARMANI oder BOSS, Uhren von ROLEX) ist das Produktdesign ein wichtiger Hebel zur Befriedigung der Käuferbedürfnisse und zur Differenzierung vom Wettbewerb. Empirische Befunde zeigen, dass eine ästhetische Produktgestaltung die Zahlungsbereitschaft von Käufern stark erhöhen kann (vgl. Bloch et al. 2003).

Neben der Marke, die im folgenden Abschnitt vorgestellt wird, hat die **Verpackung** eines Produktes insb. bei Gütern des täglichen Bedarfs einen starken Einfluss auf das Kaufverhalten. Der typische Einkäufer im Supermarkt geht pro Minute an 300 Produkten vorbei. Beim mehr als 60 Prozent seiner Käufe fällt er die Kaufentscheidung spontan am Verkaufsregal (vgl. Kotler 2022, S. 413). Der Verpackung kommt damit eine wichtige Rolle im Auswahlprozess eines Kunden zu und hat verschiedene **Funktionen** (vgl. Scharf et al. 2022, S. 356):

- **Identifikation** für schnelles Erkennen der Marke (z. B. Farbe lila bei MILKA),
- **Information** über das Produkt (z. B. Inhalt, Preis),
- **Mengenabgrenzung** (z. B. Einzel- oder Mehrfachpackung),
- **Werbung** über die Verpackung als Träger des Markenzeichens,
- **Transport** und Lagerung zur Überbrückung von Zeit und Raum,
- **Schutz** des Produktes.

Bei der **Verpackungsgestaltung** sind eine Reihe von Entscheidungen zu treffen (vgl. Kotler et al. 2022, S. 414):

- **Größe** der Verpackung,
- **Menge** einer Verpackungseinheit (z. B. 6er-Packung bei Bier),
- **Material** der Verpackung,
- **Farbgebung** für die Verpackung,

- **Aufschriften**, Logos und Text auf der Verpackung,
- **Platzierung** der Marke.

Diese Gestaltungsparameter sind so aufeinander abzustimmen, dass die Verpackung das Nutzenversprechen (Positionierung) des Produktes dem Käufer prägnant vermittelt. So kann bspw. bei einem Parfum durch die Form der Flasche Eleganz oder durch die Farbe Blau auf der Verpackung eines Haushaltsreinigers Frische ausgedrückt werden. In jedem Fall sollte die Verpackung einfach zu handhaben sein, damit beim Käufer kein Frust entsteht.

Ein weiterer wichtiger Hebel der Produktgestaltung sind **produktbegleitende Dienstleistungen**, die ein Kunde über das Kernprodukt hinaus erhält. Sie können in Basis- und Zusatzleistungen untergliedert werden (vgl. Homburg 2020, S. 602 f.). **Basisdienstleistungen** sind Services, die der Kunde vom Anbieter erwartet. Beim Kauf eines Autos wären dies etwa die Beratung durch den Händler oder die Möglichkeit einer Ratenzahlung. Diese Basisanforderungen dürfen nicht verletzt werden, sonst stellt sich beim Käufer Unzufriedenheit ein. Im Gegensatz zu Basisdienstleistungen sind **Zusatzdienstleistungen** (Value Added Services) keine Kaufvoraussetzung für den Kunden, können aber einen überproportional hohen Nutzen vermitteln. Bei der Reparatur eines Autos wäre dies etwa eine Innenreinigung, die der Kunde nicht erwartet hat und auf die er mit Zufriedenheit »reagiert«: Value Added Services können somit entscheidend zur Kundenzufriedenheit und zum Aufbau von Wettbewerbsvorteilen beitragen. Ihr Wirkungsspektrum ist breit, da sie verschiedene Nutzenkategorien ansteuern können (vgl. Homburg 2020, S. 603):

- **ökonomischer Nutzen** z. B. durch einen vergünstigten Autokredit,
- **prozessbezogener Nutzen** z. B. durch eine Just-in-Time-Belieferung,
- **emotionaler Nutzen** z. B. durch ein Geschenk des Anbieters (z. B. Obstkorb in einem Hotel),
- **sozialer Nutzen** z. B. durch die Einladung zu einem VIP-Event.

8.4 Markenpolitik

Die Markenpolitik gehört seit vielen Jahren zu den wichtigsten Aufgaben des Marketingmanagements. Darstellung 73 verdeutlicht, in welcher Reihenfolge die Grundlagen des Markenmanagements im Folgenden vorgestellt werden.

Grundlagen zur Marke	Funktionen der Marke	Strategische Entscheidungen	Markengestaltung (Branding)
➢ Bedeutung der Marke	➢ für Nachfrager	➢ Markenarchitektur	➢ Markenpositionierung
➢ Ziele der Markenpolitik	➢ für Markenführer	➢ Markenentwicklung	➢ Markenname
➢ Begriff der Marke	➢ für Absatzmittler	➢ Markeneigentum	➢ Markenlogo

Dar. 73: Grundlagen des Markenmanagements

Die **Bedeutung** von Marken hat angesichts des Überangebots auf vielen Märkten in den letzten Jahrzehnten stark zugenommen. Starke Marken sind inzwischen der wichtigste Vermögensgegenstand von Unternehmen (vgl. Meffert et al. 2024, S. 360; Kotler et al. 2022, S. 473). So wurde im Rahmen einer Studie deutlich, dass 72 Prozent der Probanden 20 Prozent mehr für ihre Lieblingsmarke zahlen würden, 40 Prozent sogar 50 Prozent mehr (vgl. Kotler et al. 2022, S. 438). Marken stellen ein **Nutzenversprechen** eines Anbieters an die Käufer dar, die sich an Marken orientieren, sich mit ihnen identifizieren und ihnen oft ein Leben lang treu bleiben.

Das zentrale Ziel der Markenführung besteht darin, für die eigenen Marken ein einzigartiges **Markenimage** zu schaffen, d. h. ein unverwechselbares Vorstellungsbild der Marken in den Köpfen der Käufer. Auf diese Weise sollen die eigenen Produkte als Träger der Marken von denen der Wettbewerber abgegrenzt und Präferenzen für die eigenen Marken geschaffen werden.

Der **Begriff der Marke** kann einerseits rechtlich, andererseits wirkungsbezogen definiert werden. Aus **rechtlicher** Sicht sind Marken »alle Zeichen, insb. Wörter einschließlich Personennamen, Abbildungen, Buchstaben, Zahlen, Hörzeichen, dreidimensionale Gestaltungen einschließlich der Form einer Ware oder ihrer Verpackung sowie sonstige Aufmachungen einschließlich Farben und Farbzusammenstellungen (...), die geeignet sind, Waren oder Dienstleistungen eines Unternehmens von denjenigen anderer Unternehmen zu unterscheiden« (§ 3 Abs. 1 Markengesetz). Bei dieser Definition steht der Schutz der Marke im Vordergrund, der durch die Eintragung einer Marke in das Register beim Deutschen Patent- und Markenamt entsteht. Marken verankern sich in den Köpfen der Käufer als Reaktion auf die Markenkommunikation der Anbieter. Im Marketing hat sich daher eine **wirkungsbezogene Definition** des Markenbegriffs etabliert. Nach diesem Verständnis sind Marken Vorstellungsbilder in den Köpfen der Käufer, die eine Identifikations- und Differenzierungsfunktion übernehmen und das Wahlverhalten der Käufer beeinflussen (Esch et al. 2017, S. 202). Diese Vorstellungsbilder umfassen alle Assoziationen, die ein Käufer mit einer Marke hat. Dazu gehören Sinneseindrücke, Markeneigenschaften, funktionale und emotionale Nutzenvorstellungen, Verwendungssituationen, Gefühle u. v. m. (vgl. Scharf et al. 2022, S. 373). Zum Beispiel assoziieren viele Käufer mit der Marke MILKA die lila Kuh, eine unberührte Alpenwelt und möglicherweise Kindheitserinnerungen. Die Aufgabe des Markenmanagements besteht somit darin, mittels geeigneter Marketingmaßnahmen unverwechselbare und relevante Vorstellungsbilder in den Köpfen der Zielgruppe aufzubauen.

Die **Funktionen von Marken** unterscheiden sich je nach Perspektive des Betrachters. Käufern dienen sie als wichtige Orientierungshilfe, durch die sie schneller, einfacher und besser die für sie passende Problemlösung finden (vgl. Burmann et al. 2021, S. 2). Sie dienen als Qualitätsversprechen und können ihnen einen emotionalen und sozialen Zusatznutzen (z. B. Marke als Statussymbol) vermitteln. Dem Markenführer dienen sie als Qualitätssignal und ermöglichen eine Differenzierung von Konkurrenzangeboten. Für Absatzmittler wiederum vermindert sich das Absatzrisiko beim Verkauf etablierter Markenartikel, da Käufer ihren Marken oft dauerhaft treu sind. Darstellung 74 liefert einen Überblick über die Funktionen der Marke.

Dar. 74: Funktionen der Marke (in Anlehnung an Herrmann/Huber 2013, S. 323)

Funktionen der Marke aus Sicht der...		
Nachfrager	**Markenführer**	**Absatzmittler**
• Orientierungshilfe im Kaufprozess • Entlastung bei der Suche nach Alternativen • Signalisierung einer gleichbleibend hohen Qualität • Zusatznutzen durch Image- und Prestigefunktion • Reduzierung des wahrgenommenen Risikos beim Güterkauf	• Profilierung gegenüber der Konkurrenz, gezielter Aufbau des Markenimages • Aufbau von Markenloyalität und -bindung beim Kunden • höhere Preissetzungsspielräume • Markteintrittsbarriere für potenzielle Konkurrenten • größere Verhandlungsmacht gegenüber dem Handel • leichtere Produkteinführung	• Verminderung des Absatzrisikos durch Selbstverkäuflichkeit des Markenartikels • Reduzierte Beanspruchung eigener Marketinginstrumente • schnelleren Produktumschlag und höhere Rendite • Profilierung gegenüber den Herstellern im Falle von Handelsmarken

Unternehmen müssen eine **Markenarchitektur** errichten, d. h. die Marken des Unternehmens anordnen und ihre Beziehungen zueinander festlegen. Nach der Zahl der unter einer Marke geführten Produkte kann zwischen einer Dachmarken-, Familienmarken- und Einzelmarkenstrategie unterschieden werden (vgl. Homburg 2020, S. 686 ff.).

- Führt ein Unternehmen sämtliche Produkte unter einer Marke, wird dies als **Dachmarkenstrategie** (Unternehmensmarke, Corporate Brand) bezeichnet. Der zentrale Vorteil dieser Strategie liegt darin, dass alle Produkte gemeinsam die Kosten der Markenführung tragen und neue Produkte vom Image der etablierten Marke profitieren. Die Dachmarkenstrategie bietet allerdings wenig Spielraum, eine Marke bei der Zielgruppe eigenständig zu positionieren, d. h. ihr ein unverwechselbares Nutzenversprechen zu verleihen. Ein weiterer Nachteil besteht darin, dass beim Scheitern eines Neuprodukts negative Ausstrahlungseffekte auf die Dachmarke auftreten können (Badwill-Transfer). Diese Markenstrategie wird häufig bei langlebigen Gebrauchsgütern (z. B. Staubsauger von MIELE, Pkw von AUDI) und von Dienstleistern (z. B. IKEA, STARBUCKS) verfolgt.
- Verfolgt ein Unternehmen eine **Familienmarkenstrategie**, werden für einzelne Produktlinien eigenständige Marken entwickelt. Das Markenbudget wird so von allen Produkten der Produktlinie getragen. Die eigenständige Profilierung einer Marke bei der Zielgruppe ist im Falle einer Familienmarke einfacher als bei

einer Dachmarkenstrategie. Sie bietet sich v. a. dann an, wenn die Produkte innerhalb der Linie unter einem einheitlichen Nutzenversprechen angeboten werden können. Z. B. bietet BEIERSDORF seine Produktlinien u. a. unter den Familienmarken NIVEA, TESA und LABELLO an.

- Bei einer **Einzelmarkenstrategie** wird jedes Produkt des Unternehmens unter einer eigenständigen Marke geführt. Der zentrale Vorteil dieser Strategie besteht darin, dass jedes Produkt bei der Zielgruppe eigenständig positioniert werden kann. Auf diese Weise können die spezifischen Anforderungen einer Zielgruppe berücksichtigt werden. Der zentrale Nachteil einer Einzelmarkenstrategie liegt im hohen finanziellen und zeitlichen Aufwand im Markenmanagement. Eine Einzelmarkenstrategie empfiehlt sich insb. für Unternehmen mit einem heterogenen Produktangebot. Sie ist daher typisch für große Konsumgüterhersteller wie NESTLÉ, PROCTOR & GAMBLE und UNILEVER, die mehrere Hundert eigenständiger Marken führen. Darstellung 75 zeigt die Vor- und Nachteile der drei Markenstrategien im Überblick.

Dar. 75: Vor- und Nachteile der Dachmarken-, Familienmarken- und Einzelmarkenstrategie (vgl. Scharf et al. 2022, S. 381 ff.)

	Vorteile	Nachteile	Beispiele
Dachmarkenstrategie	- alle Produkte tragen das Markenbudget gemeinsam - neue Produkte können ressourcenschonend eingeführt werden - neue Produkte profitieren vom Image der Dachmarke (Goodwill-Transfer)	- klare Positionierung der Marke erschwert - Konzentration auf einzelne Zielgruppen kaum möglich - Innovationen können nicht spezifisch profiliert werden	Ikea, Dr. Oetker, BMW, Samsung
Familienmarkenstrategie	- spezifische Positionierungsmöglichkeit - mehrere Produkte tragen das Budget - neue Produkte profitieren vom positiven Imagetransfer der Marke	- Markenkern der Ausgangsmarke erschwert die Positionierung - Gefahr der Markenüberdehnung bzw. -verwässerung - Relaunch-Maßnahmen begrenzt	Milka, Nivea, Tesa, Labello
Einzelmarkenstrategie	- klare Profilierung jedes Produktes möglich - Konzentration auf eine spezifische Zielgruppe möglich - bei Misserfolg einer neuen Marke kein negativer Imagetransfer	- hohes Budget je Einzelmarke - nur bei ausreichend großem Marktvolumen sinnvoll - Markenpersönlichkeit wird nur langsam aufgebaut	Nutella, Ferrero Rocher, Hanuta

Ein Anbieter muss seine Markenarchitektur fortlaufend weiterentwickeln, um sich bietende Marktchancen auszunutzen. Im Rahmen der **Markenentwicklung** muss ein Anbieter darüber entscheiden, mit welchen etablierten und neuen Marken er in welchen aktuellen oder neuen Produktlinien tätig sein möchte. Grundsätzlich hat ein Unternehmen vier Möglichkeiten der **Markenentwicklung** (vgl. Kotler et al. 2022, S. 448 ff.; Homburg 2020, S. 688 ff.):

- Produktlinienerweiterung
- Markenerweiterung
- Mehrmarkenstrategie
- Neumarkenstrategie

Bei einer **Produktlinienerweiterung** (Line Extension) wird einer bestehenden Produktlinie eine neue Produktvariante unter einer etablierten Marke hinzugefügt (**Markendehnung**). Die neuen Varianten unterscheiden sich bspw. in der Geschmacksrichtung, den Zutaten, der Form oder Verpackungsgröße von den bisherigen Varianten. Das Ziel dieser Strategie besteht darin, die heterogenen Bedürfnisse der Zielgruppen besser befriedigen zu können als mit einem Einheitsprodukt. So können neue Käuferschichten erschlossen und höhere Preise durchgesetzt werden. Allerdings besteht hier die Gefahr, dass sich die einzelnen Produktvarianten kannibalisieren, wenn sie nicht deutlich genug voneinander abgegrenzt werden. Die Produktlinienerweiterung ist die häufigste Form der Markenentwicklung. Beispiele sind neue Geschmacksvarianten des Bierherstellers BECK'S oder neue Varianten des Betriebssystems Windows von MICROSOFT.

Bei einer **Markenerweiterung** (Markentransfer, Brand Extension) werden bestehende Marken auf Produkte einer anderen Produktkategorie übertragen (**Markendehnung**). Das Ziel des Markentransfers besteht darin, das positive Image einer Marke zu nutzen, um in anderen Produktkategorien Umsatzpotenziale zu erschließen. Ein bekannter Markenname erleichtert den Einstieg in neue Produktkategorien, führt zu sofortiger Wiedererkennung und erspart hohe Werbeaufwendungen. Bei einem Markentransfer besteht allerdings die Gefahr, dass das positive Vorstellungsbild von der Marke verwässert, wenn sehr unterschiedliche Produkte an unterschiedliche Zielgruppen vermarktet werden. Scheitert der Markentransfer, kann das negativ auf die Marke ausstrahlen. Beispielsweise hat der Uhrenhersteller SWATCH seine Marke auf Telefone übertragen, der Sportartikelhersteller ADIDAS auf Uhren und Duschgels.

Bei einer **Mehrmarkenstrategie** (Multibranding, flankierende Marken) führt ein Unternehmen mehrere Marken innerhalb derselben Produktkategorie. Das Ziel dieser Strategie besteht darin, den Markt möglichst breit abzudecken und den unterschiedlichen Marktsegmenten bedürfnisgerechte Angebote zu unterbreiten (vgl. Steffenhagen 2008, S. 94). Insofern unterstützt eine Mehrmarkenstrategie eine Marktsegmentierungsstrategie. Auch hier ist es wichtig, dass die Marktsegmente, die durch die unterschiedlichen Marken angesprochen werden, hinreichend groß sind, um die Kosten für die Entwicklung und Führung der Marken zu tragen. Werden die einzelnen Marken nicht stark genug voneinander abgegrenzt bzw. werden dieselben Vertriebskanäle genutzt, besteht die Gefahr einer Kannibalisierung der eigenen Marken. Beispielsweise ist die RADEBERGER GRUPPE, Deutschlands größte Brauereigruppe, mit mehr als 80 verschiedenen Marken aus den Kategorien Pils, Kölsch, Weizen u. a. vertreten, um allen Kunden eine ihren individuellen Bedürfnissen entsprechende Biermarke anzubieten.

Bei einer **Neumarkenstrategie** dringt das Unternehmen mit einer neuen Marke in eine neue Produktkategorie vor. Diese Strategie ist empfehlenswert, wenn eine Markenerweiterung nicht sinnvoll oder möglich ist. Der Vorteil einer Neumarkenstrategie besteht in der flexiblen Positionierungsmöglichkeit der neuen Marke. Nachteile bestehen allerdings in den hohen Markteinführungskosten und einem hohen Flop-Risiko. Wie bei der Mehrmarkenstrategie auch besteht hier die Gefahr, dass ein Unternehmen seine Ressourcen auf zu viele Marken verteilen muss und die Marken nur einen kleinen Marktanteil erreichen. Zudem entfällt der positive Imagetransfer, der mit einem Markentransfer erreicht werden kann. Beispielsweise gab TOYOTA einer Produktfamilie exklusiver Fahrzeuge den Markennamen LEXUS und wollte damit erreichen, dass die Fahrzeuge ein eigenständiges Markenimage entwickeln.

Darstellung 76 zeigt die vier Markenstrategien im Überblick.

Dar. 76: Vier Konzepte der Markenentwicklung (vgl. Kotler et al. 2022, S. 448)

		Produktkategorie	
		Bestehende	**Neue**
Markenname	**Bestehender**	Produktlinienerweiterung (»Line Extension«)	Markenerweiterung (»Brand Extension«)
	Neuer	Mehrmarkenstrategie (»Multibranding«)	Neumarkenstrategie

Bzgl. des **Markeneigentums** hat ein Hersteller vier Möglichkeiten, eine Marke für sein Produkt aufzubauen:

1. Das Produkt wird als **Herstellermarke** angeboten (z. B. NIKE, NESTLÉ oder SAMSUNG). Im Vergleich zu Eigenmarken des Handels weisen sie i. d. R. höhere Gewinnmargen auf.
2. Der Hersteller beliefert Händler, die das Produkt unter einer **Eigenmarke** (**Handelsmarke**) anbieten. Häufig bieten Hersteller Handelskunden einen Teil ihrer Produkte als Handelsmarken an, die verkaufsfertig mit Etikettierung beim Handel angeliefert werden. Inzwischen haben fast alle großen Handelsketten Eigenmarken etabliert (z. B. BALEA bei DM, GUT & GÜNSTIG bei EDEKA). Der Vorteil für den Handel liegt darin, dass die Käufer diese Artikel nur bei ihnen kaufen können und sie damit in die Einkaufsstätte gelockt werden.

3. Der Hersteller übernimmt als **Lizenzmarke** eine bestehende Marke, die auf anderen Märkten bereits erfolgreich ist. Bei der Markenlizensierung räumt der Lizenzgeber dem Lizenznehmer das Recht ein, diese Marke für seine Produkte zu nutzen (vgl. Esch 2018, S. 484; Binder 2019, S. 372). Der Lizenzgeber kann dadurch seine Wachstumsziele in neuen Märkten realisieren, ohne große Investitionen tätigen zu müssen. Der Lizenznehmer kann eine bereits erfolgreiche Marke nutzen, was zum einen seine Markteinführungskosten reduziert und ihm zum anderen die Möglichkeit gibt, höhere Preise durchzusetzen. Lizensiert werden v. a. Modemarken wie CALVIN KLEIN, GUCCI und TOMMY HILFIGER oder Kindermarken wie MICKEY MOUSE, SPONGEBOB oder HELLO KITTY.
4. Hersteller kooperieren und bieten gemeinsam eine **Co-Brand** an. Co-Branding ist eine Markenpartnerschaft, bei der zwei etablierte Marken von unterschiedlichen Unternehmen für dasselbe Produkt genutzt werden (vgl. Kotler 2022, S. 445). Ziel dieser Partnerschaft ist der wechselseitige Imagetransfer einer Marke auf die Partnermarke. Bekannte Beispiele sind die Kaffeemaschine SENSEO von PHILIPS und EGBERTS, Eis von MÖVENPICK und SCHÖLLER und die Partnerschaft von PHILADELPHIA-Frischkäse und MILKA. Da jede Marke in einer anderen Produktkategorie dominiert, kann die vereinigte Marke einen größeren Kaufanreiz bieten. Jedoch birgt das Co-Branding auch Risiken. Erleidet eine Marke Schaden, wirkt sich das auch auf diese verbundene Marke aus. Eine dem Co-Branding verwandte Strategie ist das Dual-Branding, bei dem beide Marken im Eigentum desselben Unternehmens sind (z. B. MILKA und PHILADELPHIA von MONDELEZ).

Sind die strategischen Entscheidungen der Markenführung getroffen, ist auf der Ebene einzelner Marken über die **Markengestaltung** zu entscheiden. Dies beinhaltet u. a. Entscheidungen über

- die Markenpositionierung,
- den Markennamen und
- das Markenlogo.

Eine Marke muss im Kopf des Käufers klar positioniert sein. Die **Markenpositionierung** beinhaltet Entscheidungen über (vgl. Kotler 2022, S. 440):

- positiv belegte **Produkteigenschaften**, die sie von Wettbewerbsprodukten differenziert: Beispielsweise steht die Marke MERCEDES-BENZ für hochwertige Verarbeitung und Sicherheit.
- **Nutzendimensionen**: Kunden kaufen keine objektiven Produkteigenschaften, sie kaufen Nutzen: MERCEDES-BENZ vermittelt u. a. sozialen Geltungsnutzen wie Luxus und Prestige.
- **Werte**, mit denen sich ein Nachfrager identifizieren kann. MERCEDES-BENZ steht etwa für Tradition und Verlässlichkeit.
- die verkörperte **Kultur**: Am Beispiel von MERCEDES-BENZ sind dies »deutsche Tugenden« wie Zuverlässigkeit und Sorgfalt.

- die **Markenpersönlichkeit:** Am Beispiel von MERCEDES-BENZ könnte man hier an einen erfolgreichen Geschäftsmann mittleren Alters denken. Die Markenpersönlichkeit zieht Käufer an, die ein entsprechendes Selbstbild haben oder dies für erstrebenswert halten.

Die Wahl eines **Markennamens** gehört zu den wichtigsten Entscheidungen im Markenmanagement. Folgende Anforderungen sind an den Markennamen zu stellen:

- Er sollte die Vorteile und den Nutzen der Marke ausdrücken. Z. B. drückt der Markenname KLEENEX (clean = sauber) Sauberkeit aus, DEXTRO ENERGY steht für schnelle Energie.
- Er sollte leicht auszusprechen und unverwechselbar sein (z. B. GOOGLE).
- Der Markenname sollte leicht zu übersetzen sein und keine negativen Assoziationen hervorrufen (z. B. steht der Markenname EVASION von CITROËN in Großbritannien für Steuerhinterziehung, PAJERO (MITSUBISHI) in Spanien für eine derbe Beschimpfung).
- Es sollte möglich sein, den Markennamen als Warenzeichen zu schützen.
- Den Markennamen sollte man auf andere Produktkategorien ausweiten können. Zum Beispiel konnte AMAZON, als Buchhändler gestartet, seinen Markennamen problemlos auf andere Produktkategorien übertragen.

Bei der Gestaltung des **Markenlogos** kann ein Anbieter grundsätzlich zwischen Schriftlogos (z. B. VW) und Bildlogos wählen (vgl. Scharf et al. 2022, S. 408). Bildlogos können wiederum abstrakt sein, d. h. keinen Bezug zur Marke aufweisen (z. B. RENAULT), oder einen konkreten Bezug zur Marke, Produktkategorie oder Markenpositionierung aufweisen (z. B. APPLE, LACOSTE-Krokodil). Visuelle Reize haben den Vorteil, dass sie leichter gespeichert und abgerufen werden können als Schriftlogos. In der Praxis werden oft Kombinationen aus dem Markennamen und Markenzeichen zu Wort-Bild-Marken gewählt (z. B. PUMA, RED BULL). Ein Logo sollte einzigartig sein, einen hohen Wiedererkennungswert haben und auch ohne eine Erwähnung des Markennamens zugeordnet werden können.

8.5 Produktinnovation

Innovationen sind neuartige Produkte, die sich von den bisherigen Produkten eines Unternehmens aus Sicht der angesprochenen Zielgruppen signifikant unterscheiden (Herrmann/Huber 2013, S. 124; Weiber/Pohl 2017, S. 19; Homburg 2020, S. 606). Den operativen Innovationsprozess und seine zentralen Ziele zeigt Darstellung 77.

Der Ideenfindungsphase vorgelagert kann eine Auseinandersetzung mit **Megatrends** sein, die Märkte langfristig verändern und das Suchfeld für Innovationslücken eingrenzen (vgl. Zukunftsinstitut 2024). Beispielhaft seien hier die Megatrends Konnektivität, Individualisierung und lebenslanges Lernen genannt (vgl. für

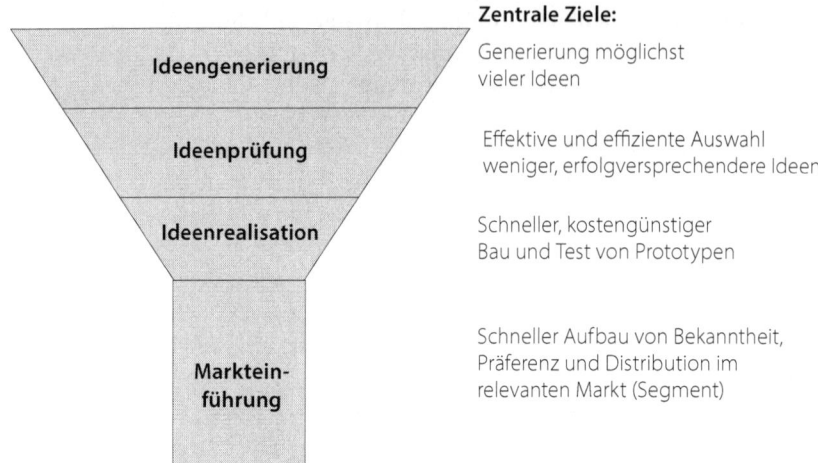

Dar. 77: Phasenspezifische Ziele des operativen Innovationsmanagements (»Trichtermodell«) (vgl. Meffert et al. 2024, S. 397)

einen Überblick Zukunftsinstitut 2024). Bei der **Ideengenerierung** können Unternehmen sowohl auf unternehmensexterne Quellen (z. B. Kunden, Wettbewerber, Absatzmittler) als auch auf unternehmensinterne (z. B. Mitarbeiter aus der F&E- oder Marketingabteilung sowie aus dem Vertrieb) zurückgreifen (vgl. Homburg 2020, S. 610). Oftmals werden sog. Lead User (Leitkunden, Kunden der »ersten Stunde«) eingesetzt, die über ein hohes Produkt-Know-how verfügen und daher oft Vorschläge für die konkrete Gestaltung der Produktinnovationen einbringen können. Zunehmend werden Innovationen mittels Open Innovation angestoßen, die über Unternehmensgrenzen interne und externe Akteure einbinden.

Eine wichtige Rolle bei der Ideenfindung können **Kreativitätstechniken** spielen. Drei häufig eingesetzte Kreativitätstechniken zeigt Darstellung 78 (vgl. für einen umfassenden über Kreativitätstechniken vgl. Meffert et al. 2024, S. 402; Homburg 2020, S. 612).

Auf die Phase der Ideengewinnung folgt die **Ideenprüfung**, deren Ziel darin besteht, das Misserfolgsrisiko der Innovation zu minimieren. Hierbei hat sich ein dreistufiges Modell bewährt, das die Phase der Ideenprüfung in eine Grobauswahl (»Screening«), eine Feinauswahl und eine Wirtschaftlichkeitsanalyse unterteilt. Vor der Grobauswahl werden die Produktideen zu geschlossenen Produktkonzepten vervollständigt. Ein in Forschung und Praxis vielbeachteter Ansatz zur Konkretisierung von Produktanforderungen ist das **KANO-Modell** (vgl. Herrmann/Huber 2013. S. 179 ff.). Dieses Modell zur Kundenzufriedenheit unterscheidet drei Produktanforderungen von Konsumenten, die einen unterschiedlichen Einfluss auf die Kundenzufriedenheit ausüben (▶ Dar. 79):

Dar. 78: Grundprinzipien der klassischen Kreativitätstechniken (vgl. Weiber/Pohl 2017, S. 113)

	Brainstorming	Morphologischer Kasten	Synektik
Grund-prinzip	Spontane Ideenproduktion ohne Bewertung	Zerlegung eines Produktes in seine Merkmale, Kombination der Merkmalsausprägungen zu Produktvarianten	Iterative Problemkonkretisierung und Bildung von Analogien
Durch-führung	<ul><li>7-12 Teilnehmer</li><li>freie Ideensammlung</li><li>Quantität geht vor Qualität</li><li>keine Urheberrechte</li><li>keine Kritik (Killerphrasen)</li></ul>	<ul><li>beliebig viele Teilnehmer</li><li>Abgrenzung von Produkteigenschaften und deren Ausprägungen</li><li>Diskussion von Produktideen</li></ul>	<ul><li>5-7 Teilnehmer</li><li>Gebrauch von Metaphern</li><li>Wechselspiel zwischen Verfremdung und Rückbesinnung</li></ul>
Ergebnisse	erste Ideen	relativ vollständige Modelle der Produktideen im bekannten Lösungsraum	Grundsatzideen mit hohem kreativem Potenzial

- **Basisanforderungen** (must-be) beziehen sich auf Produktmerkmale, die ein Produkt unbedingt erfüllen muss. Ist dies nicht der Fall, löst dies starke Unzufriedenheit aus. Sind diese erfüllt, führt dies lediglich dazu, dass der Kunde nicht unzufrieden ist. Da ein Käufer diese Anforderungen als selbstverständlich ansieht, werden sie i. d. R. nicht artikuliert (z. B. Airbag in einem Auto, Pünktlichkeit der DEUTSCHEN BAHN).
- Je höher (geringer) das Ausmaß der Erfüllung von **Leistungsanforderungen** (one dimensional) ausfällt, desto zufriedener ist ein Kunde und umgekehrt. Diese Anforderungen werden i. d. R. von Käufern ausdrücklich verlangt (z. B. PS-Anzahl eines Autos. Kaufpreis).
- Zu den **Begeisterungsanforderungen** (attractive) gehören alle Kriterien, die einen besonders großen Effekt auf die Zufriedenheit eines Käufers ausüben. Sie werden i. d. R. nicht explizit formuliert und auch nicht erwartet. Werden diese erfüllt, erhöht dies die Zufriedenheit erheblich, werden sie nicht erfüllt, löst dies jedoch kein Gefühl der Unzufriedenheit aus (z. B. Einparkhilfe bei einem Pkw).

Die **Grobauswahl** hat zum Ziel, nicht Erfolg versprechende Produktideen frühzeitig auszusondern. Hier können Checklisten, Fragebögen und Scoring-Modelle zum Einsatz kommen (vgl. Meffert et al. 2024, S. 411). Die **Feinauswahl** wiederum hat zum Ziel, die gewünschten Produkteigenschaften auszuwählen und zu konkretisieren. Hierbei kommt neben der Conjoint Analyse (▶ Kap. 4.5.3) v. a. die Methode des Quality Function Deployment zum Einsatz (vgl. Homburg 2020, S. 617 ff.). Beim Quality Function Deployment werden subjektive Kundenanforderungen in objektive Konstruktionsmerkmale »übersetzt«. Beispielsweise werden die Anforderungen

»hohe Beschleunigung« und »komfortabler Innenraum« bei einem Pkw in eine PS-Zahl und konkrete Innenmaße überführt (für ein Beispiel vgl. Schmidt/Steffenhagen 2007).

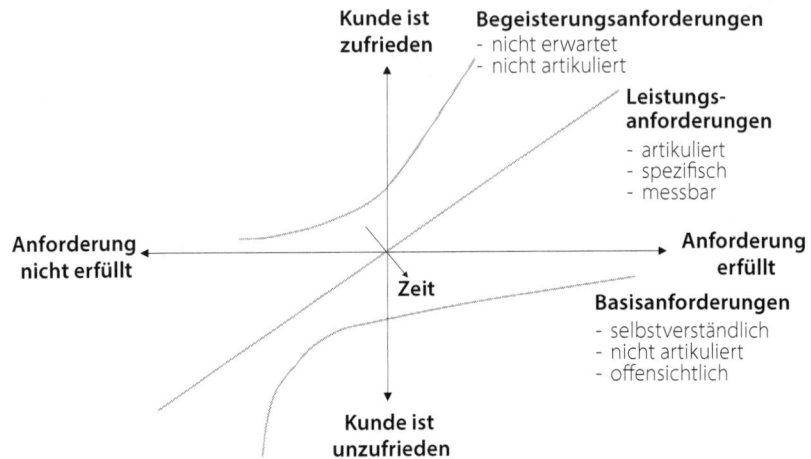

Dar. 79: KANO-Modell der Kundenzufriedenheit (vgl. Scharf et al. 2022, S. 146)

Im Rahmen des letzten Schrittes der Ideenprüfung, der **Wirtschaftlichkeitsanalyse**, werden einfache Verfahren wie die eine Break-Even-Analyse über Verfahren der Investitionsrechnung bis hin zu dynamischen, mehrstufigen Entscheidungskalkülen eingesetzt (vgl. Meffert et al. 2024, S. 415). In dieser Phase muss die Marktforschung detaillierte Angaben zur anvisierten Zielgruppe und deren Merkmalen (z. B. Kaufkraft) einbringen, um die finanzielle Tragfähigkeit des Produktkonzepts in Bezug auf die Lebenszeit des Produktes beurteilen zu können. Bei einer **Break-Even-Analyse** wird diejenige Absatzmenge ermittelt, bei der alle Kosten des Neuprodukts gedeckt sind. Hier könnte eine Entscheidungsregel wie folgt aussehen: Ist die zu erwartende Absatzmenge größer (kleiner) als die Break-Even-Menge, wird das Neuprodukt (nicht) realisiert.

Die Hauptaufgaben der an die Ideenprüfung anschließenden Phase der **Ideenrealisation** bestehen darin, Prototypen des Neuprodukts bereitzustellen, den Markterfolg durch Produkttests sicherzustellen und die Markteinführung vorzubereiten (vgl. Meffert et al. 2024, S. 418). Bei **Produkttests** werden den Probanden neue Produkte bzw. Prototypen zum Ge- oder Verbrauch zur Verfügung gestellt, um ihre Wahrnehmungen und Präferenzen zu ermitteln und den Markterfolg zu prognostizieren. Man unterscheidet zwischen Volltests, bei denen das Produkt in seiner Gesamtheit getestet wird, und Partialtests, bei denen lediglich ausgewählte Produktmerkmale wie der Geschmack oder die Verpackung getestet werden. In einem **Markttest** muss sich das Neuprodukt unter realen Marktbedingungen beweisen, d. h., wenn Kunden Geld für das Produkt bezahlen müssen (vgl. Walsh et al. 2020,

S. 297). Unter einem Storetest versteht man den probeweisen Verkauf unter kontrollierten Bedingungen in ausgewählten Geschäften, um den voraussichtlichen Verkaufserfolg und die Wirksamkeit bestimmter Marketingmaßnahmen kostengünstig und schnell zu überprüfen. Mittels Storetests lassen sich etwa zu erwartende Marktanteile zuverlässiger prognostizieren als durch Produkttests. Markttests sind das umfassendste, genaueste, aber auch teuerste Instrument, um die Chancen und Risiken eines neuen Produkts einzuschätzen. Dabei werden neue oder modifizierte Produkte probeweise unter weitgehend kontrollierten Bedingungen auf einem räumlich begrenzten Testmarkt verkauft (vgl. Meffert et al. 2024, S. 419). Da die Marketinginstrumente variiert werden können, lassen sich Rückschlüsse auf den Markterfolg ziehen. Ein bekannter Testmarkt, den das größte deutsche Marktforschungsunternehmen GfK betrieben hat, war die Stadt Haßloch in Rheinland-Pfalz. Hier wurde das Kaufverhalten von ca. 3.000 für die deutsche Bevölkerung repräsentativen Haushalten untersucht. Auf diese Weise konnte die Flop-Rate von Neuprodukten erheblich reduziert werden.

In der letzten Phase des Innovationsprozesses erfolgt die **Markteinführung** in den Markt (»Launch«). Hinsichtlich des Markteintrittszeitpunkts im Wettbewerbsumfeld lassen sich drei Strategien unterscheiden (vgl. Robinson/Fornell 1985, S. 305 ff., ▶ Dar. 80):

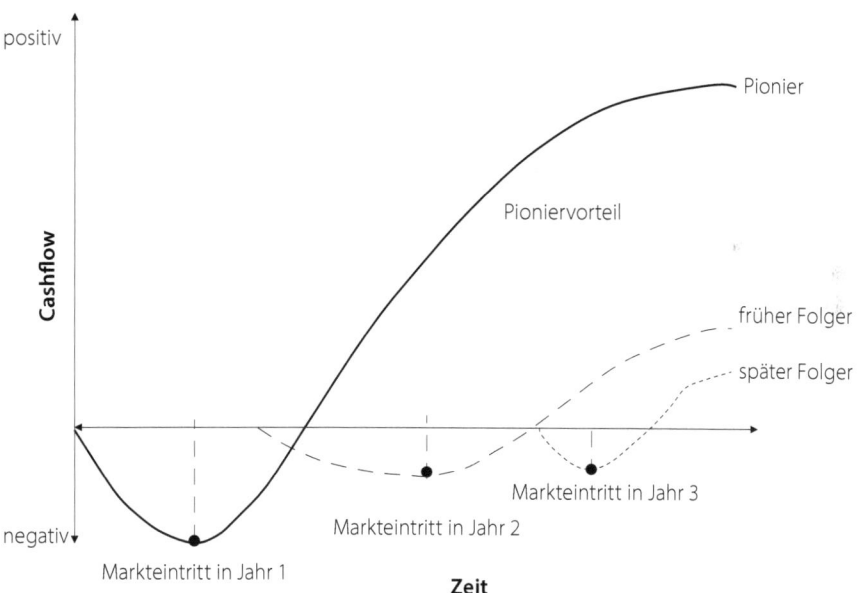

Dar. 80: Theoretischer Pioniervorteil dargestellt am Cashflow-Verlauf (vgl. Meffert et al. 2024, S. 427)

- Im Rahmen der **Pionierstrategie** tritt ein Unternehmen als erstes in einen Markt ein. Der Pionier genießt damit ein temporäres Monopol (Quasi-Monopol) und kann preispolitische Spielräume ausnutzen (vgl. Olbrich/Battenfeld 2014, S. 43). Zudem lassen sich Kostenvorteile aufbauen, weil die Zeit bis zum Eintritt neuer Wettbewerber genutzt werden kann, Erfahrungen zu sammeln und die notwendige Betriebsgröße aufzubauen, um Erfahrungskurveneffekte zu realisieren. Darüber hinaus kann der Pionier Markteintrittsbarrieren aufbauen, bspw. indem er Patente erwirbt, Kunden bindet und Vertriebswege besetzt. Die größte Gefahr dieser Strategie besteht darin, dass sich das Produkt am Markt nicht durchsetzt und ein Flop wird. Beispiele für eine erfolgreiche Pionierstrategie sind der WALKMAN von SONY und der Game Boy von NINTENDO.

- **Frühe Folger** sind Anbieter, die einem Pionier mit geringen Zeitabstand folgen, um von der Wachstumsphase des Marktes zu profitieren. Ein früher Folger genießt den Vorteil, aus den Fehlern des Pioniers lernen zu können. Durch die Aufbauleistung des Pioniers profitiert er von einer verbesserten Marktkenntnis, die er in die Entwicklung seines Produktes einfließen lassen kann (»Cherrypicking«). Hierdurch lassen sich Entwicklungskosten einsparen, die in Form geringerer Preise an die Käufer weitergegeben werden können. Nachteilig an dieser Strategie ist, dass der frühe Folger die Käufer überzeugen muss, nicht beim Pionier zu kaufen. Hieraus können hohe Kommunikations- und Vertriebskosten resultieren.

- **Späte Folger** treten erst in den Markt ein, wenn die stärkste Marktdynamik bereits vorbei ist. Sie lassen sich in zwei Gruppen unterscheiden: **Me-too-Anbieter** führen Produkte in den Markt ein, die oft erhebliche Ähnlichkeiten zu bestehenden Produkten aufweisen. Sie können von bestehenden Produktstandards profitieren und hohe Forschungs- und Entwicklungskosten vermeiden, sodass sie ihre Produkte niedrigpreisig anbieten können. Jedoch müssen sie hohe Überzeugungsarbeit leisten und verlieren ihren Wettbewerbsvorteil, wenn die etablierten Wettbewerber ihre Preise auf das Niveau des Me-too-Anbieters absenken. **Nischenanbieter** nutzen die Existenz unbearbeiteter, aber lukrativer Marktnischen aus. Sie können sich so in einem wettbewerbsarmen Umfeld etablieren und preispolitische Spielräume ausnutzen. Das Problem an dieser Strategie ist jedoch, eine geeignete Nische zu finden und die eigene Leistungsfähigkeit gegenüber etablierten Wettbewerbern nachzuweisen.

Eine eindeutige Antwort, welche der Markteintrittsstrategien den größten Erfolg verspricht, lässt sich auf Grundlage empirischer Studien bislang nicht geben (vgl. Meffert et al. 2024, S. 430; Tomczak et al. 2014, S. 103 ff.). Zwar bietet die Pionierstrategie die Möglichkeit des Aufbaus von Wettbewerbsvorteilen und Markteintrittsbarrieren, ob dieses Potenzial jedoch ausgeschöpft wird, hängt vom Verhalten der Folger ab. So kommen Golder und Tellis (1993, S. 167) auf Basis einer Studie, die bis in das 19. Jahrhundert zurückreicht, zu der Erkenntnis, dass Pioniere ein erheblich höheres Flop-Risiko tragen und einen geringeren Markterfolg (gemessen am Marktanteil) aufweisen als Unternehmen, die den Pionieren rasch folgen (Early Follower).

Auch auf der Nachfragerseite gibt es Innovatoren, die sich durch eine hohe Risikofreudigkeit auszeichnen und einen erheblichen Effekt auf die Verbreitung des Neuproduktes in der Käuferschaft nehmen. Den Kauf eines neuen Produktes durch einen einzelnen Nachfrager bezeichnet man als **Adoption**, während die Verbreitung eines neuen Produktes in der Zielgruppe als **Diffusion** bezeichnet (vgl. Steffenhagen 2008, S. 147 f.). Der Adoptionsprozess lässt sich in fünf Phasen gliedern (Meffert et al. 2024, S. 431) und wird in Darstellung 81 veranschaulicht:

1. **Aufmerksamkeit**: Zunächst muss der potenzielle Käufer von der Innovation erfahren, wobei die Kommunikation z. B. über Fernsehwerbung oder Social Media durch den Anbieter eine zentrale Rolle spielt, um breite Käuferschichten zu erreichen. In dieser Phase verfügt der potenzielle Käufer noch über keine Kenntnis konkreter Produkteigenschaften.
2. **Interesse**: In der zweiten Phase holt der Käufer – je nach Involvement – mehr oder weniger Informationen ein, um sich ein Bild von der Innovation zu machen. Die Kommunikation sollte insb. bei High-Involvement-Produkten darauf abzielen, kaufrelevante Eigenschaften der Innovation zu vermitteln.
3. **Bewertung**: Im dritten Schritt beurteilt der Käufer die Innovation auf der Grundlage seines Kenntnisstandes. Da noch keine Verwendungserfahrung vorliegt, orientiert sich ein Käufer oft an Meinungsführern (z. B. Influencern) oder professionellen Beeinflussern (z. B. Stiftung Warentest). Da insb. bei hohem Kaufrisiko komplexe Beurteilungsmechanismen angewendet werden, kann diese Phase recht viel Zeit in Anspruch nehmen.
4. **Versuch**: Im Falle einer positiven Beurteilung geht der Käufer zur vierten Phase, dem Probekauf, über, um die Innovation zu testen. Werden dem potenziellen Käufer Testmöglichkeiten geboten (z. B. Vorführung an der Einkaufsstätte, Probefahrt mit einem Auto), kann dies den Probekauf fördern.
5. **Adoption**: Der Adoptionsprozess ist abgeschlossen, wenn ein potenzieller Käufer alle Phasen durchlaufen und das Neuprodukt erworben hat.

Der Adoptions- und Diffusionsprozess hängt maßgeblich von den durch die Käufer wahrgenommenen **Eigenschaften der Innovation** ab. Damit sich eine Marktneuheit innerhalb der potenziellen Käuferschaft etabliert, muss sie folgende Eigenschaften aufweisen (**Adoptionsfaktoren**, vgl. Kotler et al. 2022, S. 297; Herrmann/Huber, S. 264 f.):

- **Relativer Vorteil** der Innovation: Das neue Produkt muss aus Sicht des Interessenten einen gegenüber vorhandenen Produkten überlegenen Nettonutzen aufweisen. Dies mag bspw. ein sozialer Geltungsnutzen sein, wenn sich der Käufer durch den demonstrativen Konsum einer Innovation als Trendsetter profilieren kann.
- Geringe **Komplexität**: Der Käufer sollte möglichst wenig Schwierigkeiten haben, die Innovation zu verstehen und zu ge- oder verbrauchen. Die unterstreicht die Bedeutung einer kompetenten Beratung bei technisch anspruchsvollen Innovationen durch die Anbieter.

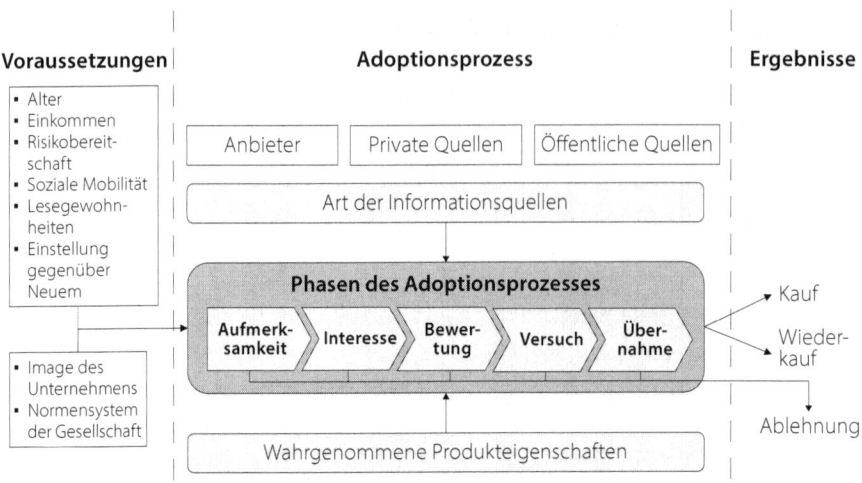

Dar. 81: Adoptionsprozess mit Voraussetzungen und Ergebnis (vgl. Herrmann/Huber 2013, S. 264)

- Hohe **Kompatibilität**: Die Marktneuheit sollte mit den Werten, Erfahrungen und Anforderungen des Interessenten vereinbar sein. Beispielsweise wurde die Ausbreitung von E-Book-Readern dadurch zunächst gehemmt, dass Leser ein Buch in den Händen halten und die Seiten umblättern wollten.
- **Erprobbarkeit**: Es sollte ohne großen zeitlichen und finanziellen Aufwand möglich sein, das Produkt vor dem Kauf zu testen, um sich ein Bild von der Innovation zu verschaffen.
- **Kommunizierbarkeit**: Der Nutzen der Innovation sollte sich mittels Massenmedien und Austausch im sozialen Umfeld einfach vermitteln lassen. Hier können etwa Influencer eingesetzt werden.

9 Preispolitik

9.1 Ziele, Besonderheiten und Entscheidungsfelder der Preispolitik

Der Preis wird aus der Anbietersicht als die **monetäre Gegenleistung (Entgelt)** definiert, die ein Käufer für eine bestimmte Menge eines Wirtschaftsgutes bestimmter Qualität entrichten muss (vgl. Steffenhagen 2008, S. 123; Diller 2008, S. 30; Simon/Fassnacht, S. 6). Aus Käufersicht lassen sich Preise als Kosten des Gütererwerbs verstehen. Beim Käufer können zusätzlich Transaktionskosten wie die Fahrt zur Einkaufsstätte, Parkgebühren, eventuelle Darlehenszinsen oder die Kosten der Anlieferung der Ware anfallen. Werden darüber hinaus die Kosten während der Nutzung (z. B. Instandhaltungskosten) und die Kosten für die Entsorgung berücksichtigt, wird von **Total Cost of Ownership** gesprochen. Diese spielen insb. bei langlebigen Gebrauchsgütern eine große Rolle und bieten dem Verkäufer hochpreisiger Güter oft wertvolle Argumentationshilfen bei der Preisverhandlung.

Die **Bedeutung der Preispolitik** hat in den letzten Jahren stark zugenommen. Hierfür sind verschiedene Gründe verantwortlich (vgl. Homburg 2020, S. 723 f.; Meffert et al. 2024, S. 468 f.):

- Insbesondere bei Gebrauchsgütern sind viele Märkte gesättigt, da Käufer bereits ausgestattet sind und lediglich Ersatzkäufe tätigen (z. B. Kleidung, Haushaltsgeräte). Der hierdurch ausgelöste Verdrängungswettbewerb wird oftmals vorrangig über den Preis geführt.
- Im Zuge der Globalisierung treten zunehmend ausländische Anbieter aus Niedriglohnländern in heimische Märkte ein, wodurch der Preisdruck innerhalb der Branche erheblich ansteigt.
- In vielen Branchen haben sich Produktstandards etabliert, sodass eine Differenzierung vom Wettbewerb vorrangig über niedrigere Preise stattfindet (z. B. Kraftstoffe, Elektronikprodukte).
- Die Preistransparenz ist in den letzten Jahren erheblich angestiegen. Einerseits, weil das Internet einen schnellen Preisvergleich (z. B. über Preisvergleichsportale) ermöglicht, andererseits, weil im Euroraum zeitintensive Preisumrechnungen entfallen.
- Unternehmen haben ihre Einkaufsaktivitäten oftmals professionalisiert, z. B. durch die Nutzung elektronischer Beschaffungsplattformen, die Etablierung län-

derübergreifender Beschaffungsprozesse oder den Anschluss an Einkaufsverbände.

Als zentrales **Ziel der Preispolitik** wird in der Preistheorie gemeinhin ihr Beitrag zur Gewinnmaximierung genannt (vgl. Diller 2003, S. 18). Aus diesem Oberziel lassen sich marktgerichtete Ziele (etwa die Gewinnung und Bindung von Kunden oder die Steigerung von Marktanteilen) und kostenbezogene Ziele (z. B. die Verwirklichung einer optimalen Kostensituation) ableiten (vgl. Meffert et al. 2024, S. 470). Der Preis weist dabei einige **Besonderheiten** auf, die ihm eine Sonderstellung im Marketing-Mix verleihen (vgl. Diller, S. 21 f.; Homburg 2020, S. 724; Simon/Fassnacht 2016, S. 7 f.):

- **Starker Gewinneinfluss**: Der Preis beeinflusst den Gewinn auf drei Wegen: Unmittelbar über den Umsatz, der als Produkt aus Preis und Absatzmenge definiert ist. Indirekt über die Absatzmenge, da Kunden bei steigenden Preisen i. d. R. weniger kaufen und umgekehrt. Hierdurch beeinflusst er indirekt auch die Stückkosten, z. B. aufgrund erzielbarer Mengenrabatte im Einkauf oder die Möglichkeiten der Fixkostendegression (vgl. Steffenhagen 2008, S. 206).
- **Schnelle Einsetzbarkeit**: Preisanpassungen sind oftmals nahezu ohne zeitlichen Vorlauf durchführbar und lösen bei Nachfragern schnelle und starke Reaktionen aus. Sonderangebote können dazu führen, dass der Marktanteil eines Unternehmens drastisch ansteigt. Sie führen häufig zu unmittelbaren Reaktionen der Wettbewerber.
- **Starke Interdependenz** mit anderen Marketinginstrumenten: Andere Marketinginstrumente müssen mit den Preismaßnahmen abgestimmt werden. So ist etwa beim Leistungsumfang darauf zu achten, dass die Abnehmer auch bereit sind, die Leistung durch einen hohen Preis zu honorieren. Auch beim Vertrieb kann es zu Wechselwirkungen kommen. So müssen hochpreisige Güter über dazu passende Absatzkanäle vertrieben werden.
- **Schwere Revidierbarkeit**: Käufer gewöhnen sich an Preise, womit sich Referenzpreise bilden. Sonderpreisaktionen können den Absatz zwar kurzfristig beflügeln, bergen aber die Gefahr, dass Preiserhöhungen danach nicht mehr durchsetzbar sind.
- **Qualitätsindikator**: Können Käufer die Produktqualität nicht einschätzen, orientieren sie sich oft am Preis (vgl. Kreutzer 2018, S., 260). Höhere Preise signalisieren höhere Qualität. Insofern kann es kontraproduktiv sein, ein Produkt zu günstig anzubieten (»was billig ist, kann nicht gut sein«).

Zum Erreichen der preispolitischen Ziele sind zahlreiche Entscheidungen zu treffen. Zunächst werden in Abschnitt 9.2 die zentralen Einflussgrößen bei der Bestimmung des optimalen Angebotspreises vorgestellt. Da verschiedene Käufer für dasselbe Produkt oft unterschiedlich viel zu zahlen bereit sind, können Maßnahmen zur Preisdifferenzierung die individuelle Zahlungsbereitschaft wirksam abzuschöpfen (▶ Kap. 9.3). Steht zum Zeitpunkt der erstmaligen Preisfixierung bereits fest, dass der Preis im Lebenszyklus eines Produktes angepasst wird, ist eine dynamische Preisstrategie festzulegen (▶ Kap. 9.4). Führt ein Unternehmen neue Produkte in den Markt ein, ist darüber zu entscheiden, anhand welcher Preisstrategie der Erfolg des Neuprodukts maximiert werden kann. Schließlich muss ein Anbieter im Rahmen der Konditionenpolitik darüber entscheiden, wie er die Vertragsbedingungen mit einzelnen Kunden individuell gestalten will. Hierzu gehört u. a. die Gestaltung eines Rabattsystems und die Vereinbarung individueller Zahlungs- und Lieferbedingungen (▶ Kap. 9.5). Darstellung 82 zeigt die **Entscheidungsfelder der Preispolitik** im Überblick (vgl. Scharf et al. 2022, S. 460; Kreutzer 2017, S. 245).

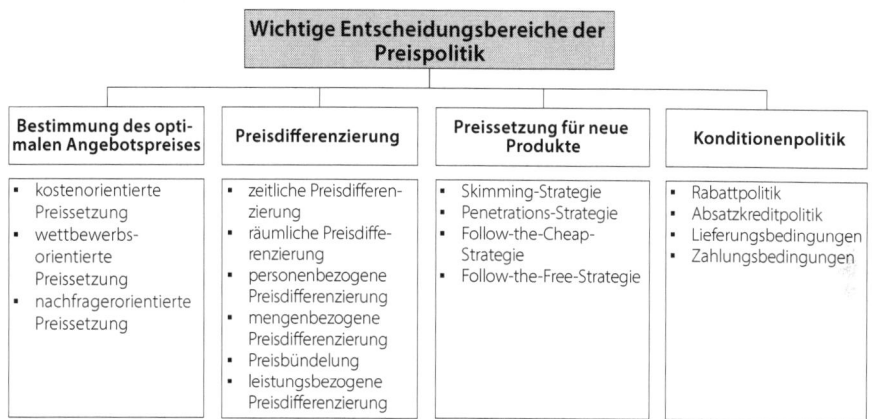

Dar. 82: Entscheidungstatbestände der Preispolitik (vgl. Scharf et al. 2022, S. 460)

9.2 Bestimmung des optimalen Angebotspreises

Bei der Bestimmung des optimalen Angebotspreises sind aus Anbietersicht insb. drei Größen zu beachten:

- die eigenen Kosten,
- die Preissetzung der Wettbewerber,
- die Zahlungsbereitschaft der Kunden.

Kostenorientierte Ansätze der Preisfindung sind in der Unternehmenspraxis weit verbreitet (vgl. Simon/Fassnacht 2016, S. 196). Dabei wird der Preis anhand unternehmensinterner Daten kalkuliert, indem den Kosten eine Gewinnmarge zugeschlagen wird. Hierbei spielen **Preisuntergrenzen** eine zentrale Rolle. Sie sind der niedrigste Preis, zu dem das Produkt angeboten werden kann, ohne einen Verlust zu erleiden. Dabei wird zwischen langfristigen und kurzfristigen Preisuntergrenzen unterschieden (vgl. Homburg 2020, S. 804 ff.).

- **Langfristige Preisuntergrenzen** beruhen auf dem Kalkül, dass alle Kostenbestandteile eines Produktes durch den Preis gedeckt sein müssen, damit Gewinn erzielt werden kann. Meist werden diese Untergrenzen anhand der Vollkosten ermittelt. Hier kommt häufig eine differenzierte Zuschlagskalkulation zum Einsatz, bei der den Produkten nicht unmittelbar zurechenbare Gemeinkosten anhand von Zuschlagssätzen auf die Einzelkosten aufschlagen werden (vgl. Homburg 2020, S. 1320).
- **Kurzfristige Preisuntergrenzen** beziehen sich lediglich auf die variablen Kosten, die mit einer Erhöhung (Reduktion) der Ausbringungsmenge ansteigen (fallen). Fixkosten, die kurzfristig unveränderbar sind, werden hier außer Acht gelassen. Der Preis wird hier ermittelt, indem auf die variablen Kosten eine Gewinnmarge aufgeschlagen wird. Der Gewinnzuschlag orientiert sich häufig an branchenüblichen Standards.

Dieses Vorgehen wird als **Kosten-plus-Preisfindung (Cost plus Pricing)** bezeichnet. Die Vorteile dieser Preisbildungsmethode liegen darin, dass die benötigten Daten im Unternehmen vorliegen, die Preiskalkulation vergleichsweise einfach und leicht gegenüber Kunden zu rechtfertigen ist und sich Preiskämpfe vermeiden lassen, wenn sich alle Anbieter an ihren eigenen Kosten orientieren. Die Nachteile der kostenorientierten Preisfindung bestehen darin, dass Gewinn verschenkt wird, sofern die Zahlungsbereitschaft der Käufer höher ausfällt als der kalkulierte Preis. Zudem werden keine Anreize gesetzt, die Kosten zu senken, da dies auch den erzielten Gewinn mit dem Produkt reduzieren würde. Das birgt die Gefahr, Wettbewerbsfähigkeit gegenüber der Konkurrenz einzubüßen. Ein schwerwiegender Nachteil der kostenorientierten Preisfindung ist, dass die Beziehung zwischen dem Preis, der Absatzmenge und den Kosten außer Acht gelassen wird, was zu einem Zirkelschluss führt: Der Preis bestimmt die Absatzmenge, die Absatzmenge über die Kapazitätsauslastung wiederum die Kosten. Einen eindeutigen Preis gibt es somit nicht, da er von der jeweiligen Ausgangslage abhängt.

Bei der **wettbewerbsorientierten Preissetzung** orientiert sich der Anbieter an den Preisen der Konkurrenten. Diese Art der Preissetzung setzt voraus, dass die Wettbewerbspreise bekannt sind, wobei die Preistransparenz in den letzten Jahren v. a. durch das Internet (z. B. Preisvergleichsportale) stark zugenommen hat, insb. bei homogenen Produkten (z. B. Kraftstoff, Strom). Bei der wettbewerbsorientierten Preissetzung bestehen grundsätzlich drei Strategiemuster (vgl. Kreutzer 2018, S. 261 ff., ▶ Dar. 83):

- **Mittelpreisstrategie**: Hier orientiert sich das Unternehmen an den branchenüblichen Marktpreisen und somit am herrschenden Preisniveau. Unternehmen, die dem Marktführer in seiner Preissetzung folgen, werden daher auch als Preisfolger bezeichnet.
- **Preisüber- oder -unterbietung**: Hier weicht ein Anbieter von einem branchenüblichen Durchschnittspreis moderat nach oben oder unten ab. Durch eine Preisüberbietung kann das Unternehmen eine höhere Qualität signalisieren,

durch eine Preisunterbietung den Kunden der Wettbewerber ein Argument zum Anbieterwechsel liefern.
- **Hoch- oder Niedrigpreisstrategie**: Hier wird der Preis weit ober- oder unterhalb des Wettbewerbsniveaus angesetzt. Mittels einer Hochpreisstrategie (Premiumpreisstrategie) kann ein Unternehmen seine Qualitätsführerschaft signalisieren und sich als besonders image- und prestigeträchtiger Anbieter positionieren (z. B. APPLE, RED BULL, BOSS). Mittels einer Niedrigpreisstrategie (Discountstrategie) wird der niedrigste Preis im Markt angestrebt, der auf einen hohen (mengenmäßigen) Marktanteil und niedrige Stückkosten abzielt. Auf diese Weise kann das Unternehmen trotz Niedrigstpreisen profitabel arbeiten (z. B. RYANAIR, ALDI).

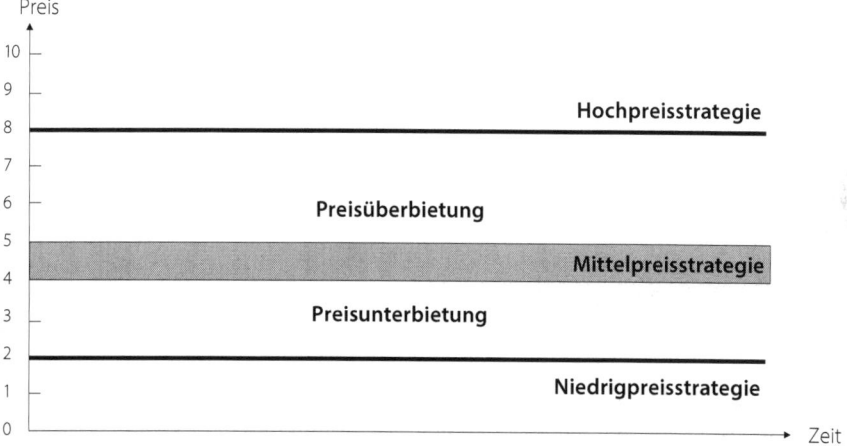

Dar. 83: Konkurrenzorientierte Preisgestaltung mit langfristiger Ausrichtung (vgl. Kreutzer 2018, S. 262)

Ein Vorteil der wettbewerbsorientierten Preisfindung ist ihre einfache Anwendung, sofern die Wettbewerbspreise bekannt sind. Zudem wird verhindert, dass der Preis zu weit oberhalb der Wettbewerbspreise liegt und damit nur ein geringer mengenmäßiger Marktanteil erreicht werden kann. Allerdings besteht die Gefahr eines Preiskriegs, wenn sich Wettbewerber mehrfach und in schneller Folge unterbieten, wie es etwa bei den Lebensmittel-Discountern zu beobachten war, bis die regelmäßigen »Preissenkungsrunden« vielfach durch das Konzept der Dauerniedrigpreise abgelöst wurden. Zudem läuft ein Unternehmen mit höheren Kosten als seine Wettbewerber Gefahr, Preise zu verlangen, die nicht kostendeckend sind. Insofern müssen Preisuntergrenzen im Hintergrund immer »mitlaufen«.

Bei der **nachfrageorientierten Preissetzung** orientiert sich die Preissetzung an der Zahlungsbereitschaft der Abnehmer. Im Gegensatz zur kostenorientierten Preisfindung wird der Preis hier nicht auf Grundlage der Kosten kalkuliert, vielmehr dient ein erzielbarer Verkaufspreis (Target Price) als Ausgangspunkt für die

Kostenplanung. Diese Methode wird daher auch als **Target Pricing** bzw. **Target Costing** (Zielkostenrechnung) bezeichnet. Ist die Preisbereitschaft der Nachfrager bekannt, kann die Konsumentenrente abgeschöpft werden, was zu einem höheren Gewinn führt als die beiden bereits geschilderten Verfahren. Die zentrale Schwierigkeit bei der kundenorientierten Preisermittlung besteht allerdings darin, dass Käufer ihre tatsächliche Zahlungsbereitschaft nicht preisgeben möchten, um dadurch Produkte günstiger zu erhalten. Anders wäre es nicht zu erklären, dass v. a. im B2B-Marketing zeitaufwändige Preisverhandlungen geführt werden müssten, um einen für beide Seiten akzeptablen Preis zu ermitteln.

Je nach Marktgegebenheiten und ihrem (situativen) Bedarf reagieren Käufer sehr unterschiedlich auf Preise und deren Veränderungen. Von besonderer Bedeutung ist hier das Konzept der **Preiselastizität** (genauer formuliert der Nachfrageelastizität in Bezug auf den Preis, vgl. Steffenhagen 2008, S. 168). Die Preiselastizität entspricht dem Verhältnis der relativen Änderung der Absatzmenge zur relativen Änderung des Preises. Sie erlaubt eine Aussage darüber, wie sensibel Käufer auf Preisänderungen reagieren. Darstellung 84 zeigt eine **Preis-Absatz-Funktion**, die den Zusammenhang zwischen der Preishöhe und der Absatzmenge grafisch veranschaulicht. Die Preiselastizität wird an verschiedenen Punkten auf der Geraden eingezeichnet. Zwei Erkenntnisse lassen sich ableiten: Erstens ist die Preiselastizität im Beispiel durchweg negativ, d. h. Käufer kaufen weniger, wenn der Preis steigt. Ausnahmen lassen sich bei manchen Luxusgütern beobachten, hier steigt die Nachfragemenge mit dem Preis (sog. Giffen-Güter). Zweitens ist der Betrag der Preiselastizität und damit die Sensibilität für Preisänderungen in jedem Punkt der Geraden unterschiedlich, obwohl ein linearer Verlauf der Preis-Absatz-Funktion intuitiv eine konstante Preiselastizität vermuten ließe.

Darstellung 84 zeigt zudem, dass eine Preisänderung zwei Effekte hat: Wird der Angebotspreis von p_1 auf p_2 reduziert, verliert der Anbieter aufgrund des reduzierten Preises Umsatz (**Preiseffekt**). Durch die Erhöhung der Absatzmenge wird gleichzeitig ein Umsatzzuwachs erzielt (**Mengeneffekt**), der dem Umsatzverlust durch den Preiseffekt entgegenwirkt. Bei der Preissenkung von p_1 auf p_2 ist der Preiseffekt kleiner als der Mengeneffekt. Somit steigt der insgesamt erzielte Umsatz. Da die Preiselastizität betragsmäßig kleiner als 1 ist, wird hier von **unelastischer Nachfrage** gesprochen. Umgekehrt ist es bei der Preissenkung von p_3 auf p_4: Hier ist der Preiseffekt erheblich größer als der Mengeneffekt. Also sinkt der Umsatz durch die Preissenkung. Da die Preiselastizität hier betragsmäßig größer ist als 1, wird von **elastischer Nachfrage** gesprochen. Der umsatzmaximale Preis liegt an dem Punkt der Preis-Absatz-Funktion, an dem die Preiselastizität betragsmäßig 1 ist. Hier sind der Mengen- und Preiseffekt gleich groß.

Die Höhe der Preiselastizität hängt von mehreren Faktoren ab (vgl. Meffert et al. 2024, S. 476; Monroe 2003; Bijmolt et al. 2005). Dazu gehören u. a. die

- **Verfügbarkeit von Substitutionsgütern**: Ist ein Produkt nicht durch ein anderes ersetzbar, lässt dies auf eine eher preisunelastische Nachfrage schließen (z. B. Benzin, Heizöl).

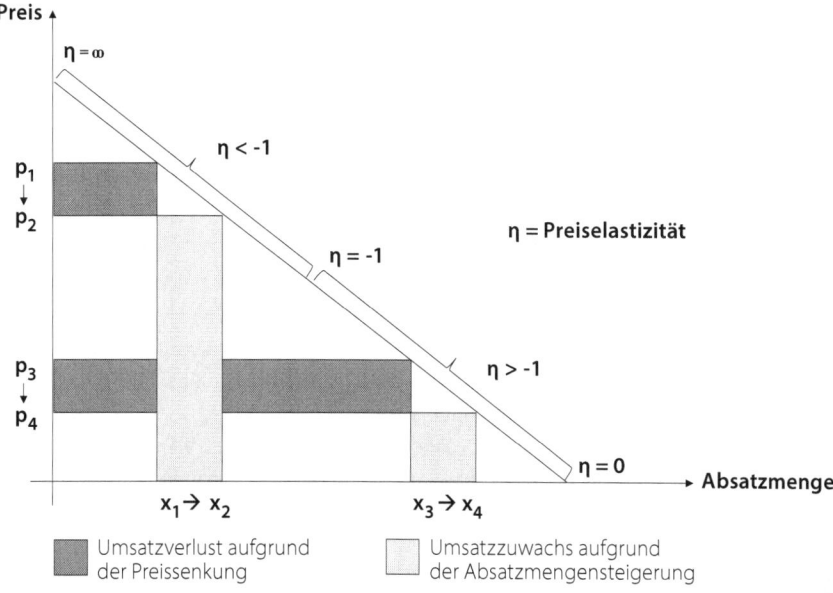

Dar. 84: Preiselastizität der Nachfrage und Umsatzentwicklung (vgl. Diller 2008, S. 86)

- **Komplexität des Angebotsvergleichs:** Je weniger ein Käufer die Qualität verfügbarer Produkte vergleichen kann und je mehr Zeit er in die Suche nach Alternativen investieren muss, desto niedriger fällt die Preiselastizität aus.
- die **Dringlichkeit der Nachfrage:** Je wichtiger ein Produkt für den Abnehmer ist (z. B. Pharmazeutika, Kraftstoff, Energie), desto geringer ist die Preiselastizität.
- **Höhe des Kaufbetrages:** Je höher der Kaufbetrag ist, desto eher werden Käufer bereit sein, nach Alternativen zu suchen und zu wechseln und desto höher ist tendenziell die Preiselastizität.
- **Lethargie des Käufers:** Je geringer die Motivation eines Käufers ist, sich mit dem Kauf und den Preisen verschiedener Alternativen zu befassen, desto geringer ist die Preiselastizität.

Wie bereits angemerkt, besteht die zentrale Schwierigkeit bei der Anwendung der nachfragebezogenen Preissetzung darin, dass Käufer einen Anreiz haben, ihre Zahlungsbereitschaft nicht preiszugeben. Allerdings wurde eine Reihe von Verfahren zur Messung der Preisbereitschaft entwickelt (vgl. für einen Überblick Meffert et al. 2024, S. 528), von denen zwei Verfahren hier angesprochen werden sollen: Zum einen die **Conjoint-Analyse**, die in Abschnitt 4.5.3 bereits angesprochen wurde. Hier bewerten Probanden ganze Produkte (inkl. ihrer Preise) und bringen diese in eine Präferenzreihenfolge, woraus die Conjoint-Analyse Hinweise auf die Zahlungsbereitschaft der Befragten gewinnt. Ein zweites, deutlich einfacheres Verfahren, ist die **Van-Westendorp-Methode**, die auch als **Price Sensitivity Meter** bekannt ist (vgl. van Westendorp 1976; Wildner 2003). Diese Methode ist eine einfache und schnell durchzuführende Befragungstechnik, bei der Befragungsteilnehmer mit (fiktiven) Angeboten konfrontiert werden und vier Fragen zur Bepreisung beantworten sollen (vgl. Meffert et al. 2024, S. 529):

1. Welchen Preis empfinden Sie als angemessen, aber noch günstig?
2. Welchen Preis empfinden Sie als hoch, aber gerade noch vertretbar?
3. Ab welchem Betrag empfinden Sie den Preis als zu hoch?
4. Ab welchem Betrag empfinden Sie den Preis als so niedrig, dass Sie Zweifel an der Qualität des Produktes bekommen?

Zur Auswertung der Antworten werden die Preisangaben aller Teilnehmer aggregiert, kumuliert und als Preis-Absatz-Kurven in einem Diagramm zusammengetragen. Auf diese Weise lässt sich ein akzeptabler Preisbereich ableiten (▶ Dar. 85). Zudem kann festgestellt werden, ab welchem Preis die Seriosität des Angebots bezweifelt wird bzw. ab wann der Preis so niedrig ist, dass Qualitätszweifel aufkommen.

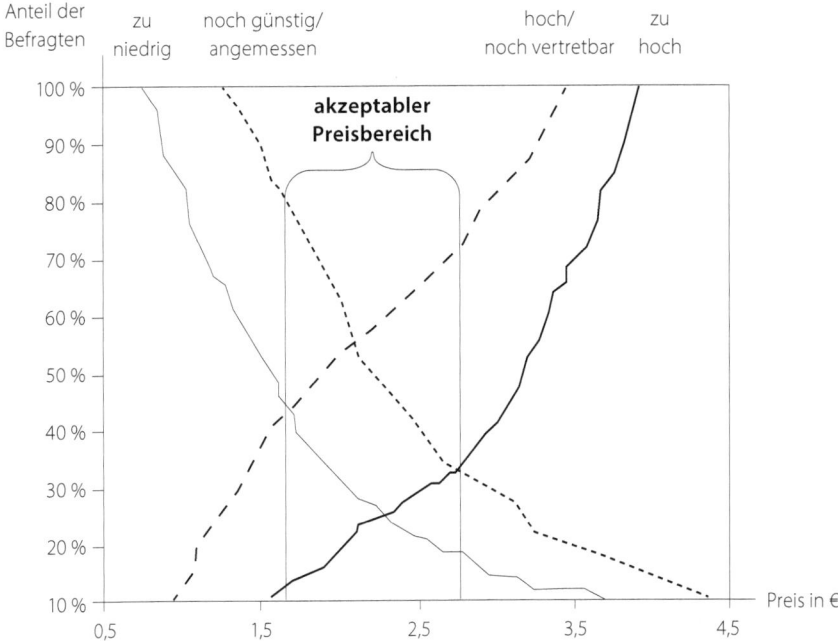

Dar. 85: Ermittlung des akzeptablen Preisbereichs mittels »Price Sensitivity Meter« (vgl. Wildner 2003, S. 7)

Ein sehr wirksames Instrument zur Beeinflussung des Käuferverhaltens sind **Sonderpreisaktionen (Preispromotions)**. Hierbei gewährt der Anbieter seinem Kunden eine zeitlich befristete Preissenkung (vgl. Kotler et al. 2022, S. 554; Homburg 2020, S. 793). Sonderpreisaktionen können sich vom Hersteller an den Handel richten (**Trade Promotions**), wenn z. B. ein Hersteller seinen Handelskunden durch Sonderpreise motivieren möchte, ein neues Produkt ins Sortiment aufzunehmen. Sonderpreisaktionen richten sich aber auch vom Einzelhandel an den Konsumenten (**Retail Promotions**). Zu den Retail Promotions, mit denen der Handel den Abverkauf seiner Produkte an Endverbraucher fördern möchte, zählen folgende Instrumente (vgl. Homburg 2020, S. 794):

- **Sonderangebote** sind zeitlich begrenzte Preissenkungen am Point of Sale. Sie sind die in den meisten westlichen Ländern am weitesten verbreitete Form der Sonderpreisaktion.
- Bei **Sonderpackungen** wird der Preis konstant gehalten, der Inhalt für einen begrenzten Zeitraum jedoch vergrößert. Hierzu gehören auch Mehrfachpackungen mit einer größeren Anzahl der Produkte (z. B. drei zum Preis von zwei).
- Bei **Treuerabatten** wird der Preisnachlass erst nach wiederholtem Kauf eines Produktes gewährt (z. B. durch das Sammeln von Treuepunkten).
- Bei **Coupons** erhält der Konsument über Medien (z. B. Zeitschriften, Werbeprospekte) einen Coupon, mit dem er an der Einkaufsstätte beim Kauf des Produktes einen Preisnachlass erhält.
- **Rückerstattungen** sind Preisnachlässe, die erst gewährt werden, wenn der Endkunde einen Kaufbeleg oder Coupon beim Hersteller einreicht.

9.3 Preisdifferenzierung

Preisdifferenzierung liegt vor, wenn ein Anbieter dasselbe oder ein ähnliches Produkt an verschiedene Kunden(gruppen) zu einem unterschiedlichen Preis verkauft (vgl. Diller 2008, S. 228; Homburg 2020, S. 781). Das vorrangige Ziel der Preisdifferenzierung besteht darin, die unterschiedliche Preisbereitschaft der Käufer abzuschöpfen und so den Gewinn zu steigern. Sie kann auch dazu beitragen, Kunden durch attraktive Preise zu binden und damit die Wettbewerbsfähigkeit zu steigern (vgl. Diller 2008, S. 232). Darstellung 86 verdeutlicht, wie sich der Gewinn steigern lässt, wenn statt einem Einheitspreis drei unterschiedliche Preise gefordert werden. Einige Käufer haben eine hohe Zahlungsbereitschaft, sie sollten den höheren Preis p_3 im Vergleich zum Einheitspreis p_2 bezahlen. Anderen Käufern hingegen ist der Einheitspreis zu hoch, sie sollten den niedrigeren Preis p_1 zahlen. Der Preis sollte die Selbstkosten allerdings nicht dauerhaft unterschreiten, da der Verkauf des Produktes sonst defizitär wäre. Die grundsätzliche Schwierigkeit der Preisdifferenzierung besteht allerdings darin, dass die Käufer isoliert bearbeitet werden können, da sonst alle Kunden zum niedrigsten Preis kaufen würden.

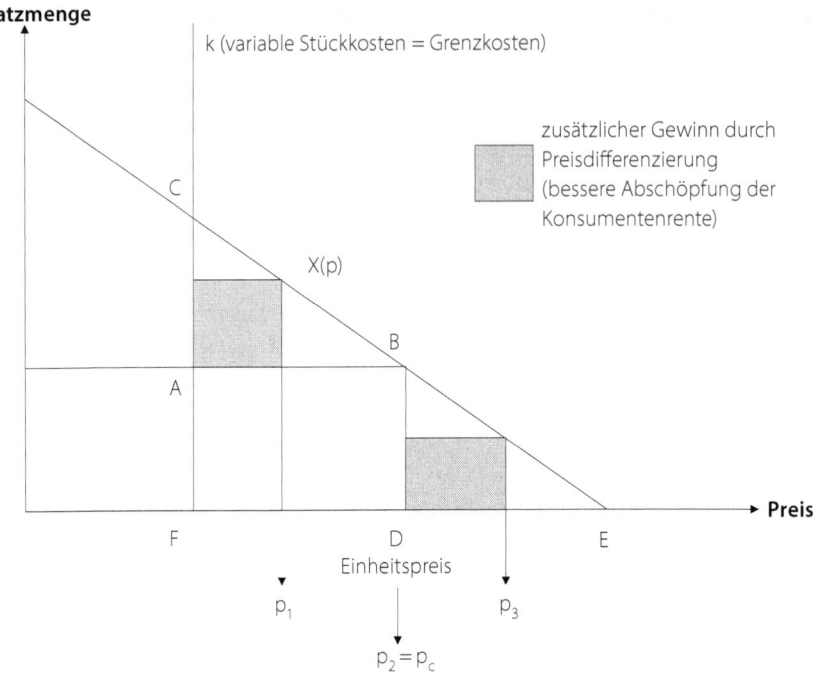

Dar. 86: Veranschaulichung der Gewinnsteigerung durch Preisdifferenzierung (vgl. Homburg 2020, S. 782)

Es lassen sich grundsätzlich drei Formen der Preisdifferenzierung unterscheiden (vgl. Pigou 1962, S. 279):

1. Bei **Preisdifferenzierung ersten Grades** wird von jedem Kunden der individuelle Maximalpreis verlangt. Sie wird dadurch erschwert, dass Kunden ihre Zahlungsbereitschaft nicht preisgeben.
2. Bei **Preisdifferenzierung zweiten Grades** werden Kunden zu Segmenten zusammengefasst, für die unterschiedliche Preise festgelegt werden. Hier steht es dem Käufer frei, zu welchem Preis er das Produkt kauft (Selbstselektion).
3. Die **Preisdifferenzierung dritten Grades** lässt dem Käufer keine Wahl zwischen unterschiedlichen Angeboten und Preisen. Hier trennt der Anbieter die Kundengruppen selbst und fordert von jedem Segment individuelle Preise.

Die Formen der Preisdifferenzierung sind in Darstellung 87 zusammengestellt.

Dar. 87: Arten und Formen der Preisdifferenzierung (vgl. Diller 2008, S. 229)

Preisdifferenzierung (PD)						
PD ersten Grades	PD zweiten Grades			PD dritten Grades		
Preisindividualisierung	Leistungsbezogene PD	Mengenbezogene PD	Preisbündelung (PB)	Personelle PD	Räumliche PD	Zeitliche PD
Preisverhandlungen	z. B. Versteigerungen	Liefer- vs. Abholpreise, Sitzplatzkategorien	z. B. Mengenrabatte, Boni, mehrstufige Tarife, Pauschalpreise	z. B. Setpreise, Pauschalreisen, Zubehörpakete	z. B. Studenten-, Beamten- oder Seniorentarife	z. B. internationale PD, Bahnhofspreise	z. B. Wochenendfahrpreise, Nachttarife

Die verschiedenen Formen der Preisdifferenzierung lassen sich wie folgt charakterisieren (vgl. Diller 2008, S. 235 ff.; Homburg 2020, S. 785 ff.; Scharf et al. 2022, S. 487 ff.):

- **Preisindividualisierung** liegt vor, wenn der Preis zwischen Verkäufer und Käufer individuell verhandelt wird. Insbes. im B2B-Bereich wird der in der Preisliste ausgewiesene Bruttopreis durch diverse Preiszu- und -abschläge zum Nettopreis modifiziert (▶ Kap. 9.5). Auch bei Versteigerungen (Auktionen) werden individuelle Preise erzielt. Aufgrund der unterschiedlichen Zahlungsbereitschaft von Käufern können für identische Produkte unterschiedliche Preise zustande kommen. Auktionen gewinnen insb. aufgrund der zunehmenden Bedeutung des Internets zunehmend an Bedeutung (vgl. Lucking-Reiley 2000; Skiera/Spann 2003).
- Eine **leistungsbezogene Preisdifferenzierung** liegt vor, wenn ein Unternehmen (nicht allzu) verschiedene Varianten eines Produktes zu unterschiedlichen Preisen anbietet. Beispiele finden sich bspw. bei Flugtickets (Economy, Business, First Class), Kreditkarten (Normal, Gold, Platin) oder Bahntickets (1. Klasse, 2. Klasse). Bei digitalen Produkten gewinnt das **Freemium** (»Free« + »Premium«) als Variante der leistungsbezogenen Preisdifferenzierung zunehmend an Bedeutung. Hierbei wird dem Nutzer eine kostenlose, oft werbefinanzierte Basisversion zur Verfügung gestellt. Für ein umfassenderes Leistungsangebot muss der Nutzer jedoch einmalig oder in einem Abonnement-Modell zahlen (z. B. YOUTUBE, SPOTIFY, LINKEDIN).
- **Mengenbezogene Preisdifferenzierung** liegt vor, wenn der Preis von der gekauften Menge abhängt, also Mengenrabatte gewährt werden. Da sich der Gesamtpreis aufgrund von Preisschwellen nicht proportional zur Kaufmenge verhält, wird hier auch von **nichtlinearer Preisfestsetzung** gesprochen. Damit lässt sich oft die Kundenbindung erhöhen – je loyaler der Kunde, desto höher

fallen die Preisnachlässe aus (vgl. Tacke 1992). Fluglinien bieten bspw. Vielfliegerprogramme an, um dem Wechsel ihrer Kunden zu Wettbewerbern vorzubeugen. Insbes. bei digitalen Gütern spielen **Flatrate-Modelle** eine wichtige Rolle, bei denen der Preis nicht pro Nutzung, sondern für einen definierten Zeitraum zu entrichten ist. Ein Flatrate-Modell findet sich etwa bei Streaminganbietern wie NETFLIX oder AMAZON PRIME, die für einen monatlichen Festbetrag unbegrenzten Zugriff auf Filme und Serien gewähren.

- **Preisbündelung (Bundling)** wird praktiziert, indem ein Anbieter unterschiedliche Produkte zu einem Bündel zusammenfasst und sie zu einem Bündelpreis verkauft (z. B. Menü bei McDONALD'S, Skiausrüstung, Pauschalurlaub). Preisbündelung zielt darauf ab, die vorhandene Zahlungsbereitschaft stärker abzuschöpfen, als dies bei separaten Angeboten einzelner Produkte der Fall gewesen wäre (ggf. würde der Käufer dann gar nichts kaufen). Bei einer reinen Preisbündelung kann der Kunde lediglich das gesamte Bündel, nicht aber die enthaltenen Produkte kaufen. Letzteres ist bei gemischter Bündelung möglich.
- **Personenbezogene Preisdifferenzierung** liegt vor, wenn Merkmale der Kunden als Abgrenzungskriterien dienen (vgl. Voeth/Herbst 2013, S. 391). Dies können u. a.
    - das Alter der Käufer (z. B. Kinderteller, Seniorenrabatt),
    - ihr Geschlecht (z. B. Ladies Night in einer Diskothek),
    - ihre Einkommenssituation (z. B. Studentenrabatte bei Zeitschriften),
    - berufliche Merkmale (z. B. Sonderpreise für Beamte bei Versicherungen) oder der
    - Wohnort (z. B. Einheimischenrabatt bei Skigebieten) sein.
- Bei der **räumlichen Preisdifferenzierung** orientiert sich die Preisfindung an geografischen Teilmärkten etwa an Ländermärkten, Regionen oder Städten. So variieren die Automobilpreise erheblich in verschiedenen Ländern (vgl. Herbst/Voeth 2013, S. 392). Diese Form der Preisdifferenzierung ist insb. beim internationalen Marketing von Bedeutung, wenn etwa Kaufkraftunterschiede, Markenpräferenzen oder unterschiedliche Preise der Wettbewerber differenzierte Preise erfordern (▶ Kap. 12.4.4).
- **Zeitliche Preisdifferenzierung** liegt vor, wenn die Preise davon abhängen, zu welchem Zeitpunkt der Kunde kauft. Diese Form der Preisdifferenzierung wird insb. von Dienstleistern angewandt, um die Nachfrage zu glätten und die Kapazitätsauslastung zu verbessern. Beispielsweise bieten Restaurants Mittagsangebote oder Skigebiete Saisonpreise an, um die Käufer zu motivieren, ihren Bedarf in nachfrageschwachen Zeiten zu decken.
- **Kanalbezogene Preisdifferenzierung** liegt vor, wenn ein Produkt über verschiedene Vertriebskanäle zu unterschiedlichen Preisen verkauft wird (z. B. höhere Preise an Bahnhöfen und Flughäfen). Diese Problematik stellt sich insb. zwischen Online- und Offline-Vertriebskanälen, weil die Preisbereitschaft der Käufer hier unterschiedlich ausfallen kann. Zum Beispiel mag ein Kunde bereit sein, im stationären Handel aufgrund einer Beratung mehr für ein Produkt als bei einer Online-Bestellung zu bezahlen.

9.4 Dynamische Preisstrategien

Ein Anbieter muss entscheiden, ob er den Preis über den Lebenszyklus eines Produktes hinweg konstant halten oder diesen im Zeitablauf nach oben oder unten anpassen möchte. Diese Frage stellt sich insb. bei der Einführung neuer Produkte in einem Markt. Hier kann zwischen vier Strategievarianten unterschieden werden (vgl. Kreutzer 2018, S. 278 ff.):

- Abschöpfungsstrategie (Skimming Pricing)
- Penetrationspreisstrategie (Penetration Pricing)
- Follow-the-Free-Strategie
- Follow-the-Cheap-Strategie

Bei der **Abschöpfungsstrategie (Skimming Pricing)** wird der Preis für ein neues Produkt bei Markteinführung zunächst hoch angesetzt und dann mit zunehmender Erschließung des Marktes und dem Eintritt neuer Wettbewerber sukzessiv gesenkt. Das Ziel der Abschöpfungsstrategie besteht darin, die hohe Preisbereitschaft der Pionierkäufer abzuschöpfen, um die Kosten der Investitionen in Forschung und Entwicklung sowie die Markteinführung schnell zu amortisieren. Mit den Preissenkungen im Zeitablauf werden auch Käufer angesprochen, deren Zahlungsbereitschaft geringer ist als die der Pionierkäufer. Die Abschöpfungsstrategie eignet sich v. a. dann (vgl. Meffert et al. 2024, S. 492), wenn

- die Anzahl preisunempfindlicher Pionierkäufer ausreichend hoch ist, sodass hohe Preise durchgesetzt werden können,
- das Produkt einer raschen Veralterung unterliegt (z. B. Hightech-Produkte), sodass die Investitionen schnell amortisiert werden müssen,
- das Produkt durch die Käufer schwierig substituiert werden kann und
- die Produktions- und Vertriebskapazitäten erst langsam aufgebaut werden können.

Die Skimming Strategie wird häufig bei technologischen Innovationen gewählt (vgl. Kreutzer 2018, S. 279). Eine Strategie der Abschöpfung verfolgen u. a. APPLE und SAMSUNG, die ihre Preise für das iPhone bzw. das GALAXY S schon nach wenigen Monaten erheblich abgesenkt haben (vgl. smava.de 2021). Risiken dieser Strategie liegen v. a. in einem hohen Flop-Risiko, wenn Pionierkäufer nicht von der überlegenen Produktqualität überzeugt werden können bzw. wenn Käufer abwarten, bis der hohe Einführungspreis reduziert wird. Zudem können Wettbewerber zum Markteintritt motiviert werden, da hohe Stückdeckungsbeiträge hohe Gewinnpotenziale versprechen.

Mithilfe einer **Penetrationspreisstrategie (Penetration Pricing)** sollen in kurzer Zeit Massenmärkte erschlossen und dadurch hohe Mengen produziert und verkauft werden. Hierdurch sollen Kostensenkungspotenziale realisiert werden, die einen niedrigen Angebotspreis erlauben. In der Einführungsphase wird dabei bewusst auf Gewinn verzichtet. Die Penetrationspreisstrategie empfiehlt sich, wenn

- die Preiselastizität hoch ist, sodass niedrige Preise zu einem hohen Marktanteil führen,
- ausreichend große Marktsegmente bestehen, sodass hohen Mengen abgesetzt werden können,
- genügend finanzielle Mittel zur Verfügung stehen, um das Produkt in Masse zu produzieren und vertreiben zu können,
- durch die niedrigen Preise Markteintrittsbarrieren aufgebaut werden können,
- keine Konflikte zwischen dem niedrigen Preis und dem angestrebten Markenimage entstehen, wenn z. B. Käufer die Produktqualität aufgrund des niedrigen Preises anzweifeln.

Die Penetrationsstrategie wurde bspw. von asiatischen Automobilherstellern wie TOYOTA oder MITSUBISHI angewendet, die in den 1970er-Jahren westliche Absatzmärkte über niedrige Preise erschlossen und ihre Qualität in den folgenden Jahren im Rahmen einer Outpacing-Strategie stark weiterentwickelt haben (▶ Kap. 7.3). Risiken dieser Strategie liegen v. a. in der langen Amortisationszeit und einem geringen preispolitischen Spielraum nach unten. Darüber hinaus lassen sich Preiserhöhungen nur schwer realisieren, wenn sich Käufer an die niedrigen Preise gewöhnt haben.

Bei der **Follow-the-Free-Strategie** wird ein Produkt zunächst kostenlos angeboten, um eine möglichst große Kundenbasis aufzubauen und Kunden zu binden. Später werden dieselben Produkte bepreist bzw. es werden den Kunden höherwertige Produkte angeboten, während die kostenlose Leistung entfällt (vgl. Kreutzer 2018, S. 280 f.). Beispielsweise hat EBAY seine Dienstleistung zunächst kostenlos angeboten, bevor in einem ersten Schritt transaktions- bzw. erfolgsabhängige Preise eingeführt wurden und in einem zweiten Schritt das Erlösmodell um erfolgsunabhängige Einnahmen für die Freischaltung der Accounts ergänzt wurde. Eine **Follow-the-Cheap-Strategie** wird häufig bei der Einführung neuer Produkte in reifen Märkten eingesetzt. Durch einen zunächst niedrigen Preis (z. B. 1 Euro für eine neue Fernsehzeitschrift) sollen möglichst viele Testkäufe ausgelöst werden. Im Gegensatz zu einer Penetrationsstrategie findet bei der Follow-the-Cheap-Strategie grundsätzlich keine Weiterentwicklung des Produktes statt und es erfolgt i. d. R. nur eine einmalige Preiserhöhung (vgl. Kreutzer 2018, S. 280 f.).

Darstellung 88 zeigt die vorgestellten Preisstrategien im Überblick.

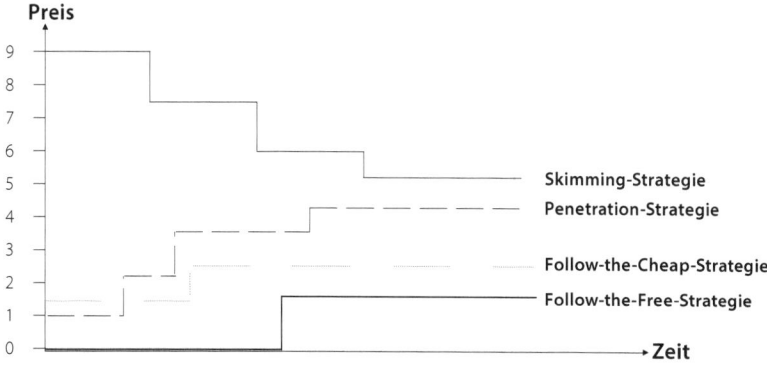

Dar. 88: Dynamische Preisstrategien (vgl. Kreutzer 2018, S. 279)

9.5 Konditionenpolitik

»Konditionen sind zwischen Lieferant und Kunde vereinbarte, an besondere Umstände gekoppelte kundenspezifische Modifikationen der sonst üblichen (Standard-)Bemessung von Lieferanten-Leistungen und/oder von Kunden-Gegenleistungen im Rahmen von Markttransaktionen bzw. dauerhaften Geschäftsbeziehungen« (Steffenhagen 2003, S. 577). Konditionensysteme spielen insb. in der Zusammenarbeit zwischen Unternehmen (B2B-Marketing) eine zentrale Rolle zur Steuerung des Kundenverhaltens. Sie verfolgen u. a. folgende Ziele (vgl. Steffenhagen 2003, S. 581):

- Vermeidung von Konflikten in Preisgesprächen durch transparente und verbindliche Regelungen,
- Preispolitische Feinsteuerung für einzelne Kunden,
- Motivation des Kunden, ein absatzförderliches Verhalten zu ergreifen,
- Kundenbindung z. B. durch Mengenrabatte oder Boni.

Mit einem **Konditionensystem** wird insb. festgelegt, nach welchen Regeln Rabatte und Boni an Kunden vergeben werden. Rabatte sind Preisnachlässe, die im Vergleich zum Normal- oder Listenpreis bei Rechnungsstellung gewährt werden (vgl. Diller 2008, S. 236), d. h. diese senken den Preis, den ein Käufer tatsächlich für ein Produkt zu entrichten hat. Bei der Gestaltung eines Rabattsystems sind u. a. folgende Entscheidungen zu treffen (vgl. Steffenhagen 2008, S. 124):

- **Anlässe**, an die ein Rabatt geknüpft wird,
- **Zeitpunkt**, z. B. pro Auftrag oder im Rahmen einer (Jahres-)Rückvergütung in Abhängigkeit der Bestellmenge bzw. des Bestellwertes,
- **Höhe** des Rabatts.

Mit einem **Funktionsrabatt** wird der Handel für die Übernahme bestimmter Aufgaben entlohnt. Sie werden daher auch als Händlerrabatte bezeichnet. Sie können

z. B. einem Groß- oder Einzelhändler für die Aufnahme eines Produktes in sein Sortiment (Listung) gewährt werden oder als Anreiz, ein Produkt nicht aus dem Sortiment zu streichen. Funktionsrabatte können auch dafür gewährt werden, dass ein Händler das Marketing des Herstellers im Bereich der Marktkommunikation (z. B. als Werbekostenzuschuss) unterstützt, den Absatz seiner Produkte durch eine Zweitplatzierung in der Einkaufsstätte fördert oder Sonderpreisaktionen durchführt (vgl. Kreutzer 2018, S. 264). Basis für die Gewährung von **Mengenrabatten** ist der Kauf einer bestimmten Absatzmenge pro Auftrag oder pro Periode. Durch höhere Bestellmengen kann der Hersteller Kostensenkungen im Bereich der Produktion oder des Vertriebs realisieren, während der Abnehmer die Lagerung und das Preisrisiko übernimmt. Eine Form des nachträglich gewährten Rabattes in Abhängigkeit der gekauften Mengen bzw. der erzielten Umsätze ist der **Bonus**. Er zielt auf eine Stabilisierung des Geschäftsverhältnisses zwischen Lieferant und Kunde ab. Ein beliebtes Instrument zur Kundenbindung bei Endverbrauchern sind Bonusprogramme wie Payback.

Ein **Barzahlungsrabatt (Skonto)** ist ein Preisnachlass, der einem Kunden für eine – im Vergleich zum gewährten Zahlungsziel – frühzeitige Zahlung des Rechnungsbetrages gewährt wird (vgl. Steffenhagen 2003, S. 584), damit der Abnehmer auf die Inanspruchnahme eines Lieferantenkredites verzichtet. Ein **Zeitrabatt** ist ein Preisnachlass für das Einhalten bestimmter Bestellzeitpunkte oder -perioden. Dies kann bspw. ein Einführungsrabatt sein, der den Handel motivieren soll, neue Produkte zu listen und deren Verkauf zu fördern. Ein Auslaufrabatt hingegen soll die Lagerräumung beim Hersteller beschleunigen. Ein Saisonrabatt wird gewährt, damit ein Abnehmer Produkte mit saisonalem Absatzverlauf früher als sonst üblich kauft (z. B. frühzeitige Bestellung von Sommertextilien). Durch Gewährung eines **Treuerabatts** soll ein Abnehmer dazu motiviert werden, eine langfristige Geschäftsbeziehung mit dem Anbieter einzugehen bzw. bestimmte Produkte für eine möglichst lange Zeit nur von diesem Lieferanten zu beziehen. Darstellung 89 zeigt wichtige Rabattarten im Überblick.

Dar. 89: Wichtige Rabattarten im Überblick (vgl. Scharf et al. 2022, S. 503)

Wichtige Rabattarten				
Funktionsrabatt	**Mengenrabatt**	**Barzahlungsrabatt**	**Zeitrabatt**	**Treuerabatt**
Entgelt des Herstellers gegenüber dem Handel dafür, dass dieser regelmäßig einen bestimmten Teil der Absatzfunktion des Herstellers übernimmt.	Preisabschlag, der als Anreiz dafür gewährt wird, dass der Abnehmer pro Auftrag oder pro Periode größere Mengen kauft.	Preisabschlag (Skonto) dafür, dass der Kunde die erhaltene Leistung – im Vergleich zum gewährten Zahlungsziel – frühzeitig bezahlt.	Preisnachlass, der für bestimmte, dem Abnehmer bekannte Bestellzeitpunkte oder -perioden gewährt wird (z. B. Einführungsrabatt).	Preisvorteil für den Abnehmer dafür, dass er eine längerfristige Geschäftsbeziehung mit dem Anbieter eingegangen ist.

Lieferungs- und **Zahlungsbedingungen** stellen einen Katalog von Bestimmungen und Regelungen dar, durch den Inhalt und Ausmaß der angebotenen bzw. nachgefragten Leistungen im Kaufvertrag festgelegt werden (vgl. Meffert et al. 2024, S. 537). In vielen Branchen (z. B. Touristik, Banken) werden diese Bestimmungen einheitlich für alle Käufer als **allgemeine Geschäftsbedingungen** festgelegt. **Lieferungsbedingungen** legen die Pflichten des Lieferanten (Hersteller, Händler) fest und regeln u. a. den Ort und den Zeitpunkt der Warenübergabe, Fracht- und Versicherungskosten sowie das Umtauschrecht, Garantieleistungen und ggf. Konventionalstrafen bei verspäteter Lieferung. **Zahlungsbedingungen** regeln alle Zahlungsverpflichtungen des Käufers. Sie legen u. a. die Art und den Zeitpunkt der Zahlung (Vorauszahlung, Barzahlung, Zahlung nach Erhalt der Ware), die Zahlungssicherung (Eigentumsvorbehalt, persönliche oder dingliche Sicherung), die Zahlungsfristen, die Einräumung von Skonti für kurzfristige Zahlungen sowie die Inzahlungnahme gebrauchter Waren (vgl. Scharf et al. 2022, S. 508).

Lieferungs- und Zahlungsbedingungen spielen insb. dann eine große Rolle, wenn die Warenlieferung mit hohen Kosten bzw. Risiken verbunden ist bzw. die Differenzierungsmöglichkeiten gegenüber den Wettbewerbern über andere preispolitische Instrumente erschöpft ist. Der Versandhändler Amazon bspw. differenziert sich in einem intensiven Wettbewerb auch über seine Lieferungs- und Zahlungsbedingungen. Bücher und die meisten Artikel ab 29 Euro versendet er kostenlos und nimmt Artikel, die dem Käufer nicht gefallen, innerhalb von 30 Tagen kostenfrei zurück. Bei den Zahlungsbedingungen kann der Käufer zwischen Kreditkarte und Bankeinzug wählen. Zusätzlich kann der Käufer über eine Amazon-Kreditkarte gesammelte Punkte einlösen oder per Monatsrechnung bezahlen.

Ein Absatzkredit ist die längerfristige Stundung des Kaufpreises. Die **Absatzkreditpolitik** umfasst alle Maßnahmen eines Anbieters, potenzielle Kunden durch die Gewährung bzw. Vermittlung von Krediten oder Leasingangeboten zum Kauf zu veranlassen (vgl. Diller et al. 2021, S. 385 f.; Kuß/Kleinaltenkamp 2020, S. 273; Meffert et al. 2024, S. 538). Das Ziel der Absatzkreditpolitik besteht in der Steigerung des Absatzvolumens durch die Gewinnung neuer Kunden und die Erhöhung der Kaufintensität bestehender Kunden. Sie richtet sich an Kunden, die zwar Bedarf an einem Produkt haben, denen aber zum gegenwärtigen Zeitpunkt die notwenige Kaufkraft fehlt. Da sich viele Konsumenten beim Kauf langlebiger Gebrauchsgüter eher an der monatlichen Belastung (Tilgung und Zinsen) als am Gesamtpreis orientieren, ist die Möglichkeit eines vorgezogenen Kaufs in Kombination mit einer niedrigen Kreditrate für viele Käufer mit einem hohen Nutzenzuwachs verbunden (vgl. Scharf et al. 2022, S. 507). Beim **Leasing** wird anstelle der vollen Kaufpreiszahlung eine Anzahlung fällig, an die sich eine laufende monatliche Zahlung über einen Zeitraum von meist mehreren Jahren anschließt. Am Ende der Leasingdauer hat der Kunde i. d. R. die Möglichkeit, das Produkt kostenfrei zurückzugeben oder es zu kaufen.

10 Kommunikationspolitik

10.1 Bedeutung, Funktion und Entscheidungsfelder der Kommunikationspolitik

Kommunikation ist das Senden verschlüsselter Informationen, um beim Empfänger eine Wirkung zu erzielen. Die Kommunikationspolitik umfasst die systematische Planung, Gestaltung, Abstimmung und Kontrolle aller Kommunikationsmaßnahmen des Unternehmens in Bezug auf alle relevanten Zielgruppen, um die Kommunikationsziele und damit die nachgelagerten Marketing- und Unternehmensziele zu erreichen (Meffert et al. 2024, S. 601).

Die Kommunikationspolitik der Unternehmen hat in den letzten Jahrzehnten stark an Bedeutung gewonnen, da sich der Wettbewerb aufgrund gleichartiger Güter und zunehmend gesättigter Märkte erheblich verschärft hat. Die Abgrenzung von der Konkurrenz erfolgt häufig weniger über die angebotenen Produkte als vielmehr durch eine geschickte Inszenierung der Produktangebote. Das Internet bietet heute viele Möglichkeiten, Kaufinteressierte individuell anzusprechen und mit ihnen in Dialog zu treten. Heute kommt der Kommunikationspolitik entscheidende Bedeutung dabei zu, Kunden zu gewinnen, langfristig zu binden und so den Unternehmenserfolg zu sichern.

Folgende Fragen umreißen die wesentlichen Aspekte des Kommunikationsprozesses, die sich auch als Paradigma der Kommunikation auffassen lassen (vgl. Lasswell 1948, S. 37):

- **Wer** (Unternehmen)
- sagt **was** (Kommunikationsbotschaft)
- unter welchen **Bedingungen** (Umwelt- und Wettbewerbssituation)
- über welche **Kanäle** (Kommunikationsinstrumente)
- auf welche **Art und Weise** (Gestaltung der Kommunikationsbotschaft)
- zu **wem** (Zielpersonen)
- mit welcher **Wirkung** (Kommunikationserfolg)?

Zu unterscheiden sind mikroökonomische und makroökonomische Funktionen der Kommunikation (vgl. Bruhn 2018, S. 13 ff.):

- **Mikroökonomische Funktionen**: Dazu gehören die Informationsfunktion (ein Adressat soll etwa über ein neues Produkt in Kenntnis gesetzt werden), die

Beeinflussungsfunktion (das Verhalten des Adressaten soll gesteuert werden) und die Bestätigungsfunktion (der Kunde soll nach dem Kauf in seiner Auswahl bestärkt werden).
- **Makroökonomische Funktionen**: Dazu zählen die Profilierung gegenüber dem Wettbewerb und die sozialgesellschaftliche Funktion. Kommunikation kann demnach auch dazu beitragen, gesellschaftliche Werte (z. B. Nachhaltigkeit, Umweltbewusstheit) zu gestalten.

Darstellung 90 zeigt das Modell der Marktkommunikation. Initiator der Kommunikation ist in diesem Fall das Unternehmen, das dem Empfänger eine Botschaft vermitteln will. Die Kommunikationsbotschaft ist durch geeignete verbale und nonverbale Gestaltungsmittel (z. B. Bilder, Symbole, Sprache und sensorische Codes wie Farben, Formen Typografie, Musik und Geruch) zu verschlüsseln (Codierung). Diese Codierung führt zu konkreten Werbemitteln (z. B. Print-Anzeigen, Fernsehspots oder Plakate). Seitens des Empfängers der Botschaft muss eine Entschlüsselung (Decodierung) der verbalen und nonverbalen Reize stattfinden, damit die Werbebotschaft ihre Wirkung entfalten kann.

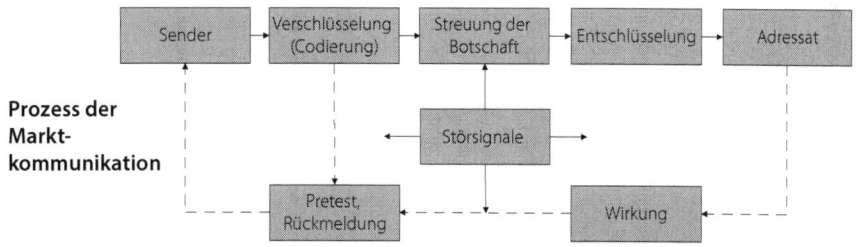

Dar. 90: Modell der Marktkommunikation (vgl. Scharf et al. 2022, S. 515)

Die Kommunikationspolitik erfolgt auf verschiedenen Ebenen (vgl. Bruhn 2014, S. 3):

- **Externe Kommunikation**: Mit ihr (z. B. Fernsehwerbung) sollen Märkte im Sinne der Unternehmensziele beeinflusst werden (z. B. Schaffung eines positiven Markenimages, Auslösen einer Kaufbereitschaft). Infolge des hohen Stellenwerts der marktgerichteten Kommunikation steht diese im Vordergrund der nachfolgenden Ausführungen.
- **Interne Kommunikation**: Über Kanäle wie das Intranet oder Mitarbeiterzeitschriften können die Beschäftigten informiert, motiviert und an das Unternehmen gebunden werden (Mitarbeiterkommunikation). Ziel der internen Kommunikation ist es, die Mitarbeiter anzuspornen, sodass diese sich für die Umsetzung der Kommunikations- und der Unternehmensziele einsetzen (vgl. Piehler 2011, S. 118 ff.).
- **Interaktive Kommunikation**: Sie findet zwischen den Mitarbeitern des Unternehmens und den Kunden statt (Dialogkommunikation). Sie kann etwa in Form

von Beratungsgesprächen oder über Callcenter erfolgen. Die interaktive Kommunikation ermöglicht es, Kundenbeziehungen auf individueller Ebene aufzubauen und zu pflegen.

Den Ablauf kommunikationspolitischer Entscheidungen zeigt Darstellung 91. Die einzelnen Entscheidungsfelder werden im Folgenden vorgestellt.

Dar. 91: Ablauf kommunikationspolitischer Entscheidungen (vgl. Meffert et al. 2024, S. 602)

10.2 Kommunikationsziele

Grundsätzlich ist es sinnvoll, die Kommunikationspolitik v. a. auf das Erreichen psychografischer Zielsetzungen auszurichten. Die Schwierigkeit, den Kommunikationserfolg anhand ökonomischer Ziele zu messen, besteht darin, dass ökonomische Zielsetzungen von vielen Faktoren abhängig sind, u. a. von den übrigen Marketinginstrumenten und der Kommunikation der Wettbewerber. Zentrale Kommunikationsziele sind (vgl. detaillierter Meffert et al. 2024, S. 603 f., Steffenhagen 1999):

- **Aktivierungswirkungen** (z. B. Erzeugen von Aufmerksamkeit).
- **Bekanntheit** (Awareness) liegt vor, wenn ein Rezipient eine Marke frei nennen kann (Recall) bzw. wenn er diese wiedererkennt (Recognition). Durch regelmä-

ßige Kommunikation kann **Aktualität** geschaffen werden, die zu einer **Top-of-Mind-Awareness** und damit zu einer hohen Kaufbereitschaft führen kann.
- Kommunikation soll die **Einstellungen** der Adressaten zum Anbieter und seinen Produkten positiv beeinflussen und so eine hohe **(Wieder-)Kaufabsicht** fördern.
- Bei der **Wettbewerbsprofilierung** geht es um die Abgrenzung des eigenen Angebots vom Wettbewerb, um eine einzigartige Positionierung der eigenen Produkte zu erreichen, die wiederum die Kaufbereitschaft fördert.

Ein bekanntes Kommunikationsmodell ist die **AIDA-Formel**, die den Zusammenhang und die Reihenfolge der zu erreichenden Kommunikationsziele betont. Danach sollte es bei jeder Kommunikation das Ziel sein, zunächst Aufmerksamkeit (**Attention**) zu erregen und das Interesse (**Interest**) der Zielperson zu wecken. Dadurch soll ein Kaufwunsch (**Desire**) entstehen, der zum Kauf (**Action**) führt. Die AIDA-Formel gilt jedoch nicht immer, bspw. nicht bei Impulskäufen, und berücksichtigt kaum die Interaktionen zwischen Anbieter und Nachfrager (vgl. Kreutzer 2017, S. 320; Tomczak et al. 2014, S. 219).

10.3 Festlegung der Kommunikationsstrategie

Eine Kommunikationsstrategie ist ein mittel- bis langfristiger Plan für den Einsatz von Kommunikationsinstrumenten und zur Gestaltung der Botschaft. Diese soll die Erreichung der Kommunikationsziele sicherstellen. Bei der Festlegung der Kommunikationsstrategie sind mehrere Entscheidungen zu treffen (vgl. Bruhn 2019, S. 217 ff.; Meffert et al. 2024, S. 605 ff.):

- **Geografischer Geltungsbereich**: Die Kommunikation kann lokal, regional, national oder international erfolgen. Große Reichweiten sind insb. für national und international tätige Unternehmen von Bedeutung und erfordern den Einsatz von Massenmedien, während sich für regionale Unternehmen oft lokale Außenwerbung (z. B. Plakataktionen, regionale Rundfunkwerbung) besser eignet.
- **Zeitlicher Rahmen**: Hier wird festgelegt, wie das Budget über die Laufzeit der Kommunikationsmaßnahme verteilt wird. Bei Gütern des täglichen Bedarfs ist meist eine durchgehende Kommunikation sinnvoll. Im Vorfeld bestimmter Anlässe (z. B. Fußball-WM, Olympische Spiele, Weihnachten, Ostern, Muttertag) kann es bei einzelnen Produkten (Bier, Limonade, Süßigkeiten, Blumen etc.) sinnvoll sein, die Kommunikationsaktivitäten zeitlich stark zu bündeln.
- Im Rahmen der **Positionierung** wird entschieden, welches Nutzenversprechen (brand promise) gegenüber den Adressaten abgegeben wird (vgl. Steffenhagen 2008, S. 93). Es steht im Mittelpunkt der Kommunikationsstrategie (vgl. Meffert et al. 2024, S. 605) und sollte möglichst prägnant sein und das eigene Angebot von dem der Wettbewerber abzugrenzen. Häufig umfasst das Nutzenversprechen sowohl rationale Argumente für das Produkt als auch emotionale Aspekte.

- **Kreativstrategie (Copy-Strategy):** Die Botschaft muss so gestaltet werden, dass eine Unique Advertising Proposition (UAP) entsteht. Eine Kreativstrategie umfasst drei Elemente:
  - Die Übersetzung des Nutzenversprechens in funktionale und symbolische Leistungseigenschaften,
  - in die Begründung des Nutzenversprechens (»Reason Why«) und
  - den Kommunikationsstil zur Übermittlung des Nutzenbündels.

  Durch ungewöhnliche Bilder (z. B. BENNETON), Slogans (z. B. »Freude am Fahren« von BMW) und Humor (z. B. SIXT-Werbung) kann es gelingen, ein positives Image aufzubauen und sich von der Konkurrenz abzuheben.

- **Priorisierung der Kommunikationsinstrumente:** Hier wird festgelegt, welche Instrumente im Vordergrund stehen. Häufig ist es sinnvoll, mehrere Kommunikationsinstrumente miteinander zu kombinieren. So kann die Markenbekanntheit durch TV-Werbung breitflächig aufgebaut werden, während die Produktmerkmale insb. über Printmedien vermittelt werden können. Hierauf geht Abschnitt 10.5 im Detail ein.

10.4 Festlegung des Kommunikationsbudgets

Mit der Budgetierung wird die Höhe der Aufwendungen für die Kommunikation innerhalb einer Planungsperiode (z. B. Geschäftsjahr) festgelegt. Die hier zum Einsatz kommenden Budgetierungsmethoden werden im Abschnitt Marketingimplementierung (▶ Kap. 13.3.3) ausführlich vorgestellt (im Kontext der Budgetierung der Kommunikationspolitik sei hier auf Guhl/Steffenhagen 2016a und 2016b verwiesen), daher sollen an dieser Stelle lediglich zwei **Marktreaktionsfunktionen** innerhalb der Kommunikationspolitik vorgestellt werden, die den Zusammenhang zwischen der Höhe des Kommunikationsbudgets und der Absatzmenge verdeutlichen. Wie Darstellung 92 verdeutlich, kann der Zusammenhang entweder über eine konkave (links) oder eine s-förmige (rechts) Reaktionsfunktion visualisiert werden (vgl. Schmalen 1992, S. 48).

Beide Darstellungen gehen davon aus, dass auch ohne Kommunikation ein gewisser Grundabsatz erzielt wird. Im Falle einer **konkaven** Marktreaktionsfunktion wird unterstellt, dass das Kommunikationsbudget zunächst einen überproportionalen Einfluss auf den Absatz hat (weil z. B. ein beworbenes Neuprodukt ein Probierinteresse fördert). Ab einem gewissen Bereich führt eine Erhöhung des Budgets nur noch unterproportional auf die Absatzmenge, bis schließlich die Sättigungsmenge erreicht ist (gestrichelte Linie in Darstellung 92), ab der eine Ausweitung des Budgets keinen nennenswerten Einfluss mehr auf den Absatz ausübt. Dies lässt sich einerseits damit begründen, dass zunächst solche Kommunikationsinstrumente eingesetzt werden, mit denen die Zielgruppe besonders gut erreicht werden kann. Andererseits mag die beabsichtigte Wirkung ab einer ge-

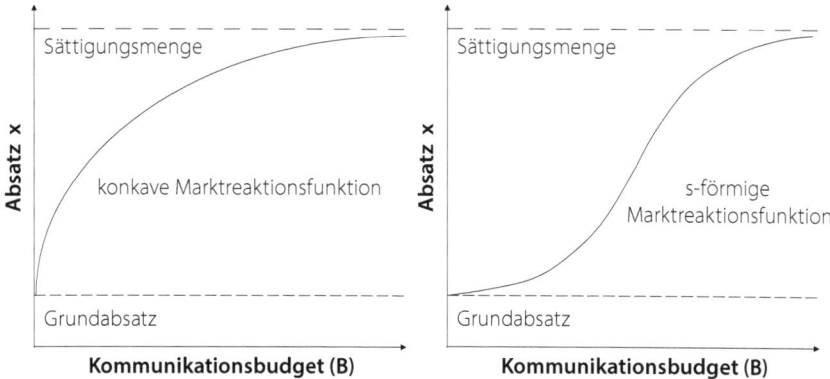

Dar. 92: Formen von Marktreaktionsfunktionen in der Kommunikationspolitik (vgl. Meffert et al. 2024, S. 608 in Anlehnung an Simon/Möhrle 1993, S. 310)

wissen Budgethöhe erreicht sein, weil z. B. innerhalb der Zielgruppe eine hohe Markenbekanntheit erreicht wurde. Eine **s-förmige Marktreaktionsfunktion** geht davon aus, dass ein geringes Kommunikationsbudget nur einen geringen Effekt auf den Absatz hat, da die Kommunikationsmaßnahmen kaum Beachtung finden. Ab einer gewissen Budgethöhe steigt der Absatz überproportional, da die Kommunikationsaktivitäten nun ausreichend wahrgenommen werden. Schließlich führt eine Ausweitung des Budgets – analog zur konkaven Reaktionsfunktion – zu keiner Steigerung des Absatzes mehr. Zu beiden Funktionen ist einschränkend anzumerken, dass der unterstellte Zusammenhang zwischen dem Kommunikationsbudget und der Absatzmenge in der Realität meist nicht hinreichend bekannt ist, u. a. da Kommunikationsmaßnahmen in Folgeperioden nachwirken (Carry-Over-Effekte) und hier auch Budgets aus Vorperioden berücksichtigt werden müssten.

10.5 Kommunikationsinstrumente

Nachdem die Höhe des Kommunikationsbudgets festgelegt wurde, muss entschieden werden, welche **Kommunikationsinstrumente** eingesetzt werden sollen, um die Zielgruppen des Unternehmens zu erreichen. Der Kommunikationspolitik stehen insb. durch die starke Verbreitung des Internets zahlreiche Kommunikationsinstrumente zur Verfügung, die nun näher vorgestellt werden.

Je nach **Aktivitätsgrad** und **Kontrollmöglichkeiten** der Kommunikation durch einen Anbieter lassen sich Werbeträger zunächst in drei Kategorien einteilen: (vgl. Stephen/Galak 2012, S. 625; Schulz/Grimm 2015, S. 39; Lovett/Staelin 2016, S. 142):

- **Paid-Media-Instrumente** sind Medien von Drittanbietern, in denen Werbeplätze gekauft werden. Beispiele: Klassische Werbung (Fernseh-, Radio- und Printwerbung), Werbung in Social Media (z. B. bezahlte Influencer), Suchmaschinenwerbung (SEA, SEO).

- **Owned-Media-Instrumente** sind Medien, die vom Unternehmen selbst bzw. in dessen Auftrag betrieben werden. Beispiele: Unternehmensprofile in Social Media, Blogs, Broschüren, Kundenzeitungen.
- **Earned-Media-Instrumente** sind Medien, die weder vom Unternehmen gebucht noch von ihm gesteuert werden. Unternehmensbezogene Inhalte werden meist von externen Akteuren (z. B. Journalisten, Blogger, Nachfrager) ohne Auftrag durch ein Unternehmen generiert und verbreitet. Beispiele: Presseberichte, Posts in Social Media, Online-Rezensionen.

Kommunikationsinstrumente können darüber hinaus in folgende Kategorien unterteilt werden (▶ Dar. 93):

- Klassische Kommunikationsinstrumente
- Below-the-line-Kommunikationsinstrumente
- Persönliche Kommunikationsinstrumente
- Online-Kommunikationsinstrumente

Dar. 93: Instrumente der Marketingkommunikation (vgl. Walsh et al. 2020, S. 402)

Marketingkommunikation			
Klassische Kommunikation	**Below-the-line-Kommunikation**	**Persönliche Kommunikation**	**Online-Kommunikation**
• Printmedien • Hörfunk • Fernsehen • Kino • Außenwerbung (Out-of-home-Kommunikation)	• Promotions/Verkaufsförderung • Sponsoring • Direktmarketing • Event-Marketing • Public Relations • Messen und Ausstellungen • Product Placement • Guerilla-Marketing usw.	• Persönlicher Verkauf • Callcenter • Beschwerde-/CR-Desks • Kundenclubs • Partysysteme • Vorträge usw.	• Webseiten (Desktop/mobil) • Suchmaschinenmarketing • Social Media • Displaywerbung • Native Advertising • E-Mail-Marketing • Virales Marketing • Affiliate Marketing • Influencer Marketing usw.

10.5.1 Analoge Kommunikationsinstrumente

Klassische Werbung (Mediawerbung) bezeichnet den Beeinflussungsprozess mittels Massenkommunikationsmitteln gegen ein leistungsbezogenes Entgelt (vgl. Meffert et al. 2024, S. 620). Im Gegensatz zum persönlichen Verkauf handelt es sich bei klassischer Werbung um unpersönliche, einseitige Kommunikation (vgl.

Kotler et al. 2022, S. 759). Sie verfolgt das Ziel, beim Adressaten kaufverhaltensrelevante Einstellungen und Verhaltensweisen im Sinne der Unternehmensziele zu verändern (vgl. Schweiger/Schrattenecker 2021, S. 142 f.). Sie wird auch **Above-the-line-Kommunikation** bezeichnet, da für die Adressaten klar erkennbar ist, dass sie durch die Kommunikation im Sinne der Unternehmenszielen beeinflusst werden soll. Zur klassischen Werbung werden folgende Instrumente gezählt:

- **Printmedien** lassen sich in Zeitungen, Zeitschriften (Publikumszeitschriften und Fachzeitschriften) und sonstige Print-Medien unterteilen (vgl. Homburg 2020, S. 857 ff.). Tendenziell schenken Adressaten Printmedien wenig Aufmerksamkeit. Die durchschnittliche Betrachtungszeit einer Anzeige in Publikumszeitschriften (z. B. Stern, Bunte) liegt lediglich bei 1,5 bis 2,5 Sekunden (vgl. Kroeber-Riel/Gröppel-Klein 2019). Hier empfiehlt sich eine bilddominante Werbung, denn Bilder werden auch als »schnelle Schüsse ins Gehirn« bezeichnet. Bei Fachzeitschriften ist das Involvement der Leser oft stärker ausgeprägt, sodass den Werbeinhalten mehr Aufmerksamkeit entgegengebracht wird und diese daher informativer als bei niedrigem Involvement gestaltet werden sollten.
- Mittels **Radiowerbung** (Hörfunkwerbung) lassen sich in Deutschland viele Adressaten erreichen: 2022 der Deutsche im Durchschnitt 91 Minuten Radio (vgl. SevenOne Media GmbH 2022, S. 10). Empirische Studien belegen jedoch, dass nur in 8 Prozent der Zeit, in der Radio gehört wird, dem Programm konzentriert gefolgt wird (vgl. Homburg 2020, S. 876). Entsprechend fällt der Aufbau von Markenbekanntheit und Produktwissen über Radiowerbung schwach aus und erfordert einen hohen Werbedruck mit vielen Werbekontakten beim Adressaten.
- **Fernsehwerbung** eignet sich bei einem durchschnittlichen Konsum von 213 Minuten (2017: 248 Minuten, vgl. SevenOne Media GmbH 2022, S. 10) in Deutschland besonders zur schnellen und breitflächigen Bekanntmachung und zum Aufbau von Markenbekantheit. Jedoch nimmt der Fernsehkonsum insb. bei jüngeren Zielgruppen stark ab, da diese vorwiegend Social Media nutzen und über Fernsehwerbung kaum noch erreichbar sind.
- **Kinowerbung** zeichnet sich durch eine intensive Kontaktsituation aus, was sich in einer erhöhten Effektivität gegenüber Fernsehwerbung niederschlägt (W&V 2007). Kinowerbung erreicht allerdings nur wenige Käufer, denn lediglich 3,4 Prozent der Bevölkerung gehen mindestens einmal pro Woche ins Kino (vgl. FDW Werbung im Kino e. V. 2010, S. 2).
- **Außenwerbung** (Out-of-home-Kommunikation) wird im öffentlichen Raum platziert (z. B. Plakatwerbung, Werbung auf Verkehrsmitteln). Mit ihr können v. a. jüngere und mobile Käuferschichten erreicht werden. Hier sind die Kontaktchancen mit Außenwerbung entsprechend hoch.

Below-the-line-Kommunikation ist dadurch gekennzeichnet, dass die Beeinflussungsabsicht für den Adressaten weniger stark erkennbar ist als bei der Kommunikation über klassische Medien. Zu den Instrumenten der Below-the-line-Kommunikation gehören:

- **Sales Promotions** (auch als Verkaufs- oder Absatzförderung bezeichnet) sind zeitlich begrenzte Maßnahmen, deren Ziel in einer unmittelbaren Umsatzsteigerung besteht. Da hierbei meist Preisaktionen im Vordergrund stehen, wurden diese bereits in Abschnitt 9.2 näher vorgestellt.
- Beim **Sponsoring** stellt ein Unternehmen einer Person, einer Organisation oder einem Verein (z. B. Alemannia Aachen) Geld, Sachmittel, Dienstleistungen oder Know-how zur Verfügung, um diese in den Bereichen Sport, Kultur, Soziales, Ökologie oder Medien zu fördern und damit die eigenen Kommunikationsziele zu erreichen. Ziele des Sponsoring sind neben dem Aufbau von Bekanntheit v. a. ein Imagetransfer vom Gesponserten auf den Sponsor. Gerade bei Großveranstaltungen (z. B. Fußball-Weltmeisterschaft) kann Sponsoring eine hohe Breitenwirkung entfalten. Angesichts der oft hohen Sponsoringaufwendungen besteht die zentrale Herausforderung darin, ein Sponsoringobjekt mit gutem Fit zur eigenen Marke auszuwählen.
- Unter dem Begriff **Direct Marketing** (Direktmarketing, Dialogmarketing oder Direktwerbung) werden alle Formen der direkten Ansprache von Zielgruppen bezeichnet, die darauf abzielen, dass der Adressat Kontakt mit dem Unternehmen aufbaut. Ziel ist der Aufbau eines Dialogs bzw. das Auslösen einer Reaktion (z. B. Anruf bei einer Hotline). Zu den wichtigsten Instrumenten des Direktmarketing gehören adressierte Werbesendungen, Telefonmarketing und E-Mail-Marketing (v. a. E-Mail-Newsletter).
- Unter **Event Marketing** ist die systematische Planung, Durchführung und Kontrolle von Veranstaltungen und Ereignissen zu verstehen, bei denen Unternehmen eine erlebnis- und dialogorientierte Präsentation von Produkten und Dienstleistungen vornehmen (Infotainment, vgl. Bruhn 2019, S. 249; Christen 2002; Zanger 2001). Prominente Beispiele sind der RED-BULL-Flugtag oder die COCA-COLA-Weihnachtstour. Ziel des Event Marketing ist, durch den Einsatz physischer und emotionaler Reize eine Aktivierung in Bezug auf das Unternehmen bzw. die Marke auszulösen und diese damit emotional aufzuladen. Ein hoher Fit zwischen Event und Marke kann zu einer positiveren Beurteilung der Marke führen und v. a. bei Low-Involvement-Produkten die Kaufbereitschaft erhöhen.
- **Public Relations** (PR) oder **Öffentlichkeitsarbeit** umfasst die gezielte Gestaltung der Beziehungen zwischen dem Unternehmen und öffentlichen Zielgruppen mit dem Ziel, diese im Sinne der Unternehmensziele zu beeinflussen (vgl. Steffenhagen 2008, S. 132; Ronneberger/Rühl 1992). Die Öffentlichkeitsarbeit soll ein positives Unternehmensimage aufbauen, wobei sowohl gesellschaftliche Gruppen (z. B. die Bevölkerung, Medien oder Politik) als auch Anspruchsgruppen (z. B. Aktionäre, Mitarbeiter oder Kunden) zu den Zielgruppen gehören. Wichtige Instrumente der PR sind Pressearbeit (z. B. Pressekonferenzen), der Aufbau persönlicher Beziehungen (z. B. zu Politikern oder Verbraucherschützern) und

unternehmensinterne Maßnahmen (z. B. Mitarbeiterzeitungen oder Betriebsversammlungen). Eine besonders hohe Bedeutung besitzt die Öffentlichkeitsarbeit bei Unternehmenskrisen (vgl. Quarantelli 1988).

- Unter einer **Messe** (oftmals auch als **Ausstellung** bezeichnet) ist eine zeitlich begrenzte Veranstaltung zu verstehen, die dazu dient, das Unternehmen und seine Produkte zu präsentieren und Aufträge zu generieren. Hierbei ist zwischen Fachmessen, die sich an ein Fachpublikum richten (z. B. Hannover Messe, die weltweit größte Industriemesse), und Publikumsmessen, die sich an die interessierte Allgemeinheit richten (z. B. die CMT in Stuttgart als größte Touristikmesse Europas), zu unterscheiden. Messen besitzen insb. im Business-to-Business-Marketing eine hohe Bedeutung, da hier oftmals sehr komplexe Produkte angeboten werden, die einen persönlichen Austausch mit Kunden erfordern. Insofern nehmen Messen insb. bei Investitionsgüteranbietern einen hohen Anteil des Kommunikationsbudgets in Anspruch.
- Unter **Product Placement** ist die werbewirksame Integration von Produkten in die Handlung von Medienprogrammen (z. B. Filme, Serien, Unterhaltungssendungen) zu verstehen (vgl. Homburg 2020, S. 914). Die zentralen Ziele des Product Placement sind der Ausbau von Bekanntheit, ein Imagetransfer sowie die Steigerung des Absatzes. Ein Vorteil des Product Placement liegt in der hohen Glaubwürdigkeit, da das Produkt nicht in einem Werbekontext, sondern als Teil der Handlung wahrgenommen wird. Ein bekanntes Beispiel für Product Placement ist der Film Cast Away mit Tom Hanks, in dem u. a. der Logistikdienstleister FedEx sowie die Sportartikelmarke Wilson eine große Rolle spielen. Bei der Auswahl des Medienprogramms spielt die Affinität zwischen der Zielgruppe des Produktes und dem Programm eine zentrale Rolle. Das Produkt sollte in die Handlung eingebunden werden und die Darstellung des Produktnutzens sollte in einem positiven Handlungsumfeld stattfinden.
- **Guerilla Marketing** umfasst verschiedene Kommunikationsinstrumente, die darauf abzielen, mit geringen Kosten bei einer möglichst großen Anzahl von Adressaten einen Überraschungseffekt zu erreichen (vgl. Hutter/Hoffmann 2011, S. 124). Guerilla Marketing findet oft im öffentlichen Raum statt. Typisch für entsprechende Aktionen ist, dass ihr Erfolg aus hoher Kreativität resultiert. Beispielsweise stürmten für das Online-Unternehmen Cyperprofit als Panzerknacker verkleidete Personen die Hörsäle deutscher Hochschulen und warfen mit Geld um sich, bevor sie von verkleideten Polizisten verhaftet und abgeführt wurden. Auf diese Weise sollten die Studenten darauf aufmerksam gemacht werden, wie einfach sich mit dem Geschäftsmodell des Unternehmens Geld verdienen lässt (vgl. Walsh et al. 2020, S. 431).

Persönliche Kommunikation findet unmittelbar zwischen Menschen auf der Anbieter- und Käuferseite statt. Hierzu gehören folgende Instrumente:

- Der **persönliche Verkauf** besitzt insb. bei erklärungsbedürftigen Produkten eine hohe Bedeutung. Insbesondere im Investitionsgütermarketing spielt er

eine große Rolle, da hier oft komplexe Güter verkauft werden. Aber auch bei vielen Konsumgütern (z. B. Pkw oder Versicherungen) kann er einen hohen Stellenwert haben. Hierauf geht Abschnitt 11.2.6 noch genauer ein.
- Über **Kundenhotlines** bzw. **Helpdesks**, die häufig als Callcenter über den telefonischen Kontakt arbeiten, können Kunden beraten und Beschwerden entgegengenommen und bearbeitet werden.
- In vielen Branchen gewinnen **Kundenclubs** zunehmend an Bedeutung. Hierbei geht es in erster Linie nicht um Informationen, Beratung oder Beschwerdemanagement, sondern um die Bindung der Kunden an die Marke (vgl. Walsh et al. 2020, S. 443). Ein bekanntes Beispiel ist das IKEA-Family-Programm, bei dem Klubmitglieder regelmäßig zu Events eingeladen und persönlich vor Ort betreut und beraten werden.

10.5.2 Online-Kommunikationsinstrumente

Unter **Online-Kommunikation** fallen alle Kommunikationsaktivitäten, die das Internet nutzen, um Adressaten zu erreichen und zu beeinflussen. Die Bedeutung der Online-Kommunikation hat angesichts der Vielzahl digitaler Kommunikationsinstrumente in den letzten Jahren stark zugenommen. 2022 stellte sie mit 45 Prozent den größten Anteil der Nettoumsätze der Werbewirtschaft (zum Vergleich: auf Printwerbung entfielen Prozent und auf Fernsehwerbung 21 Prozent der Umsätze, vgl. ZAW 2022). Zu den Online-Kommunikationsinstrumenten gehören:

- **Webseiten** stellen digitale Informationen unter einer Internetadresse (URL) zur Verfügung, die der Empfänger eigeninitiativ aufsucht. Bestandteil sind regelmäßig Informationen über das Unternehmen und seine Angebote (vgl. Kreutzer 2018, S. 120). Die Webseite ist der zentrale Anlaufpunkt für Nachfrager und der Referenzpunkt für die übrigen Online-Kommunikationsinstrumente (vgl. Meffert et al. 2024, S. 644). Beispielsweise werden Nachfrager, die mit Suchmaschinen- oder Bannerwerbung in Kontakt kommen i. d. R. zur Unternehmenswebsite weitergeleitet. Darüber hinaus kann sie einen Online-Shop beinhalten und damit auch als Vertriebskanal eingesetzt werden.
- **Suchmaschinenmarketing** lässt sich unterteilen in Suchmaschinenwerbung (SEA, Search Engine Advertising) und Suchmaschinenoptimierung (Search Engine Optimization, SEO).
  - Bei **Suchmaschinenwerbung** (SEA) werden Werbeanzeigen neben den eigentlichen Suchergebnissen platziert, die inhaltlich zu den jeweiligen Suchbegriffen passen (vgl. Walsh et al. 2020, S. 552). Diese Suchbegriffe können von werbetreibenden Unternehmen in einem Bietersystem gebucht werden, wobei die Werbeanzeige mit dem höchsten Geldbetrag pro Klick an erster Stelle angezeigt wird. Je größer die Anzahl der Unternehmen, die für einen Suchbegriff Geld bezahlen, desto höher ist der Preis, um an erster Stelle angezeigt zu werden.

- Als **Suchmaschinenoptimierung** (SEO) werden alle Maßnahmen bezeichnet, um die Positionierung eines Unternehmens in redaktionellen und organischen Suchergebnissen zu verbessern. Hierbei wird zwischen Onsite- und Offsite-SEO unterschieden: Bei der Onsite-Optimierung (vgl. Kreutzer 2018, S. 286 ff.) sollten Texte auf den eigenen Medien (Owned Media) so verfasst werden, dass die aus Sicht der Kunden wichtigsten Suchbegriffe enthalten (organischer traffic). Die Offsite-Optimierung (vgl. Kreutzer 2018, S. 300 ff.) bezieht sich auf Maßnahmen, die fremde Webseiten betreffen. Sie basiert darauf, dass Suchmaschinen Webseiten desto höher ranken, je häufiger von anderen Webseiten auf sie verwiesen wird.
- Der Begriff **Social Media** fasst alle Dienste des Web 2.0 zusammen, die den Nutzern den Austausch von Informationen und medialen Inhalten in sozialen Netzwerken ermöglichen. Dieser Austausch kann zwischen einem Anbieter und einem Nachfrager oder zwischen Nachfragern (user generated content) über das Web 2.0 erfolgen. Nachfrager teilen über Social Media ihre Erfahrungen mit Anbietern und Produkten, indem sie bspw. Rezensionen verfassen und diese auf Plattformen wie Amazon für jeden zugänglich machen. Unternehmen wiederum können auf Social Media Unternehmensprofile anlegen, Anzeigen platzieren und Neuigkeiten bekannt geben. Die größten sozialen Netzwerke der Welt im Januar 2024 sind nach Nutzerzahlen (vgl. Statista 2024):
    - FACEBOOK (3,05 Mrd.)
    - YOUTUBE (2,5 Mrd.)
    - WHATSAPP (2 Mrd.)
    - INSTAGRAM (2 Mrd.)
    - TIKTOK (1,56 Mrd.)

Über diese bekannten sozialen Netzwerke hinaus existiert eine Vielzahl an Instrumenten (▶ Dar. 94). Durch diese Instrumente sind vielfältige neue Touchpoints von Unternehmen zu ihren Kunden entstanden, die neue Möglichkeiten zum Dialog und zur Pflege von Kundenbeziehungen entstanden.

- Unter **Display-Werbung** sind alle Arten der Online-Kommunikation zu verstehen, die Werbung über grafische Werbemittel auf durch externe Anbieter betriebenen Werbeträgern im Internet (z. B. Websites, Videos, soziale Netzwerke) platzieren (vgl. Meffert et al. 2024, S. 650). Die bekannteste Form ist die Bannerwerbung, bei der Unternehmen Werbeplatz auf fremden Webseiten buchen. Zunehmend an Bedeutung gewinnt auch Video-Werbung (z. B. über YOUTUBE oder zu Beginn eines Videostreams (bspw. bei Nachrichtensendungen). Ein Vorteil der Display-Werbung ist ihre hohe Reichweite, sie wird jedoch tendenziell als störend angesehen.
- **E-Mail-Marketing** ist inzwischen ein zentrales Kommunikationsinstrument für Unternehmen. Über E-Mails können Nachrichten kostengünstig und standardisiert an Personen oder Personengruppen versendet werden. Dies kann in reiner Textform geschehen oder um digitale Elemente wie Grafiken, Bilder oder Musik

ergänzt werden (vgl. Buser/Ruedin 2008, S. 13 f.; Siegert 2008, S. 360). Outbound-Mails werden vom Unternehmen häufig in Form eines Newsletters versendet, bei Inbound-Mails richtet sich ein Nachfrager z. B. mit einer Anfrage oder Beschwerde an das Unternehmen.

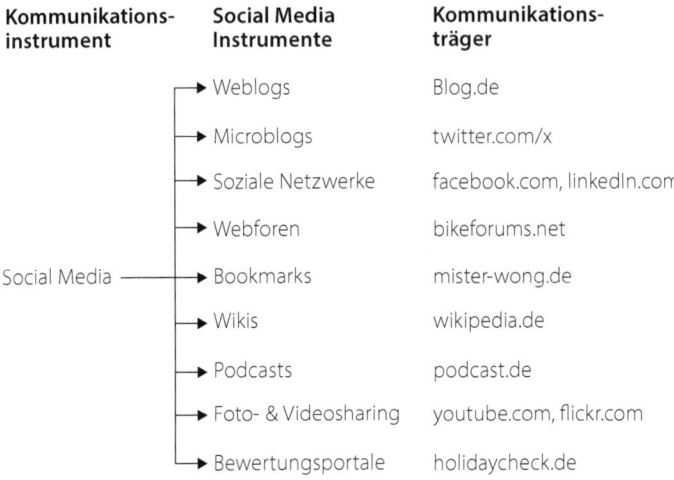

Dar. 94: Übersicht über plattformspezifische Social Media Instrumente und beispielhafte Kommunikationsträger (vgl. Homburg 2020, S. 879)

- **Virales Marketing** zielt darauf ab, gezielt Mund-zu-Mund-Propaganda auszulösen, die zu einer schnellen Verbreitung unternehmensbezogener Informationen führen soll (»Schneeballprinzip«). Hierzu nutzen Unternehmen Netzwerkstrukturen zwischen den Adressaten von Social Media zur schnellen Verbreitung der Botschaft. Auf diese Weise soll mit geringen Kosten eine hohe Reichweite erzeugt werden. Ein erfolgreiches Beispiel ist ein Werbespot von EDEKA, in dem ein Vater seinen Kindern zu Weihnachten eine Todesanzeige sendet, um sie zu einem gemeinsamen Abendessen zu versammeln. Jedoch ist der Verlauf und die Wirkung einer derartigen Kampagne schlecht planbar und kann – sofern die Botschaft nicht wie vom Unternehmen beabsichtigt bei den Adressaten ankommt – negative Reaktionen bis hin zu einem »Shitstorm« auslösen.
- **Affiliate Marketing** ist als eine Form des kooperativen Vertriebs anzusehen, bei der Partner (Affiliates) gewonnen werden, die auf ihren Webseiten oder in ihren Newslettern Hyperlinks oder Werbemittel platzieren und so den Vertrieb der Werbenden (Merchants) unterstützen (vgl. Meffert et al. 2024, S. 652; Walsh et al. 2020, S. 550), die für einen Klick oder einen Kauf vom Werbetreibenden eine Provision erhalten. Dazu ein Praxisbeispiel: Der Online-Händler Amazon betreibt ein Affiliate-Programm und platziert auf unzähligen privaten und professionellen Webseiten Verweise auf den eigenen Webshop. Kommt es zum Kauf, erhält der Affiliate bis zu 12 Prozent des Umsatzes von Amazon.

- **Influencer Marketing** beschreibt eine Strategie, bei der Unternehmen gezielt professionelle Meinungsführer (Influencer) einsetzen, um unternehmensbezogene Inhalte zu verbreiten und die Kommunikationsziele zu erreichen (vgl. Homburg 2020, S. 882). Aufgrund ihrer großen Zahl an Followern fungieren die ausgewählten Influencer als Multiplikatoren, sodass die Reichweite hoch ausfallen kann. Ein weiterer Vorteil des Influencer Marketing besteht darin, dass die eingesetzten Influencer von ihren Followern ein hohes Maß an Authentizität und Glaubwürdigkeit zugeschrieben bekommen und Werbebotschaften somit authentisch übermitteln können. Allerdings ist es wichtig, einen Influencer mit hohem Fit zum Unternehmen zu finden, der darüber hinaus über eine hohe Reichweite verfügt.
- Unter **Mobile Marketing** ist die Durchführung von Marketingaktivitäten über mobile Endgeräte, insb. über Mobiltelefone, Smartphones und Tablets zu verstehen (vgl. Stafflage 2016; Kavassalis et al. 2003; Möhlenbruch/Schmieder 2002). Hier kontaktiert entweder das Unternehmen die Individuen der Zielgruppe z. B. per App oder SMS (Push-Prinzip) oder die Zielgruppe reagiert etwa per Mobiltelefon auf Kommunikationsaktivitäten des Anbieters (Pull-Prinzip). Vorteile des Mobile Marketing liegen in der Ortsunabhängigkeit, der hohen Erreichbarkeit der Nutzer, den Möglichkeiten der Interaktion und Personalisierung sowie der Lokalisierbarkeit der Nutzer (vgl. Homburg 2020, S. 891 f.).

10.6 Mediaplanung

Nachdem das Kommunikationsbudget und im zweiten Schritt die Kommunikationsinstrumente festgelegt wurden, muss über die Werbeträgergruppen (z. B. Zeitschriften) und die konkreten Werbeträger (z. B. Spiegel, Focus, Stern) entschieden werden. Dieser Vorgang der Budgetallokation wird auch als **Media-** bzw. **Streuplanung** bezeichnet (vgl. Homburg 2020, S. 847). Ihre Aufgabe besteht darin, das Kommunikationsbudget zielgruppenspezifisch, zeitlich und räumlich so zu verteilen, dass die angestrebten Kommunikationsziele erreicht werden. Im Vordergrund stehen hier klassische Werbung und Out-of-home-Medien, auf die sich die folgenden Ausführungen beziehen (vgl. Meffert et al. 2024, S. 720). Das Ergebnis dieses Prozesses ist ein **Mediaplan**, der die Belegung einzelner Werbeträgergruppen und Werbeträger schriftlich festhält.

Für die Mediaplanung ist entscheidend, wie die Zielgruppen die Medien nutzen. Je intensiver ein Medium genutzt wird, desto besser kann die Zielgruppe darüber erreicht werden. Im Folgenden werden die in Darstellung 95 zusammengefassten, wichtigsten Kriterien der Mediawahl vorgestellt.

Medien lassen sich zunächst anhand ihrer **Reichweite** charakterisieren, wobei zwischen drei Formen der Reichweite differenziert werden kann: Die **räumliche Reichweite** drückt aus, welches geografische Gebiet ein Medium abdeckt. Hierbei werden lokale, regionale, nationale und internationale Medien unterschieden. Die

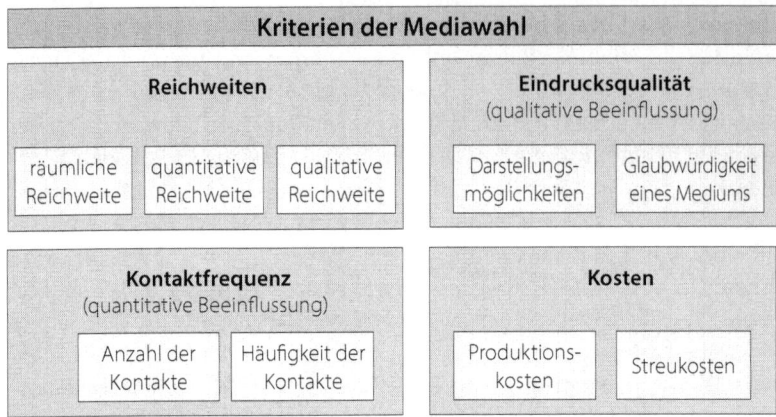

Dar. 95: Kriterien der Medienwahl (vgl. Scharf et al. 2022, S. 578)

räumliche Reichweite eines Mediums lässt sich relativ genau bestimmen, bei Rundfunk und Fernsehen ergibt sie sich aus dem Sendegebiet. Inzwischen sind viele elektronische Medien aufgrund technischer Entwicklungen (z. B. Internet-TV, Satellitenfernsehen) auch international erreichbar. Als **quantitative Reichweite** wird die Anzahl der Personen bezeichnet, die mit einem Medium innerhalb einer bestimmten Zeit Kontakt haben. In diesem Zusammenhang gibt es eine Reihe von Reichweitenbegriffen (vgl. im Folgenden Homburg 2020, S. 849; Meffert et al. 2024, S. 728 f.):

- Als **Bruttoreichweite** wird dabei die Gesamtzahl der erreichten Nutzer bei einem einmalig geschalteten Medium bezeichnet, z. B. Leser pro Ausgabe oder Zuschauer pro Sendung (vgl. Meffert et al. 2024, S. 728). Hierbei werden Überschneidungen zwischen den Medien und Mehrfachkontakte explizit eingeschlossen.
- Die **Nettoreichweite** entspricht der Anzahl der Personen, die bei einer Schaltung der Werbung in mehreren Medien erreicht wurden (Bereinigung der Bruttoreichweite um externe Überschneidungen, d. h. Personen, die mehrfach über verschiedene Medien erreicht wurden).
- Die **kumulierte Reichweite** entspricht der Anzahl der Personen, die bei mehrfacher Schaltung der Werbung in einem Medium erreicht wurden (Bereinigung der Bruttoreichweite um interne Überschneidungen, d. h. Personen, die mehrfach über dieses Medium erreicht wurden)
- Die **kombinierte Reichweite**, die am häufigsten zur Messung der Reichweite eingesetzt wird, entspricht der Anzahl der Personen, die bei mehrfacher Belegung mehrerer Medien erreicht wurden (d. h. Bereinigung der Bruttoreichweite um externe und interne Überschneidungen).

Diese Kennzahlen sagen allerdings wenig darüber aus, wie gut die eigentliche Zielgruppe mithilfe der eingesetzten Werbeträger erreicht wurde. Die **qualitative Reichweite** drückt daher aus, wie gut es mithilfe eines Mediums gelingt, die Zielgruppe abzudecken. Sie kann mit der Zielgruppenaffinität gemessen werden, die wie folgt definiert ist (vgl. Meffert et al. 2024, S. 730):

$$\text{Zielgruppenaffinität} = \frac{\text{kombinierte Reichweite (\%) in der Zielgruppe}}{\text{kombinierte Reichweite (\%) in der Gesamtbevölkerung}} \cdot 100$$

Liegt der Wert über 100, ist eine überproportional hohe Abdeckung der Zielgruppe erreicht. Ein Wert unter 100 deutet hingegen auf Streuverluste hin. Diese Größe kann allerdings nur annäherungsweise z. B. auf der Grundlage von Media-Analysen von Verlagen bestimmt werden.

Die **Eindrucksqualität** eines Mediums hängt von verschiedenen qualitativen Faktoren ab. So hängt etwa die Glaubwürdigkeit einer Werbebotschaft vom Image und der Funktion eines Werbeträgers ab. Außerdem bieten die einzelnen Medien unterschiedliche Darstellungsmöglichkeiten hinsichtlich der Gestaltung und Vermittlung kommunikativer Botschaften. So werden bspw. Anzeigen für Kapitalanlagen in Fachzeitschriften (z. B. CAPITAL) für glaubwürdiger gehalten als in Programmzeitschriften (z. B. HÖRZU oder TV SPIELFILM). Für emotionale Werbebotschaften eignen sich wiederum Publikumszeitschriften eher als Tageszeitungen, da bei Letzteren die farblichen Gestaltungsmöglichkeiten einer Anzeige eingeschränkt sind. Gefühle wie Lebensfreude (COCA-COLA), Freiheit und Abenteuer (MARLBORO) oder Humor (FLENSBURGER Pils) lassen sich wiederum v. a. in Kinowerbung wirksam vermitteln (vgl. Scharf et al. 2022, S. 578).

Mit der **Kontaktfrequenz** ist die Anzahl der Werbekontakte gemeint, der ein Adressat in einem bestimmten Zeitraum durchschnittlich ausgesetzt ist. Diese Größe ist insofern von Bedeutung, als sich die gewünschte Kommunikationswirkung bei einer Person i. d. R. erst nach einer gewissen Anzahl an Kontakten mit einer Botschaft einstellt (vgl. Scharf et al. 2022, S. 578 f.; Schweiger/Schrattenecker 2021, S. 372 ff.). Wie hoch die Kontaktfrequenz eines Werbeträgers ist, hängt einerseits von der **Verfügbarkeit** eines Werbeträgers ab. Nicht alle Medien können beliebig oft und zu jeder Zeit genutzt werden, für manche Produkte ist die Verfügbarkeit aus rechtlichen Gründen zudem eingeschränkt (z. B. Zigaretten- oder Alkoholwerbung). Andererseits hängt die Anzahl der Kontakte von der **Häufigkeit der Nutzung** und der Nutzungschance ab. Während bei Print-Medien die Verfügbarkeit grundsätzlich nicht beschränkt ist, sind Werbezeiten im Fernsehen und im Radio dagegen begrenzt und nur zu bestimmten Tageszeiten möglich.

Neben der Ermittlung von Reichweite und Kontaktfrequenz der Werbeträger spielen die **Kosten** des Erreichens einer bestimmten Personenzahl bei der Mediaplanung eine erhebliche Rolle. Kosten fallen sowohl für die Gestaltung der Werbemittel (z. B. Produktion eines TV-Spots) als auch für die Belegung der Werbeträger an. Das zentrale Bewertungskriterium ist in diesem Zusammenhang der **Tausenderkontaktpreis** (TKP). Er gibt die Kosten an, die zum Erreichen von 1000 Kontakten mittels eines bestimmten Mediums erforderlich sind (vgl. Homburg 2020, S. 851 f.). Er berechnet sich als:

$$TKP = \frac{c \text{ (Kosten für die Belegung eines Mediums)}}{K \text{ (Anzahl der durch die Belegung des Mediums realisierten Kontakte)}} \cdot 1000$$

Der Tausenderkontaktpreis eignet sich nur bedingt zum Ermitteln der Kosten bei digitalen Werbeträgern. Beispielhaft für entsprechende Kostenkennzahlen seien hier die Kennzahlen **Cost-per-Click** (Kosten, die anfallen, wenn ein Nachfrager die geschaltete Werbung oder den Werbelink anklickt) und die **Cost-per-View** (Kosten, die z. B. durch das Aufrufen eines Videos entstehen) angeführt.

10.7 Gestaltung der Botschaft

»Eine Kommunikationsbotschaft ist die Verschlüsselung kommunikationspolitischer Leitideen durch Modalitäten (Text, Bild, Emotion/Gefühl, Geschmack, Duft und/oder Ton), um bei den Rezipienten durch Aussagen über Produkte/Dienstleistungen/Marken/Unternehmen die gewünschten Wirkungen im Sinne der unternehmenspolitisch relevanten Kommunikationsziele zu erreichen« (Bruhn 2014, S. 8). Die zentrale Aufgabe der Werbebotschaft besteht darin, die beabsichtigten Botschaftsinhalte des Unternehmens mit der beabsichtigten Wirkung an die Adressaten heranzutragen (vgl. Meffert et al. 2024, S. 742). Bei der Gestaltung der Botschaft ist zu berücksichtigen, dass diese von den Adressaten i. d. R. nur kurz wahrgenommen wird und die wesentlichen Inhalte daher in sehr kurzer Zeit (1 bis 2 Sekunden) vermittelt werden müssen.

Für die Gestaltung der Botschaft ist das Involvement der Adressaten (d. h. die persönliche Relevanz der Botschaft) von entscheidender Bedeutung (vgl. Kroeber-Riel/Gröppel-Klein 2019, S. 633 ff.). Bei starkem (schwachem) Involvement ist die Bereitschaft eines Adressaten, der Botschaft Aufmerksamkeit zu schenken und Informationen aufzunehmen, tendenziell hoch (gering, vgl. Bruhn 2019, S. 461 ff.). An dieser Stelle muss zwischen einer informativen und emotionalen Gestaltung der Kommunikationsbotschaft unterschieden werden. Werbemittel sind **informativ** gestaltet, wenn sie objektive Fakten enthalten und die Vorteile des Produktes faktenorientiert hervorheben (z. B. durch Artikel in Fachzeitschriften im B2B-Marketing). Die Botschaft ist **emotional** gestaltet, wenn sie die Gefühlswelt der Adressaten anspricht und Emotionen auslösen soll (z. B. EDEKA-Spot »Heimkommen«).

Bei der Gestaltung informativer und emotionaler Werbung ist es wichtig, deren **Wirkungspfade** in Abhängigkeit des Involvements zu verstehen. Im Falle **informativer Werbung** bei **hohem Involvement** (▶ Dar. 96 links) trifft die Kommunikationsbotschaft auf eine starke Aufmerksamkeit beim Empfänger. Hierdurch werden kognitive Vorgänge ausgelöst, in deren Folge sich Einstellungen und möglicherweise eine Kaufabsicht entwickeln, die schließlich zu einem Kauf führen können.

Hier sollte die Werbebotschaft möglichst informativ gestaltet werden. Im Falle **informativer Werbung** bei **geringem Involvement** (▶ Dar. 96 zweite Darstellung von links) sollten sachliche, aber einfach zu verarbeitende Schlüsselinformationen über das Produkt vermittelt werden, da die Auseinandersetzung mit der Botschaft i. d. R. nur kurz andauert.

Im Falle **emotionaler Werbung** bei **hohem Involvement** (▶ Dar. 96 zweite von rechts) löst emotionale Werbung aufgrund der starken Aufmerksamkeit zunächst vorrangig emotionale Vorgänge aus. Diese Prozesse wirken nun auf die kognitiven Vorgänge. Der involvierte Adressat verfügt häufig bereits über Produktkenntnisse (kognitive Ebene) und die emotionalen Eindrücke werden mit den Produkteigenschaften verknüpft. Infolgedessen führen sowohl die emotionalen als auch die kognitiven Vorgänge zur Einstellungsbildung und im Idealfall zum Kauf. Im Falle **emotionaler Werbung** und **geringem Involvement** (▶ Dar. 96 rechts) sollte die Kommunikationsbotschaft aufgrund der geringen Aufmerksamkeit durch häufige Wiederholung eine emotionale Bindung zum beworbenen Produkt herstellen. Hier sollten geeignete visuelle Reize genutzt werden, um die Marke emotional aufzuladen. Dieser Effekt kann verstärkt werden, indem Schlüsselreize verwendet werden, die biologisch vorprogrammierte Reaktionen auslösen (z. B. löst ein Baby einen Mutterinstinkt aus).

Zu den wichtigsten Gestaltungselementen, die zur Übermittlung der Botschaft genutzt werden können, gehören Zeichen, Bilder und Sprache. Zahlreiche Studien zur Kommunikationsforschung haben gezeigt, dass **Bilder** allen anderen Gestaltungselementen überlegen sind (vgl. Kroeber-Riel 1996). Da Bilder vor dem Text wahrgenommen werden, führt ein frühzeitiger Abbruch des Werbemittelkontaktes dazu, dass der enthaltene Text unbeachtet bleibt. Bilder können zudem wesentlich schneller als Text verarbeitet werden und weisen ein stärkeres Aktivierungspotenzial auf. Auch die Verwendung von **Farbe** beeinflusst die Wahrnehmung der Botschaft. Farbige Werbemittel wirken sich positiv auf die Aufmerksamkeit aus, sprechen mehr Adressaten an und lösen nachhaltigere Gedächtnisleistungen aus. Vielen Farben wird zudem eine Bedeutung beigemessen (z. B. grün für Hoffnung, rot für Gefahr), die zur Aktivierung der Adressaten genutzt werden können. Mit Blick auf die **Länge** ist bei schwachem Involvement einer kurzen und prägnanten Botschaft der Vorzug vor einer längeren und komplexeren zu geben, damit Adressaten die wesentlichen Inhalte auch bei flüchtigem Kontakt aufnehmen können. Die Größe von Anzeigen wurde bereits sehr lange untersucht (vgl. Scott 1908; Jacobi 1963). Auf der Grundlage zahlreicher Studien kann davon ausgegangen werden, dass sich eine zunehmende Anzeigengröße positiv auf alle kommunikativen Teilprozesse auswirkt (vgl. Andresen 1988). In ca. 70 bis 80 Prozent der Radio- und TV-Spots wird **Musik** als gestalterisches Element eingesetzt, mitunter als Jingle (gesungener Slogan) oder als einfache Tonfolge (z. B. Deutsche Telekom oder BMW). In einer Studie zum Einsatz von Pop-Musik in der Werbung konnte ein positiver Einfluss auf die Erfolgsgrößen Aufmerksamkeit und Erinnerung aufgezeigt werden (vgl. Allan 2006, S. 442).

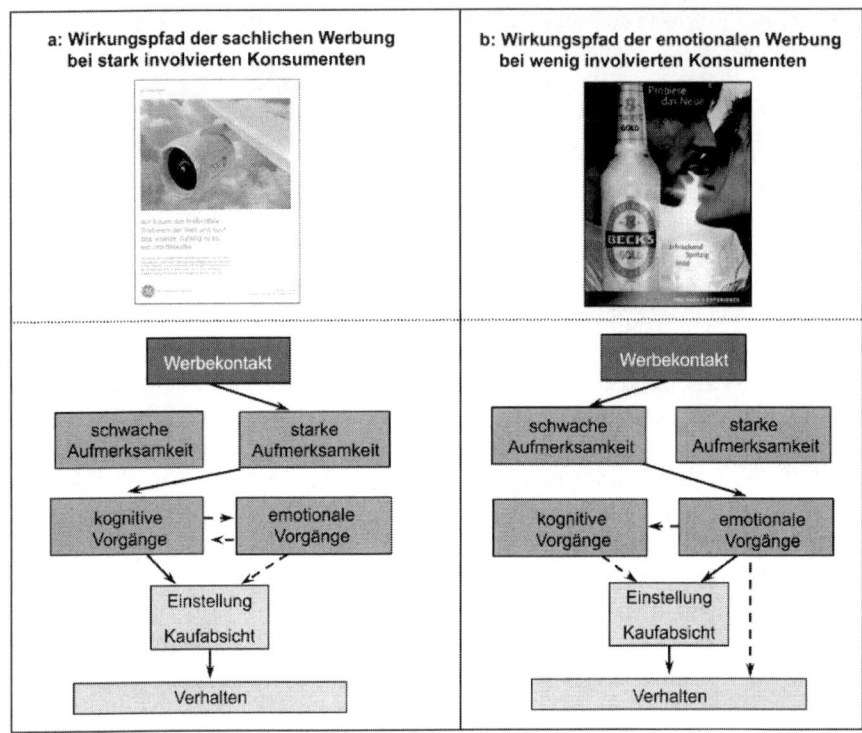

Dar. 96: Wirkungspfade informativer (links) und emotionaler Werbung (rechts) (Meffert et al. 2024, S. 747)

10.8 Erfolgsmessung

Für den Erfolg der Kommunikationspolitik spielt die **Messung der Kommunikationswirkung** eine zentrale Rolle (vgl. Zerfaß/Buchele 2008). Zur Erfolgsmessung können **quantitative** und **qualitative** Erfolgsgrößen (Metriken) herangezogen werden. Quantitative Größen erfassen unmittelbar messbare Kommunikationswirkungen wie z. B. die Zahl der Eintragungen in einen Newsletter oder die Anzahl der Klicks auf eine bezahlte Suchanzeige. Qualitative Erfolgsgrößen werden hingegen zur Erfassung von Kommunikationswirkungen in Bezug auf psychografische, nicht direkt beobachtbare Konstrukte herangezogen werden. Darstellung 97 zeigt die wichtigsten qualitativen Größen im Überblick.

Nach der eingesetzten Erhebungsmethodik können Verfahren zur Wirkungsmessung in drei Verfahrensklassen eingeteilt werden: **apparative Verfahren**, **Beobachtungen** und **Befragungen** (vgl. Meffert et al. 2024, S. 757 f.). Apparative Verfahren sind bspw. das Eyetracking zur Aufzeichnung von Blickverläufen oder aus der Medizin stammende bildgebende Verfahren wie die Computer- oder die Magnetresonanztomographie zur Messung der Hirnaktivitäten von Versuchsperso-

Dar. 97: Zentrale Erfolgsgrößen im Rahmen der Kommunikation (vgl. Meffert et al. 2024, S. 757)

Ebene der Kommunikationswerbung	Zielgröße (Auszug)
Kognitiv	Markenbekanntheit
	Bekanntheit der Werbung (Werbeawareness)
	Bekanntheit sowohl gestützt (Recall) als auch ungestützt (Recognition)
Affektiv	Markenimage
	Einstellung zur Werbung (Attitude towards the ad)
Konativ	Kaufabsicht
	Weiterempfehlungstendenz

nen sein (vgl. Kenning 2020, S. 36 ff.). Die Erhebungsmethoden Beobachtung und Befragung wurden bereits in Kapitel 4.3 ausführlich vorgestellt, daher wird an dieser Stelle nicht näher darauf eingegangen.

Die Kontrolle der Kommunikationswirkungen ist sowohl vor als auch nach der Durchführung der Kommunikation sinnvoll. Nach ihrem zeitlichen Einsatz können Messverfahren in **Pre-Tests** oder **Post-Tests** unterteilt werden (vgl. Bruhn 2014, S. 490), wobei beide den Kommunikationserfolg zu einem bestimmten Zeitpunkt messen. **Pre-Tests** erfolgen vor dem Einsatz der Kommunikationsmaßnahmen. Sie dienen dazu, grobe Fehler in der Gestaltung von Kommunikationsmaßnahmen noch vor dem kostenintensiven Budgeteinsatz zu vermeiden (vgl. Steffenhagen 1999, S. 294). Hier wird die geplante Kommunikationsmaßnahme einer Gruppe von Zielpersonen (Stichprobe) präsentiert und diese wird vor und nach der Darbietung hinsichtlich der gewünschten Kommunikationswirkungen (z. B. zu ihrer Einstellung zur Marke) befragt. Hieraus lassen sich Hinweise auf die Erfolgswahrscheinlichkeit der Maßnahme abschätzen und sie kann nötigenfalls noch entsprechend angepasst werden. **Posttests** prüfen real durchgeführte Kommunikationsaktivitäten rückschauend hinsichtlich ihrer Wirkung (vgl. Steffenhagen 1999, S. 294). Mittels Posttests kann eine abschließende Bewertung der Effektivität und Effizienz der durchgeführten Kommunikationsaktivitäten vorgenommen werden. Varianten von Posttests sind Recalltests, welche die freie Erinnerung eines Probanden an eine Anzeige, ein Produkt oder einen Anbieter messen. Recognitiontests hingegen prüfen das Wiedererkennen z. B. eines Markennamens. Neben diesen **zeitpunkt**bezogenen Messverfahren ist es sinnvoll, auch **zeitraum**bezogene Verfahren zur Wirkungsprüfung einzusetzen. Hierbei wird zwischen **Werbetracking** (wechselnde Stichprobe) und **Panels** (identische Zielgruppe) unterschieden. In **gleichen Zeitabständen** werden die Stichproben zu denselben Erfolgsgrößen (z. B. Markenbekanntheit, Kaufbereitschaft) befragt, sodass Entwicklungen im Zeitablauf aufgezeigt werden können. Aus den Ergebnissen einer solchen Mehrwellenerhebung lässt sich zudem ableiten, wie gut sich die eigene Kommunikation im Wettbewerbsumfeld bewährt.

Die bislang skizzierten Verfahren kommen vorwiegend bei klassischer Kommunikation zum Einsatz. Für die mehr und mehr bedeutsame **digitale Kommunikation** haben sich ebenfalls Instrumente zur Wirkungsmessung etabliert. Um diese zu systematisieren, ist es sinnvoll, drei Phasen der digitalen Kommunikation zu unterscheiden (vgl. Zerres et al. 2021, S. 298 f., ▶ Dar. 98):

- **View**: Wie häufig wurde eine Botschaft ausgespielt?
- **Engagement**: Wie stark haben Adressaten mit dem Anbieter interagiert?
- **Perform**: Welche Aktionen haben Nachfrager getätigt?

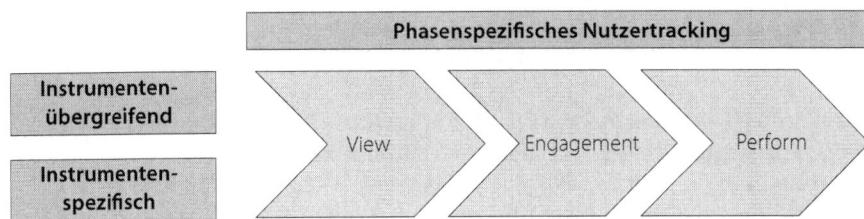

Dar. 98: Kategorisierung digitaler Kommunikationsmetriken (vgl. Meffert et al. 2024, S. 758 in Anlehnung an Zerres et al. 2021, S. 298)

In der Phase **View** werden die erzielten Reichweiten gemessen. Sie geben Auskunft darüber, wie oft eine Werbebotschaft ausgespielt wurde. Anhand der Kennzahl **Ad Impressions** werden hier u. a. Zustellraten von E-Mails, Aufrufe von Videos z. B. bei YouTube oder die Anzahl der Besucher auf einer Website (Visits) gemessen.

In der Phase **Engagement** wird die Interaktion der Nachfrager gemessen. Diese kann sich auf das Klicken eines Banners, das Öffnen einer E-Mail und das Surfen auf einer Website beziehen (vgl. Zerres et al. 2021, S. 304 f.). Eine instrumentenübergreifende Kennzahl ist die **Click-Trough-Rate** (CTR). Sie drückt aus, welcher Anteil der in einem Zeitraum ausgespielten Anzeigen tatsächlich angeklickt wurde (vgl. Roscheck et al. 2013, S. 239). **Page Impressions** beziehen sich ausschließlich auf die eigene Website und geben wieder, wie viele Seiten der Website sich Nachfrager angesehen haben. In Kombination mit der Verweildauer auf der Seite kann geschlussfolgert werden, wie lange Nachfrager insgesamt auf der Website verblieben sind. Die **Absprungrate** (Bouncerate) gibt den Anteil der Besucher an, die lediglich einen einzigen Seitenaufruf getätigt und die Webseite dann wieder verlassen haben.

In der letzten Phase **Perform** wird schließlich gemessen, welche Aktionen die Nachfrager durchgeführt haben. Wichtigste Kenngröße ist hier die **Conversion Rate** (CR), die instrumentenübergreifend ermittelt werden kann. Eine Conversion kann eine Transaktion, eine Anmeldung zu einem Newsletter oder der Download einer mobilen App sein (vgl. Meffert et al. 2024, S. 759). Die Conversion Rate gibt das Verhältnis zwischen den erzielten Conversions (z. B. Produktbestellungen) und den zuvor getätigten Aktionen (z. B. Klicken eines Banners) an (vgl. Lammenett 2017, S. 429).

Ein grundsätzliches Problem bei der Messung des Kommunikationserfolgs ist die **Interdependenz** zwischen den Kommunikationsinstrumenten. In der Regel werden mehrere Kommunikationsinstrumente gleichzeitig genutzt und miteinander kombiniert, sodass es kaum möglich ist, die Erfolge der einzelnen Kanäle isoliert zu bewerten (**sachliche Interdependenz**). Hinzu kommen die weiteren Marketingmaßnahmen, etwa wenn während einer Werbekampagne der Preis oder die Platzierung in den Regalen einer Supermarktkette verändert wird. Ein weiterer Faktor, der die Überprüfung des Kommunikationserfolgs erschwert, sind **zeitliche Interdependenzen**. Kommunikationsaktivitäten wirken in Folgeperioden nach, d. h. die gewünschten Effekte können auch dann erst einsetzen, wenn die Maßnahme bereits abgeschlossen ist (Carry-Over-Effekt, vgl. Steffenhagen/Guhl 2011). Führt etwa ein Automobilhersteller zur Einführung eines neuen Modells eine Werbekampagne durch, mag sich der Erfolg erst in späteren Perioden zeigen, wenn Käufer ein neues Auto benötigen und sich an die durchgeführte Kampagne und das beworbene Modell erinnern. Erschwert wird die Erfolgsmessung nicht zuletzt durch nicht-beeinflussbare **Störgrößen**, insb. den Kommunikationsanstrengungen der Wettbewerber,

11 Distributionspolitik

11.1 Ziele und Entscheidungsfelder der Distributionspolitik

Die Produktion und Verwendung der meisten Sachgüter fällt sowohl räumlich als auch zeitlich auseinander. Daraus ergibt sich die Notwendigkeit, erstellte Güter mittels Raumüberbrückung (Transport) und Zeitüberbrückung (Lagerhaltung) dort bereitzustellen, wo sie von den Kunden nachgefragt werden. Bei Dienstleistungen hingegen stellt sich diese Problematik nicht: Sie können weder transportiert noch gelagert werden, da sie im gleichen Moment erstellt und genutzt werden. Die **Distributionspolitik** beschäftigt sich daher vorrangig mit physischen Gütern. Sie umfasst alle Entscheidungen und Handlungen zur Verteilung (distribution) von Produkten auf dem Weg vom Hersteller zum Endkäufer und damit von der Produktion zum Konsum bzw. der gewerblichen Verwendung (vgl. Meffert et al. 2024, S. 551; Pfohl 2018, S. 225 ff.; Specht/Fritz 2005, S. 33). Dabei umfasst die Distributionspolitik **zwei Entscheidungsbereiche**, die als akquisitorische und physische Distribution (Marketinglogistik) bezeichnet werden. Darstellung 99 verdeutlicht, welche Aufgaben innerhalb der beiden Entscheidungsbereiche zu bewältigen sind.

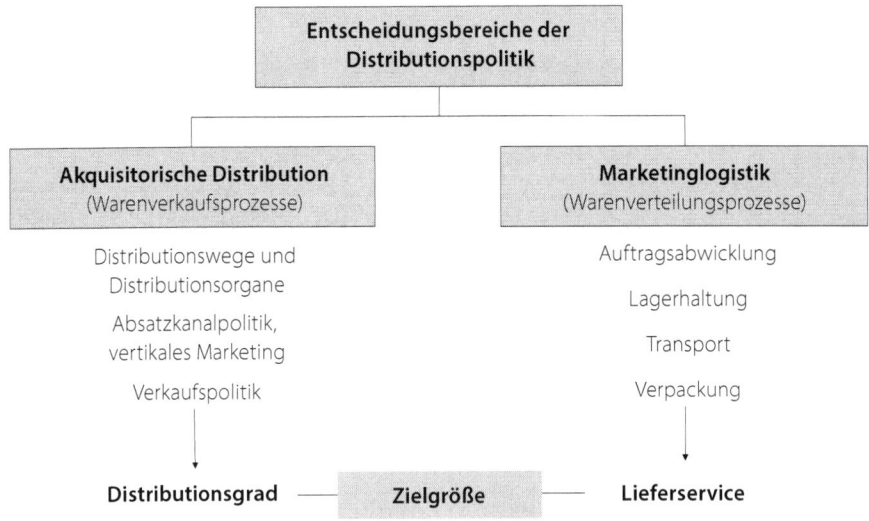

Dar. 99: Entscheidungsbereiche der Distributionspolitik (vgl. Scharf et al. 2022, S. 614)

Gegenstand der **akquisitorischen Distribution** ist der Aufbau und das Management von Distributionswegen (synonym: Vertriebswegen, Vertriebskanälen, Absatzkanälen) vom Hersteller zum Endabnehmer. Der Begriff akquisitorisch deutet an, dass es hier um die Gewinnung von Kunden und den Abschluss von Kaufverträgen geht. Zum Aufbau von Distributionswegen stehen einem Unternehmen unternehmenseigene und -fremde Distributionsorgane zur Verfügung. Im Rahmen der akquisitorischen Distribution ist zu entscheiden, welche Distributionsorgane einzusetzen sind und wie deren Beziehung zueinander gestaltet werden soll. Insbes. ist hier zu entscheiden, ob rechtlich selbständige Vertriebsorgane, die Eigentum an der Ware übernehmen (Absatzmittler), in die Distribution eingebunden werden sollen (indirekte Distribution bzw. indirekter Vertrieb) oder ob ausschließlich unternehmenseigene Organe sowie Absatzhelfer, die kein Eigentum an der Ware übernehmen, eingesetzt werden sollen (direkte Distribution bzw. Direktvertrieb). Die akquisitorische Distribution zielt auf einen hohen **Distributionsgrad** ab, der ein Maß für die Präsenz eines Produktes im Markt ist. Er drückt aus, wie hoch der Anteil der Verkaufsstellen für ein Produkt im Verhältnis zur Gesamtheit aller Verkaufsstellen ist, die für das Produkt grundsätzlich infrage kommen (vgl. Meffert et al. 2024, S. 552). Der akquisitorischen Distribution widmet sich Abschnitt 11.2.

Die **Marketinglogistik** (physische Distribution) beschäftigt sich mit der Überwindung von Raum und Zeit. Hier werden sämtliche Entscheidungen getroffen, die mit dem physischen Transport und der Lagerung der Produkte sowie den damit verbundenen Informationsflüssen im Zusammenhang stehen (vgl. Bruhn 2019, S. 254). Neben Transport und Lagerhaltung werden auch die Auftragsabwicklung und Auslieferung der physischen Distribution zugeordnet. Damit spielt die Gestaltung des Logistiksystems des Unternehmens eine zentrale Rolle innerhalb der Distributionspolitik. Die wichtigste Zielgröße im Rahmen der Marketinglogistik ist der **Lieferservice** des Unternehmens. Dieser kennzeichnet die Distributionsleistung in Bezug auf die Lieferzeit, -bereitschaft, -qualität und -flexibilität des Unternehmens (vgl. Pfohl 2018; Scharf et al. 2022, S. 615). Der Marketinglogistik widmet sich Abschnitt 11.3.

11.2 Akquisitorische Distribution

11.2.1 Distributionsorgane

Im Zentrum der akquisitorischen Distribution steht wie oben angedeutet die Gestaltung der Distributionswege (bzw. Vertriebswege, Vertriebskanäle oder Absatzkanäle). Bei der Gestaltung der Distributionswege stehen einem Anbieter verschiedene **Distributionsorgane** zu Verfügung. Herunter sind alle Personen und/oder Institutionen zu verstehen, die auf dem Weg eines Produktes vom Hersteller zur nächsten (produktiven oder konsumtiven) Verwendung Distributionsaufgaben erfüllen (vgl. Scharf et al. 2022, S. 625). Wie Darstellung 100 verdeutlicht, stehen einem Hersteller sowohl **unternehmenseigene** als auch **unternehmensfremde Distributionsorgane** zur Verfügung.

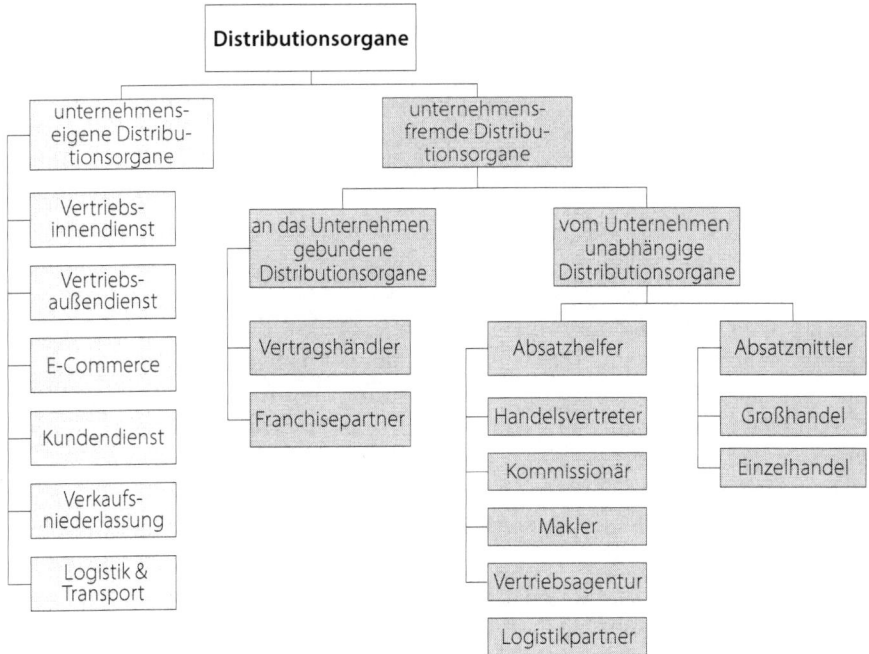

Dar. 100: Distributionsorgane im Überblick (vgl. Scharf et al. 2022, S. 626)

Zu den **unternehmenseigenen** Distributionsorganen, die rechtlich und organisatorisch an das Unternehmen gebunden sind und zur Erfüllung der akquisitorischen und logistischen Aufgaben beitragen, gehören (vgl. Homburg 2020, S. 942 ff.; Scharf et al. 2022, S. 625):

- **Vertriebsaußendienst**: Er ist verantwortlich für die Pflege des Kundenstamms, die Betreuung von Vertriebspartnern (z. B. Einzelhändler) sowie die Akquisition von Neukunden. Er ist i. d. R. regional gegliedert und häufig in regionalen Verkaufsniederlassungen. Die Tätigkeiten eines Außendienstmitarbeiters (»Reisender«) ist daher stark von Kundenbesuchen geprägt.
- **Vertriebsinnendienst** (Backoffice): Er unterstützt den Außendienst und ist räumlich meist stärker konzentriert (oft als Callcenter). Zu unterscheiden sind hier administrative von akquisitorischen Aufgaben. Im Zentrum der administrativen Aufgaben steht die Auftragsabwicklung. Die Aufgabe des Innendienstes besteht hier in der Koordination zwischen dem Kunden und unternehmensinternen Bereichen wie der Logistik. Im Gegensatz dazu ist es Aufgabe des akquisitorischen Vertriebsinnendienstes, Verkaufsabschlüsse herbeizuführen, indem u. a. Angebote erstellt und Verhandlungen mit Kunden durchgeführt werden.

- Der **Kundendienst** spielt v. a. bei komplexen Produkten (z. B. im Investitionsgüterbereich) eine wesentliche Rolle. Sein Aufgabenspektrum reicht von der Auskunftserteilung für Kunden in produktbezogenen Angelegenheiten über die Erbringung von Serviceleistungen für Kunden (z. B. Reparaturen) bis zur Entwicklung kundenspezifischer Problemlösungen.
- Zu den **Verkaufsniederlassungen** gehören Verkaufsfilialen, Fabrikverkäufe und Outlet-Stores. Diese werden primär errichtet, um direkten Kontakt zu den Abnehmern aufzubauen, diese vor Ort beraten zu können und Serviceleistungen (z. B. Reparaturen) durchführen zu können. Besonders für Markenartikelhersteller können sich eigene Filialen als Flagship-Stores lohnen, da auf diese Weise emotional-symbolische Markenerlebnisse vermittelt werden (z. B. NIKE, NESPRESSO oder APPLE).
- Der **Internet-Vertrieb (E-Commerce)** bietet auch Herstellern die Möglichkeit, ihre Angebote unmittelbar an die Konsumenten heranzutragen und hat in den letzten Jahren einen erheblichen Bedeutungsgewinn erfahren. So sind die E-Commerce-Umsätze in Deutschland zwischen 2015 und 2023 um 93 Prozent gestiegen (vgl. bevh 2023). Darstellung 101 fasst die wesentlichen Vor- und Nachteile des Internet-Vertriebs aus Unternehmens- und Käufersicht zusammen.

Dar. 101: Vor- und Nachteile des Direktvertriebs über das Internet (vgl. Meffert et al. 2024, S. 560)

	Vorteile	**Nachteile**
Unternehmenssicht	- Globale Präsenz/Zugang zu neuen Märkten - Direkte Bestellannahme - Zeit- und Kostenvorteile - Zusätzliche Kunden-/Umsatzpotenziale - Gewinnung von Kundendaten	- Hoher technischer Aufwand - Wettbewerb mit bisher branchenfremden Anbietern - Fehlendes Know-how bei der Implementierung
Nachfragersicht	- Anywhere- und Anytime-Verfügbarkeit - Größere Auswahl und Vergleichbarkeit an Produkten und Angeboten - Individuelle Angebote - Markttransparenz	- Fehlender physischer Kontakt mit Produkten - Fehlender sozialer Aspekt beim Einkauf - Unsicherheit bei der Zahlungsabwicklung - Ggf. Mindestbestellwert und zusätzliche Kosten

Bei den **unternehmensfremden Distributionsorganen** ist zwischen Vertriebsorganen, die an das Unternehmen rechtlich und wirtschaftlich gebunden sind (Vertragshändler und Franchisepartner), und vom Unternehmen unabhängigen Distributionsorganen (Absatzhelfer und Absatzmittler) zu unterscheiden (vgl. Scharf et al. 2022, S. 626).

- **Vertragshändler** sind rechtlich selbständig, durch Verträge jedoch fest in die Vertriebsstrategie des Anbieters eingebunden (vgl. Homburg 2020, S. 945 f.). Auf diese Weise kann ein Anbieter die Vorteile eines Filialsystems (insb. eine hohe Steuerbarkeit) ohne großen Kapitalbedarf realisieren (Quasi-Filialisierung). Vertragshändlersysteme findet man bspw. in der Automobilbranche (Autohäuser), bei Kosmetikherstellern (Depothändler) und im Mineralölvertrieb (Tankstellen). Der Vertragshändler kann verpflichtet werden, ausschließlich die Marken des Anbieters zu führen und vertriebspolitische Maßnahmen (z. B. Verkaufsförderungsaktionen und Konditionengestaltung) des Anbieters umzusetzen.
- **Franchisepartner** sind noch stärker an das Unternehmen gebunden als Vertragshändler. Ein Franchisesystem ist durch eine kooperative, langfristige und vertraglich umfassend geregelte Beziehung zwischen einem Franchisegeber und rechtlich selbständig bleibenden Franchisenehmern aus (vgl. Meffert et al. 2024, S. 575). Der Franchisegeber (z. B. McDONALD'S) berechtigt und verpflichtet den Franchisenehmer, ein etabliertes Geschäftskonzept zu nutzen, der für die Nutzung ein Entgelt zahlt, das sich i. d. R. aus einer fixen Eintrittsgebühr und variablen Zahlungen an die Systemzentrale zusammensetzt. Die wesentlichen Vorteile des Franchisings liegen für den Franchisegeber darin, dass er schnell und ohne hohe Fixkosten expandieren kann. Der Franchisenehmer hat den Vorteil, ein erfolgreiches Konzept und eine starke Marke mit vergleichsweise geringem Risiko nutzen zu dürfen. Nachteilig für den Franchisegeber ist die notwendige strikte Kontrolle der Franchisenehmer und die Abhängigkeit von ihnen. Für den Franchisenehmer sind die geringe Freiheit bei der Marktbearbeitung und die hohen Einstiegskosten nachteilig (vgl. Voeth/Herbst 2013, S. 442). Das Franchising-Konzept ist insb. im Dienstleistungssektor von hoher Bedeutung (z. B. Systemgastronomie, Einzelhändler wie FRESSNAPF oder APOLLO OPTIK).
- **Absatzhelfer** wie Handelsvertreter und Makler (z. B. Reisebüros) spielen aufgrund der Schwierigkeit der Eigentumsübertragung insb. im Dienstleistungsvertrieb eine wichtige Rolle (vgl. Homburg 2020, S. 946). Zentrale Gründe für ihren Einsatz liegen aus Sicht eines Anbieters darin, Vertriebskosten zu variabilisieren (z. B. durch Provisionen für Kaufabschlüsse bei Handelsvertretern, Kommissionären und Maklern) bzw. spezifische Kompetenzen der Absatzhelfer (insb. bei Vertriebsagenturen und Logistikdienstleistern) zu nutzen.
- **Absatzmittler** erwerben im Gegensatz zu Absatzhelfern Eigentum an den Produkten und veräußern diese in eigenem Namen und auf eigene Rechnung. Dies verleiht ihnen gegenüber Absatzhelfern häufig eine hohe Marktmacht (z. B. Lebensmitteleinzelhandel). Großhändler verkaufen ihre Produkte ausschließlich an professionelle Käufer, d. h. Einzelhändler und Gewerbetreibende. Einzelhändler wiederum veräußern Produkte überwiegend an Konsumenten in kleinen Mengen (▶ Kap. 1.4).

11.2.2 Gestaltung der Distributionswege

Ein Hersteller muss entscheiden, welche unternehmenseigenen und unternehmensfremden Distributionsorgane er zur Bewältigung seiner Distributionsaufgaben einsetzen möchte und wie diese Organe aufeinander abgestimmt werden sollen. Eine wichtige Entscheidung betrifft die Frage, ob die Produkte indirekt oder direkt vertrieben werden sollen. Von **indirektem Vertrieb** wird gesprochen, wenn wirtschaftlich und rechtlich selbstständige Absatzmittler (Groß-/Einzelhändler) oder wirtschaftlich selbstständige, aber vertragliche gebundene Kooperationspartner (z. B. Franchisenehmer, Vertragshändler) in die Distribution eingebunden werden (vgl. Meffert et al. 2024, S. 560). Mit dem indirekten Vertrieb setzt sich der folgende Abschnitt noch näher auseinander.

Beim **direkten Vertrieb (Direktvertrieb)** findet ein unmittelbarer Kontakt zwischen dem Hersteller und dem Endkunden statt, ohne dass der Handel zwischengeschaltet wird. Die Vorteile des Direktvertriebs liegen in der hohen Kontrolle über die Vermarktung der Produkte, die Sicherstellung einer hohen Beratungsqualität und der direkten Einflussnahme auf die Endkunden. Darüber hinaus verbleibt die ansonsten fällige Handelsspanne beim Hersteller. Direktvertrieb bietet sich für Unternehmen an, die erklärungsbedürftige Produkte vertreiben und über einen überschaubaren Kundenstamm verfügen, sodass keine hohe Distributionsdichte erforderlich ist (insb. B2B-Marketing). Ein Nachteil des Direktvertriebs liegt im hohen Kapitalbedarf zum Aufbau eines flächendeckenden Vertriebssystems und eines hohen Distributionsgrads (vgl. Bruhn 2019, S. 260). Direktvertrieb ist im Business-to-Business-Marketing die dominante Vertriebsform. Aber auch Konsumgüterhersteller setzen verstärkt auf Direktvertrieb, z. B. über einen eigenen Webshop oder herstellereigene Filialen. Beispielsweise verkauft ZWILLING, ein Hersteller von Küchenmessern, seine Produkte auch über eigene Flagship-Stores und einen eigenen Online-Shop.

Durch die Auswahl und Kombination der direkten und indirekten Vertriebswege ergibt sich die **Absatzkanalstruktur** eines Anbieters, die sich durch ihre Länge und Breite beschreiben lässt. Mit der Festlegung der **vertikalen Absatzkanalstruktur** trifft ein Hersteller eine Auswahl zwischen verschiedenen Absatzstufen. Die Art und Anzahl dieser Stufen legen die Länge des Absatzkanals zwischen Hersteller und Endkunde fest. Je größer die Zahl der eingeschalteten Absatzmittler ist, desto länger wird der Distributionsweg und desto mehr Akteure wollen am Channel-Profit teilhaben. Neben der vertikalen Absatzkanalstruktur ist auch über die **horizontale Absatzkanalstruktur** zu entscheiden. Hierbei stellen sich zwei Fragen (vgl. Olbrich 2006, S. 235 f.),

- Wie **breit** soll ein Absatzkanal sein? Hier sind Betriebsformen auszuwählen. Dies sind Kategorien von Handelsbetrieben, die sich aus Sicht der Nachfrager hinsichtlich wichtiger Merkmale (z. B. Sortimentsumfang, Verkaufsfläche, Beratungsniveau etc.) ähneln (vgl. Burmann 1995, S. 3 f.). Hierzu gehören etwa der stationäre Handel sowie der Versandhandel.

- Wie **tief** soll der Absatzkanal sein? Hier ist über einzusetzende Betriebstypen und die Zahl der Absatzmittler zu entscheiden. »Betriebstypen resultieren daraus, dass die konstitutiven Merkmale einer Betriebsform in unterschiedlich starker Ausprägung auftreten können. Je nach Ausprägung von Sortimentsbreite, -tiefe, Selbstbedienungsgrad [...] lassen sich unterschiedliche Typen und damit Varianten von Betriebstypen unterscheiden« (vgl. Meffert et al. 2024, S. 558). Zu den Betriebstypen zählen etwa Discounter und Fachgeschäfte oder der Cash-und-Carry-Großhandel.

Darstellung 102 zeigt die Entscheidungstatbestände bei der Festlegung der Absatzkanalstruktur im Überblick.

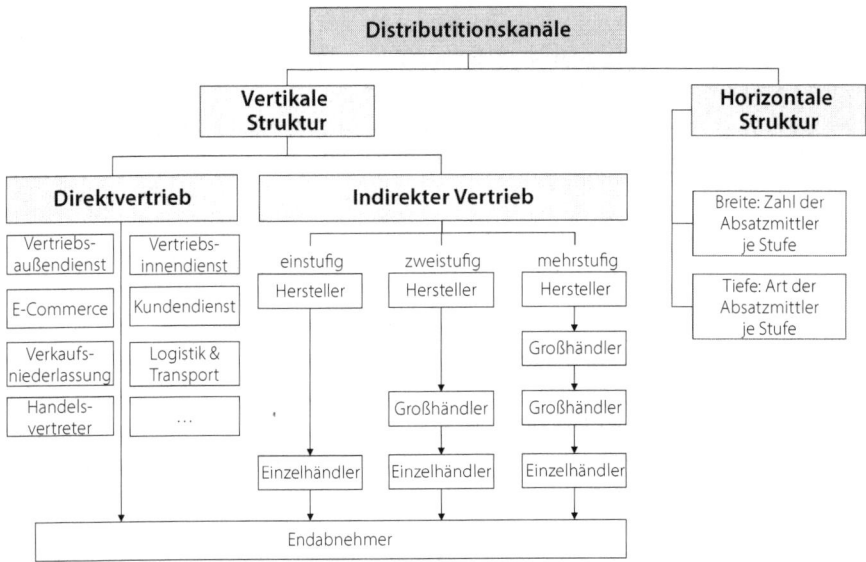

Dar. 102: Entscheidungstatbestände bei der Festlegung der Absatzkanalstruktur (vgl. Bruhn 2019, S. 259)

11.2.3 Indirekter Vertrieb

Bei der Entscheidung über die Frage, ob Absatzmittler in die Distribution eines Herstellers eingebunden werden sollen, ist eine Betrachtung der **Funktionen des Handels** hilfreich (vgl. Homburg 2020, S. 952 f.; Kreutzer 2017, S. 290 f.):

- **Raumüberbrückung**: Der Handel transportiert Produkte in die Nähe (stationärer Handel) oder direkt zum Kunden (Versandhandel bzw. E-Commerce).
- **Zeitüberbrückung**: Der Handel gleicht zeitliche Unterschiede zwischen der Herstellung und Verwendung der Produkte durch Lagerhaltung aus.
- **Quantitative Sortimentsfunktion**: Der Handel vereinzelt große Produktionsmengen der Industrie zu nachfragergerechten Mengen.

- **Qualitative Sortimentsgestaltung**: Der Handel bündelt die Produkte verschiedener Hersteller zu einem aus Kundensicht attraktiven Sortiment.
- **Beratung**: Insbesondere bei komplexen Gütern (z. B. Elektronikprodukten) kann der Handel Entscheidungsunsicherheiten beim Kunden durch Beratung reduzieren oder ganz beseitigen.
- **Absatzfinanzierung**: Der Handel kann Liquiditätsengpässe der Käufer durch Kreditgewährung (z. B. Ratenzahlung) beseitigen.
- **Werbung und Marktbeeinflussung**: Der Handel kann die Produkte der Hersteller bekannt machen und fördert damit deren Absatz.

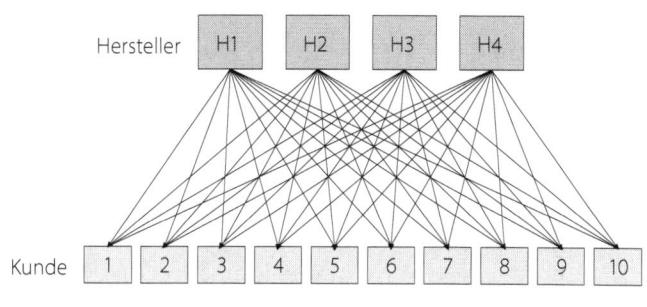

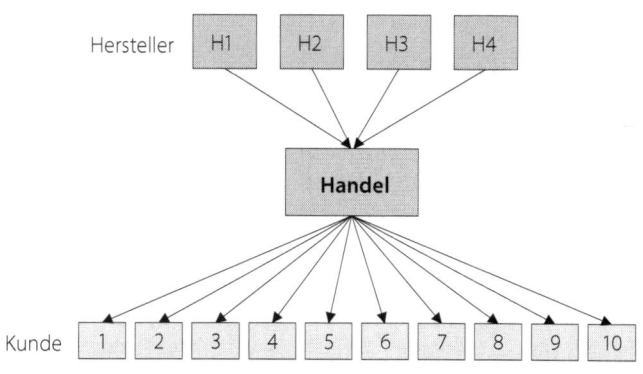

Dar. 103: Kontaktwege mit und ohne den Handel (vgl. Esch et al. 2013, S. 341)

Ein Hersteller kann die Zahl der Kundenkontakte durch die Einschaltung des Handels massiv verringern. Darstellung 103 verdeutlicht, dass es bei vier Produzenten und zehn Endkunden ohne Einschaltung des Handels zu insgesamt 40 Kontaktwegen und damit 40 Kaufverträgen kommt. Wird zwischen die Hersteller und Endkunden jedoch ein Händler geschaltet, reduziert sich die Zahl der Kontaktwege insgesamt von 40 auf 14. Jeder Produzent hat statt zehn Kunden nun nur noch einen (Handels-)Kunden.

Bezüglich der Intensität der Nutzung von Absatzmittlern kann ein Hersteller zwischen drei Vertriebsstrategien auswählen (vgl. Homburg 2020, S. 955 f.; Olbrich 2006, S. 236 ff.):

- Beim **Universalvertrieb** (Intensivvertrieb) akzeptiert ein Hersteller jeden Händler, der bereit ist, die eigenen Produkte anzubieten. Ziel dieser Strategie ist es, das eigene Angebot möglichst überall erhältlich zu machen (Ubiquität). Dies ist wichtig, wenn die Käufer nicht bereit sind, große Wege für ein Produkt zurückzulegen (Low-Involvement-Produkte). Der zentrale Nachteil des intensiven Vertriebs liegt im hohen Aufwand zur Bedienung und Betreuung aller möglichen Verkaufsstellen. Er wird vorrangig für Güter des täglichen Bedarfs genutzt, damit möglichst viele Konsumenten diese Produkte mühelos erwerben können.
- Das Gegenteil des Universalvertriebs ist der **Exklusivvertrieb**, bei dem ein Hersteller mit wenigen oder sogar nur einem Händler zusammenarbeitet. Ziel dieser Strategie ist es einerseits, den Kunden eine hohe Beratungskompetenz zu bieten und diese im Bedarfsfall betreuen zu können. Andererseits kann die künstliche Verknappung einem Produkt Exklusivität verleihen. Der Exklusivvertrieb ist daher für Luxusprodukte typisch (z. B. teure Uhren, Designermode). Nachteilig für den Hersteller ist allerdings die starke Abhängigkeit von dem oder den wenigen ausgewählten Händlern.
- Der **Selektivvertrieb** ist eine Zwischenform, bei der ein Hersteller mit ausgewählten Händlern zusammenarbeitet. Der Handel wird oft ergänzend zu eigenen Distributionsorganen eingesetzt. Beispielsweise verkaufen APPLE, NIKE und LEGO ihre Produkte sowohl über eigene Organe (z. B. Stores und Webshops) als auch über ausgewählte Fachhändler. Der Handel kann hier spezifische Aufgaben wie Beratung und Reparaturen übernehmen.

Es bleibt festzuhalten, dass die **Vorteile des indirekten Vertriebs** v. a. darin liegen, eine hohen Distributionsgrad zu erreichen, sodass Märkte schnell durchdrungen werden können. Ein Hersteller muss weniger eigene Ressourcen in die Vertriebsarbeit stecken und kann gewisse Aufgaben (z. B. Beratung, Ersatzteilservice) an den Händler auslagern. Vor allem bei Gütern des täglichen Bedarfs ist eine indirekte Distribution zur Verringerung der Kontaktwege meist unverzichtbar für Hersteller. Die zentralen **Nachteile des indirekten Vertriebs** liegen aus der Herstellersicht in einer erhöhten Abhängigkeit von Absatzmittlern sowie einer geringeren Kontrolle über die Vermarktung der eigenen Produkte (z. B. der Preissetzung).

Das Verhältnis zwischen Industrie und Handel ist oft stärker durch Konfrontation als durch Kooperation geprägt. Konfliktfelder gibt es in allen Bereichen des Marketing-Mix (▶ Dar. 104), wobei insb. die Markenpolitik und die Verteilung des Gewinns innerhalb des Absatzkanals, d. h. die Preispolitik häufige Reibungspunkte darstellen (vgl. Bruhn 2019, S. 284).

Dar. 104: Auswahl von Konfliktfeldern zwischen Industrie und Handel (vgl. Meffert et al. 2024, S. 555)

Ziele	Hersteller	Handel
Produktionspolitische Ziele	Markenimage auf Produktebene	Markenimage auf Sortimentsebene
	Platzierung neuer Produkte in den Regalen des Handels	Listing von »Renner«-Produkten, Auslieferung von »Renner«-Produkten
	Mehr Regalplatz durch Produktdifferenzierung	Förderung der Handelsmarken
Preispolitische Ziele	Niedrige Handelsspanne	Hohe Handelsspanne
	Einheitliche Endverbraucherpreise einer Marke	Raum- und zeitbezogene Preisdifferenzierung
	Weitestgehende Preisstabilität	Sonderangebotspolitik (preispolitischer Ausgleich)
Distributionspolitische Ziele	Kontinuierlicher Abverkauf in den Handel	Bestellmenge entsprechend der Nachfrage
	Distribution des gesamten Herstellersortiments	Zielgruppenbezogene Auswahl einzelner Marken und Produktvarianten
	Keine Warenrücknahme (Remission)	Rückgaberecht für Lagerware
	Fertigungsoptimale Bestellmengen	Nur regalfüllende Bestellmengen
	Mindestbestellmengen für den Handel	Flexible Nachbestellmöglichkeiten
	Große Bestellmengen	Schnelle Lieferung auch kleiner Mengen
	Bevorzugte Regalplatzierung für eigene Marken (Zweitplatzierung)	Sortimentsgerechte Warenplatzierung
	Hohe Distributionsdichte	Möglichst exklusive Distribution
Kommunikationspolitische Ziele	Handel wirbt überregional für den Hersteller	Regionale und lokale Werbung für den eigenen Standort
	Hersteller gestaltet den Markenauftritt am Point of Sale	Eigenständige Gestaltung des Marktauftritts am Point of Sale
	Schaffung von Markenpräferenzen	Profilierung der Einkaufsstätte als Marke
	Erhöhung oder Stabilisierung der Markentreue	Erhöhung oder Stabilisierung der Händlertreue

11.2.4 Mehrkanalvertrieb

Es ist üblich, dass Hersteller für ihre Produkte mehrere Distributionsorgane und -wege gleichzeitig nutzen, um das vorhandene Marktpotenzial besser abzuschöpfen und die Abhängigkeit von einzelnen Distributionswegen zu reduzieren. Mit einem derartigen **Mehrkanalvertrieb** werden drei Ziele verfolgt (vgl. Meffert et al. 2024, S. 567):

1. **Umsatzsteigerungen** durch das Abschöpfen verschiedener Käufersegmente (z. B. stationäre Käufer, Onlineshopper),
2. Realisierung von **Einsparpotenzialen** z. B. im Bereich Services, wenn ein Großteil der Kundenbetreuung online abgewickelt wird oder online bestellte Ware unmittelbar in einem Ladengeschäft umgetauscht werden kann und
3. Steigerung der **Customer Experience** z. B. durch den Einsatz kundennaher Vertriebskanäle oder die Schaffung eines Einkaufserlebnisses am Point of Sale.

Im Rahmen des Mehrkanalvertriebs ist darüber zu entscheiden, wie stark die verschiedenen Vertriebskanäle aufeinander abgestimmt bzw. integriert werden sollen. Von **Multi-Channel-Vertrieb** wird gesprochen, wenn mehrere Vertriebswege parallel genutzt werden, diese aber relativ unabhängig voneinander eingesetzt werden. Dies kann über die Kanäle hinweg zu unterschiedlichen Preisen und Serviceangeboten führen. Dieser Ansatz setzt voraus, dass sich zwischen den genutzten Kanälen keine Überschneidungen hinsichtlich der Zielgruppen gibt. Dies wird jedoch u. a. aufgrund der technologischen Entwicklungen (z. B. die steigende Preistransparenz aufgrund er Digitalisierung) zunehmend erschwert. Beim **Cross-Channel-Vertrieb** werden mindestens zwei, jedoch nicht alle Distributionswege aufeinander abgestimmt (vgl. Beck/Rygl 2015, S. 174 f.). Hierdurch wird versucht, Verbundwirkungen zwischen den Kanälen zu schaffen, die zu einem größeren Nutzen für die Kunden führen sollen (vgl. Schramm-Klein 2003, S. 82). Damit wird versucht, dem Umstand Rechnung zu tragen, dass Kunden zwischen den Kanälen wechseln. Beispielsweise kann eine Integration des Online-Shops mit eigenen Filialen dazu führen, dass Kunden einen in der Filiale erworbenen Gutschein auch im Online-Shop einlösen werden wollen. Beim **Omni-Channel-Vertrieb** wiederum werden alle Distributionswege so eng aufeinander abgestimmt, dass Konflikte zwischen diesen verhindert werden und die Kunden über alle Kanäle hinweg ein stimmiges Kauferlebnis erleben sollen. Hierbei fließen ständig Informationen zwischen den einzelnen Kanälen und Kundendaten, Prozesse und die Infrastruktur der Kanäle sind abzugleichen und zu harmonisieren.

Eine beliebte Erscheinungsform des Mehrkanalvertriebs ist die Kombination von Online- und Offline-Vertriebskanälen. Darstellung 105 verdeutlicht das Mehrkanalsystem des Sportartikelherstellers ADIDAS, der einerseits Offline-Kanäle wie den indirekten Vertrieb über den stationären Handel (z. B. FOOT LOCKER) und den direkten Vertrieb über eigene Filialen bzw. Factory Outlets nutzt. Andererseits nutzt ADIDAS einen eigenen Webshop und verkauft seine Produkte zudem über Online-Händler wie AMAZON und virtuelle Marktplätze wie EBAY.

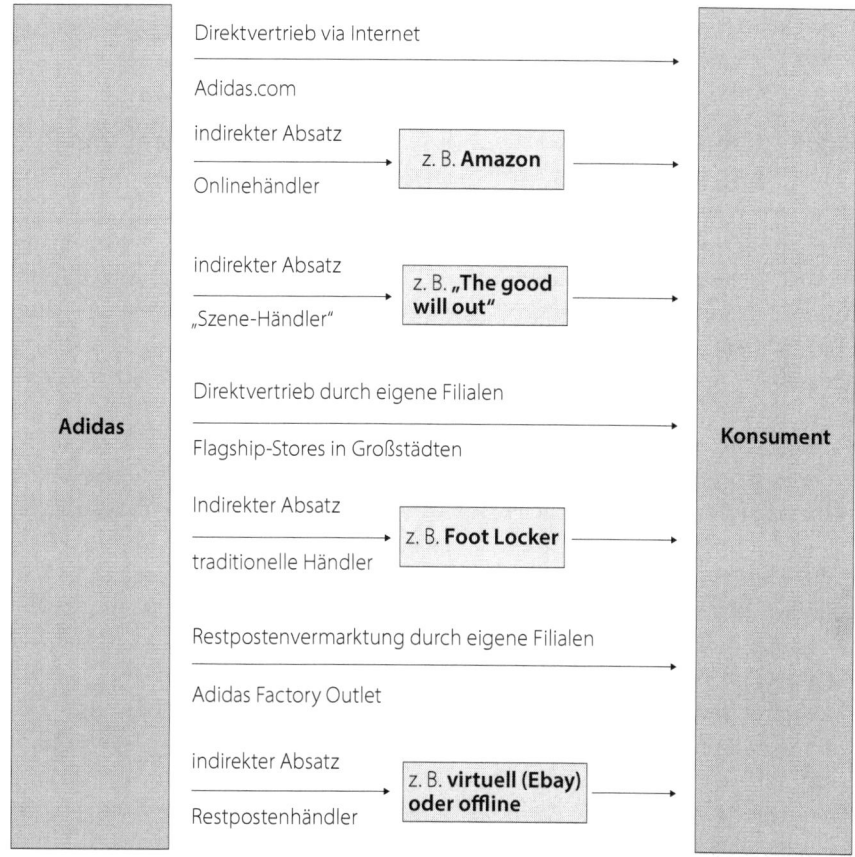

Dar. 105: Mehrkanalvertrieb von Adidas (vgl. Meffert et al. 2024, S. 566)

Die **Chancen** von Mehrkanalsystemen liegen in (vgl. Friege 2016, S. 20; Schögel et al. 2004, S. 114)

- einer größeren Marktabdeckung,
- einem vermehrten Kundennutzen durch eine größere Auswahl an Vertriebskanälen und
- einem Risikoausgleich zwischen den einzelnen Kanälen.

Die **Risiken** von Mehrkanalsystemen bestehen in

- einem hohen Koordinationsaufwand,
- drohenden Konflikten zwischen den Absatzkanälen, insb. zwischen direkten und indirekten Kanälen,
- einem möglichen Kontrollverlust bei der Nutzung indirekter Vertriebskanäle sowie

- möglicherweise Irritationen bei den Kunden, wenn der kanalübergreifende Auftritt nicht stimmig ist.

11.2.5 Kooperationsinitiativen: Key Account Management und Efficient Consumer Response

Kooperationsinitiativen sind dadurch gekennzeichnet, dass Unternehmen mit ihren Vertriebspartnern bzw. Key Accounts über die Durchführung einzelner Transaktionen hinaus auf bestimmten Aufgabenfeldern zusammenarbeiten. In diesem Zusammenhang sind insb. das Key Account Management sowie das Konzept des Efficient Consumer Response (ECR-Konzept) erwähnenswert. Grundsätzliche Ziele beider Kooperationsinitiativen sind (vgl. Homburg 2020, S. 962):

- **Ertragspotenziale ausschöpfen**: Durch die intensive Beziehung zum Schlüsselkunden lassen sich zusätzliche Geschäfte leichter abschließen und damit ein noch ungenutztes Umsatzpotenzial erschließen (Cross Selling).
- **Beziehung verbessern**: Die intensive Beziehung zum Kunden fördert das Vertrauen in das Unternehmen und somit die langfristige Kundenbindung. Schwierigkeiten im Tagesgeschäft (z. B. bei Preisverhandlungen oder Lieferungen) lassen sich einfacher beseitigen.
- **Kostensenkungen**: Durch Rahmenverträge, kurze Kommunikationswege, frühzeitige Absprachen und klare Zuständigkeiten reduzieren sich die Transaktionskosten. Auch die Auftragsabwicklung ist ressourcenschonender.
- **Frühwarnsystem**: Durch die größere Nähe zum Schlüsselkunden erkennt das Unternehmen früh neue wirtschaftliche und technische Chancen und Risiken.
- **Know-how-Transfer**: Durch das intensive Zusammenwirken von Unternehmen und Kunde kann Wissen transferiert werden, wovon beide Parteien – auch bei anderen Geschäftsbeziehungen – profitieren.

Key Accounts (Schlüsselkunden) sind zumeist Firmenkunden, die aufgrund ihres gegenwärtigen oder potenziellen Erfolgsbeitrags für das Unternehmen von besonderer Bedeutung sind und daher im Sinne der Unternehmensziele intensiv betreut werden sollten. Die Betreuung erfolgt durch einen Key Account Manager mit Ergebnisverantwortung (»one face to the customer«), der oft nur für einen Schlüsselkunden zuständig ist. Unterstützung erhält dieser vom Innendienst sowie dem Flächenvertrieb. Kriterien zur Auswahl von Key Accounts sind (vgl. Homburg et al. 2010, S. 318):

- die wirtschaftliche Bedeutung eines Kunden,
- das wirtschaftliche Potenzial eines Kunden,
- das Know-how des Kunden,
- das Image des Kunden,

- interne Probleme bei der Bearbeitung eines Kunden durch den Flächenvertrieb (bspw. bei einem Zentraleinkauf des Kunden),
- die Forderung des Kunden nach einem Status als Key Account.

Die Frage, welche Kunden letztlich als Key Accounts geführt werden sollen, kann mithilfe einer **Kundenbewertung** beantwortet werden. Hierzu gehören **eindimensionale** Verfahren, die den Kundenwert anhand lediglich einer Erfolgsgröße ermitteln. Hier sind v. a. die Deckungsbeitragsrechnung sowie die ABC-Analyse zu nennen, die den Kundenwert beide auf der Grundlage von Vergangenheitsdaten ermitteln (▶ Kap. 14.2). Eine Erfolgsgröße, die den zukünftigen Wert der Kundenbeziehung abbildet, ist der Customer-Lifetime-Value (CLV). Darüber hinaus gibt es **mehrdimensionale Verfahren** zur Kundenwertermittlung, die mindestens zwei Erfolgsgrößen berücksichtigen, die auch qualitativer Natur sein können (z. B. Imagegewinn und Know-how-Transfer durch die Partnerschaft). Hier kommen häufig Scoring-Modelle oder ein Kundenportfolio zum Tragen, die mit einen erhöhten Datenbeschaffungsaufwand als eindimensionale Kundenbewertungsverfahren verbunden sind, aber ein differenzierteres Bild über das wirtschaftliche Potenzial des Kunden erlauben.

Sind die Key Accounts benannt, stellt sich die Frage, auf welche Bereiche sich die Kooperation mit den Schlüsselkunden erstrecken soll. Darstellung 106 zeigt einen Überblick möglicher Kooperationsfelder.

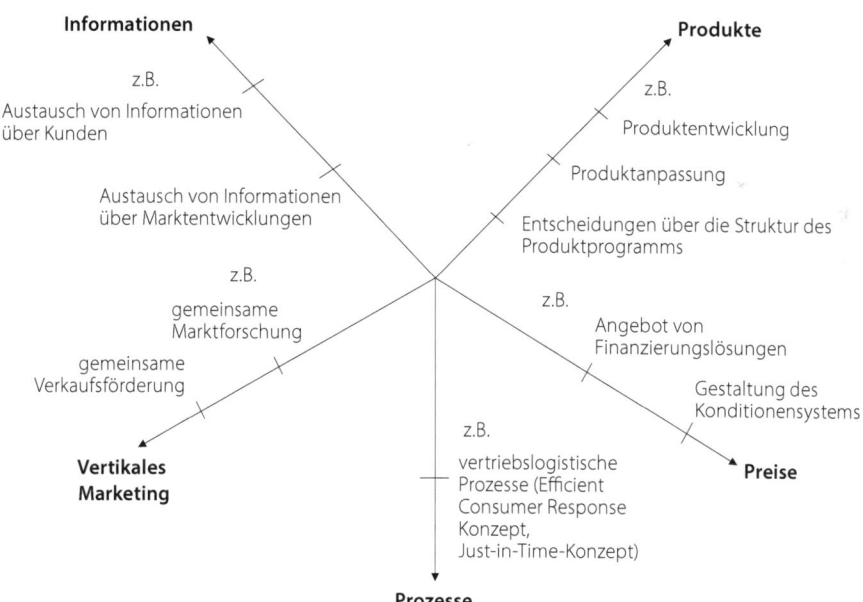

Dar. 106: Felder der Kooperation zwischen Unternehmen und Vertriebspartnern bzw. Key Accounts (vgl. Homburg 2020, S. 962)

Das Unternehmen und die Schlüsselkunden können auf vielen Feldern zusammenarbeiten. Dazu zählen typischerweise (vgl. Homburg 2020, S. 962)

- **Informationsaustausch**: Werden geeignete Touchpoints zum Kunden geschaffen, z. B. durch die Einladung eines Key Accounts zu einer Messe oder durch regelmäßige Absprachen, kann der Anbieter die Kundenbedürfnisse besser einschätzen und sich mit dem Key Account zu Marktentwicklungen austauschen.
- **Produktentwicklung und -anpassung**: Hier ist bspw. an eine Integration des Kunden in den Produktentwicklungsprozess oder kundenspezifische Anpassungen eines Produktes (z. B. hinsichtlich des Designs oder der Verpackung) zu denken.
- **servicebezogene Aktivitäten**: Es können zusätzliche (Value Added) Services wie Betreiberdienstleistungen oder marketingbezogene Beratungsleistungen (z. B. Marktforschung) vereinbart werden.
- **preisbezogene Aktivitäten**: Eine enge Partnerschaft ermöglicht es, ein auf den Kunden zugeschnittenes Konditionensystem und kundenindividuelle Finanzierungsangebote zu entwickeln (vgl. Steffenhagen 2003). Ein wichtiges Aufgabenfeld eines Key Account Managers ist die Durchführung von Jahresgesprächen und die Durchsetzung der eigenen Preisstrategie.
- **optimierte Prozesse**: Eine enge Abstimmung mit dem Key Account ermöglicht u. a. eine Optimierung der Lieferkette, sodass bspw. ein Just-in-Time-Konzept umgesetzt werden kann. Ist der Kunde ein Absatzmittler, lassen sich anhand des Efficient-Consumer-Response-Konzeptes Optimierungen sowohl in der Supply Chain als auch im Category Management realisieren (mehr dazu später).
- **vertikales Marketing**: Hier ist bspw. an gemeinsame Verkaufsförderungsaktionen mit dem Handel zu denken.

Das oben angesprochene **Efficient Consumer Response-Management (ECR)** ist ein Managementkonzept aus der Unternehmenspraxis, das in den 1990er-Jahren in den USA entstand und die Sicherstellung einer effizienten Reaktion auf Konsumentenwünsche zum Ziel hat (vgl. Lenz 2008, S. 56 ff.). Der Grundgedanke ist, dass eine kooperative Partnerschaft zwischen Industrie und Handel die Bedürfnisse des Endverbrauchers besser befriedigt und Ineffizienzen in der Supply Chain beseitigen kann (vgl. Ahlert et al. 2018, S. 226 ff.). Zu diesem Zweck ist eine unternehmensübergreifende und eng aufeinander abgestimmte Steuerung und Optimierung des Waren- und Informationsflusses zwischen Industrie und Handel notwendig. Darstellung 108 beschreibt die Grundstruktur des ECR-Konzeptes. Hierbei wird zunächst zwischen der Logistik- und Nachfragerperspektive unterschieden. Beiden Perspektiven sind Management-Module zugeordnet, mit deren Hilfe das Konzept umgesetzt werden soll. Die Umsetzung dieser Module erfordert Basistechnologien (ECR Enabling Technologies), um einen reibungslosen Informationsfluss sicherzustellen. Hierzu zählen u. a. die Erfassung der Abverkaufsdaten mittels Scanner-Kassen oder der elektronische Datenaustausch (Electronic Data Interchange, EDI) zwischen Hersteller und Händler (vgl. Werner 2020, S. S. 361 ff.).

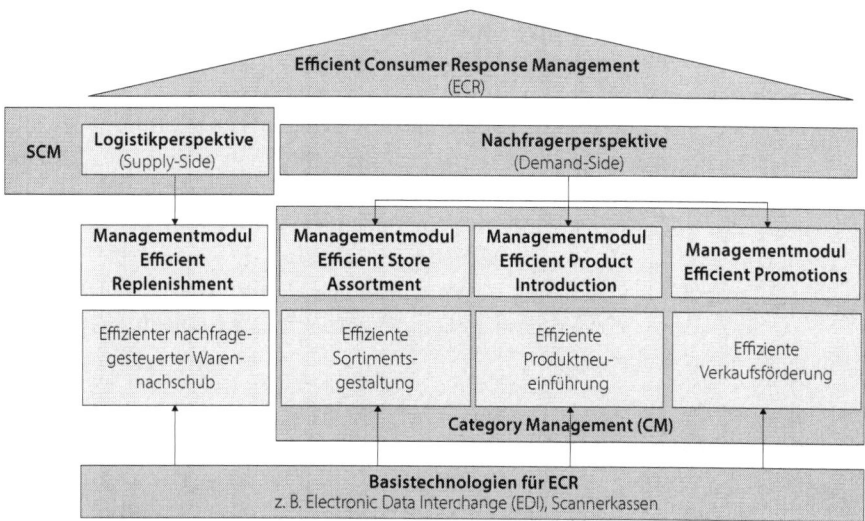

Dar. 107: Grundstruktur des Efficient Consumer Response Management (vgl. Meffert et al. 2024, S. 582)

Wie Darstellung 107 verdeutlicht, bezieht sich die Kooperation zwischen Hersteller und Händler auf vier Module:

- Die effiziente Warenversorgung (**Efficient Replenishment**) verbessert die Logistikprozesse von der Produktion beim Hersteller über die Lagerung bis zur Belieferung der Verkaufsstellen des Handels. Die Ziele des Efficient Replenishment liegen darin, Handlingkosten zu reduzieren (z. B. Verladen, Auspacken und Einräumen der Ware), Durchlaufzeiten zu verringern (Zeit, die ein Produkt von der Herstellung bis zur Verfügbarkeit am Point of Sale benötigt) und Lieferengpässe zu vermeiden, insb. bei einer stark schwankenden Nachfrage (z. B. bei Sonderpreisaktionen).
- Bei der effizienten Sortimentsgestaltung (**Efficient Store Assortment**) optimieren Hersteller und Handel die verfügbare Verkaufsfläche gemeinsam, um die Kundenzufriedenheit zu erhöhen. Basierend auf Informationen über das Konsumentenverhalten am Point of Sale wird das Sortiment hinsichtlich der Regal- und Flächennutzung, Produktplatzierung und -präsentation, sowie der Preisgestaltung optimiert. Hier nimmt das **Category Management** eine zentrale Stellung ein, das Warengruppen (sog. Categories, z. B. Tiefkühlkost, Babybedarf) als strategische Geschäftseinheiten behandelt, die aus Sicht der Konsumenten zusammengehören. Diese Warengruppen werden unter Mithilfe der Hersteller geführt, wobei die Verantwortung für eine Warengruppe oft bei der Industrie als Category Captain liegt.
- Die Aufgabe des Moduls **Efficient Product Introduction** ist die Verbesserung der Produktentwicklung und -einführung durch die Berücksichtigung von hersteller- und händlerspezifischem Know-how über Warengruppen, Konsumenten

und Markttrends hinweg. Dies soll die Kosten der Entwicklung und Einführung neuer Produkte sowie die Flop-Raten bei neuen Produkten deutlich reduzieren, die bei Konsumgütern nicht selten bis zu 80 Prozent betragen.
- Im Rahmen des vierten Managementmoduls **Efficient Promotion** sollen die Verkaufsförderungsmaßnahmen zwischen Hersteller und Handel abgestimmt werden, um Ineffizienzen in der Logistikkette zu reduzieren und der Nichtlieferbarkeit von Produkten vorzubeugen. Eine Möglichkeit zur Reduktion von Nachfragespitzen ist die Ablösung von Sonderpreisaktionen durch Dauerniedrigpreise, wie es bspw. der Lebensmitteldiscounter Aldi umgesetzt hat. Im Idealfall werden die Verkaufsförderungsmaßnahmen von Anfang an gemeinsam geplant, durchgeführt und kontrolliert.

11.2.6 Der persönliche Verkauf

Ein wichtiges Entscheidungsfeld innerhalb der Distributionspolitik betrifft die Gestaltung und Durchführung der Verkaufsaktivitäten. Zunächst muss entschieden werden, über welches Medium der Kontakt zum Kunden aufgebaut werden soll. Es lassen sich grundsätzlich drei Formen des Kundenkontaktes unterscheiden (vgl. Homburg 2020, S. 973):

- Der **persönliche, direkte Kontakt** dient dazu, Kunden und Aufträge durch unmittelbare Ansprache der Entscheidungsträger zu akquirieren. Diese Kontaktform kommt bspw. im Investitionsgütermarketing (▶ Kap. 12.3.5) und beim Verkauf der Hersteller an den Handel (Trade Marketing) zum Einsatz und ist die Grundlage des persönlichen Verkaufs.
- Der **persönliche mediale Kontakt** findet in erster Linie über das Telefon statt. Hierbei ist zwischen proaktivem und reaktivem Verhalten des Anbieters zu unterscheiden. Das Ziel des proaktiven Kontaktes ist es, über einzelne Verkäufer oder ein Callcenter Kaufabschlüsse anzubahnen bzw. durchzuführen. Beim reaktiven Verhalten initiiert der Kunde den Kontakt, hier steht die Annahme und Abwicklung von Kundenbestellungen im Vordergrund.
- Der **unpersönliche mediale Kontakt** dient ebenfalls der Anbahnung bzw. der Durchführung von Verkaufsabschlüssen. Hierbei kommen u. a. Printmedien (z. B. Kataloge, Mailings), das Fernsehen oder das Internet (z. B. E-Mails oder soziale Medien) zum Einsatz. Hier sind auch E-Commerce und Teleshopping einzuordnen.

Insbesondere bei der Vermarktung erklärungsbedürftiger Produkte im Business-to-Business-Marketing, aber auch bei der Vermarktung erklärungsbedürftiger Produkte an Privatkunden (z. B. Finanzdienstleistungen, Immobilien), spielt der persönliche Verkauf eine zentrale Rolle. Sein zentrales Ziel besteht darin, einen Verkaufsabschluss zu tätigen. Eine Verkaufssituation ist dadurch gekennzeichnet (vgl. Homburg 2020, S. 976), dass

- sich Verkäufer und Kunde sehen,
- sich der Verkäufer auf den Kunden sowie dessen spezielle Situation aufgrund des persönlichen Kontaktes besonders gut einstellen kann,
- der Verkäufer die (verbalen und nonverbalen) Reaktionen des Kunden in der Gesprächssituation unmittelbar feststellen und interpretieren kann und
- der Verkäufer die Verkaufsargumente bei Bedarf mehrmals wiederholen und Fragen beantworten kann.

Der Verkaufsprozess besteht aus vier zentralen Phasen (vgl. Homburg 2020, S. 977 ff.):

- In der **Vorbereitungsphase** sollte sich der Vertriebsmitarbeiter über die Gesprächspartner (z. B. Zielsetzungen, Erwartungen, Kompetenzen und ihren Einfluss auf die Kaufentscheidung), die Situation des eigenen Unternehmens beim Kunden (z. B. Kundenzufriedenheit, Termine für anstehende Lieferungen, Kundenbeschwerden), die Kaufhistorie des Kunden (z. B. Regelmäßigkeit des Kaufverhaltens, Einhaltung vertraglicher Regelungen, offene Kundenrechnungen) und das Kundenpotenzial (z. B. wirtschaftliche Lage, offener Bedarf, bislang nicht ausgeschöpfte Verkaufschancen) informieren.
- In der **Gesprächseröffnungsphase** geht es zum einen darum, dem Gesprächspartner ein positives Bild von sich selbst zu vermitteln, da der erste Eindruck i. d. R. wichtig für die gegenseitige Sympathie und den Geschäftserfolg ist. Zum anderen muss sich der Vertriebsmitarbeiter ein Bild von der Gesprächsatmosphäre beim Kunden, den Charakteristika des Gegenübers (z. B. Persönlichkeitsmerkmale, Kompetenz, Rolle und Macht im Unternehmen) und der eigenen Verhandlungsposition machen.
- Wie die **Kernphase** des Gesprächs zu gestalten ist, hängt wesentlich von der Zielsetzung des Gesprächs (z. B. Beziehungspflege, Verhandlung) ab. V. a. in Gesprächen mit akquisitorischem Charakter (z. B. Erstgespräch, Verhandlungsgespräch) spielen Verkaufstechniken eine große Rolle. Hierzu gehört die Wahl der geeigneten Präsentationstechnik. Beim Benefit-Selling stellt der Verkäufer den Nutzen des Produktes für den Kunden in den Vordergrund (z. B. »durch diese Maschine können Sie Ihre Durchlaufzeiten um 20 % verkürzen«). Beim Character Selling werden hingegen technisch-objektive Produktmerkmale betont (z. B. »Diese Maschine schafft 1.000 Verpackungen pro Stunde«). Neben der Präsentationstechnik spielen rhetorische Methoden (z. B. der gezielte Einsatz von Fragen oder Techniken zur Behandlung von Einwänden, vgl. Felser 2015, S. 156 f.) und Closing-Techniken (Abschlusstechniken) eine große Rolle.
- In der **Gesprächsabschlussphase** sollten die wichtigsten besprochenen Punkte noch einmal zusammengefasst sowie die weiteren Schritte und Aufgaben besprochen werden. Hierzu sollte die Beziehungsebene aufgegriffen werden, um einen atmosphärisch angenehmen Gesprächsausklang zu erreichen.

Der Erfolg der Verkaufsaktivitäten ist eng an die Motivation des Verkaufspersonals geknüpft. Zur Förderung der Motivation können verschiedene **Anreizsysteme** zum

Einsatz kommen. Dabei ist zwischen materiellen und immateriellen Anreizsystemen zu unterscheiden (vgl. Scharf et al. 2022, S. 665 f.). Materielle Anreize (incentives) werden i. d. R. an Entlohnungssysteme gekoppelt und sind so gestaltet, dass neben einem fixen Gehalt Provisionen in Bezug auf den erreichten Umsatz bzw. Deckungsbeitrag gezahlt werden. Hinzu können Prämiensysteme kommen, die dem Verkaufspersonal in Abhängigkeit erbrachter Leistungen (z. B. Anzahl durchgeführter Kundenbesuche) zusätzliche Gehaltsbestandteile ermöglichen (vgl. Winkelmann 2012, S. 103 f.). In vielen Unternehmen haben sich darüber hinaus weitere geldwerte Leistungen wie die Überlassung eines Firmenwagens oder der Abschluss einer Lebensversicherung etabliert. Immaterielle Anreize wie z. B. Reisen, Beförderungen oder attraktive Arbeitszeit- und Urlaubsregelungen können die Motivation des Verkaufspersonals ebenfalls positiv beeinflussen.

11.3 Marketinglogistik

Gegenstand der Marketinglogistik (auch als Vertriebslogistik oder physische Distribution bezeichnet) sind alle Tätigkeiten, durch die Lager- und Transportvorgänge zur Auslieferung der Fertigprodukte an Kunden gestaltet, gesteuert oder kontrolliert werden (vgl. Homburg 2020, S. 985; Pfohl 2018).

Zentrales Ziel der Marketinglogistik ist ein möglichst hochwertiger **Lieferservice**, der sich aus folgenden Komponenten ergibt (vgl. Pfohl 2018):

- Die **Lieferzeit** ist die Zeitspanne von der Auftragserteilung bis zur Auslieferung der Ware. Sie setzt sich zusammen aus der Zeit für die Auftragsübermittlung und -bearbeitung, das Zusammenstellen (Kommissionieren) und Verpacken der Ware, Verladung, Umschlag und Transport sowie die Einlagerung der Ware beim Kunden (vgl. Specht/Fritz 2005, S. 123).
- Die **Lieferbereitschaft**, d. h. die Verfügbarkeit der angebotenen Produkte im Lager des Lieferanten, ist eine kritische Voraussetzung für das Einhalten kurzer Lieferzeiten. Da eine hohe Lieferbereitschaft mit hohen Sicherheitsbeständen und damit hohen Logistikkosten einhergeht, kann die Lieferbereitschaft mithilfe einer ABC-Analyse optimiert werden (vgl. Scharf et al. 2022, S. 669).
- Die **Lieferqualität** drückt aus, inwiefern die in Auftrag gegebenen Produkte in gewünschter Art und Menge und im gewünschten Zustand geliefert werden. Ungenaue Lieferungen oder verdorbene Ware (z. B. bei Lebensmitteln) reduzieren die Lieferqualität genauso wie Ware, die aufgrund einer unzureichenden Transportverpackung beschädigt beim Kunden ankommt.
- Die **Lieferflexibilität** kann als Bereitschaft eines Lieferanten verstanden werden, sich auf Kundenwünsche und deren Anpassungen einzustellen. Hierunter fallen Auftrags- und Liefermodalitäten (z. B. Abnahmemengen, Art der Anlieferung) sowie die Zurverfügungstellung von Lieferinformationen.

Über den Lieferservice hinaus lassen sich zwei weitere Ziele identifizieren: zum einen die **Minimierung der Logistikkosten**, d. h. das angestrebte Lieferserviceniveau ist bei einem möglichst geringen Kosteneinsatz zu realisieren. Zum anderen rücken **ökologische Zielsetzungen** in den Fokus der Marketinglogistik, sodass eine Verringerung der ökologischen Belastungen in den Verantwortungsbereich der Marketinglogistik fällt.

Wesentliche Entscheidungsfelder der Marketinglogistik sind (vgl. Homburg 2020, S. 988 ff.):

- **Entscheidungen über die Standorte der Fertigwarenlager**: Die zentrale Funktion eines Lagers ist die Aufbewahrung von Waren. Hier ist über die vertikale und horizontale Distributionsstruktur zu entscheiden. Die vertikale Struktur ergibt sich aus der Anzahl der genutzten Lagerstufen, die horizontale Distributionsstruktur aus der Anzahl der Lager auf jeder Stufe, deren Standort und Zuordnung zu Absatzgebieten. Die optimale Ausgestaltung der Distributionsstruktur hängt u. a. ab von der Zahl und geografischen Verteilung der Produktionsstandorte, der geografischen Verteilung der Kunden, den Bestellmengen und dem Bestellverhalten der Kunden, den Lagerhaltungskosten und den Kosten des Transports zwischen Produktionsstätten, Lagern und Kunden.
- **Entscheidungen über Lagerung, Kommissionierung und Verpackung**: Im Rahmen der Lagerhaltung ist über die Höhe des Lagerbestandes für ein Produkt zu entscheiden. Mit zunehmendem Lagerbestand steigt die Lieferbereitschaft, allerdings auch die Kosten für Kapitalbindung und Lagerung. Die Kommissionierung hat die Aufgabe, aus der Gesamtheit der gelagerten Produkte auf Basis der Kundenaufträge Teilmengen für die anschließende Auslieferung zusammenzustellen. Die Verpackung, die im Konsumgütermarketing vorrangig zur Beeinflussung der Konsumenten eingesetzt wird, dient aus logistischer Sicht dem Schutz der Produkte, einer raumsparenden Lagerfähigkeit und der Transportfähigkeit (z. B. Produkte auf einer Palette).
- **Transportentscheidungen**: Hier ist über die geeigneten Transportmittel, den Eigen- vs. Fremdtransport und geeignete Instrumente zur Planung, Steuerung und Organisation des Transports zu entscheiden. Als Transportmittel bietet sich der Transport auf dem Straßen-, Schienen, Wasser- und Luftweg an, wobei diese Wege in der Unternehmenspraxis häufig miteinander kombiniert werden. Es ist ferner darüber zu entscheiden, inwiefern der Transport in Eigenregie oder durch Logistikdienstleister durchgeführt werden soll. Innerbetriebliche Transporte (z. B. zwischen Beschaffungslager und Produktionsstätte) werden von Unternehmen häufig in Eigenregie durchgeführt, während außerbetriebliche Transporte oftmals durch spezialisierte Logistikdienstleister durchgeführt werden. Im Falle außerbetrieblicher Transporte sind oftmals mehrere Kundenbestellungen gleichzeitig zu bearbeiten, sodass die Auslieferung mithilfe von Tourenplanungslösungen geplant, gesteuert und organisiert werden muss.

Bei der **Gestaltung von Logistiksystemen** sind folgende Grundprinzipien zu beachten (vgl. Scharf et al. 2022, S. 667):

- optimale Kapazitätsauslastung durch die zeitliche und gewichtsmäßige Auslastung der Transportmittel sowie durch die zeitliche Auslastung der Mitarbeiter.
- Minimierung der Lagerhaltungskosten durch möglichst wenige Lagerorte und geringe Lagerbestände.
- Minimierung der Transportkosten durch Konzentration der Transportziele und optimale Transportkapazität.
- Schaffung größtmöglicher Bearbeitungsobjekte durch hohe Auftrags- und Sendungsgrößen und große Transportmengen je Transport.
- Standardisierung der Bewegungsgrößen und der technischen Sachmittel durch einheitliche Palettenmaße, Kartongrößen und Fahrzeugabmessungen

Teil V Marketing im speziellen Kontext

12 Institutionelle Besonderheiten des Marketing

12.1 Dienstleistungsmarketing

12.1.1 Grundlagen des Dienstleistungsmarketing

Der Dienstleistungssektor in Deutschland hat in den vergangenen Jahrzehnten erheblich an Bedeutung gewonnen. Dies spiegelt sich sowohl im Anteil der Dienstleistungen am Bruttoinlandsprodukt (▶ Dar. 108), als auch in der Zunahme der Beschäftigtenzahlen im tertiären Sektor wider: Waren 1970 noch 45 % der Erwerbstätigen im Dienstleistungssektor beschäftigt, ist der Anteil auf 75 % im Jahre 2022 angewachsen (vgl. Statistisches Bundesamt 2023a).

Dar. 108: Wirtschaftsstrukturveränderungen in Deutschland (vgl. Statistisches Bundesamt 2023a, S. 56)

Bruttowertschöpfung/ Jahr gesamt (Mrd. EUR) bzw. Anteil des jeweiligen Sektors (Prozent)	1970	1980	1990	2000	2010	2020
gesamt	325,7	715,8	1.188,32	1.901,81	2.305,68	3.013,89
Anteil Land- und Forstwirtschaft, Fischerei	3,3	2,2	1,3	1,1	0,9	0,7
Anteil produzierendes Gewerbe	48,3	41,3	37,6	30,7	29,9	22,9
Anteil Dienstleistungsbereiche	48,3	56,6	61,0	68,2	69,2	70,3

Für den Bedeutungsgewinn des Dienstleistungsbereichs gibt es vielfältige Ursachen (vgl. Haller 2017, S. 4 ff.). Gründe für den Bedeutungsgewinn von Dienstleistungen im Konsumgüterbereich sind:

- **Sättigung bei Sachgütern:** Mit steigendem Pro-Kopf-Einkommen verschiebt sich die Nachfrage von Sachgütern zu Dienstleistungen, da der Bedarf an vielen physischen Gütern (z. B. Auto, Bekleidung, Möbel) weitgehend gedeckt ist.

- **Demografische Entwicklungen**: Aufgrund der gestiegenen Lebenserwartung steigt die Nachfrage etwa nach Gesundheits- und Pflegedienstleistungen und Dienstleistungen zum »lebenslangen Lernen«.
- **Gesellschaftliche Entwicklungen**: Das private und geschäftliche Umfeld vieler Menschen ist durch eine erhöhte Mobilität geprägt. Dies betrifft etwa Transport- und Kommunikationsdienstleistungen.
- **Neue technologische Produkte** ziehen die Entstehung produktbegleitender Dienstleistungen nach sich. Z. B. ermöglichte der Erfolg der Smartphones die Entwicklung zahlloser Apps und Softwarelösungen.
- **End of Ownership**: In vielen Bereichen zeigt sich ein Trend, Dienstleistungen im Kollektiv zu nutzen, statt Eigentum zu erwerben (z. B. Streamingdienste, Fitnessstudios oder Fahrradverleihe).

Gründe für den Bedeutungsgewinn von Dienstleistungen im Business-to-Business-Marketing sind:

- **Value Added Services**: Unternehmen versuchen, sich durch das Angebot produktbegleitender Dienstleistungen Differenzierungsvorteile zu verschaffen. Dazu gehören etwa Beratung, Betreiberdienstleistungen, Instandhaltung und Entsorgung.
- **Outsourcing und veränderte Arbeitsorganisation**: In den letzten Jahrzehnten hat eine Umschichtung von Arbeitsplätzen aus der Industrie in den Dienstleistungsbereich stattgefunden. Dies liegt u. a. daran, dass die Industrie zunehmend Aufgaben wie z. B. IT, Marktforschung, Facility-Management an externe Dienstleister übertragen hat.
- **Abwanderung in Ausland**: Zahlreiche Industrien haben ihren Wertschöpfungsschwerpunkt aufgrund hoher heimischer Kosten (z. B. Löhne, Energiekosten) in Billiglohnländer verlagert (z. B. Solar- und Windenergie). Dienstleistungen lassen sich aufgrund der Integration des Kunden tendenziell deutlich schlechter bzw. gar nicht ins Ausland verlagern.

Darstellung 109 ergänzt diese Aufzählung um weitere Ursachen.

12.1.2 Begriff und Merkmale von Dienstleistungen

In der Literatur haben sich drei Ansätze zur Definition des Dienstleistungsbegriffs herausgebildet (vgl. Corsten/Gössinger 2015, S. 21):

1. Erfassung des Dienstleistungsbegriffs durch Enumeration (Aufzählung)
2. Abgrenzung des Begriffs durch eine Negativabgrenzung von Sachgütern (jede Leistung, die kein Sachgut ist, ist eine Dienstleistung)
3. Definition des Dienstleistungsbegriffs durch Identifikation konstitutiver Merkmale

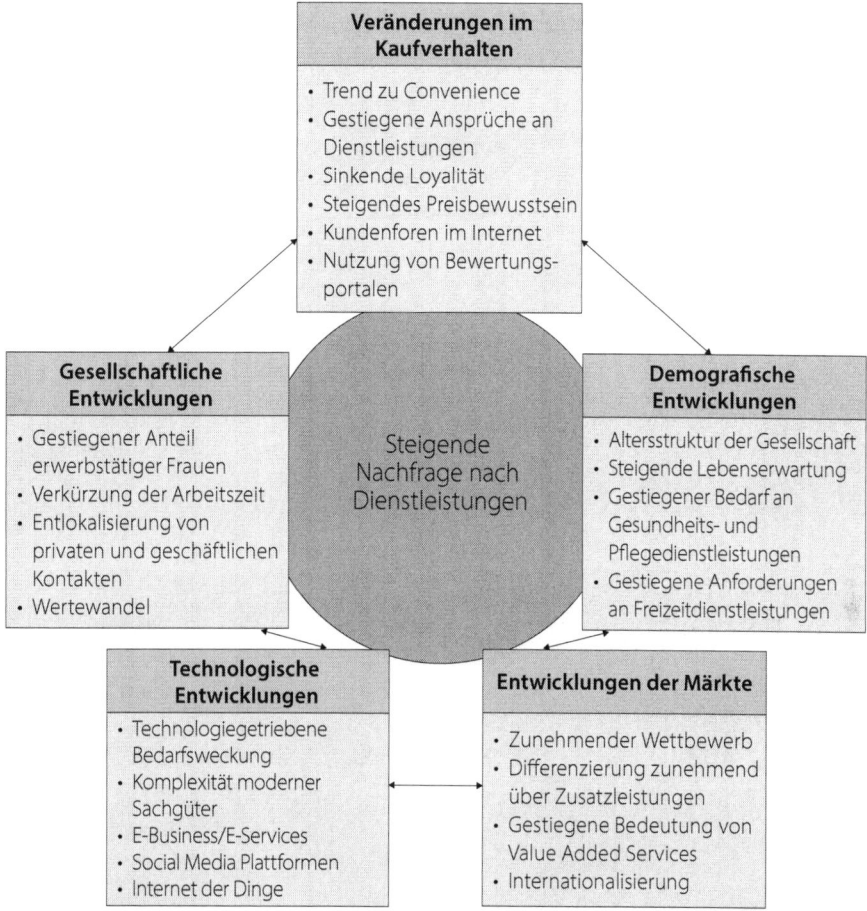

Dar. 109: Gründe der zunehmenden Nachfrage nach Dienstleistungen (vgl. Bruhn et al. 2019, S. 5)

Lediglich der dritte Ansatz zur Definition von Dienstleistungen ist sinnvoll. Bruhn et al. (2019, S. 25) definieren den Begriff Dienstleistungen wie folgt: »Dienstleistungen sind selbstständige, marktfähige Leistungen, die mit der Bereitstellung (z. B. Versicherungsleistungen) und/oder dem Einsatz von Leistungsfähigkeiten (z. B. Friseurleistungen) verbunden sind (Potenzialorientierung). Interne (z. B. Geschäftsräume, Personal, Ausstattung) und externe Faktoren (also solche, die nicht im Einflussbereich des Dienstleisters liegen) werden im Rahmen des Erstellungsprozesses kombiniert (Prozessorientierung). Die Faktorenkombination des Dienstleistungsanbieters wird mit dem Ziel eingesetzt, an den externen Faktoren, an Menschen (z. B. Kunden) und deren Objekten (z. B. Auto des Kunden) nutzenstiftende Wirkungen (z. B. Inspektion beim Auto) zu erzielen (Ergebnisorientierung).«

Darstellung 110 verdeutlicht den Zusammenhang zwischen der Potenzial-, Prozess- und Ergebnisorientierung.

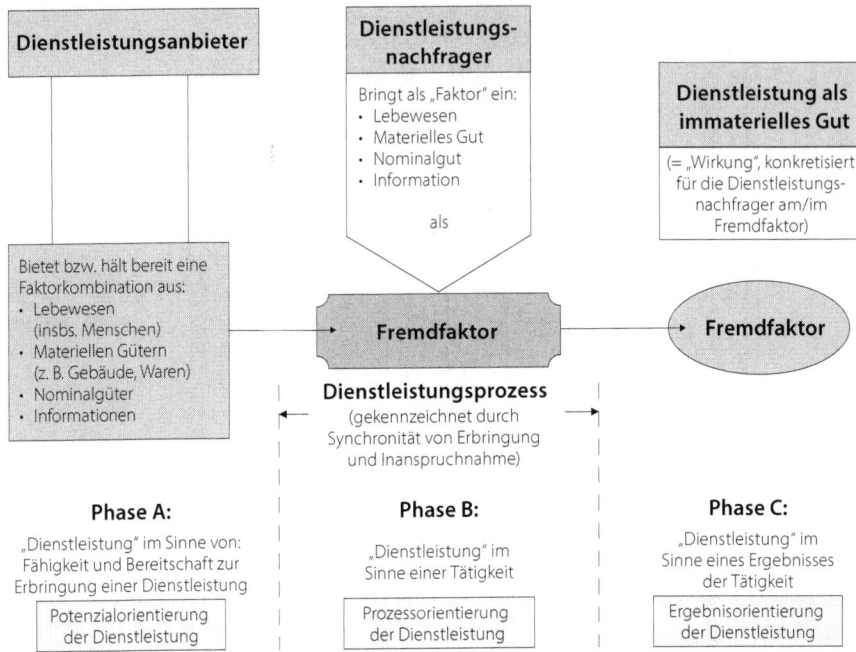

Dar. 110: Phasenbezogener Zusammenhang der drei konstitutiven Merkmale (vgl. Hilke 1989, S. 15)

Dienstleistungen und deren Erstellungsprozess weisen einige Charakteristika auf, anhand derer sie sich von Sachgütern unterscheiden lassen (vgl. Kotler et al. 2022, S.422 ff.; Bruhn et al., S. 64 ff.; Haller 2017, S. 7 ff.):

- **Immaterialität**: Im Gegensatz zu Sachgütern sind Dienstleistungen nicht gegenständlich, d. h. sie können dem Kunden vor dem Kauf nicht vorgeführt werden. Es kann allenfalls gezeigt werden, welches Dienstleistungsergebnis bei anderen Kunden erzielt wurde (z. B. Erfolg einer ärztlichen Behandlung oder eines Sprachkurses). Die Anbieter von Dienstleistungen geben i. d. R. zuvor ein Leistungsversprechen ab, das sich jedoch erst konkretisiert, wenn der Kunde die Dienstleistung in Anspruch nimmt. Dies hat zur Folge, dass der Kauf von Dienstleistungen tendenziell risikobehafteter ist als der Kauf von Sachgütern, die vor dem Kauf getestet werden können (z. B. Probefahrt). Allerdings sind die wenigsten Dienstleistungen rein immateriell, in der überwiegenden Zahl umfasst die Leistung immaterielle und materielle Komponenten (z. B. Restaurantbesuch oder Ersatzteilservice einer Autowerkstatt).

- **Integration des externen Faktors**: Der Kunde bzw. ein materielles (z. B. Auto) oder immaterielles (z. B. Nominalgüter, Rechte, Informationen) Gut des Kunden wirken als »externer Faktor« bei der Leistungserstellung mit (vgl. die Phase der Prozessorientierung ▶ Dar. 111). Dies bedeutet, dass die Produktion nur dann stattfinden kann, wenn der externe Faktor in den Dienstleistungsprozess eingebracht wird (vgl. Engelhardt 1990, S. 280). Dadurch ist der Dienstleister nicht allein für die Leistungsqualität verantwortlich. So hängt bspw. das Ergebnis einer ärztlichen Behandlung entscheidend davon ab, dass der Patient seine Beschwerden präzise beschreibt. Dieser Umstand erschwert eine Standardisierung der Dienstleistungsqualität und kann die Vermarktung von Dienstleistungen erschweren. Bei vielen Dienstleistungen kann das Ausmaß der Integration des externen Faktors variieren, wie Darstellung 112 am Beispiel von Restaurantanbietern darstellt. Hier wird davon ausgegangen, dass ein Restaurantbesuch mit verschiedenen Aktivitäten wie der Anfahrt, Bestellung und Bedienung verbunden ist, die vom Dienstleister (**Internalisierung**) bzw. vom Kunden selbst ausgeführt werden können (**Externalisierung**). Beispielsweise werden die Teilleistungen Anfahrt, Platzsuche, Bedienung und Speisezusammenstellung beim Besuch eines Selbstbedienungsrestaurants vom Kunden übernommen (Externalisierung), während diese Tätigkeiten bei einem Lieferservice vom Dienstleister durchgeführt werden (Internalisierung).

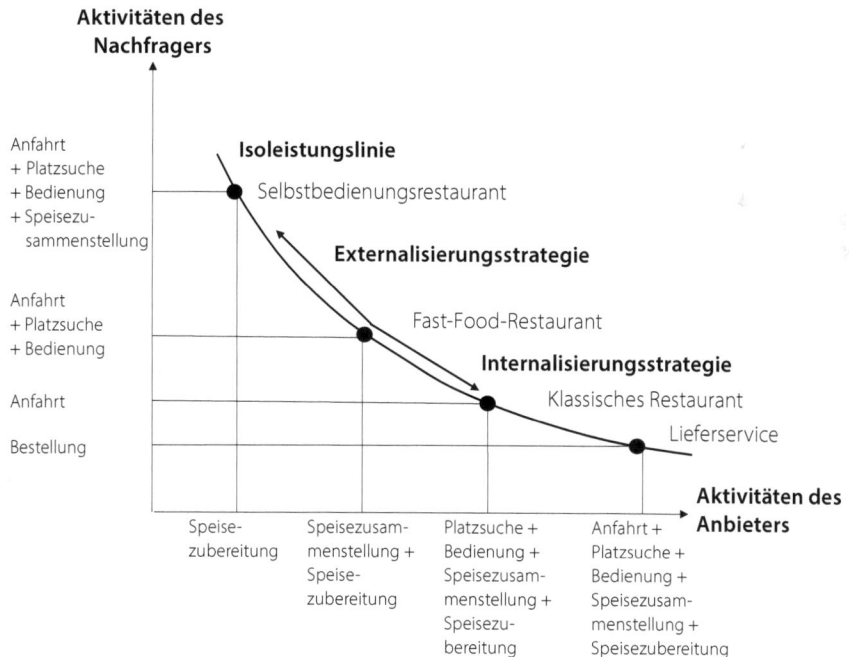

Dar. 111: Internalisierung vs. Externalisierung am Beispiel von Restaurantanbietern (vgl. Bruhn et al., S. 50)

- **Nicht-Lagerbarkeit**: Aus der Immaterialität von Dienstleistungen resultiert auch ihre Nicht-Lagerbarkeit. Die Vorratsproduktion ist aufgrund des prozesshaften Charakters technisch unmöglich, d. h. Dienstleistungen können nicht für den späteren Verkauf bzw. die spätere Nutzung eingelagert werden. Dies führt gerade bei stark schwankender Nachfrage (z. B. in Skigebieten, auf Flugreisen oder in Restaurants) zu Problemen, da die Kapazitäten in nachfrageschwachen Zeiten nicht ausgelastet werden können. Viele Dienstleister versuchen, die Nachfrageschwankungen durch eine zeitliche Preisdifferenzierung (▶ Kap. 9.3) zu glätten, bspw. Nebensaisonpreise in Skigebieten oder Mittagsangebote in Restaurants (vgl. Homburg 2020, S. 1082; Meffert et al. 2024, S. 30).
- **Nicht-Transportfähigkeit**: Die meisten Dienstleistungen können aufgrund der Notwendigkeit, den Kunden oder ein Objekt des Kunden in die Wertschöpfung zu integrieren, nur dort konsumiert werden, wo sie erstellt werden (eine Ausnahme stellen internetbasierte Leistungen wie Fernstudienangebote dar). Produktion und Konsum der Dienstleistung erfolgen simultan (Uno-actu-Prinzip). Dienstleistungsbetriebe haben daher einen deutlich begrenzteren Einzugsbereich als Industrieunternehmen, die ihre Güter lagern und transportieren können.

Darstellung 112 fasst die Unterschiede zwischen Sachgütern und Dienstleistungen zusammen.

Dar. 112: Unterschiede zwischen Sachgütern und Dienstleistungen. (Quelle: Haller 2017, S. 11 in Anlehnung an Lehmann 1995, S. 21)

»Typisches« Sachgut	»Typische« Dienstleistung
Produkt ist gegenständlich	Dienstleistung ist immatriell
Produkt kann vor dem Kauf vorgeführt werden	Leistung ist vor dem Verkauf weder zeig- noch prüfbar
Produktionsquantität und -qualität sind messbar	Leistungsquantität und -qualität sind schwer erfassbar
Produktion ohne Beteiligung des Käufers möglich	Käufer ist an der Leistungserstellung beteiligt
Produktion und Übertragung der Leistung können auseinander fallen	Produktion und Übertragung der Leistung fallen zeitlich und z. T. räumlich zusammen
Produkt ist lagerfähig und transportierbar	Leistung ist nicht speicherbar, vergänglich und nicht transportierbar
Produkt hat seine Form im Produktionsprozess erhalten	Leistung erhält erst in der Servicesituation ihre Form
Eigentums-/Besitzwechsel nach dem Kauf	Kein Eigentumswechsel

12.1.3 Das GAP-Modell der Servicequalität

Eine der wichtigsten Aufgaben des Dienstleistungsmarketing besteht darin, eine aus Kundensicht hohe Qualität der Dienstleistung zu erreichen. Das **GAP-Modell** hilft einem Dienstleister dabei, Qualitätslücken entlang des Dienstleistungsprozesses zu erkennen und konkrete Schlussfolgerungen zur Qualitätssteigerung ziehen zu können (vgl. Parasuraman et al. 1985). Es identifiziert typische Ursachen für Abweichungen (»Gaps«) zwischen der erwarteten und tatsächlichen Dienstleistungsqualität, die eine als positiv oder negativ empfundene Dienstleistungsqualität erklären sollen. Darstellung 113 zeigt das GAP-Modell im Überblick.

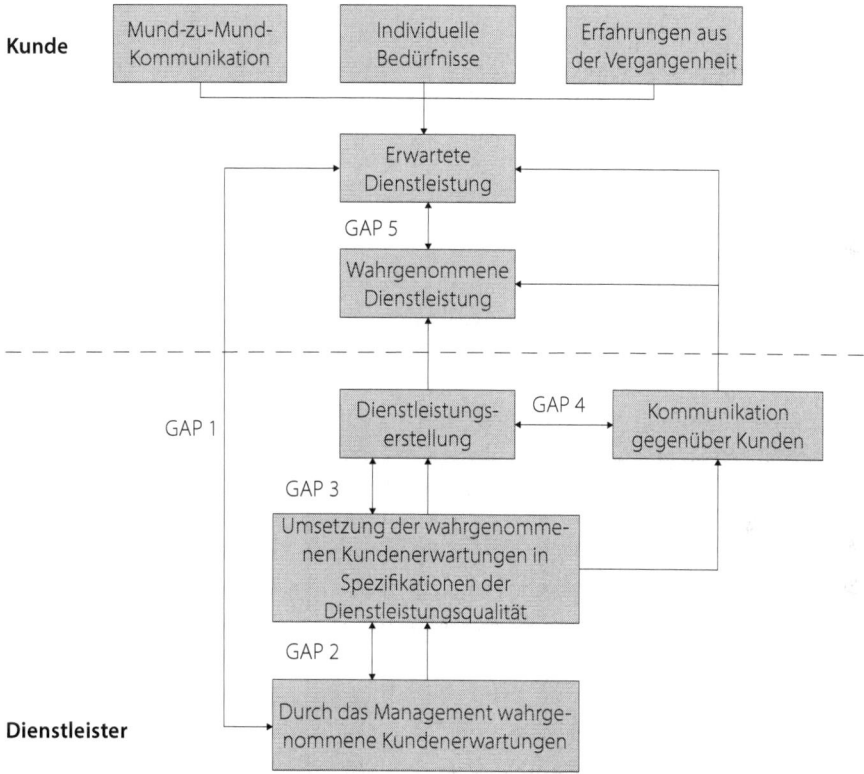

Dar. 113: Mögliche Diskrepanzen zwischen erwarteter und tatsächlicher Dienstleistung (vgl. Parasuraman et al. 1985, S. 44; Homburg 2020, S. 1065)

- **GAP 1 – Lücke zwischen den Kundenerwartungen und der Wahrnehmung des Managements**: Hier liegt eine Diskrepanz zwischen den tatsächlichen Kundenerwartungen und den Auffassungen des Managements über die Kundenerwartungen vor, d. h. das Management schätzt die Erwartungen der Kunden falsch ein. Beispielsweise legen Hotelgäste viel Wert auf eine durchgängige

Kinderbetreuung, dem Management ist dies jedoch nicht bewusst. Diese Lücke kann als Folge eines mangelnden Kundenkontakts des Managements auftreten bzw. das Ergebnis unzureichender Marktforschung sein.

- **GAP 2 – Lücke zwischen den wahrgenommenen Anforderungen und deren Umsetzung in Dienstleistungsspezifikationen:** Hier besteht eine Diskrepanz zwischen den vom Management wahrgenommenen Kundenerwartungen und den unternehmensinternen Vorgaben zur Dienstleistungsqualität. Das Management hat die Kundenbedürfnisse zwar erkannt, aber keine entsprechenden Qualitätsstandards etabliert. Im Hotelbeispiel kennt das Management den Wunsch der Hotelgäste nach Kinderbetreuung, hat aber kein ausreichendes Personal für eine professionelle Betreuung eingestellt. Ursachen für diese Diskrepanz können in einer mangelnden Kundenorientierung des Managements oder in fehlenden personellen Ressourcen liegen.
- **GAP 3 – Lücke zwischen der Spezifikation der Dienstleistungsqualität und der tatsächlichen erstellten Dienstleistung:** Hier besteht eine Diskrepanz zwischen den unternehmensinternen Vorgaben, wie Prozesse zu gestalten sind und deren tatsächlicher Ausführung. Beispielsweise gibt die Hotelleitung vor, Tagesausflüge in die Kinderbetreuung zu integrieren, die Betreuer setzen dies aber nicht um. Ursachen für diese Diskrepanz können in einer unzureichenden Qualifikation oder Motivation des Dienstleistungspersonals sowie Defiziten in der Mitarbeiterführung liegen.
- **GAP 4 – Lücke zwischen der erstellten Dienstleistung und der Kundenkommunikation:** Hier besteht eine Diskrepanz zwischen der versprochenen und der tatsächlich empfundenen Leistung. Den Eltern wurde etwa versprochen, sich nicht um die Kinderbetreuung kümmern zu müssen, was mit der Realität aber nicht übereinstimmt. Eine häufige Ursache für diese Diskrepanz sind übertriebene Leistungsversprechen durch den Anbieter vor dem Kauf.
- **GAP 5 – Lücke zwischen der erwarteten und der wahrgenommenen Leistung:** Diese Lücke ist entscheidend, denn hier gleicht der Käufer die erlebte mit der erwarteten Dienstleistungsqualität ab und entwickelt je nach Ergebnis des Vergleichsprozesses mehr oder weniger große (Un-)Zufriedenheit mit der Dienstleistung. Wie stark diese Diskrepanz ausfällt, hängt von der Größe der Gaps 1 bis 4 ab (vgl. Parasuraman et al. 1985).

12.1.4 Messung der Dienstleistungsqualität und -zufriedenheit

In der Literatur existiert eine Vielzahl an Verfahren zur Messung der Dienstleistungsqualität (für einen Überblick vgl. Haller 2017, S. 374 ff.; Homburg 2020, S. 1065 ff.). Ein bekanntes, auf empirischen Studien basierendes Verfahren zur Qualitätsmessung ist der **SERVQUAL-Ansatz** (Kunstwort aus **Serv**ice und **Qual**ity). Der Ansatz unterscheidet **fünf Dimensionen der Dienstleistungsqualität** (vgl. Homburg 2020, S. 1059 f.; Parasuraman et al. 1988; Zeithaml et al. 2010):

- **Materielles Umfeld** (tangibles): Diese Dimension umfasst die Räumlichkeiten und Ausstattung des Dienstleisters sowie das Erscheinungsbild des Dienstleistungspersonals.
- **Zuverlässigkeit** (reliability): Fähigkeit eines Dienstleisters, die versprochenen Leistungen akkurat und zuverlässig zu erbringen (z. B. Einhalten von Terminzusagen)
- **Reaktionsfähigkeit** (responsiveness): Damit ist die Fähigkeit und Bereitschaft eines Dienstleisters gemeint, Kunden zu unterstützen und auf Kundenanfragen schnell und flexibel zu reagieren.
- **Leistungskompetenz** (assurance): Damit ist das Fachwissen, die Höflichkeit und Vertrauenswürdigkeit des Dienstleistungspersonals gemeint.
- **Einfühlungsvermögen** (empathy): Dies meint die Fähigkeit und Bereitschaft der Mitarbeiter, sich in einzelne Kunden hineinzuversetzen und für deren Zufriedenheit zu sorgen.

Der SERVQUAL-Ansatz beinhaltet auch eine Messung der Dienstleistungszufriedenheit. Dazu verwendet er 22 Items, anhand derer die o. g. fünf Qualitätsdimensionen operationalisiert werden. Zu jedem Item werden zwei Fragen auf einer Doppelskala formuliert: Mit der Aussage »so sollte es sein« wird die Erwartung der Kunden gemessen, mit der Aussage »so ist es« wird die erlebte Qualität in Bezug auf einen konkreten Dienstleister gemessen (vgl. Haller 2017, S. 383). Auf einer 7-er-Skala werden die Kunden gebeten, ihr Urteil von »lehne ich vollkommen ab« (1) bis »stimme ich vollkommen zu« (7) abzugeben. Darstellung 114 zeigt am Beispiel eines Mobilfunkanbieters, wie die Erwartungshaltung der Kunden anhand der 22 Items abgefragt werden können.

Dar. 114: Erhebung der Qualitätsdimensionen nach dem SERVQUAL-Ansatz am Beispiel eines Mobilfunkanbieters (vgl. Bruhn et al. 2019, S. 384)

Annehmlichkeiten des tangiblen Umfelds (»Tangibles«)
1. Hervorragende Dienstleister verfügen über eine moderne technische Ausstattung.
2. Die Einrichtung eines Dienstleisters sollte angenehm ins Auge fallen.
3. Die Mitarbeiter eines Dienstleisters sollten ansprechend gekleidet sein.
4. Hervorragende Dienstleister sollten ihre Broschüren für die Kunden ansprechend gestalten.

Zuverlässigkeit (»Reliability«)
5. Hervorragende Dienstleister halten ihre Terminzusagen ein.
6. Ein hervorragender Dienstleister zeigt ein Interesse, das Kundenproblem zu lösen.
7. Hervorragende Dienstleister führen die Dienstleistung direkt beim ersten Mal richtig aus.
8. Hervorragende Dienstleister führen ihre Dienste zum versprochenen Zeitpunkt aus.
9. Hervorragende Dienstleister besitzen fehlerfreie Belege für die Kunden.

Reaktionsfähigkeit (»Responsiveness«)
10. Mitarbeiter hervorragender Dienstleister können über den Zeitpunkt ihrer Leistungsausführung Auskunft geben.
11. Mitarbeiter eines hervorragenden Dienstleisters werden Kunden unverzüglich bedienen.

Dar. 114: Erhebung der Qualitätsdimensionen nach dem SERVQUAL-Ansatz am Beispiel eines Mobilfunkanbieters (vgl. Bruhn et al. 2019, S. 384) – Fortsetzung

12. Hervorragende Dienstleister sollten stets bereit sein, Kunden zu helfen.
13. Bei hervorragenden Dienstleistern sind die Mitarbeiter nie zu beschäftigt, um auf Kundenanliegen einzugehen.

Leistungskompetenz (»Assurance«)
14. Bei hervorragenden Dienstleistern weckt das Verhalten der Mitarbeiter Vertrauen bei den Kunden.
15. Bei Transaktionen mit hervorragenden Dienstleistern fühlt man sich sicher.
16. Mitarbeiter eines hervorragenden Dienstleisters sind stets gleichbleibend höflich zu ihren Kunden.
17. Mitarbeiter hervorragender Dienstleister verfügen über das Fachwissen zur Beantwortung von Kundenanfragen.

Einfühlungsvermögen (»Empathy«)
18. Hervorragende Dienstleister widmen jedem ihrer Kunden individuelle Aufmerksamkeit.
19. Hervorragende Dienstleister bieten ihre Dienstleistung zu Zeiten an, die allen Kunden gerecht werden.
20. Hervorragende Dienstleister haben Mitarbeiter, die sich den Kunden persönlich widmen.
21. Hervorragenden Dienstleistern liegen die Interessen der Kunden am Herzen.
22. Die Mitarbeiter hervorragender Dienstleister verstehen die spezifischen Bedürfnisse ihrer Kunden.

Ein wesentlicher Vorteil des SERVQUAL-Ansatzes besteht darin, dass die Dienstleistungsqualität anhand eines standardisierten Verfahrens systematisch gemessen wird. Aufgrund des hohen Praxisbezugs konnte sich der Ansatz in unterschiedlichen Branchen etablieren (vgl. Haller 2017, S. 386). Zudem lassen sich Handlungsempfehlungen ableiten, wodurch ein systematisches Qualitätsmanagement gefördert wird.

Der SERVQUAL-Ansatz weist allerdings auch einige Schwächen auf (vgl. ausführlich Haller 2017, S. 383; Homburg 2020, S. 1061). Nachteile sind darin zu sehen, dass die Items sehr allgemein formuliert sind, sodass die Aussagekraft der Qualitätsmessung bei sehr speziellen Dienstleistungen stark eingeschränkt ist. Zudem stellt die Messung hohe Ansprüche an die Urteilsfähigkeit der Befragten, die ihre Erfahrungen mit der Dienstleistung nachträglich in eine Erwartungs- und Wahrnehmungskomponente zerlegen müssen (vgl. Haller 2017, S. 383). Zudem kann die nachträgliche Erfassung von Erwartungen zu einer Anspruchsinflation bei den Befragten führen, da bei ihnen ein Reflexionsprozess ausgelöst wird. Der Kunde vergegenwärtigt sich noch einmal den gesamten Ablauf und das Ergebnis der Dienstleistung und kommt zu dem Ergebnis, dass alles hätte besser sein können. Daher empfiehlt es sich, die Erwartungen vor der Inanspruchnahme der Dienstleistung zu erfassen.

12.1.5 Instrumentelle Besonderheiten des Dienstleistungsmarketing

In der Literatur zum Dienstleistungsmarketing hat sich die Erkenntnis durchgesetzt, dass die klassische Untergliederung des Marketing-Mix in die Produkt-, Preis-, Kommunikations- und Distributionspolitik ergänzungsbedürftig ist (vgl. Homburg 2020, S. 1083). Im Dienstleistungsbereich werden die klassischen vier Marketinginstrumente daher um drei zusätzliche Instrumente erweitert:

1. Personalpolitik (»Personnel«)
2. Prozesspolitik (»Processes«)
3. Ausstattungspolitik (»Physical Facilities« bzw. »Physical Envorinment«)

Das Personal, das die Dienstleistung erbringt, ist beim Dienstleistungsmarketing von zentraler Bedeutung. Zum einen, da sich der Kunde aufgrund der Immaterialität der Dienstleistung bei der Qualitätsbeurteilung stark an der Kompetenz und dem Verhalten des Personals (z. B. Freundlichkeit, Eingehen auf Kundenwünsche) orientiert (vgl. hierzu und im Folgenden Homburg 2020, S. 1084 ff.), zum anderen, weil die oft enge Zusammenarbeit mit dem Kunden dazu führt, dass der Kunde mitunter eine intensive Bindung zum Dienstleistungspersonal aufbaut. Ein zentrales Ziel der **Personalpolitik** besteht daher darin, eine hohe fachliche und soziale Kompetenz des Dienstleistungspersonals sicherzustellen. Um schnell und unbürokratisch auf Kundenwünsche eingehen zu können, ist das Dienstleistungspersonal mit einer angemessenen Entscheidungskompetenz auszustatten. Damit sich die Mitarbeiter optimal in den Dienstleistungsprozess einbringen, ist eine hohe Mitarbeitermotivation anzustreben, was entsprechende Motivations- und Anreizsysteme erfordert. Um eine hohe Leistungsfähigkeit der Mitarbeiter sicherzustellen, ist eine Überarbeitung der Mitarbeiter mit direktem Kundenkontakt zu vermeiden. Dies kann u. a. durch Schulungen zum professionellen Umgang mit Kundenproblemen und durch eine hinreichende Personaldecke gewährleistet werden. Schließlich ist eine hohe Loyalität der Mitarbeiter anzustreben, damit die Mitarbeiterfluktuation begrenzt und verhindert wird, dass Kunden den Anbieter wechseln. Indem diese Ziele erfüllt werden, kann das Dienstleistungspersonal ein kundenorientiertes Verhalten sicherstellen.

Auch die Ausstattung des Dienstleisters wird von Kunden als Indikator für die Dienstleistungsqualität herangezogen. Gegenstand der **Ausstattungspolitik** (»Physical Facilities«) ist die Gestaltung der für den Kunden sichtbaren Faktoren der Dienstleistungsinfrastruktur (z. B. Gebäude, Inneneinrichtung von Verkaufsräumen, Fahrzeuge, Kleidung der Mitarbeiter, vgl. hierzu ausführlich Zeithaml et al. 2008, S. 313). Diese Faktoren sollten so gestaltet werden, dass sie den Kunden ein positives Bild von der Leistungsfähigkeit des Dienstleisters vermitteln. So ist es wichtig, wenn das Geschäftsmodell des Dienstleisters eine Selbstbedienung durch die Kunden erfordert (z. B. im Lebensmitteleinzelhandel), dass Kunden sich am Point of Sale gut orientieren und einen schnellen Überblick über das Dienstleistungsangebot verschaffen können. Zudem ist eine ausreichende räumliche Nähe zum Kunden zu gewährleisten. Dies kann durch möglichst viele Außenstellen erfolgen oder – wie beim Franchising – durch die Einbindung wirtschaftlich selbständiger Franchisenehmer. Räumliche Nähe kann darüber hinaus auch dadurch hergestellt werden, dass die Dienstleistung vor Ort beim Kunden durchgeführt wird (z. B. Hausbesuche von Ärzten, Catering-Dienste). Schließlich kann die Kaufentscheidung gefördert werden, indem am Verkaufsort eine Atmosphäre geschaffen wird, die von den Kunden als angenehm und stimmig empfunden wird. Hierzu gehören etwa die Innenarchitektur und -ausstattung, Dekorationen, Lichtverhältnisse oder Gerüche (vgl. Homburg 2020, S. 1087, ▶ Kap. 12.2).

Wie bereits dargelegt wurde, ist der Kunde bei vielen Dienstleistungen als externer Faktor in die Leistungserstellung des Dienstleisters eingebunden und erhält damit Einsicht in dessen Wertschöpfungsprozesse. Im Rahmen der **Prozesspolitik** kommt daher der Fehlerfreiheit von Prozessen eine zentrale Bedeutung zu. Diese kann bei vielen Dienstleistungen durch eine Standardisierung der Dienstleistungsprozesse und die Festlegung von Verhalts- und Qualitätsvorgaben realisiert werden, wodurch auch das wahrgenommene Risiko auf Seiten des Kunden reduziert werden kann (vgl. Walsh et al. 2020, S. 527). Dies kann zudem dazu beitragen, Prozesse kostengünstig durchzuführen. Ein weiteres Ziel besteht darin, Dienstleistungsprozesse flexibel zu gestalten, um auf individuelle Kundenwünsche eingehen zu können und die Dienstleistungsqualität aus Kundensicht zu erhöhen (z. B. Anpassung der Speisen in einem Restaurant). Sind die Prozesse für den Kunden transparent, wird er möglicherweise mehr Verständnis für auftretende Qualitätsprobleme zeigen und ggf. Vorschläge zur Prozessoptimierung einbringen. Schließlich spielt die Zeitdauer der Dienstleistungsprozesse für die Qualitätswahrnehmung der Kunden eine zentrale Rolle, insb. wenn Zeitersparnis für den Kunden ein wichtiges Auswahlkriterium darstellt (z. B. bei Express-Reinigungsdiensten). Dies betrifft nicht nur die Dauer des Wertschöpfungsprozesses an sich, häufig kann die Zufriedenheit mit der Dienstleistung v. a. durch eine Reduktion der Wartezeiten vor der Erbringung der Dienstleistung gesteigert werden. Darstellung 115 fasst die Ausführungen zu den drei zusätzlichen Marketinginstrumenten im Dienstleistungsbereich noch einmal zusammen.

12.2 Handelsmarketing

12.2.1 Grundlagen des Handelsmarketing

Der Handel ist in Deutschland ein bedeutender Wirtschaftssektor. 2022 betrug allein der Anteil des Einzelhandels mit 631 Mrd. Euro 16,3 Prozent des Bruttoinlandproduktes in Deutschland (vgl. HDE 2023, S. 11). Im Jahr 2021 war er mit über 6,3 Mio. Beschäftigten ein wichtiger Arbeitgeber (vgl. Statista 2023a). Nur wenige Branchen haben sich in den letzten Jahrzehnten so dynamisch wie der Handel entwickelt, was u. a. auf die Zunahme des Online-Handels, starke Konzentrationstendenzen, die Corona-Pandemie und den Direktvertrieb seitens der Industrie zurückzuführen ist.

Zusätzliche Marketinginstrumente im Dienstleistungsbereich		
Personalpolitik ("People")	**Ausstattungspolitik** ("Physical Facilities")	**Prozesspolitik** ("Processes")
➢ Mitarbeiterkompetenz ➢ Mitarbeitermotivation ➢ Leistungsfähigkeit der Mitarbeiter ➢ Mitarbeiterloyalität ➢ kundenorientiertes Handeln der Mitarbeiter	➢ Vermittlung eines Images der Leistungsfähigkeit ➢ schnelles Zurechtfinden der Kunden ➢ angemessene räumliche Nähe zu den Kunden ➢ Schaffung einer dienstleistungskonsistenten Atmosphäre	➢ Fehlerfreiheit von Prozessen ➢ Kostengünstigkeit von Prozessen ➢ Flexibilität von Prozessen ➢ Transparenz der Prozesse für Kunden ➢ angemessene Zeitdauer der Prozesse

Dar. 115: Zielsetzung im Rahmen der drei zusätzlichen Marketinginstrumente im Dienstleistungsbereich (vgl. Homburg 2020, S. 1085)

Handelsunternehmen (synonym: Handelsbetriebe, Absatzmittler) sind Unternehmen, deren primäre Geschäftstätigkeit darin besteht, Waren einzukaufen und diese (nahezu) unverändert auf eigene Rechnung weiterzuverkaufen (vgl. Homburg 2020, S. 1096). Mit »nahezu« unverändert ist gemeint, dass Handelsunternehmen oft Dienstleistungen im Zusammenhang mit den verkauften Waren anbieten bzw. es zu Modifikationen der Ware (z. B. kundenspezifische Anpassungen) kommen kann. Je nach den Kunden des Handelsunternehmens wird zwischen **Großhändlern** (Wholesaler) und **Einzelhändlern** (Retailer) unterschieden (vgl. Steffenhagen 2008, S. 27). Während Großhandelsbetriebe an gewerbliche Kunden (Handelsunternehmen, Weiterverarbeiter, gewerbliche Verbraucher oder behördliche Großverbraucher verkaufen (vgl. Bruhn 2019, S. 260), bedienen Einzelhandelsunternehmen vorrangig Konsumenten. Der Begriff Handelsmarketing bezeichnet das Marketing von Händlern gegenüber ihren Kunden. Davon abzugrenzen ist der Begriff des Trade Marketing, welcher das Marketing von Herstellern gegenüber Handelskunden bezeichnet.

12.2.2 Betriebsformen und -typen des stationären Handels

Unter dem Begriff **Betriebsform** werden bestimmte Kategorien von Handelsbetrieben verstanden, deren konstitutive Merkmale (z. B. Sortimentsumfang, Verkaufsfläche) so stark übereinstimmen, dass sie aus der Perspektive der Nachfrager als gleichartig wahrgenommen werden (vgl. Meffert et al. 2024, S. 558). Betriebsformen lassen sich zunächst dem **stationären Handel**, dem **nicht- bzw. halbstationären Handel** sowie dem **Versandhandel bzw. E-Commerce** zuordnen (vgl. Müller-Hagedorn/Natter 2011, S. 91; Kreutzer 2017, S. 292).

- Der **stationäre Handel** zeichnet sich dadurch aus, dass ein Händler seine Waren an einem festen Standort (Ladenlokal) anbietet, den ein Käufer aufsuchen muss,

um Einkäufe zu tätigen. Dazu gehören u. a. Waren- und Kaufhäuser, Tankstellen und Verbrauchermärkte.
- Zum **nicht- bzw. halbstationäre Handel** gehören Wochenmärkte, Verkaufsfahrzeuge, Kaffeefahrten, aber auch Verkaufs- und Ordermessen (z. B. Frankfurter Buchmesse).
- Beim **Versandhandel bzw. E-Commerce** wird hingegen auf Distanz ge- und verkauft, d. h. Verkäufer und Käufer haben keinen persönlichen Kontakt. Während der Versand physischer Produkte nach wie vor über traditionelle Transportwege (z. B. Post, Lieferdienste) erfolgt, können digitale Produkte (z. B. Software, Musik, Filme) online versendet werden. Inzwischen sind Versandhandel und E-Commerce weitgehend miteinander verschmolzen, da ein Versandhändler heute auch einen Online-Auftritt benötigt.

Zur Abgrenzung verschiedener Betriebsformen des Groß- und Einzelhandels kann eine Reihe von Kriterien herangezogen werden (vgl. Homburg 2020, S. 1097). Dazu gehören

- Standort,
- Internationalität,
- Sortiment,
- Preisniveau,
- Verkaufsfläche,
- Bedienungsprinzip.

Folgende **Betriebstypen des Großhandels** lassen sich unterscheiden (vgl. Specht/Fritz 2005, 74 ff.; Bruhn 2019, S. 260 f.):

- Beim **Zustell-Großhandel** werden die Produkte auf Bestellung an Einzelhändler geliefert, wie es bspw. im Buchhandel der Fall ist.
- Beim **Cash-und-Carry-Großhandel** holt der Einzelhändler die Produkte beim Großhändler ab und bezahlt sie sofort, wie es bspw. beim Einkauf der Gastronomie bei Metro praktiziert wird.
- Beim **Rack-Jobber-Großhandel** übernimmt der Großhändler für einen bestimmten Bereich die Pflege des Regals im Einzelhandel auf eigenes Risiko, wie es bspw. bei Zeitschriften in Supermärkten üblich ist.
- Beim **Strecken-Großhandel** kauft der Einzelhändler die Ware beim Großhändler und bezieht die Ware direkt vom Hersteller.
- Beim **Sortiments-Großhandel** bietet der Großhändler den Einzelhändlern ein breites, aber flaches Sortiment an.
- Beim **Spezial-Großhandel** bietet der Großhändler den Einzelhändlern ein enges, aber tiefes Sortiment an.

Darstellung 116 zeigt eine Auswahl verschiedener **Betriebstypen des Einzelhandels** und Kriterien zu deren Abgrenzung.

Dar. 116: Beispiele für Betriebstypen und Kriterien zu ihrer Abgrenzung (vgl. Homburg 2020, S. 1089)

Betriebsform	Lage	Größe	Produkte	Sortiment (Breite/ Tiefe)	Preisniveau	Service/ Beratung	Beispiel
Kaufhaus	City	Große Verkaufsfläche	zwei oder mehr Branchen	breit und tief	eher hoch	hoch	Karstadt
Verbrauchermarkt	verkehrsgünstig	Mindestens 1.500 qm	Lebensmittel, Ge-/Verbrauchsgüter	breit, 21.000-40.000 Artikel	niedrig bis mittel	niedrig	Kaufhof Extra
SB-Warenhaus	verkehrsgünstig	Mindestens 5.000 qm	Lebensmittel, Ge-/Verbrauchsgüter	breit und tief, 33.000-63.000 Artikel	mittel	niedrig	Real
Supermarkt	City	ab 400 qm	Lebensmittel, Waren des täglichen Bedarfs	flach, 7.000-21.000 Artikel	mittel	niedrig	Edeka Rewe
Discounter	verkehrsgünstig	200-600 qm	Lebensmittel, Waren des täglichen Bedarfs	Eng, 780-1.600 Artikel	niedrig	niedrig	Aldi Lidl
Fachmarkt	verkehrsgünstig	großflächig	Non-Food aus einem Waren-Bedarfsbereich	breit, oft auch tief	niedrig	mittel	Media Markt Obi
Fachgeschäft	City/ Wohnlage	klein bis mittel	branchen- oder bedarfsspezifisch	schmal, mittlere Tiefe	relativ hoch	hoch	Body Shop

12.2.3 Instrumentelle Besonderheiten des Handelsmarketing

Der Marketing-Mix von Handelsunternehmen wird in Darstellung 117 überblicksartig gezeigt. Hier wird der Schwerpunkt auf diejenigen Marketinginstrumente gelegt, die sich wesentlich vom Marketing produzierender Unternehmen unterscheiden (vgl. für einen ausführlichen Überblick Ahlert et al. 2018, S. 125 ff; Müller-Hagedorn/Natter 2011, S. 231 ff.). Vorgestellt werden folgende Instrumente:

- Markenpolitik
- Sortimentspolitik
- Personalpolitik
- Standortpolitik
- Verkaufsraumpolitik

Dar. 117: Marketinginstrumente im Handel (vgl. Müller-Hagedorn/Natter 2011, S. 25)

Im Kontext der **Markenpolitik** soll zunächst der Begriff der Handelsmarke (synonym: Eigenmarke, Private Label) definiert werden. Ahlert et al. (2018, S. 166) definieren den Begriff wie folgt: »Eine Handelsmarke ist eine Marke, a) deren Markenrechte sich regelmäßig im Eigentum einer Handelsunternehmung befindet, b) mit der die jeweilige Handelsunternehmung Artikel kennzeichnet und die c) auf kollektiven Deutungsmustern in den Köpfen der Kunden basiert.« Viele Handelsunternehmen sehen Handelsmarken als strategischen Erfolgsfaktor und haben deren Anteil am Sortiment in den letzten Jahren stark erhöht. 2022 lag der Anteil der Handelsmarken im deutschen Einzelhandel bei knapp 43 Prozent (vgl. Statista 2022). Besonders hoch ist der Anteil der Handelsmarken bei Lebensmitteldiscountern: So lag deren Anteil 2021 in Deutschland bei knapp 63 Prozent gegenüber 24 Prozent bei Supermärkten. Allerdings zeigt sich seit Jahren der Trend, dass Discounter zunehmend Markenartikel der Industrie listen und Supermärkte Eigenmarken entwickeln. Der Erfolg der Handelsmarken ist auf vier wesentliche Funktionen zurückzuführen (vgl. Ahlert et al. 2018, S. 167):

- **Preis-/Leistungsfunktion**: Viele Händler nutzen ihre Eigenmarken dazu, ihr Sortiment nach unten abzurunden und preisgünstige Alternativen zu den Herstellermarken zu bieten.
- **Sortimentsleistungsfunktion**: Handelsmarken können dazu genutzt werden, Sortimentslücken zu schließen (z. B. im Bereich der Bio-Produkte).
- **Profilierungsfunktion**: Durch den Aufbau und die Pflege eigener Marken können Handelsunternehmen die Einkaufsstätte im Wettbewerbsumfeld zu profilieren.
- **Bindungsfunktion**: Mit der erfolgreichen Etablierung von Eigenmarken können Kunden gebunden werden, da die Marken nur in den Einkaufsstätten des Händlers verfügbar sind.

Im Rahmen der **Sortimentspolitik** werden Entscheidungen über das Sortiment eines Händlers getroffen. Unter dem Sortiment ist die Summe aller Absatzobjekte (Sachgüter, Dienstleistungen, Rechte) zu verstehen, die ein Handelsunternehmen in einer bestimmten Zeitspanne (z. B. Tag, Woche, Saison) anbietet. Im Rahmen der Sortimentspolitik ist zunächst die grundlegende Sortimentsstruktur festzulegen, die sich durch die Strukturmerkmale Sortimentsbreite und -tiefe beschreiben lässt.

- Bei der **Sortimentsbreite** handelt es sich um die Anzahl unterschiedlicher Warengruppen, die das Handelsunternehmen anbietet (vgl. Ahlert et al. 2018, S. 219). Die Entscheidung über die Breite des Sortiments hängt eng mit der Wahl des Betriebstyps zusammen. Wie Darstellung 117 verdeutlicht hat, verfügt ein Warenhaus über ein wesentlich breiteres Sortiment als ein Fachgeschäft.
- Die **Sortimentstiefe** bezieht sich auf die Anzahl der unterschiedlichen Artikel je Warengruppe. Damit werden dem Kunden substitutive Angebote in einer Warengruppe gemacht, indem er etwa zwischen verschiedenen Preis- und Qualitätslagen wählen kann.

Ein zweites Entscheidungsfeld im Rahmen der Sortimentspolitik betrifft **Sortimentsveränderungen**. Zur Optimierung des Sortiments stehen dem Handelsmarketing grundsätzlich vier Handlungsalternativen zur Verfügung (vgl. Ahlert et al. 2018, S. 223 ff.):

1. Gegenstand einer **Sortimentsinnovation** ist die erstmalige Einführung neuer Artikel oder Warengruppen in den Markt. Hier ist etwa an die zunehmende Entwicklung innovativer Eigenmarken durch den Handel zu denken.
2. Bei einer **Sortimentsvariation** bleibt die Anzahl der Warengruppen oder Artikel im Sortiment konstant, es werden aber einzelne Artikel oder Warengruppen gegen andere Artikel oder Warengruppen getauscht.
3. Eine **Sortimentsdehnung bzw. Sortimentsexpansion** wird durch eine Erhöhung der Anzahl an Warengruppen bzw. Artikel erreicht. Bei einer Tiefendehnung steigt die Anzahl der Artikel innerhalb einer Warengruppe, bei einer Breitenexpansion steigt die Anzahl geführter Warengruppen. Eine Sortimentsexpansion wird auch als Trading-up bezeichnet (vgl. Barth et al. 2015, S. 26).

4. Im Rahmen einer **Sortimentskontraktion bzw. -bereinigung** wird die Anzahl der Warengruppen bzw. Artikel verringert. Analog zur Sortimentsdehnung kann hier die Anzahl der Artikel oder die Anzahl der Warengruppen verringert werden (Trading-down). Die Sortimentsbereinigung kann allerdings durch Verbundeffekte erschwert werden, wenn die Elimination eines Artikels oder einer Warengruppe Einfluss auf den Erfolg anderer Artikel oder Warengruppen nimmt (vgl. ausführlich Barth et al. 2015, S. 177, 189 f.).

Der **Personalpolitik** wird aufgrund ihrer hohen Erfolgsrelevanz im Handelsmarketing große Aufmerksamkeit geschenkt (vgl. Ahlert et al. 2018, S. 245). Entscheidungsfelder im Rahmen der Personalpolitik sind (vgl. Müller-Hagedorn/Natter 2011, S. 410 f.):

- Wahl eines **Bedienungssystems**: Hierbei wird zwischen einem Selbstbedienungs-, Vorwahl- und Bedienungssystem unterschieden. Bei einem Selbstbedienungssystem entnimmt und transportiert der Kunde die Ware. Es erfolgt so gut wie keine Beratung durch das Verkaufspersonal. Bei einem Vorwahlsystem hat der Kunde die Möglichkeit, die Ware vor dem Kauf zu begutachten und sich bei Bedarf beraten zu lassen. Bei einem Bedienungssystem berät und bedient das Verkaufspersonal den Kunden.
- Im Rahmen der **Beschäftigungspolitik** ist zu entscheiden, wie viele und welche Mitarbeiter im Verkauf eingesetzt werden sollen. Konkret geht es um die Anzahl der Verkaufsmitarbeiter, Entscheidungen über den Zeitpunkt des Arbeitsbeginns und die tägliche Beschäftigungszeit und die Frage, welche Mitarbeiter beschäftigt werden sollen (z. B. hinsichtlich ihrer Ausbildung und Berufserfahrung).
- Das **Verhalten des Verkaufspersonals** im Umgang mit Kunden ist besonders wichtig. Daher sollten im Rahmen der Aus- und Weiterbildung Maßnahmen ergriffen werden, um Verkaufsgespräche kundenorientiert zu steuern.
- Im Rahmen der **Entgeltpolitik** ist neben der Lohnhöhe und den Lohnbestandteilen über die Gestaltung eines leistungsorientierten Entlohnungssystems zu entscheiden. Für die festzulegenden Prämien können unterschiedliche Bezugsgrößen (z. B. Umsatz, Bruttoertrag) gewählt werden.

Wie die Forschung zeigt, sollte sich die Personalpolitik der Handelsunternehmen an mehreren Kriterien ausrichten (vgl. Homburg 2020, S. 1131 f. sowie die dort angegebene Literatur):

- Eine ausreichende Verfügbarkeit des Verkaufspersonals ist wichtig: So kann eine Erhöhung des Verkaufspersonals die Kaufbereitschaft der Kundschaft erhöhen.
- Gut gelauntes Verkaufspersonal leistet einen besseren Kundenservice und erzielt bessere Verkaufsergebnisse. Hierfür ist gutes Klima im Handelsunternehmen wichtig.

- Studien legen nahe, dass unangenehme Käufer intensiver als angenehme Käufer beraten werden. Verkäufer sollten geschult werden, die Beratungskapazitäten nicht einseitig auf Problemkunden zu verwenden.
- Glaubwürdiges Verkaufspersonal beeinflusst das Kaufverhalten und die Kundenloyalität positiv. Verkaufsschulungen sollten daher die Kompetenz und Rhetorik der Verkäufer fördern.
- Viele Kunden sind bereit, sich gegenüber Verkaufspersonal loyal zu verhalten. Daher sollten v. a. Verkäufer mit hoher Sozialkompetenz zu beschäftigen.

Standortentscheidungen zählen insb. im stationären Einzelhandel zu den wichtigsten Entscheidungen und zu zentralen Erfolgsfaktoren eines Absatzmittlers. Einerseits, da mit dem Standort die Entfernung zu den Kunden festgelegt wird und diese für die Kunden zu den wichtigsten Auswahlkriterien für die Einkaufsstättenwahl zählt. Andererseits, weil Standortentscheidungen meist große Geldbeträge erfordern, da Gebäude errichtet und eingerichtet oder langfristige Mietverträge geschlossen werden müssen (vgl. Müller-Hagedorn/Natter 2011, S. 161). Die Standortpolitik umfasst dabei alle Entscheidungen und Maßnahmen im Zusammenhang mit der Auswahl, Kontrolle und Gestaltung von Standorten (vgl. Ahlert et al. 2018, S. 198). Die Hauptziele der Standortpolitik sind (vgl. Schramm-Klein 2012, S. 489):

- Ökonomische und außerökonomische Standortziele (z. B. Umsatz, Gewinn, Marktanteil, Marktdurchdringung, Bekanntheitsgrad, Imageziele),
- Funktionsziele, z. B. Beschaffungsziele (z. B. räumliche Nähe zum Zentrallager, Minimierung von Lieferzeiten), Logistikziele (z. B. Senkung der Logistikkosten, Schnelligkeit, Steigerung des Lagerumschlags, Verbesserung der Lieferleistung) oder Marketingziele (z. B. Steigerung der Kundennähe, Synergieeffekte in der Werbung, Erringung der lokalen Preisführerschaft),
- Ziele nach Bezugsobjekten, z. B. kundenbezogene Ziele (z. B. Erhöhung des Stammkundenanteils), konkurrenzbezogene Ziele (z. B. Imageprofilierung) oder unternehmensbezogene Ziele (z. B. Rationalisierung durch standardisierte Raumausstattung).

Die **Standortplanung** ist ein mehrstufiger Prozess zur Ermittlung des optimalen Standortes. Sie umfasst a) die Suche nach potenziellen Standorten, b) die Bewertung und c) die Auswahl der Standorte (vgl. Müller-Hagedorn/Natter 2011, S. 172 ff.). Sie kann in drei Prozessschritte untergliedert werden, die hier beispielhaft erläutert werden: Zunächst erfolgt die Auswahl einer Region oder eines Gebietes, deren Potenzial anhand von Kriterien wie Kaufkraft, Einwohnerzahl oder Zielgruppenanteil bewertet wird (Grobanalyse). Im zweiten Schritt wird für die einzelnen Standorte eine Wettbewerbsanalyse durchgeführt sowie deren Attraktivität bewertet (Detailanalyse). Die aussichtsreichsten Kandidaten werden schließlich mithilfe einer feinräumigen Potenzialanalyse auf Wohnquartierbasis und eine Besichtigung des Standortes bewertet (Feinanalyse), sodass der attraktivste Standort ausgewählt werden kann. Ahlert et al. (2018, S. 199 ff.) hingegen unterscheiden neun Schritte der Standortwahl, die sich zu einer Makro- und einer Mikro-Analyse der potenziellen Standorte zusammenfassen lassen.

Die **Standortkontrolle** hat die Aufgabe, den Erfolg der Standorte zu überprüfen und, falls nötig, Korrekturmaßnahmen einzuleiten. Hier wird der tatsächliche Erfolgsbeitrag eines Standortes ermittelt mit den unternehmerischen Vorgaben verglichen. Bleiben die Ergebnisse unter den Erwartungen, können a) entweder die Anforderungen an den Standort verändert, b) Maßnahmen zur Standortoptimierung ergriffen oder c) der Standort eliminiert werden.

Zu den Maßnahmen zur **Standortgestaltung** gehören etwa die Schaffung von Parkplätzen auf dem Gelände, die Kooperation mit weiteren Einzelhandelsbetrieben (bis hin zu einer Mall) sowie die Einflussnahme auf Gebietskörperschaften (Städte und Gemeinden). Möglicherweise kann erwirkt werden, dass der Standort an eine Schnellstraße angebunden wird, um die Fahrtzeit der Kunden zu verkürzen und so das Einzugsgebiet des Standortes so zu vergrößern.

Die **Verkaufsraumgestaltung** ist ein weiteres Marketinginstrument des Handels. Hier besteht eine Parallele zum Dienstleistungsmarketing (▶ Kap. 12.1.5), denn die Ausstattungspolitik wurde dort bereits als eigenständiges Marketinginstrument vorgestellt. Für den stationären Handel, der nicht nur mit stationären Wettbewerbern, sondern auch mit E-Commerce-Anbietern in Konkurrenz steht, ist die Bedeutung der Verkaufsraumgestaltung ungleich höher. Die Verkaufsraumgestaltung umfasst (vgl. Homburg 2020, S. 1125)

- die Gestaltung des Ladenlayouts,
- die Raumzuteilung,
- die Gestaltung der Einkaufsatmosphäre,
- die Gestaltung des Ladenumfeldes sowie
- die Gestaltung der Ladenöffnungszeiten.

Bei der **Gestaltung des Ladenlayouts** ist über die Aufteilung des Verkaufsraumes in verschiedene Funktionszonen und über die Anordnung dieser Funktionszonen zu entscheiden. Die Verkaufsfläche wird in die Warenfläche (Präsentation der Produkte), Kundenfläche (Kundengänge, Rolltreppen, Aufzüge, Ruhezonen etc.), Beratungszonen und sonstige Verkaufsfläche (z. B. Kassen, Anprobierräume, Toiletten) aufgeteilt (vgl. Ahlert et al, 2018, 07 f.). Um eine möglichst hohe Kontakthäufigkeit der Kunden mit dem Sortiment und eine flüssige Kundenzirkulation zu erreichen, sind die geschaffenen Funktionszonen so anzuordnen, dass Gänge für die Kunden zwischen den Regalflächen entstehen. Den Kunden kann ein Weg fest vorgegeben werden (z. B. IKEA) oder ihnen sie können sich über unterschiedliche Routen frei bewegen.

Ein weiteres Entscheidungsfeld im Rahmen der Verkaufsraumgestaltung ist die **Raumzuteilung** (Space Utilization), bei der die Verkaufsfläche auf Warengruppen und Artikel aufgeteilt wird. Einerseits ist über die Anordnung der einzelnen Warengruppen innerhalb des Verkaufsraumes (qualitative Raumzuteilung), andererseits über die Zuweisung von Verkaufsflächen auf einzelne Warengruppen (quantitative Raumzuteilung) zu entscheiden (vgl. Berekoven 1995). Aus Kundenlaufstudien konnten einige Erkenntnisse gewonnen werden (vgl. Ahlert et al. 2018, S. 309; Homburg 2020, S. 1127 sowie die dort angegebene Literatur), die bei der Artikelplatzierung berücksichtigt werden sollten:

- Kunden sind bequem und bevorzugen die kürzesten Wege. Dabei präferieren sie Außengänge und vermeiden Ladenecken.
- Kunden laufen tendenziell rechts und gegen den Uhrzeigersinn.
- Kunden screenen das Sortiment zunächst senkrecht und orientieren sich an Ankerartikeln (z. B. prominenten Markenartikeln). Sie blicken und greifen i. d. R. zuerst nach rechts.
- Die horizontale und vertikale Mitte eines Regals erhält die größte Aufmerksamkeit, sodass hier die attraktivsten Artikel platziert werden sollten.

Die **Gestaltung der Einkaufsatmosphäre** ist ein zentrales Entscheidungsfeld der Verkaufsraumgestaltung, da der Erlebnischarakter des Einkaufs im stationären Handel zur Behauptung gegenüber dem Online-Handel zunehmend an Bedeutung gewinnt. Sie hat zum Ziel, Kunden durch den Einsatz von Beleuchtung, Farben der Verkaufsräume und der Dekoration, Hintergrundmusik und Düften so zu beeinflussen, dass sie positive Emotionen verspüren, länger im Verkaufsraum verbleiben und mehr Käufe tätigen (vgl. Zentes et al. 2012). So bieten Buchhandlungen, die einem massiven Wettbewerb von Online-Händlern wie AMAZON ausgesetzt sind, nicht nur gemütliche Sitz- und Leseecken, sondern auch Coffeeshops mit Snacks, um die Wohlfühlatmosphäre und damit die Verweildauer der Kunden zu steigern. Zur Gestaltung der Einkaufsatmosphäre liegen einige Forschungsergebnisse vor (vgl. Homburg 2020, S. 1128 sowie die dort angegebene Literatur):

- Durch den Einsatz von Emotionen werden Einzelhandelsunternehmen von ihren Kunden als interessanter eingestuft, was die Verweildauer erhöht und Käufe fördert.
- Eine hellere Beleuchtung führt zu längerem und häufigerem Kundenkontakt mit der Ware als eine gedämpfte Beleuchtung.
- Durch eine abwechslungs- und überraschungsreiche Gestaltung der Ladenumwelt können Emotionen bei den Konsumenten geweckt werden.
- Wird Musik eingesetzt, möchten Kunden stärker mit Verkäufern interagieren.

Schließlich ist über die **Gestaltung des Ladenumfelds** (Gestaltung des Außenbereichs, des Eingangsbereichs sowie des Schaufensters) und die **Festlegung der Ladenöffnungszeiten** zu entscheiden.

12.2.4 Online-Handel

Der Begriff **Online-Handel** (synonym: E-Commerce, Internethandel, Onlineshopping) bezeichnet den elektronischen Handel mit Waren und Dienstleistungen. Bei dieser Form des Versandhandels erfolgen die Anbahnung, der Abschluss und die Abwicklung des Kaufs oder Verkaufs mithilfe interaktiver Informations- und Kommunikationstechnologien über das Internet (Fritz 2004; Chaffey et al. 2019; Heinemann 2016). Der Online-Handel hatte in den letzten Jahren nicht zuletzt aufgrund der Corona-Pandemie und der hohen Nutzungsintensität von Smartphones starke Umsatzzuwächse zu verzeichnen. So beliefen sich die Umsätze im B2C-E-Commercs laut Statista im Jahr 2022 auf 84,5 Mrd. Euro gegenüber weniger als 40 Mrd. Euro in 2015 (Statista 2023c), wobei die umsatzstärksten Warengruppen Bekleidung sowie Elektronikartikel und Telekommunikation darstellen.

Der Online-Handel bringt zahlreiche **Vorteile für Anbieter** mit sich (vgl. Müller-Hagedorn/Natter 2011, S. 142; Deges 2020, S. 30 ff.): Ein entscheidender Vorteil gegenüber dem stationären Handel besteht in der Möglichkeit, die Waren zeit- und ortsunabhängig anzubieten. Durch die weltweite Verfügbarkeit des Internets lässt sich das Sortiment prinzipiell weltweit anbieten. Auf den Aufbau und Betrieb eines Filialsystems kann verzichtet werden, woraus Kostenvorteile resultieren. Durch die Erstellung von Kundenprofilen können den Kunden personalisierte Angebote und Services mit einer höheren Kaufwahrscheinlichkeit unterbreitet werden. **Nachteile für Anbieter** liegen u. a. in hohen Retourenkosten, einem steigenden Preiswettbewerb infolge der hohen Preistransparenz sowie Bedrohungen aus der steigenden Internetkriminalität. Der Online-Handel bringt auch viele **Vorteile für Nachfrager**: Sie profitieren ebenfalls von der Orts- und Zeitunabhängigkeit des Angebots und können rund um die Uhr und von überall aus bestellen. Der Angebots- und Preisvergleich wird durch eine Vielzahl an Vergleichsportalen und Preissuchmaschinen stark vereinfacht. Zudem ist der Online-Handel bequem: Der Weg zur Einkaufsstätte und der Produktvergleich vor Ort entfallen. **Nachteilig für Nachfrager** ist das höhere Fehlkaufrisiko, da die Qualität und Handhabung der Produkte erst nach deren Zustellung überprüft werden können. Hierdurch kann ein erheblicher Zeit- und ggf. auch Kostenaufwand entstehen.

Mittlerweile hat sich eine Vielzahl unterschiedlicher **Betriebsformen des Online-Handels** am Markt etabliert (vgl. Deges 2020, S. 85 ff.; Heinemann 2016, S. 109 ff.; Homburg 2020, S. 1100 ff.), die hier kurz vorgestellt werden sollen:

- **Online Pure Player** (Pure-Online-Händler, Internet Only Player) bieten ihre Produkte und Dienstleistungen ausschließlich über das Internet an (z. B. ZALANDO oder NOTEBOOKSBILLIGER.DE). Viele dieser Anbieter sind kleine und hochspezialisierte Unternehmen, die sich mit einem tiefen Sortiment innerhalb einer oder weniger Warengruppen positionieren.
- **Multi-Channel-Händler** verkaufen ihre Waren auch, aber nicht nur über das Internet. Zu dieser Gruppe gehören stationäre Einzelhändler, die einen zusätzlichen Online-Kanal zur Unterstützung des stationären Geschäfts einrichten (z. B.

MEDIA MARKT, DOUGLAS) genauso wie Pure-Online-Händler, die Ladengeschäfte eröffnen, um sich Zugang zu neuen Kunden zu verschaffen (z. B. HOME24, MYMÜSLI).
- **Kooperierende Onlinehändler** vertreiben ihre Produkte nicht über einen eigenen Online-Shop, sondern über Marktplätze anderer Anbieter wie z. B. EBAY, AMAZON oder EURONICS an, um deren Reichweite zu nutzen.
- **Vertikalisierte Online-Händler** sind Hersteller, die ihre Produkte unter Zuhilfenahme eines elektronischen Vertriebskanals nun direkt an den Endkunden vertreiben. Unternehmen wie ADIDAS oder BOSCH treten damit in direkte Konkurrenz zu ihren Handelskunden.

Auf der Grundlage von Studien lassen sich einige Gestaltungsempfehlungen für den Online-Handel ableiten (vgl. Homburg 2020, S. 1104 ff. sowie die dort angegebene Literatur):

- Käufer schließen von der Gestaltung des Webshops auf die Servicequalität eines Händlers. Wichtige Erfolgsfaktoren eines Webshops sind eine ansprechende und ästhetische Gestaltung sowie die Zuverlässigkeit der Prozesse (Bestellung, Bezahlung, Versand etc., vgl. Srinivasan et al. 2002).
- Eine personalisierte Kommunikation wird im Beschwerdemanagement einer undifferenzierten Ansprache der Kunden vorgezogen.
- Bei der Gestaltung von Online-Promotions sind individualisierte Angebote profitabler als undifferenzierte Angebote.
- Eine kostenlose Warenrücknahme fördert die Wiederkaufwahrscheinlichkeit.

12.3 Investitionsgütermarketing

12.3.1 Grundlagen des Investitionsgütermarketing

Im Investitionsgütermarketing stehen dem anbietenden Unternehmen keine Endverbraucher, sondern Organisationen gegenüber, deren Kaufverhalten sich von dem der Konsumenten erheblich unterscheidet (mehr dazu später). Die Begriffe Investitionsgüter- und Industriegütermarketing werden in der Literatur häufig synonym verwendet (vgl. Backhaus/Voeth 2014, S. 5), obwohl der Kundenkreis im Investitionsgütermarketing weiter gefasst ist und u. a. den Staat als Kunden einschließt. Beide Begriffe werden hier dennoch synonym verwendet. Wie Darstellung 118 verdeutlicht, besteht zwischen diesen Begriffen auf der einen und dem Begriff Business-to-Business-Marketing auf der anderen Seite jedoch keine Deckungsgleichheit, da das Business-to-Business-Marketing auch die Vermarktung der Hersteller an den Groß- und Einzelhandel einschließt. Das Investitionsgütermarketing hingegen umfasst ausschließlich die Vermarktung von Leistungen, die der Produktion weiterer Leistungen und nicht der Distribution an Endverbraucher dienen (vgl. Engelhardt/Günther 1981, S. 24). Auch der Produktionsverbindungshandel, der die beschafften Produkte in nahezu unveränderter Form an andere organisationale Käufer (Verwender und OEM) weiterverkauft, kann hier beteiligt sein (vgl. Kleinaltenkamp 1988).

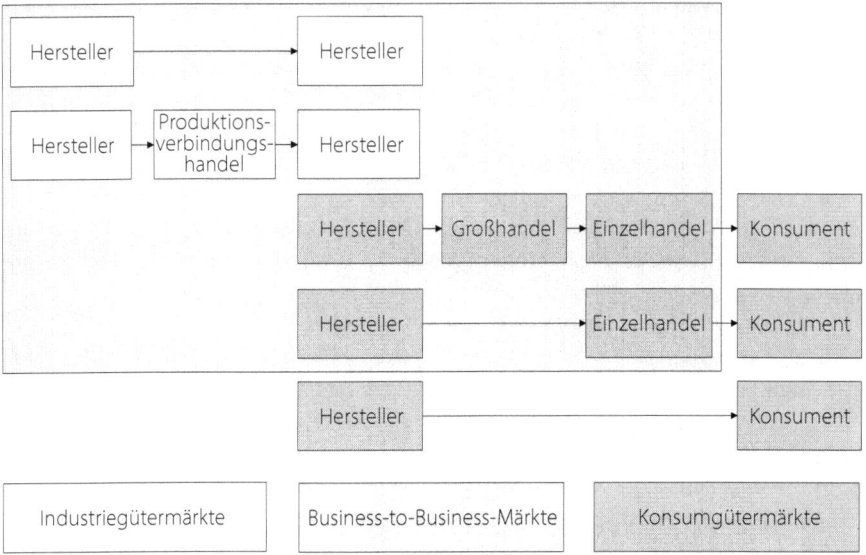

Dar. 118: Unterschiede zwischen Industriegütermarketing und Business-to-Business-Marketing (vgl. Backhaus/Voeth 2014, S. 5)

Industrielle Verwender setzen die beschafften Leistungen im Rahmen ihrer eigenen Wertschöpfung ein, um neue Produkte zu erstellen. Beispielsweise kauft ein Automobilhersteller einen Industrieroboter, um die Effizienz seiner Produktionsabläufe zu steigern. Erstausrüstungsunternehmen (Original Equiment Manufacturer, OEM) integrieren das gekaufte Produkt (z. B. Mikrochips) als Bestandteil des neu produzierten Produktes. Staatliche Einrichtungen (z. B. Bundeswehr, Polizei, Verkehrsministerium) fragen Sachgüter und Dienstleistungen nach, um damit für Bürger eine Leistung (z. B. Sicherheit, Verkehrsinfrastruktur) zu erbringen. Zu den öffentlichen Institutionen zählen bspw. Krankenhäuser, Schulen und Universitäten. Bei vielen Institutionen besteht eine Ähnlichkeit zu staatlichen Käufern, da deren Beschaffungsprozess oftmals durch politische Überlegungen und Gesetze geregelt ist. Die nachfolgende Darstellung 119 zeigt eine Typologisierung der Kunden im Investitionsgütermarketing (vgl. auch Walsh 2020, S. 462).

Misst man die gesamtwirtschaftliche Bedeutung des Investitionsgütermarketing an den dort erzielten Umsätzen im Vergleich zu denen auf Konsumgütermärkten, haben Investitionsgüter eine deutlich höhere Bedeutung: Das statistische Bundesamt weist für das Jahr 2019 in seiner Statistik zum produzierenden Gewerbe für »Vorleistungs- und Industriegüter« (Adressaten des Investitionsgütermarketing) einen jährlichen Gesamtumsatz von etwa 1,62 Billionen EUR aus, für »Gebrauchs-

12 Institutionelle Besonderheiten des Marketing

Dar. 119: Zielgruppen im Investitionsgütermarketing (vgl. Homburg 2020, S. 1143)

und Verbrauchsgüter« (Adressaten des Konsumgütermarketing) lediglich etwa 350 Mrd. EUR (vgl. Statistisches Bundesamt 2020, S. 8). Die Erklärung für diesen deutlichen Unterschied liegt darin, dass bei Konsumgütern lediglich der gegenüber Endverbrauchern berechnete Umsatz Berücksichtigung findet, im Investitionsgüterbereich hingegen werden sämtliche auf vorgelagerten Wertschöpfungsstufen erzielten Umsätze kumuliert. Diese »Umsatzvervielfältigung« lässt sich an folgender Darstellung 120 verdeutlichen.

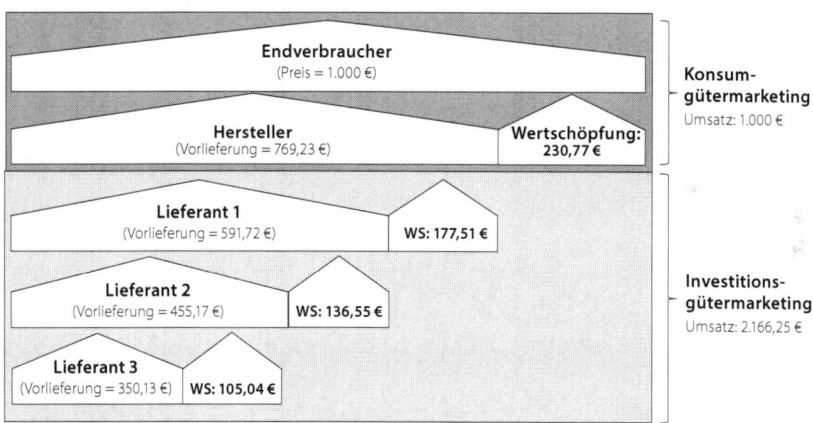

Dar. 120: Wertschöpfungsbedingte Umsatzvervielfältigung bei Investitionsgütermärkten (vgl. Backhaus/Voeth 2014, S. 4)

12.3.2 Besonderheiten des Investitionsgütermarketing

Austauschbeziehung im Investitionsgüterbereich weisen im Vergleich zum Konsumgüterbereich zahlreiche Besonderheiten auf (vgl. Backhaus/Voeth 2014, S. 7 ff., Homburg 2020, S. 1144; Meffert 2024, S. 26 f.):

- Die Kunden sind **Organisationen**: Kaufentscheidungen im Investitionsgütermarketing weisen daher meist eine **stärkere Rationalität** auf als Kaufentscheidungen im Konsumgütermarketing. In die Angebots- oder Beschaffungsentscheidungen sind oft mehrere Beteiligte eingebunden (Multipersonalität). Der Verkauf erfolgt häufig an ein sog. **Buying Center**, das aus verschiedenen Funktionsträgern besteht (dazu später mehr).
- Die Nachfrage ist **abgeleitet (derivativ)**, d. h. die Güter werden nur nachgefragt, weil ein Kunde des direkten Kunden eine Leistung nachfragt, die das Investitionsgut erfordert. Beispielsweise fragen Automobilhersteller nur dann spezielle Soundpakete nach, wenn deren Kunden den Wunsch haben, dass ihre bestellten Fahrzeuge über solche Systeme verfügen. Gleichzeitig bedeutet dies, dass Unternehmen, die Investitionsgüter herstellen, ihre Vermarktungsbemühungen mitunter auch auf nachgelagerte Stufen ausrichten müssen (**mehrstufiges Marketing**, vgl. Kleinaltenkamp/Saab 2021, S. 193 ff.), wie dies etwa DELL mit seinem Slogan »Intel Inside« sehr erfolgreich praktiziert (sog. **Ingredient Branding**). Darstellung 121 illustriert die abgeleitete Nachfrage am Beispiel eines Herstellers von Kunststoffchemikalien (vgl. Homburg 2020, S. 1145).

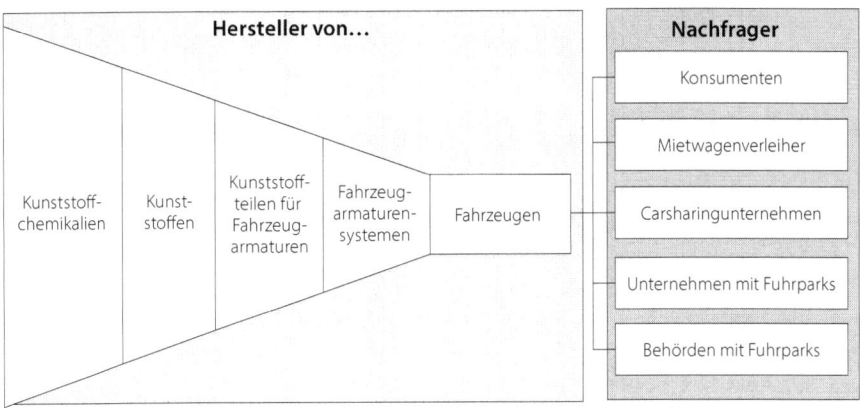

Dar. 121: Abgeleitete Nachfrage am Beispiel eines Herstellers von Kunststoffchemikalien (vgl. Homburg 2020, S. 1145)

- Beim Investitionsgütermarketing ist der Kundenkreis oft sehr klein, weshalb von einem **identifizierbaren Markt** gesprochen wird. Zwar gilt dies nicht für alle Investitionsgüter (z. B. nicht für standardisierte Produkte wie Schrauben),

aber i. d. R. sind Investitionsgütermärkte wesentlich überschaubarer als Konsumgütermärkte.
- Aus der geringeren Zahl an Anbietern und Käufern sowie dem höheren Spezialisierungsgrad der Produkte resultiert häufig ein **höherer Internationalisierungsgrad** der Transaktionen gegenüber dem Konsumgütermarketing.
- Die Nachfrage ist weitgehend **formalisiert**, häufig kommen **Ausschreibungen** oder Bieterverfahren (Auktionen) zum Einsatz. Je präziser die Leistungsanforderungen formuliert sind, desto stärker wird der Wettbewerb über den Preis ausgetragen.
- Insbesondere bei kundenindividuellen Leistungen mit hoher Komplexität ist es erforderlich, den Kunden in die Wertschöpfung zu integrieren. Beide stehen dadurch oft in einem **intensiven Austausch**.
- Aufgrund der hohen Komplexität vieler Investitionsgüter haben produktbegleitende (Value Added) **Services** wie Installation, Anwendungsberatung, Ersatzteilservice und Entsorgungsdienstleistungen oft eine große Bedeutung. Durch solche Serviceleistungen kann sich ein Anbieter häufig von Wettbewerbern differenzieren.
- Da es sich meist um individuelle Produkte handelt, die auf die Bedürfnisse der Kunden zugeschnitten sind, dominiert hier der **Direktvertrieb**. Dadurch kann sichergestellt werden, dass produktbegleitende Serviceleistungen kundenindividuell erfolgen können.
- Bei größeren, komplexen Anlagen wie Stahlwerken oder Flughäfen kooperieren oft mehrere Anbieter im Rahmen eines **Konsortiums**, bündeln ihr Know-how und erstellen das Investitionsgut arbeitsteilig.

12.3.3 Geschäftstypen im Investitionsgütermarketing

Im Investitionsgütermarketing lassen sich mehrere **Geschäftstypen** unterscheiden. In Darstellung 122 werden zwei Dimensionen zur Abgrenzung herangezogen: Einerseits den Individualisierungsgrad des Produktes (für einen Einzelkunden bzw. den anonymen Markt erstellt), andererseits die Dauer der Geschäftsbeziehung. Aus der Kombination dieser Dimensionen lassen sich vier Geschäftstypen ableiten.

- Ein **Produktgeschäft** ist dadurch gekennzeichnet, dass die angebotene Leistung nicht auf einen Kunden zugeschnitten ist, sondern standardisiert für den anonymen Massenmarkt produziert wird. Aufgrund der hohen Standardisierung herrscht im Produktgeschäft oft intensiver Wettbewerb, der es einem Kunden ermöglicht, kurzfristig zwischen verschiedenen Lieferanten zu wechseln. Meist erfolgen hier Einzeltransaktionen, die keine dauerhafte Geschäftsbeziehung nach sich ziehen. Das Produktgeschäft kommt dem Konsumgütermarketing am nächsten.
- Beim **Anlagen- und Projektgeschäft** werden komplexe, individuell auf einen speziellen Kunden zugeschnittene Projekte (Angebotsbündel) vermarktet, die zunächst abgesetzt und erst nach Auftragsvergabe erstellt werden (vgl. Back-

haus, Voeth 2014, S. 217). Hier spielen Value Added Services (▶ Kap. 8.3) eine wichtige Rolle. Komplexe Dienstleistungen wie Instandhaltung und Betreiberleistungen können hier dennoch zur Etablierung langfristiger Geschäftsbeziehungen führen.

- Ein **Systemgeschäft** ist dadurch gekennzeichnet, dass standardisierte Leistungen, die – ggf. zu unterschiedlichen Zeitpunkten – im Verbund mit anderen Leistungsangeboten gekauft werden, auf einem anonymen Massenmarkt angeboten werden. Da die gemeinsame Nutzung der Systemkomponenten zu einem erhöhten Nutzen beim Kunden führt, ist es bei Folgekäufen nicht mehr frei in seiner Auswahlentscheidung. Ein möglicher Wechsel des Anbieters würde hohe Wechselkosten verursachen, was zu einer selbst auferlegten Bindung des Käufers (**Lock-in-Effekt**) führt. Systemgeschäfte sind insb. in der Informations- und Kommunikationstechnologie von großer Bedeutung, etwa wenn ein Softwareunternehmen wie SAP verschiedene Module installieren, die mithilfe von Schnittstellen bei den Abnehmern zu einem Gesamtsystem zusammengefügt werden.
- Ein **Zuliefergeschäft** ist dadurch gekennzeichnet, dass Käufern individuelle Produkte angeboten werden, die in großer Stückzahl produziert und dann über einen längeren Zeitraum bezogen werden. Zwischen Lieferanten und Nachfrager entsteht somit eine längerfristige Geschäftsbeziehung, die häufig durch eine gegenseitige Abhängigkeit geprägt ist. Zuliefergeschäfte sind bspw. typisch für die Automobilproduktion, wo spezifische Baugruppen und Komponenten (für Kraftfahrzeuge z. B. Steuerelektronik, Armaturentafel oder Bildschirm) für die Dauer des Produktlebenszyklus vom selben Lieferanten bezogen und zum Endprodukt (z. B. Pkw) montiert werden.

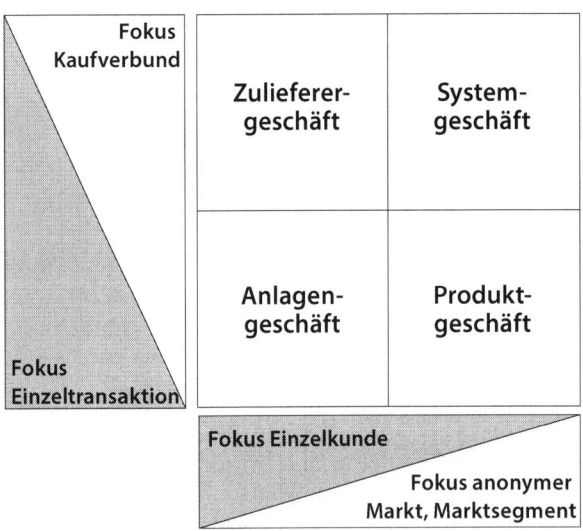

Dar. 122: Abgrenzung von Geschäftstypen beim Investitionsgütermarketing (vgl. Backhaus/Voeth 2014, S. 217)

12.3.4 Organisationales Kaufverhalten

Während Konsumenten ihre Kaufentscheidungen i. d. R. individuell tätigen, sind in Organisationen häufig mehrere Akteure in den Kaufentscheidungsprozess eingebunden. Mit Blick auf den multipersonalen Charakter organisationaler Kaufprozesse hat sich der Begriff **Buying Center** etabliert (vgl. Johnston/Bonoma 1981; Webster/Wind 1972). Darunter versteht man den gedanklichen Zusammenschluss der an einer organisationalen Kaufentscheidung beteiligten Personen. Die Mitglieder eines Buying Center, das üblicherweise keine eigenständige Abteilung im Unternehmen darstellt, interagieren während des Entscheidungsprozesses miteinander und tragen das Risiko der Kaufentscheidung gemeinsam. Die in Darstellung 123 zusammengestellten Rollen können üblicherweise in einem Buying Center identifiziert werden (vgl. Richter 2001, S. 78), wobei eine Person auch mehrere Rollen übernehmen kann.

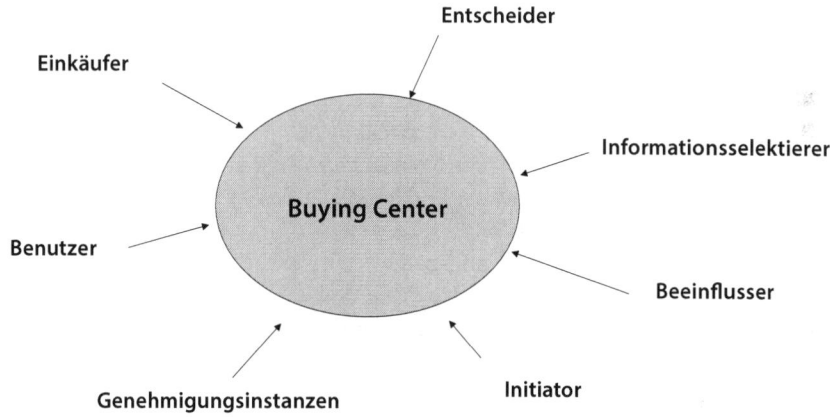

Dar. 123: Rollenstruktur im Buying Center (vgl. Eckart 2010, S. 31)

- Der **Initiator** (initiator) gibt den Impuls für die Beschaffung (vgl. Bonoma 1982, S. 113 ff.). Er kann selbst Nutzer des Investitionsgutes sein oder über eine so gute Marktkenntnis verfügen, dass er Möglichkeiten zur Effektivitäts- und Effizienzsteigerungen für das beschaffende Unternehmen gut einschätzen kann.
- Der **Einkäufer** (buyer) besitzt die formale Befugnis, Lieferanten auszuwählen und Kaufabschlüsse zu tätigen. Seine zentrale Aufgabe ist es, in Beschaffungsverhandlungen sowohl kaufmännische als auch juristische Kompetenzen zum Vorteil der beschaffenden Organisation einzubringen. Bei einfachen Beschaffungsvorgängen handelt der Einkäufer meist selbständig. Bei komplexen Käufen übernimmt er häufig eine Koordinationsfunktion zwischen dem Anbieter und den Verantwortlichen, die die Kaufentscheidung treffen (z. B. Abteilungsleiter, Geschäftsführung). In vielen Unternehmen gehören Einkäufer einer Beschaffungs- oder Einkaufsabteilung an.

- Der **Benutzer** (user) arbeitet später mit dem zu beschaffenden Produkt. Durch seinen Umgang mit dem zu kaufenden Produkt verfügt er über spezifisches Nutzerwissen und Erfahrungswerte. Die Benutzer geben häufig den Anstoß zur Beschaffung, wirken an der Definition der Produktspezifikationen mit und haben oft großen Einfluss auf die Kaufentscheidung.
- Der **Beeinflusser** (influencer) ist ein Meinungsführer, der als Experte über besonderes Know-how verfügt. Seine Rolle im Kaufprozess besteht daher im Einbringen kaufrelevanter Informationen. Beispielsweise definiert er Anforderungskriterien (z. B. technische Spezifikationen) für das Beschaffungsobjekt. Beeinflusser müssen dem beschaffenden Unternehmen nicht angehören, es können auch externe Berater sein.
- **Informationsselektierer** (gatekeeper) steuern den Informationsfluss im Buying Center und beeinflussen die Art, Menge und Qualität der Informationen, die in das Einkaufsgremium gelangen und innerhalb des Netzwerkes weitergegeben werden. Es sind oft die Mitarbeiter von Entscheidern, die Termine vergeben und damit erheblichen Einfluss auf Kaufentscheidungen haben, obwohl sie formell nicht in die Kaufentscheidung einbezogen sind.
- Der **Entscheider** (decider) besitzt aufgrund seiner hierarchischen Position die Befugnis zur Auswahl des Anbieters. Er trifft die finale Kaufentscheidung. Auf welcher Hierarchieebene die Kaufentscheidung angesiedelt wird, hängt maßgeblich vom finanziellen Wert der Transaktion ab. Bei wiederholten Beschaffungsvorgängen übernimmt oft der Einkauf die Rolle des Entscheiders.
- Die **Genehmigungsinstanzen** müssen die vom Buying Center vorgeschlagenen Transaktionen freigeben. Dies können etwa Juristen oder – in größeren Unternehmen – Ausschüsse sein. Meist werden sie erst in einer späten Phase des Beschaffungsprozesses eingebunden, wenn grundlegende Fragen (z. B. Lieferanten, Produktspezifikation) bereits geklärt sind (vgl. Eckardt, S. 33)

Die Mitglieder eines Buying Center können auch danach unterschieden werden, ob sie die Beschaffung eines bestimmten Produktes eher befürworten oder ablehnen (vgl. Homburg 2020, S. 157; Witte 1976):

- **Promotoren** fördern und unterstützten den Kauf und treiben den Kaufprozess voran.
- **Opponenten** sind gegen die Beschaffung des Produktes und behindern und verlangsamen daher den Kaufprozess.

Promotoren und Opponenten können hinsichtlich ihres Einflusses und ihrer Aufgaben im Buying Center noch weiter unterteilt werden (vgl. Eckardt 2010, S. 40 ff.):

- **Machtpromotoren bzw. -opponenten** besitzen aufgrund ihrer hierarchischen Position innerhalb der Organisation einen hohen Einfluss im Buying Center. Sie sind häufig in der Rolle des Entscheiders.

- **Fachpromotoren bzw. -opponenten** beziehen ihren Einfluss aus ihrer fachlichen Expertise. Sie können durch technisch-objektiv Fakten zum Beschaffungsobjekt überzeugt werden.
- **Prozesspromotoren** kennen sich in den Organisationsstrukturen des Unternehmens gut aus und haben aufgrund ihrer formellen und informellen Kommunikationsbeziehungen Einfluss. Häufig sind sie in der Rolle des Gatekeepers. Sie fördern den Kaufprozess, indem sie organisatorische und administrative Barrieren überwinden und zwischen Macht- und Fachpromotoren vermitteln.

Für den Umgang des Anbieters mit einem Buying Center sollten u. a. diese Fragen geklärt sein:

- Welche Personen gehören dem Buying Center an und welche Rollen übernehmen sie?
- Wie ist die Interessenlage im Buying Center? Bestehen Konflikte und falls ja, welche Ursachen haben sie?
- Wer sind die Promotoren, wer Opponenten? Wie können diese zugunsten des anbietenden Unternehmens überzeugt werden?

Vergleicht man den **Beschaffungsprozess von Organisationen** mit dem Kaufprozess von Konsumenten (▶ Kap. 3.4), ist festzustellen, dass der organisationale Kaufprozess i. d. R. rationaler, systematischer und formeller abläuft als der Kauf von Konsumgütern. Impulskäufe sind hier sehr selten anzutreffen, zudem erstreckt sich der organisationale Kaufprozess v. a. im Anlagengeschäft über einen längeren Zeitraum. Von der Vielzahl existierender Phasenmodelle organisationalen Kaufverhaltens (vgl. für einen Überblick Backhaus/Voeth 2014) soll hier beispielhaft die Systematisierung nach Kotler et al. (2022, S. 324 ff.) vorgestellt werden:

- **Problemerkennung:** Der Kauf wird eingeleitet, wenn im Unternehmen ein Bedarf festgestellt wird, der durch ein Produkt befriedigt werden kann. Der Bedarf kann im Unternehmen festgestellt werden, etwa, wenn ein neues Produkt hergestellt werden soll, das eine neue Produktionsmaschine erfordert. Es kann jedoch auch ein externer Impuls sein, etwa durch einen möglichen Lieferanten, der auf seine Produkte aufmerksam macht oder einen Unternehmensberater, der seine Expertise ins Unternehmen einbringt.
- **Beschreibung des Bedarfs:** Nachdem das Bedürfnis festgestellt wurde, erstellt der Einkauf eine Beschreibung des Bedarfs. Diese beschreibt das Kaufobjekt und die benötigte Menge. In dieser Phase kann der Anbieter unterstützen und Informationen über den Nutzen des Produktes und seiner Merkmale beisteuern.
- **Festlegung der Produkteigenschaften:** Im nächsten Schritt legt die einkaufende Organisation die technischen Produkteigenschaften fest, häufig unterstützt durch eine Entwicklungsgruppe, die nach Möglichkeiten sucht, das Produkt kostengünstig(er) herzustellen. Hier kann eine Wertanalyse durchgeführt wer-

den, die untersucht, ob Komponenten des Produktes mit einfacheren Produktionsverfahren hergestellt werden können.
- **Suche nach Lieferanten**: Die kaufende Organisation sucht nun nach Lieferanten. Sind die möglichen Lieferanten noch nicht bekannt, können externe Lieferantenverzeichnisse, Fachzeitschriften oder Beschaffungsplattformen im Internet (z. B. das Firmenverzeichnis »Wer liefert was?«) zurate gezogen werden.
- **Einholung von Angeboten**: In dieser Phase lädt die beschaffende Organisation qualifizierte Lieferanten ein, Angebote einzureichen. Je nach Komplexität des Produktes erfolgen die Angebote unpersönlich (z. B. in Form eines Produktkataloges) oder persönlich durch einen Vertriebsmitarbeiter.
- **Auswahl und Festlegung der Lieferanten**: Die Mitglieder des Buying Center prüfen nun die verschiedenen Angebote und wählen einen oder mehrere Lieferanten aus. Von besonderer Bedeutung für die Beurteilung und Auswahl des Lieferanten sind die Produktqualität, konkurrenzfähige Preise, die Servicequalität (z. B. Beratung, Instandhaltung, Kundendienst) oder Lieferzeiten.
- **Festlegung des Bestellverfahrens**: Hier wird die langfristige Zusammenarbeit mit dem Lieferanten geregelt. Häufig werden Rahmenverträge abgeschlossen, welche die langfristige Zusammenarbeit zwischen beiden Parteien regeln. Viele Großkunden praktizieren heute ein Vendor-managed Inventory, bei welchem der Lieferant die Verantwortung für Lagerbestände des Kunden übernimmt. Die Lieferanten prüfen dann die Bestände und füllen diese bei Bedarf wieder auf.
- **Überprüfung von Qualität und Leistungsfähigkeiten des Anbieters**: Die kaufende Organisation prüft, ob die beschafften Produkte den Qualitätserwartungen entsprechen. Diese Leistungsbeurteilung kann fallweise oder standardisiert erfolgen. Sie kann dazu führen, dass die Beziehung mit dem Lieferanten aufrechterhalten wird, Modifikationen an der Zusammenarbeit vorgenommen werden oder die Geschäftsbeziehung beendet wird.

12.3.5 Instrumentelle Besonderheiten des Investitionsgütermarketing

Im Bereich der **Produktpolitik** sind einige Besonderheiten des Investitionsgütermarketing hervorzuheben. Die **Entwicklung neuer Investitionsgüter** erfolgt häufig in einem interaktiven Prozess zwischen Anbieter und Nachfrager (vgl. Meffert et al. 2024, S. 27), oftmals werden die Kunden – insb. bei komplexen Produkt-/Servicebündeln – von Anfang an in den Innovationsprozess einbezogen. Dies gilt insb. für das Anlagen- und Zuliefergeschäft, in dem kundenindividuelle Lösungen angeboten werden. Auf diese Weise erhöhen sich die Erfolgschancen, da hier, anders bei Konsumgütern (B2C), keine Testmärkte genutzt werden können. Die Kunden können Prototypen so frühzeitig testen und eigene Anwendungserfahrung in den Wertschöpfungsprozess einbringen (vgl. Brockhoff 1998; Piller 2015). Durch eine frühzeitige Einbindung der Kunden in den Produktentwicklungsprozess können Zeit und Kosten eingespart, die Qualität der Produkte verbessert und infolgedessen die Kundenbindung erhöht werden. Allerdings besteht die Gefahr, dass Know-how an den Kunden und damit möglicherweise auch an Wettbewerber abfließt. Eine weitere Herausforderung bei Investitionsgütern betrifft die **Programmtiefe**, da Kunden häufig auf individuelle Lösungen bestehen. Es ist zu entscheiden, wie viele kundenspezifische Produktvarianten angeboten werden sollen (vgl. Kleinaltenkamp/Jacob 2006). In die Entscheidung über den optimalen Individualisierungsgrad sind neben dem Nutzen der Individualisierung (z. B. das Erzielen höherer Preise) auch Komplexitätskosten einzubeziehen.

Zudem muss entschieden werden, inwieweit über das reine Sachgut hinaus **industrielle Dienstleistungen** angeboten werden sollen. Derartige Dienstleistungen können für den Anbieter mehrere Vorteile haben: Sein Angebot ist differenzierter und aus Kundensicht umfassender (»Alles aus einer Hand«) als das der Mitbewerber. Zudem kann der Preisdruck reduziert werden und es lassen sich Markteintrittsbarrieren gegenüber Mitbewerbern errichten. Auch industrielle Dienstleistungen lassen sich in **Basisdienstleistungen** und **Value Added Services** aufteilen (▶ Kap. 8.3). Basisdienstleistungen sind Leistungen, die erbracht werden müssen, damit ein Kunde einen Kauf überhaupt erst in Betracht zieht. Bei einer technischen Großanlage sind dies etwa die Inbetriebnahme und Sicherstellung eines störungsfreien Betriebs. Value Added Services sind solche Dienstleistungen, ohne die das Angebot zwar angenommen würde, deren Vorhandensein den Wert des Produktes aus Sicht des Käufers aber deutlich steigern (vgl. Homburg 2020, S. 1158). Es hängt von branchenspezifischen Gepflogenheiten ab, welche Dienstleistungen als Value Added Services wahrgenommen werden. Infrage kommen bspw. die Wartung von Anlagen, Lagermanagement, Beratungsleistungen, technische und betriebswirtschaftliche Schulungen und Finanzierungshilfen.

Die Bedeutung der **Preispolitik** ist in allen Geschäftstypen des Investitionsgütermarketing hoch, aber insb. im Produktgeschäft stellt der Preis häufig das wichtigste Auswahlkriterium der Kunden dar (vgl. Walsh et al. 2020, S. 481). Vor allem bei sog. Commodities (vollkommen standardisierten Massengütern wie Schrauben oder manchen Rohstoffen), bei denen eine Differenzierung über das Produkt weitestgehend entfällt, werden Produkte mit dem niedrigsten Preis gekauft. Bei Standard- und Volumenprodukten werden häufig **Rahmenvereinbarungen** getroffen. Der Kunde kann dann innerhalb der Laufzeit der Rahmenvereinbarung Leistungen zu den aktuell geltenden Preisen abrufen.

Im Anlagen- und Zuliefergeschäft hingegen wird der Preis oft je nach Kunde individuell bestimmt (**Einzelpreisbildung**). Hier werden zum Preis für ein technisches Grobkonzept die Kosten für kunden- individuelle Leistungen (z. B. Reise- und Transportkosten, Kosten für Montageleistungen) addiert (vgl. Backhaus/Voeth 2014). Hier werden kundenspezifische Angebote erstellt und der Preis wird je nach geforderter Leistung angepasst. Die Kosten einer Angebotserstellung sind hier oft so hoch, dass eine Selektion der Anfragen notwendig ist.

Bei **Ausschreibungen**, die insb. bei größeren Aufträgen sowie bei der staatlichen Auftragsvergabe von Bedeutung sind (vgl. Backhaus/Voeth 2014, S. 83), legt der Nachfrager die Leistung detailliert fest, womit sich die Angebote bei gleichen

Leistungsangeboten lediglich in der Preishöhe unterscheiden. In diesem Fall ist der Preis das einzige Auswahlkriterium des Kunden. Der Anbieter muss die Wettbewerber hier preislich unterbieten, ohne mit dem Auftrag Verlust zu erleiden (▶ Kap. 9.2). Dies wird als **Competitive Bidding** bzw. **Reverse Auction** bezeichnet. Ausschreibungen erfolgen zunehmend über das Internet, wobei es spezialisierte Firmen gibt, die die Leistung für den Nachfrager definieren und für ihn den günstigsten Anbieter finden (vgl. Homburg, S. 806). **Auktionen** gewinnen als Instrument der Preisbildung im Investitionsgütermarketing zunehmend an Bedeutung (vgl. Homburg 2020, S. 1161). Neben klassischen Auktionen kommen zunehmend auch **Reverse Auctions** zum Einsatz (vgl. Jap 2002). Dies sind Auktionen, bei denen der Kunde gegenüber mehreren möglichen Anbietern seinen Bedarf kommuniziert, die sich dann softwaregestützt gegenseitig unterbieten. Den Auftrag erhält derjenige Anbieter, der für seine Leistung den niedrigsten Preis aller Anbieter verlangt. Auktionen werden bei Standardprodukten auch über E-Procurement-Plattformen abgewickelt.

Werden zusätzliche Dienstleistungen angeboten, stellt sich die Frage, ob und wie diese im Rahmen eines Leistungsbündels zu bepreisen sind. Grundsätzlich gibt es die drei Möglichkeit, einen Gesamtpreis zu bilden, einen Teil der zusätzlichen Dienstleistungen in den Preis aufzunehmen oder alle zusätzlichen Dienstleistungen gesondert zu berechnen. Dies hängt zum einen von den Usancen in der jeweiligen Branche ab und wie die Wettbewerber vorgehen.

Viele Anlagengeschäfte finden nur einmal statt und erstrecken sich oft über mehrere Jahre. Bei derart langfristigen Geschäften werden aufgrund von Kostenänderungen oft **Preisgleitklauseln** vereinbart. Nachgewiesene Kostensteigerungen (z. B. für Material oder Löhne) können dann an den Kunden weitergegeben werden. Preisdifferenzierungen (z. B. Rabatte) erfolgen oft aufgrund der Abnahmemenge und selten wie bei Konsumgütern aufgrund des Zeitpunkts des Kaufes (z. B. Sommer- und Winterschlussverkauf).

Auch hinsichtlich der **Kommunikationspolitik** weist das Investitionsgütermarketing einige Besonderheiten gegenüber dem Konsumgütermarketing auf. Zunächst ist festzuhalten, dass sich die Informationsbedürfnisse organisationaler Kunden deutlich von denen der Konsumenten unterscheiden. In der Regel haben organisationale Kunden einen deutlich höheren Bedarf an technischen Produktinformationen und weisen auch ein höheres Verständnis für solche Informationen auf. Grundsätzlich weist die Kommunikation im Investitionsgütermarketing einen stark **persönlichen Charakter** auf, was an der hohen Erklärungsbedürftigkeit der Produkte v. a. im Anlagen- und Zuliefergeschäft liegt. Der Außendienstmitarbeiter bzw. Key Account Manager übernimmt i. d. R. den Hauptteil der Kommunikation im direkten Austausch mit den Kunden.

Eine zentrale Herausforderung besteht in der Kommunikation gegenüber einem Buying Center, da die einzelnen Rollenträger unterschiedliche Informationsbedarfe haben. Beispielsweise erwartet ein Anwender Informationen über die Einsatzmöglichkeiten des Produktes, während ein Einkäufer v. a. am Preis und den Lieferbedingungen interessiert ist. Der Anbieter muss sich daher auf einen **heterogenen**

Informationsbedarf einstellen und den Mitgliedern des Buying Center unterschiedliche Informationspakete bereitstellen. Hier ist es sinnvoll, je nach Rolle der Mitglieder im Buying Center, die in Abschnitt 11.2.6 vorgestellten Präsentationstechniken Benefit oder Character Selling anzuwenden, um die Mitglieder des Buying Center zu überzeugen.

Wichtige Kommunikationsinstrumente sind im Investitionsgütermarketing **Messen** und **Ausstellungen** (vgl. Rolke 2003; Smith et al. 2004). Hier können Kunden Produkte vorgeführt werden, neue Kontakte geknüpft und der Wettbewerb beobachtet werden. Messen können zudem zur Anbahnung von Verkaufsabschlüssen genutzt werden (Verkaufsmessen), sodass an eine Messeteilnahme nicht nur kommunikative, sondern auch akquisitorischen Ziele geknüpft werden können. Ein weiteres wichtiges Kommunikationsinstrument im Investitionsgütermarketing sind redaktionelle Beiträge in neutralen Medien (z. B. in branchenspezifischen Fachzeitschriften), anhand derer Bekanntheit aufgebaut und Expertise nachgewiesen werden kann. Ein Auftritt in Suchmaschinen und Portalen im Internet wird auch im Investitionsgütermarketing zunehmend wichtiger. Demgegenüber besitzt die klassische Werbung hier einen deutlich geringeren Stellenwert als im Konsumgütermarketing.

Die **Distributionspolitik** weist im Investitionsgütermarketing eine deutlich höhere Bedeutung auf als im Konsumgüterbereich. Während sich die Kosten der Distribution aufgrund des mitunter sehr kostspieligen Einsatzes der Distributionsorgane (z. B. Außendienstbesuche) hier oftmals auf über 10 Prozent der Umsätze belaufen, liegt der Aufwand vieler Anbieter im Konsumgütermarketing bei weniger als 2 Prozent der Umsätze (vgl. Homburg 2020, S. 1166 in Anlehnung an Krafft/Frenzen 2001). Der **Direktvertrieb** spielt im Investitionsgütermarketing eine herausragende Rolle. Dies ist auf einen (mit Ausnahme des Produktgeschäfts) oft überschaubaren Kundenkreis sowie einen hohen Individualisierungs- und Komplexitätsgrad der Produkte zurückzuführen, die eine große Nähe zum Kunden sowie ein hohes produktbezogenes Know-how erfordern. Da neben der persönlichen meist auch eine intensive fachliche Betreuung notwendig ist, werden als Verkäufer häufig Akademiker wie z. B. Vertriebsingenieure oder Wirtschaftsinformatiker eingesetzt. Im Investitionsgütermarketing besitzt das Key Account Management einen hohen Stellenwert. Hierauf wurde bereits in Abschnitt 11.2.5 vertiefend eingegangen.

Absatzmittler werden in Investitionsgütermarketing vorwiegend im Produktgeschäft eingesetzt, da die Produkte hier einen hohen Standardisierungsgrad aufweisen. Beispielsweise werden bestimmte Rohstoffe, Werkzeugmaschinen und Büroeinrichtungsgegenstände – v. a. beim Vertrieb an kleine und mittlere Unternehmen – über den **Produktionsverbindungshandel** vertrieben (vgl. Kleinaltenkamp 2000). Viele Unternehmen vertreiben ihre Produkte an bedeutende Kunden direkt und nutzen für kleinere Kunden den Handel als Vertriebspartner. Dies kann in einer Coverage-Matrix festgehalten werden, in der die Zuständigkeiten der verschiedenen Vertriebsorgane eindeutig geregelt ist (▶ Dar. 125). Am Beispiel eines Herstellers von Kopiergeräten soll hier gezeigt werden, welche Vertriebsorgane für welche Kundensegmente zuständig sind. Während sich der (teure) Außendienst ausschließlich auf Großkunden konzentriert, werden zum Vertrieb an kleinere Kunden auch Absatzmittler eingesetzt.

Dar. 124: Coverage-Matrix am Beispiel eines Herstellers von Kopiergeräten (vgl. Homburg et al. 2010, S. 56)

Vertriebs-kanäle		Marktegmente				
		Behörden/ öffentliche Institutionen	Großun-terneh-men	Copy-shops	Kleine und mittelstän-dische Un-ternehmen	Sonsti-ge Abneh-mer
	Außen-dienst	Lagerhaltung, Verkauf, Bera-tung, Wartung, ggf. Repara-tur				
	Innen-dienst/Call-center	Verkauf, Beratung, Hilfestellung bei kleineren technischen Pro-blemen				
	Internet				Verkauf, Information	
	Großhandel			Lagerhaltung, Verkauf, Beratung, Wartung, ggf. Reparatur		
	Facheinzel-handel				Lagerhaltung, Verkauf, Beratung, Wartung, ggf. Reparatur	

12.4 Internationales Marketing

12.4.1 Grundlagen des internationalen Marketing

2022 war Deutschland hinter China und den USA die drittgrößte Exportnation der Welt (vgl. Statista 2023b). Deutsche Exporte von Produkten und Dienstleistungen ins Ausland erreichten einen Rekordwert von knapp 1,6 Billionen Euro (zum Vergleich: 2010 lag der Exportwert noch unter 1 Billion Euro, vgl. Statistisches Bundesamt 2023b). Gleichzeitig verlagern viele deutsche Unternehmen ihre Wertschöpfung zunehmend ins Ausland. So wurde im Jahr 2021 auch bei den deutschen Direktinvestitionen im Ausland ein neuer Rekordwert erzielt (vgl. Deutsche Bundesbank 2023). Inzwischen sind nicht mehr nur deutsche Großkonzerne auf dem Weltmarkt aktiv, sondern auch kleine und mittlere Unternehmen (KMU), viele davon fallen unter die sog. Hidden Champions.

Von **internationalem Marketing** wird gesprochen, wenn ein Unternehmen seine Marketingaktivitäten auf mehr als ein Land, d. h. auf mindestens einen

Auslandsmarkt ausrichtet (vgl. Hermanns 1995, S. 25 f.; Meffert et al. 2010, S. 33 f.; Homburg 2020, S. 1180). Aufgrund der Unterschiedlichkeit der Ländermärkte zeichnet sich das internationale im Vergleich zum nationalen Marketing durch eine wesentlich höhere Komplexität aus. Dies betrifft die Informationsgewinnung über die Ländermärkte, den Prozess der Entscheidungsfindung und die Koordination der Marketingaktivitäten (vgl. Wißmeier 1992, S. 47 ff.).

Meffert et al. (2010) identifizieren vier **Motive der Internationalisierung** (vgl. zu anderen Kategorisierungsansätzen Berndt et al. 2016, S. 10 f.; Homburg 2020, S. 1201 f.; Swoboda et al. 2022, S. 1 f.):

- **Strategische** Motive betreffen z. B. den Zugang zu neuem Wissen in Forschung und Entwicklung oder die Vergrößerung des Vertriebsnetzwerkes durch den Aufbau von Kontakten. Ein bekanntes Beispiel sind Ansiedelungen im »Silicon Valley« der USA, von denen sich Unternehmen einen starken Know-how-Zuwachs versprechen. Der Angriff eines wichtigen Wettbewerbers kann ebenfalls ein strategisches Motiv zur Internationalisierung sein.
- **Beschaffungsorientierte** Motive zielen auf den Zugang zu knappen Ressourcen ab (z. B. natürliche Ressourcen wie Rohstoffe, Arbeitskräfte oder finanzielle Ressourcen wie Subventionen). So werden z. B. neue Chip-Werke von Intel in Ostdeutschland mit zweistelligen Milliardensummen subventioniert.
- **Effizienzorientierte** Motive zielen auf Kostenvorteile durch eine hohe Auslastung der Kapazitäten (Skaleneffekte) ab. Diese Vorteile sind umso größer, je besser Auslandsmärkte mit einem einheitlichen Marketing-Mix (d. h. standardisiert) bearbeitet werden können. Zudem kann eine Optimierung der Wertschöpfungskette über alle Länder hinweg zu Einsparungen z. B. aufgrund höherer Bestell- und Produktionsmengen und niedrigerer Lohn- und Transportkosten führen.
- **Absatzorientierte** Motive zielen auf die Erschließung neuer Absatzmärkte ab, um die Kundenbasis zu vergrößern und neue Umsatzpotenziale zu erschließen. Während in westlichen Ländern Märkte vielfach gesättigt sind, weisen viele Schwellenländer (z. B. Indien, Brasilien) ein deutlich stärkeres Marktwachstum auf, sodass sich Nachfrageschwächen im Inland durch einen Mehrabsatz im Ausland ausgleichen lassen. Empirische Studien haben gezeigt, dass insb. absatzorientierte Motive die Internationalisierung vieler Unternehmen maßgeblich vorantreiben (vgl. Berndt et al. 2016, S. 11).

12.4.2 Besonderheiten und Grundorientierungen im internationalen Marketing

Gegenüber dem nationalen Marketing weist das internationale Marketing einige **Besonderheiten** auf (vgl. Meffert et al. 2010, S. 25 ff.):

- Auslandsmärkte unterscheiden sich z. B. aufgrund kultureller, ökonomischer und politischer Unterschiede oft stark vom Heimatmarkt. Ein Unternehmen bewegt

sich daher in einem Spannungsfeld zwischen **globaler Standardisierung** und **lokaler Anpassung**.
- Bei der Bearbeitung mehrerer Ländermärkte können **Rückkopplungseffekte** auftreten (vgl. Homburg 2020, S. 1193; Swoboda et al. 2020, S. 38), wenn z. B. Produkte auf Auslandsmärkten günstiger angeboten werden und Nachfrager ihren Bedarf daher im Ausland decken (z. B. durch (Re-)Importe von Automobilen oder Medikamenten).
- Viele Auslandsmärkte verändern sich schneller als die Heimatmärkte von Unternehmen. Hierdurch steigt die Komplexität des Marketingmanagementprozesses, was **hohe Anforderungen an die Flexibilität und Anpassungsfähigkeit** von Unternehmen stellt.
- Die höhere Ungewissheit und Komplexität begründet den **hohen Stellenwert der Marktforschung** im internationalen Marketing. Die Auswahl geeigneter Erhebungsinstrumente muss bspw. der unterschiedlichen Akzeptanz verschiedener Datenerhebungsmethoden Rechnung tragen.

Bei der Bearbeitung von Auslandsmärkten gibt es verschiedene **strategische Grundorientierungen** (Berndt et al. 2016, S. 15 ff.; Swoboda et al. 2022, S. 26 ff.; Backhaus/Voeth 2010, S. 24 ff., ▶ Dar. 125).

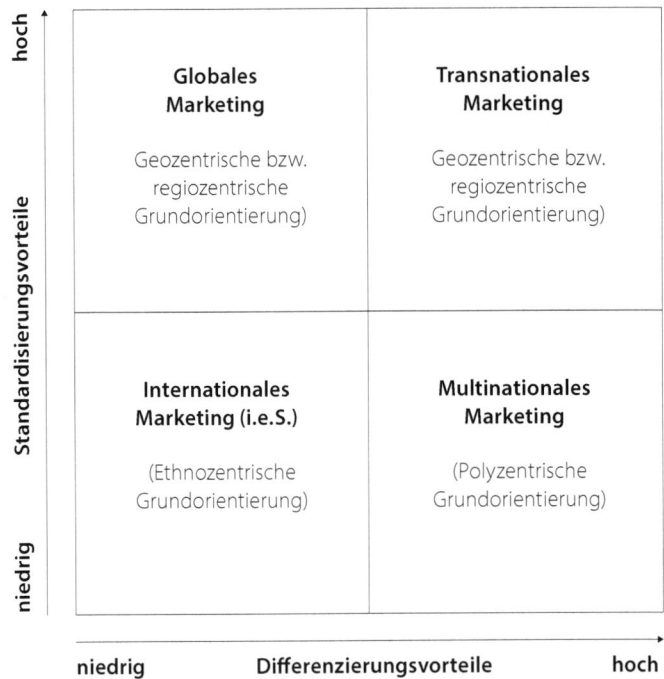

Dar. 125: Die vier strategischen Handlungsoptionen im internationalen Marketing (vgl. Meffert et al. 2010, S. 66)

- Die Strategie des **internationalen Marketing** fußt auf einer ethnozentrischen Grundhaltung. Hier orientiert sich die Bearbeitung von Auslandsmärkten stark am Heimatland, d. h. das Unternehmen überträgt das heimische Marketingkonzept auf die Ländermärkte, sofern nicht rechtliche Rahmenbedingungen eine Anpassung erfordern. Das internationale Marketing konzentriert sich i. d. R. auf wenige, dem Heimatland ähnliche Ländermärkte. Dies können kulturell ähnliche Märkte sein (z. B. Deutschland und Österreich), geografisch nah beieinander liegende Märkte (z. B. Benelux-Staaten) oder wirtschaftlich vergleichbare Ländermärkte (z. B. USA und Japan). Die Auslandsmärkte werden hier i. d. R. über den Export von im Inland hergestellten Produkten versorgt.
- Beim **multinationalen Marketing** (polyzentrische Grundorientierung) wird die Einzigartigkeit und Unvergleichbarkeit der einzelnen Ländermärkte berücksichtigt und die Marketingstrategie wird an die individuellen Besonderheiten und Bedürfnisse der Ländermärkte angepasst. Auf diese Weise können Differenzierungsvorteile erzielt werden, die höhere Preise rechtfertigen. Häufig erfolgt die Marktbearbeitung in den Ländermärkten durch Tochtergesellschaften, denen eine hohe Autonomie eingeräumt wird.
- Bei der Strategie des **globalen Marketing** (geozentrische Grundorientierung) wird die Marketingstrategie auf den Weltmarkt ausgerichtet, d. h. es erfolgt keine länderspezifische Differenzierung der Produkte. Mit dieser Strategie werden sog. Cross-Cultural-Groups, also länderübergreifend homogene Zielgruppen angesprochen. Durch die starke Standardisierung ermöglicht das globale Marketing die größten Kostenvorteile.
- Beim **transnationalen Marketing** (regiozentrische Grundorientierung) werden mehrere Länder, die sich wirtschaftlich, politisch und oder kulturell ähnlich sind (z. B. Indien und Bangladesch), zu übergeordneten Gebieten zusammengefasst und standardisiert bearbeitet. Diese Strategie versucht, die Standardisierungsvorteile des globalen Marketing mit den Differenzierungsvorteilen des multinationalen Marketing zu verbinden. Transnationales Marketing wird durch die Bildung gemeinsamer Märkte z. B. in Form von Freihandelszonen oder Wirtschafts- und Währungsunionen (z. B. EU, NAFTA, MERCOSUR) gefördert.

In diesem Zusammenhang sind zwei gegenläufige Theorieansätze erwähnenswert: Anhänger der **Konvergenzthese** von Lewitt (1983) sehen Anhaltspunkte dafür, dass sich Märkte weltweit angleichen und kultur- und länderübergreifende Zielgruppen mit konvergierenden Bedürfnissen entstehen. Lewitt führt dies auf ähnliche soziodemografische Entwicklungen (z. B. Anstieg der Lebenserwartung und abnehmende Haushaltsgrößen in Industrienationen), den wachsenden Austausch zwischen den Kulturen (z. B. im Bildungsbereich) und verbesserte Transport- und Kommunikationstechnologien zurück. Vertreter der **Divergenzthese** halten dem entgegen, dass in vielen Ländern eine Rückbesinnung auf regionale und kulturelle Besonderheiten stattfindet, die eine differenzierte Bearbeitung der Ländermärkte erfordert. Empirische Befunde zeigen hier ein differenziertes Bild: Insbes. im B2B-Bereich, aber auch bei einigen langlebigen Konsumgütern (z. B. Autos, Luxusprodukte) ist eine Konvergenz im Kaufverhalten zu beobachten, sodass von »globalen Kunden« gesprochen werden kann. In anderen Produktbereichen (z. B. Nahrungsmittel, Getränke, Haushalts- und Körperpflegeprodukten) prägen landesspezifische Besonderheiten das Kaufverhalten der Kunden stark. Eine generelle Empfehlung, ob eine Standardisierungs- oder eine Differenzierungsstrategie mehr Erfolg verspricht, kann daher nicht gegeben werden.

12.4.3 Entscheidungsfelder im internationalen Marketing

Die Strategiefindung weist im internationalen Marketing einige Besonderheiten gegenüber dem nationalen Marketing auf. Die speziellen Entscheidungsbereiche zeigt Darstellung 126 im Überblick.

Dar. 126: Spezielle Entscheidungen im internationalen Marketing (vgl. Homburg 2020, S. 1201)

Zunächst ist über den **Internationalisierungsgrad** des Unternehmens zu entscheiden. Dieser drückt das Engagement eines Unternehmens im Ausland aus, wobei zur Messung Kennziffern verwendet werden, die das Verhältnis der Auslandsaktivitäten zu denen im Inland ausdrücken. Dazu gehören

- das Verhältnis des Auslandsumsatzes zum Gesamtumsatz,
- die Anzahl ausländischer Tochtergesellschaften im Verhältnis zur Gesamtzahl der Tochtergesellschaften und
- das Verhältnis der im Ausland beschäftigten Mitarbeiter im Verhältnis zur Gesamtbelegschaft des Unternehmens.

Im Folgenden ist eine **Selektion bzw. Priorisierung von Ländermärkten** vorzunehmen. Der Analyse eines Marktes und seiner Akteure (▶ Kap. 5.1) ist häufig eine Analyse der Makroumwelt vorgeschaltet. Zur Makroumwelt gehören alle Faktoren, die vom Unternehmen nicht kontrolliert werden können, die das Verhalten von Unternehmen aber stark beeinflussen können. Die Makroumwelt kann in die ökologische, politisch-rechtliche, soziokulturelle, ökonomische und technologische Umwelt gegliedert werden und lässt sich anhand einer **PESTEL-Analyse** (Akronym für Political, Economical, Social, Technological, Ecological und Legal) analysieren (vgl. Johnson et al. 2021, S. 69 ff.: Ergenzinger 2020, S. 125). Sie zieht dabei u. a. folgende Kriterien heran:

- **politische** Einflussfaktoren wie politische Stabilität, Handelsbeschränkungen, Subventionen und Schutz geistigen Eigentums,
- **wirtschaftliche** Einflussfaktoren wie Konjunkturlage, Bruttoinlandsprodukt, Zinsniveau, Inflationsrate, Wechselkurse, Arbeitslosigkeit,
- **soziokulturelle** Einflussfaktoren wie gesellschaftliche Werte, Lebensstil, demografische Entwicklung, Bildungsniveau und Einkommensverteilung,
- **technologische** Einflussfaktoren wie Stand der Forschung, Entwicklungsstand der Informations- und Kommunikationstechnologie, neue Produkte und Verfahren,
- **ökologische** Einflussfaktoren wie natürliche Ressourcen, Emissionsregulierungen, Umweltschutzauflagen und
- **rechtliche** Einflussfaktoren wie gesetzliche Bestimmungen, Wettbewerbsregelungen, Steuerrichtlinien und Handlungsautonomie der Unternehmen.

Die Ländermärkte, die nicht auf Basis einer Makroanalyse ausgeschlossen wurden, werden anschließend hinsichtlich ihrer **Mikroumwelt** analysiert. Dabei werden Lieferanten, Absatzmittler, Kunden und Wettbewerber analysiert. Homburg (2020, S. 1202) empfiehlt, die Auswahl der Ländermärkte anhand der Kriterien **Marktattraktivität** und **Markteintrittsbarrieren** vorzunehmen und greift dabei auf Ergebnisse sowohl der Makro- als auch der Mikroanalyse zurück (▶ Dar. 127).

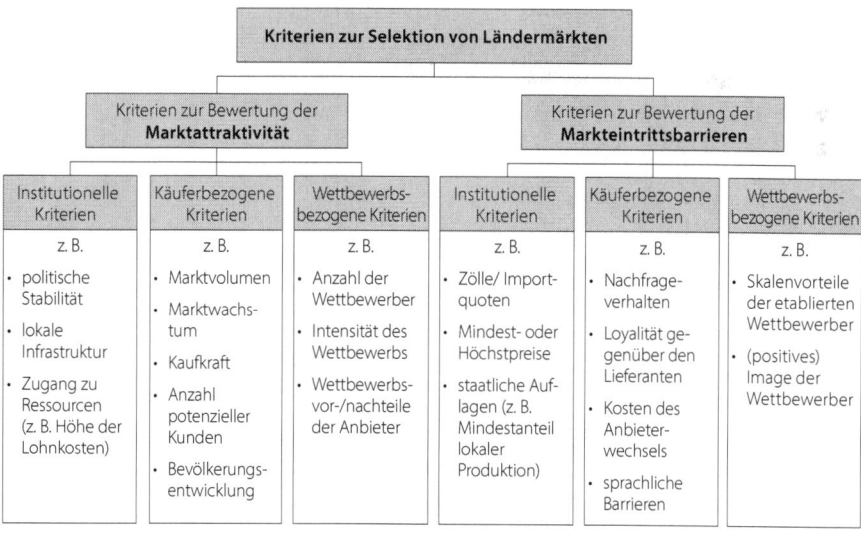

Dar. 127: Kriterien zur Selektion/Priorisierung von Ländermärkten (vgl. Homburg 2020, S. 1203)

Häufig wird bei der Länderauswahl zweistufig vorgegangen: Im Rahmen einer **Grobselektion** werden K.-o.-Kriterien definiert, die zum unmittelbaren Ausschluss von Ländermärkten führen können (z. B. aufgrund mangelnder Kaufkraft). In der anschließenden **Feinauswahl** werden die verbliebenen Ländermärkte anhand der Kriterien aus Darstellung 127 bewertet. Zur Entscheidungsfindung bieten sich zwei Ansätze an:

- **Portfolio-Ansätze**: Hier kann bspw. auf der einen Achse die Attraktivität von Ländermärkten und auf der anderen Achse die Zugänglichkeit der Märkte (die von den Markteintrittsbarrieren abhängt) abgetragen werden. Ländermärkte, die sowohl attraktiv als auch einfach zugänglich sind, sollten mit höchster Priorität erschlossen werden. Mittlere Priorität haben Länder, die zwar eine niedrige Attraktivität besitzen, aber gut zugänglich sind. Ländermärkte, die weder attraktiv noch zugänglich sind, sollten nicht erschlossen werden.
- **Scoring-Modelle**: Hier sind die Auswahlkriterien zunächst zu gewichten, wobei die Gewichtung von der Zielsetzung des Auslandsengagements abhängt. Für einen Konsumgüterhersteller mag bspw. der Zugang zu einem Händlernetz von höherer Bedeutung sein als für einen Hersteller von Mikrochips, der sich vom Auslandsengagement v. a. hohe Subventionen verspricht. Jedem Kriterium wird anschließend ein Punktwert zugeordnet, sodass sich durch Addition der gewichteten Punktwerte ein Gesamtwert ergibt (ein Beispiel findet sich bei Walsh et al. 2020, S. 582).

Nachdem die Zielmärkte bestimmt wurden, ist über die **Markteintrittsform** zu entscheiden. Grundsätzlich stehen einem Unternehmen vier Wege offen, um in einen Auslandsmarkt einzutreten, wobei diese sich hinsichtlich des Risikos, der Kontrollmöglichkeiten und des Ausmaßes der Kooperation mit anderen Unternehmen z. T. deutlich voneinander unterscheiden (vgl. Meffert et al. 2024, S. 310; Walsh et al. 2020, S. 582 ff.):

- Export,
- Lizenzvergabe und Franchising,
- Kooperation mit ausländischen Unternehmen im Rahmen von Joint Ventures,
- Errichtung eigener Produktionsstätten (Direktinvestitionen).

Der einfachste Weg, in einen Auslandsmarkt einzutreten, ist der **Export**. Diese Markteintrittsform ist mit keinem oder nur einem sehr geringen Kapitaleinsatz im Ausland verbunden. Der Wertschöpfungsschwerpunkt bleibt im Heimatland, sodass die erzeugten Produkte ins Ausland befördert werden müssen. Die Anbahnung und Abwicklung des Verkaufs kann entweder vom Produzenten selbst durchgeführt werden (**direkter Export**) oder es wird ein Vertriebspartner eingeschaltet, der die akquisitorischen und logistischen Distributionsaufgaben übernimmt (**indirekter Export**). Nachteil insb. des direkten Exports ist es, dass kaum Information über den Auslandsmarkt gewonnen werden, da das Unternehmen nicht vor Ort tätig ist.

Außerdem können durch hohe Transportkosten und Zölle Wettbewerbsnachteile gegenüber inländischen Anbietern entstehen. **Lizenzen** und **Franchising** (▶ Kap. 11.2.3) sind Vertragsformen, bei denen ausländische Partner die Wertschöpfung übernehmen. Bei der Lizenzvergabe räumt der Lizenzgeber einem Lizenznehmer im Ausland gegen eine Gebühr das Nutzungsrecht für intellektuelles Eigentum, Patente, Warenzeichen oder sogar das Recht ein, das gesamte Produkt zu produzieren. Beispielsweise arbeitet COCA-COLA in weltweit mit über hundert selbständigen Lizenznehmern, die die Produkte produzieren und auf ihren Ländermärkten vertreiben (vgl. Kotler 2022, S. 906). Der Kapitaleinsatz ist für den Lizenzgeber somit eher gering. Ein Nachteil der Lizenzvergabe besteht jedoch in der mangelnden Kontrolle der Marktaktivitäten und der Gefahr eines Know-how-Verlustes.

Mit fortschreitender Internationalisierung gewinnen **Direktinvestitionen** (Direktinvestment) im Ausland an Bedeutung (vgl. Kutschker 1992). Folgende Motive können hinter der Verlagerung der Produktion ins Ausland stecken (vgl. z. B. Kotler 2022, S. 908; Kulhavy 1993, S. 25 f.; Berekoven 1985, S. 47 f.):

- Zugang zu neuen Absatzmärkten,
- bessere Steuerung und Kontrolle der Geschäftstätigkeit vor Ort,
- Nutzung komparativer Kostenvorteile (z. B. billigere Rohstoffe oder Löhne im Ausland),
- niedrigere Transportkosten,
- intensivere Beziehungen zu einheimischen Kunden, Zulieferern und Behörden,
- Nutzung von Investitionsanreizen seitens der ausländischen Regierung (insb. Subventionen),
- Umgehung eines ggf. im Ausland vorhandenen Konsumpatriotismus (»buy national«).

Bei einem **Joint Venture** schließen sich zwei oder mehr rechtlich und wirtschaftlich selbständige Unternehmen für ein bestimmtes geschäftliches Vorhaben zu einem gemeinsamen Unternehmen zusammen. Beide Partner bringen Kapital und Know-how ein und tragen das Risiko gemeinschaftlich. Der ausländische Partner verfügt i. d. R. über detaillierte Kenntnisse über den Ländermarkt, womit sich die Erfolgschancen für beide Partner verbessern. Beispielsweise sind Disneys Themenparks in Shanghai und Hongkongs Joint Ventures mit der staatseigenen Shanghai Shendi Group (vgl. Kotler 2022, S. 907). Der Kapitalbedarf bei dieser Markteintrittsform ist hoch, da das Unternehmen nun vor Ort investieren und die Wertschöpfung im Gastland finanzieren muss. Das Konfliktrisiko ist recht hoch, da die Partner oft aus unterschiedlichen Kulturkreisen stammen und häufig eine unterschiedliche Auffassung von Unternehmensführung besitzen. Mit einer **Tochtergesellschaft** verlagert ein Anbieter seine Wertschöpfung in den jeweiligen Ländermarkt. Dieser Form der Direktinvestition reicht von der Errichtung einer Vertriebsniederlassung über die Produktion bis hin zu eigener F&E-Aktivität im Zielland. Die Umsetzung erfolgt entweder durch den Kauf ausländischer Unternehmen vor Ort oder durch den Aufbau eigener Kapazitäten im Zielland. Diese Markteintrittsform bietet meh-

rere Vorteile: Das Unternehmen kann Kostenvorteile durch niedrigere Löhne oder günstigere Rohstoffe realisieren, autonom handeln, sein Know-how sichern, vor Ort Marktforschung betreiben und Kunden engmaschig betreuen. Allerdings sind der Kapital- und Zeitbedarf für den Aufbau einer Wertschöpfung im Ausland mit hohen Kosten verbunden.
Darstellung 128 veranschaulicht diese Zusammenhänge nochmals.

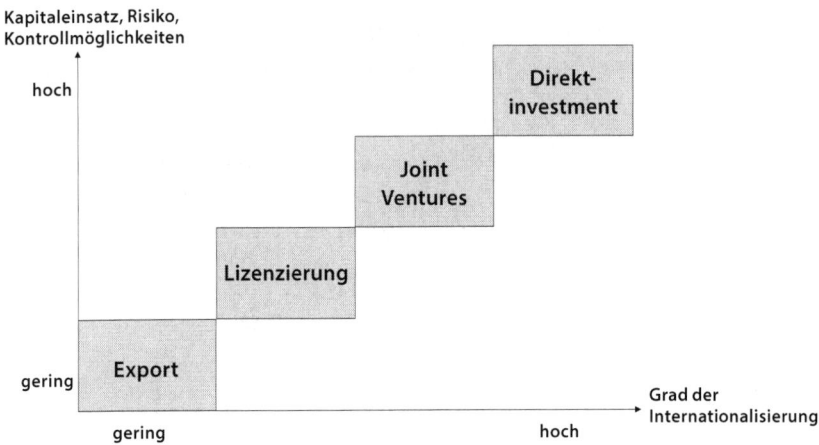

Dar. 128: Formen des Markteintritts auf internationalen Märkten (vgl. Meffert et al. 2024. S. 310)

Neben der Entscheidung über die Markteintrittsform ist auch über das **Timing** des Markteintritts zu entscheiden. Hier lassen sich zwei idealtypische Strategien unterscheiden (vgl. Homburg 2020, S. 1206 f.; Kreutzer 2017, S. 202 f.; Walsh et al. 585 ff.): Bei der **Wasserfallstrategie** expandiert ein Unternehmen schrittweise in neue Ländermärkte. Nach erfolgreicher Markteinführung in einem Land wird das Produkt zeitversetzt in einem weiteren Land eingeführt, wobei üblicherweise zunächst die Länder erschlossen werden, die dem Heimatland ähnlich sind (vgl. Berndt et al. 2016, S. 184). Für eine Wasserfallstrategie spricht, dass die finanziellen und personellen Ressourcen erst nach und nach gebunden werden müssen, was die Strategie insb. für kleinere Unternehmen praktikabel macht. Das Unternehmen gewinnt Erfahrungswerte und kann diese bei der Einführung in weitere Ländermärkte nutzen. Nachteile der Wasserfallstrategie bestehen darin, dass Auslandsmärkte zwischenzeitlich durch Wettbewerber besetzt werden können und das Unternehmen auf Kostenvorteile durch Massenproduktion zumindest kurzfristig verzichtet. Beispiele für die Wasserfallstrategie finden sich etwa im Lebensmitteleinzelhandel: So trat die REWE-GROUP in den 1990er-Jahren zeitversetzt in die Absatzmärkte mitteleuropäischer Länder ein und legt inzwischen ihren Schwerpunkt auf den osteuropäischen Markt (vgl. Walsh et al. 2020, S. 587). Eine Wasserfallstrategie empfiehlt sind, wenn Auslandsmärkte dem Heimatmarkt sehr unähnlich und Referenzmärkte notwendig sind.

Bei der **Sprinklerstrategie** tritt ein Unternehmen in mehrere Ländermärkte gleichzeitig ein. Hier ist es das Ziel, schnell in den Auslandsmärkten präsent zu sein und Eintrittsbarrieren gegenüber Wettbewerbern aufzubauen. Ein Vorteil dieser Strategie besteht darin, Kostensenkungspotenziale durch Massenproduktion zu erzielen, wobei dies i. d. R. eine standardisierte Marktbearbeitung erfordert. Zudem besteht hier ein Risikoausgleich zwischen den Märkten: Floppt das Produkt in einem Land, kann dies über Erfolge in anderen Ländern ausgeglichen werden. Diese Sprinklerstrategie erfordert allerdings hohe personelle und finanzielle Ressourcen, weshalb sie für viele kleine und mittlere Unternehmen ausscheidet. Sie verursacht im Fall des Scheiterns hohe Kosten. In Märkten, in denen Pioniervorteile erreicht werden können und in denen intensiver Wettbewerb herrscht, empfiehlt sich die Sprinklerstrategie. Insbesondere bei Produkten mit kurzem Lebenszyklus ist Zeit der kritische Faktor, eine Wasserfallstrategie wäre hier zu langsam. Beispielsweise verkaufte MICROSOFT seine Software WINDOWS 2009 in über 100 Ländern 150 Mio. Mal, was mit geringfügigen Anpassungen des Marketing in den einzelnen Ländermärkten realisiert werden konnte.

Um die Vorteile beider Strategien zu nutzen, können diese auch kombiniert werden. Zunächst tritt das Unternehmen im Sinne einer Sprinklerstrategie in wenige, ähnliche Märkte simultan ein (z. B. westeuropäische Länder), bevor zu einem späteren Zeitpunkt im Sinne einer Wasserfallstrategie erneut ähnliche Ländermärkte erschlossen werden (z. B. asiatischer Raum). Darstellung 129 verdeutlicht alle Strategiemuster im Überblick.

Eine weitere strategische Entscheidung im internationalen Marketing betrifft die **länderübergreifende Standardisierung der Marketingaktivitäten**. Hier muss sich das Unternehmen auf einem Kontinuum positionieren: Das eine Ende des Kontinuums wird durch die vollständige Standardisierung aller Marketingmaßnahmen über alle Ländermärkte hinweg repräsentiert (globales Marketing). Am anderen Ende des Kontinuums steht die vollkommene Differenzierung der Marketingmaßnahmen, d. h. jedes Land wird individuell bearbeitet (multinationales Marketing). Wie bereits angesprochen ermöglicht eine Standardisierung der Marketingaktivitäten länderübergreifende Kostenvorteile, wohingegen eine differenzierte Bearbeitung der Ländermärkte Differenzierungsvorteile verspricht. Hierauf wird im Kontext des Marketing-Mix noch genauer eingegangen.

Schließlich muss das **Verhältnis zwischen der Zentrale und den verschiedenen Länderniederlassungen** geklärt werden. Konkret geht es dabei um den Autonomiegrad der einzelnen Länderniederlassungen bei der Marktbearbeitung. Bei stark differenzierter Marktbearbeitung empfiehlt sich ein hoher Autonomiegrad, da die Landesniederlassungen die Länderbedürfnisse meist besser einschätzen können als die Zentrale. Je standardisierter die Marktbearbeitung erfolgen soll, desto stärker sollten Entscheidungen zentralisiert werden, damit ein länderübergreifend standardisierter Marketing-Mix realisiert werden kann. Hiermit beschäftigt sich der nächste Abschnitt genauer.

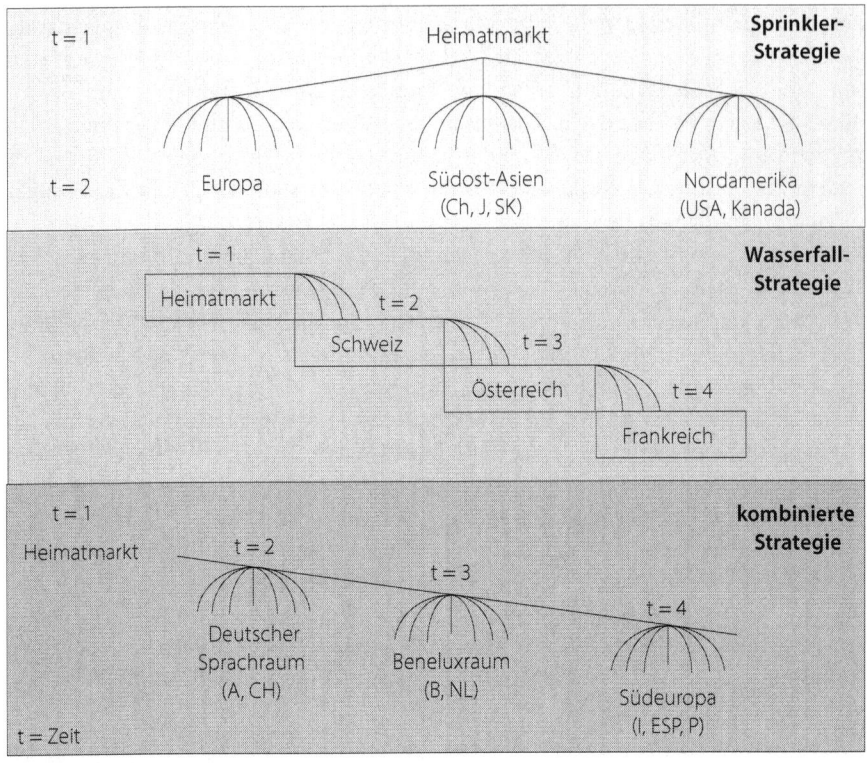

Dar. 129: Wasserfall-, Sprinkler- und kombinierte Strategie (vgl. Walsh et al. 2020, S. 586)

12.4.4 Instrumentelle Besonderheiten des internationalen Marketing

Im Mittelpunkt der **internationalen Produktpolitik** steht die Frage nach dem länderübergreifenden Standardisierungsgrad der Produkte (vgl. Homburg 2020, S. 1210). Die Standardisierung kann sich auf das in den Ländern angebotene Produktprogramm als Ganzes sowie auf die einzelnen Gestaltungsbereiche eines Produktes beziehen, d. h. die materiellen Produkteigenschaften, produktbegleitende Dienstleistungen, die Verpackung und die Markenpolitik (▶ Kap. 8). Auf der Ebene einzelner Produkte bieten sich einem Unternehmen im Rahmen einer **Standardisierungsstrategie** folgende Handlungsoptionen (vgl. Berndt et al. 2016, S. 257):

- Ein Produkt wird **unverändert** in einen neuen Ländermarkt eingeführt (**Übertragung**). Gelingt dies, kann ein Unternehmen große Kostensenkungen erzielen, da keine Anpassungen in F&E und Marketing notwendig sind.
- Ein Produkt kann so verändert werden, dass es den Anforderungen des Weltmarkes genügt (**Adaption**). Dies entspricht einer **internationalen Produktva-**

riation und die angepasste Variante ersetzt die im Heimatmarkt angebotene Ursprungsvariante.
- Das Unternehmen entwickelt ein **neues Produkt für den Weltmarkt (globale Produktinnovation)**. Im Gegensatz zu den vorgenannten Strategien stehen die Anforderungen des Weltmarkes hier von Beginn an im Zentrum der Produktentwicklung.

Wie gut diese Varianten der Standardisierungsstrategie funktionieren, hängt insb. von der Homogenität der Ländermärkte ab. Sind die Anforderungen der Ländermärkte sehr heterogen, bieten sich diese Varianten der **Differenzierungsstrategie** an:

- Ein Produkt, das bereits auf dem Heimatmarkt angeboten wird, kann für einen Ländermarkt angepasst werden (z. B. Geschmack, Verpackung, Marke), sodass im Heimatland eine andere Produktvariante angeboten wird als auf dem Ländermarkt (**Adaption**). Da nun mehrere Varianten existieren, entspricht dieses Vorgehen einer **internationalen Produktdifferenzierung** (und somit einer Prduktlinienausweitung).
- Für jeden Ländermarkt wird eine eigene **Produktvariante** entwickelt (**länderspezifische Produktinnovation**). Dies entspricht dem höchsten Grad an Differenzierung und zielt darauf ab, höhere Preise durchsetzen zu können, als dies mit einem Einheitsprodukt möglich wäre. Allerdings geht diese Strategie auch mit den höchsten Kosten einher, da auf einen standardisierten Marketing-Mix verzichtet wird.

Bei der Gestaltung der **produktbegleitenden Dienstleistungen** ergibt sich die Herausforderung, dass aufgrund der Integration des externen Faktors (▶ Kap. 12.1.2) häufig eine räumliche Nähe zu den Kunden erforderlich ist. Dies ist bei der Wahl der Markteintrittsform zu berücksichtigen. Je serviceintensiver ein Produkt (z. B. Inbetriebnahme, Wartung einer Anlage, Kundendienst), desto eher ist eine Direktinvestition in Betracht zu ziehen. Lässt sich der Service auch über moderne Informations- und Kommunikationsmittel abwickeln (z. B. Beratung, Beschwerdemanagement), ist die räumliche Nähe zu den Auslandskunden nicht unbedingt nötig.

Mit Blick auf die Standardisierung der **Marke** ist festzulegen, ob der Markenname und das Logo standardisiert werden sollen. Bei der Namensgebung können viele Missgeschicke passieren, wie einige Negativbeispiele zeigen (z. B. Fiat Pinto in Brasilien: Pinto = kleiner Penis; Fiat Uno in Finnland: Uno = Idiot). Im Bereich des Logos sind Bedeutungsunterschiede sowohl bei Farben als auch bei Bildern und Symbolen zu berücksichtigen (z. B. steht die Farbe Weiß in europäischen Ländern für Unschuld und Reinheit, in China und Japan für den Tod).

Markenstrategien im internationalen Marketing bewegen sich zwischen den beiden Extrempunkten »multinationale Markenstrategie« und »globale Markenstrategie«. Bei einer **multinationalen Markenstrategie** werden Markenauftritt und Positionierung der Marke den jeweiligen ländertypischen Gegebenheiten angepasst, um höhere Erträge durch die spezifische Anpassung an lokale Bedürfnisse zu erzielen (vgl. Berndt et al. 2016, S. 279). Für die Markenpolitik bedeutet dies, dass Local Brands zu entwickeln sind, die eine länderspezifische Positionierung aufweisen. Oft werden globale Marken in den Ländermärkten als Local Brand eigenständig positioniert, um sich gegenüber den Wettbewerbern im Auslandsmarkt zu behaupten (vgl. Geigenmüller 2003, S. 26). Der zentrale Nachteil der multinationalen Markenstrategie liegt in ihren hohen Kosten infolge der höheren Komplexität der Marktbearbeitung.

Eine **globale Markenstrategie** zielt auf die Etablierung einer Weltmarke ab. Motive sind Kostenvorteile, die sich durch die Standardisierung des Markenauftritts ergeben, darüber hinaus ein globales Markenimage, das Prestige und Kompetenz vermittelt. Negativ zu bewerten ist hier die mangelnde Befriedigung spezifischer Länderbedürfnisse, die oft nur eine Preis-Mengen-Strategie (▶ Kap. 7.2.2) zulässt. Eine Marke eignet sich für eine globale Marke, wenn (vgl. Berndt et al. 2016, S. 280)

- weltweit gleiche funktional-objektive Bedürfnisse angesprochen werden wie z. B. in vielen B2B-Branchen (z. B. Automobilzulieferer, Chemieindustrie) oder der Unterhaltungselektronikbranche,
- Marken global gleiche Lebensstile bzw. Erlebniswelten ansprechen (z. B. steht die Marke APPLE weltweit für einen modernen und fortschrittsgewandten Lebensstil),
- Luxusgüter betreffen, die eine weltweit ähnliche Zielgruppe im Hochpreissegment ansprechen und
- ein starker Herkunfts-Goodwill der Marke vorliegt (z. B. Produkte mit dem Label »Made in Germany« oder Schweizer Uhren).

Hinsichtlich des internationalen **Produktprogramms** ergeben sich folgende Möglichkeiten (vgl. Berndt et al. 2016, S. 256):

- Übertragung des Produktprogramms auf Auslandsmärkte. Dies ist sinnvoll, wenn ein Ländermarkt dem Heimatmarkt ähnlich ist.
- Bereinigung des Produktprogramms in Breite und/oder Tiefe, d. h. es wird eine reduzierte Anzahl an Produktkategorien und/oder Produktvarianten auf den Auslandsmärkten angeboten. Die ist insb. bei kleineren Ländermärkten mit begrenzter Nachfrage sinnvoll.
- Programmerweiterung, d. h. es werden neue Produktkategorien (Breite) und/oder länderspezifischer Produktvarianten (Tiefe) eingeführt. Dies ist v. a. bei großen, von Wettbewerb gekennzeichneten Auslandsmärkten (z. B. USA) sinnvoll.

Die Frage der Standardisierung oder Differenzierung spielt auch in der **internationalen Preispolitik** eine zentrale Rolle. Sie umfasst ein breites Spektrum an Entscheidungsfeldern (vgl. Berndt et al. 2016, S. 314 ff.):

- den Länderpreis für ein Produkt,
- landesspezifische Preisvariationen,
- die in den einzelnen Ländern zu verfolgende Preisstrategie,
- Maßnahmen zur internationalen Preisdifferenzierung,
- die Preisdurchsetzung in den Auslandsmärkten,
- die internationale Konditionenpolitik.

Zwei Entscheidungsfelder, bei denen große Unterschiede zur nationalen Preispolitik bestehen, sollen hier näher vorgestellt werden: die verfolgte Preisstrategie sowie die internationale Preisdifferenzierung. Hinsichtlich der **Preisstrategie** können vier Optionen unterschieden werden (vgl. Berndt et al. 2016, S. 318; Perlitz/Schrank 2013, S. 517 ff; Jeannet/Hennessey 2004, S. 341 ff.):

1. Bei der **Standardisierungsstrategie** wird für alle Ländermärkte ein Einheitspreis festgelegt, d. h. es erfolgt keine Preisdifferenzierung. Dies ist nur dann sinnvoll, wenn keine großen Unterschiede in der Kaufkraft der Ländermärkte bestehen. Ist dies nicht der Fall, sind Preise entweder zu hoch oder sie schöpfen die Preisbereitschaft der Käufer nicht ab (vgl. Kotler 2022, S. 914). Dennoch kann diese Strategie sinnvoll sein, wenn ein länderübergreifend einheitliches Image erreicht und graue Märkte (z. B. Reimporte) verhindert werden sollen. Weltweite Einheitspreise sind v. a. für an Börsen gehandelte homogene Produkte (sog. Commodities, z. B. Rohöl) üblich.

2. Bei der **dualen Preisstrategie** wird ein Inlandspreis sowie ein Exportpreis festgelegt (vgl. Czinkota/Ronkainen 2013, S. 462 f.). Die zum Export bestimmten Produkte tragen lediglich die unmittelbar zurechenbaren (variablen) Kosten, während die im Inland verkauften Produkte zusätzlich die gesamten Fixkosten (u. a. für Forschung und Entwicklung) tragen. Hierdurch kann ein erheblicher Preisunterschied zwischen dem Inlands- und Auslandspreis entstehen, sodass bei höherwertigen Produkten Anreize zum Reimport gesetzt werden. Diese Strategie eignet sich daher vorrangig für Unternehmen mit einem dominanten Inlandsgeschäft, die Auslandsmärkte vorrangig zur temporären Auslastung der Produktionskapazitäten nutzen.

3. Im Zuge der **Differenzierungsstrategie** werden die Preise an die Marktsituation in den jeweiligen Ländermärkten angepasst. Auf Ländermärkten, die durch eine hohe Kaufkraft gekennzeichnet sind, fallen die Preise entsprechend hoch aus. Diese Preissetzung entspricht einer räumlichen Preisdifferenzierung, die noch näher vorgestellt wird.

4. Im Rahmen der **Preiskorridorstrategie** wird ein Referenzpreis festgelegt (z. B. der Inlandspreis), zusätzlich wird eine Bandbreite definiert, innerhalb derer sich die Länderpreise bewegen dürfen. Den Referenzpreis legt üblicherweise die

Muttergesellschaft fest, die konkrete Preissetzung erfolgt durch die Entscheidungsträger in den Ländermärkten. Dies schafft einen Preisspielraum, um länderspezifische Besonderheiten (insb. Kaufkraftunterschiede) bei der Preissetzung zu berücksichtigen. Sowohl die Bestimmung des Referenzpreises als die Festlegung des Preiskorridors sind allerdings willkürlich.

In Abschnitt 9.3 wurde die **Preisdifferenzierung** bereits als ein zentrales Entscheidungsfeld der Preispolitik vorgestellt. Im Rahmen der internationalen Preispolitik kommt insb. der **räumlichen Preisdifferenzierung** eine Schlüsselrolle zu, da die Preisbereitschaft innerhalb der Ländermärkte sehr unterschiedlich ausfallen kann. Dies ist auf verschiedene Faktoren zurückzuführen (vgl. Homburg 2020, S. 1214): So bestehen zwischen den Volkswirtschaften nicht nur erhebliche Kaufkraftunterschiede, die länderspezifischen Bedürfnisse weichen auch oft voneinander ab. Zum Beispiel ist die Preisbereitschaft für stark motorisierte Autos in Deutschland höher als in Ländern mit einem Tempolimit. Das Ausmaß der internationalen Preisdifferenzierung sollte sich an der Heterogenität der Preisbereitschaften orientieren – je höher die Unterschiede, desto stärker sollten Preise differenziert werden. Darüber hinaus sollten die Kosten der länderübergreifenden preisbezogenen Informationsbeschaffung berücksichtigt werden: Je leichter es Käufern fällt, Preisinformationen zu recherchieren und Produkte im Ausland zu kaufen, desto geringer sind die Spielräume für eine länderübergreifende Preisdifferenzierung. Schließlich sind hier Transportkosten, Zölle und Wechselkurse zu berücksichtigen. Je höher diese Arbitragekosten ausfallen, desto größer sind die Spielräume für die internationale (räumliche) Preisdifferenzierung.

Auch im Rahmen der **Kommunikationspolitik** ist die Entscheidung über den länderübergreifenden Standardisierungsgrad von zentraler Bedeutung. Die Möglichkeiten zur Standardisierung der Kommunikation werden durch einige Barrieren erschwert (vgl. Homburg 2020, S. 1219 f.):

- **Sprachliche Barrieren** erschweren die Verbreitung von Kommunikationsbotschaften und können zu Missverständnissen führen, wie bereits im Zusammenhang mit dem Markennamen erwähnt wurde.
- **Kulturelle Werteorientierungen** beeinflussen den Kommunikationsstil sehr stark. Unterschiedliche soziale Rollenbilder (z. B. die Stellung von Mann und Frau in der Gesellschaft), religiöse Aspekte (z. B. sollte die Kuh als heiliges Tier in Indien nicht wie von Milka beworben werden) und eine unterschiedliche Auffassung von Humor sind Beispiele für kulturelle Barrieren, die es im Rahmen einer Standardisierung der Kommunikation zu überbücken gilt.
- **Unterschiede in der Medien-Infrastruktur** (z. B. unterschiedliche Verbreitungsgrade von Fernsehgeräten oder Internetanschlüssen) der Ländermärkte können dazu führen, dass die Effektivität einzelner Kommunikationsinstrumente in den Ländern sehr unterschiedlich ausfällt.
- Schließlich können **rechtliche Barrieren** eine Standardisierung erschweren. Z. B. ist vergleichende Werbung nicht in allen Ländern erlaubt und in einigen

Ländern (z. B. Russland, China) unterliegen die Medien einer starken staatlichen Kontrolle bzw. Zensur von Inhalten.

Auch die internationale **Distributionspolitik** weist einige Besonderheiten auf (vgl. Homburg 2020, S. 1220 ff.). Diese betreffen u. a.

- die Gestaltung des Vertriebssystems,
- die Vertriebslogistik und
- die Gestaltung der Verkaufsaktivitäten.

Im Hinblick auf die **Gestaltung des Vertriebssystems** ist festzustellen, dass eine länderübergreifende Standardisierung dadurch erschwert wird, dass in verschiedenen Ländern unterschiedliche Distributionsorgane zur Verfügung stehen. Während in Europa bspw. große Handelsketten dominieren, teilen sich auf vielen Ländermärkten zahllose kleine Händler den Markt. Beispielsweise gibt es in Indien oder Indonesien Millionen von Einzelhändlern, die einen eigenen kleinen Laden haben (vgl. Kotler et al. 2022, S. 915). Ein Anbieter kann seine Produkte in manchen Ländermärkten direkt über eigene Verkaufsniederlassungen vertreiben, andere Länder aber nur über Exporteure und Importeure abdecken. Verglichen mit der nationalen Distribution ist ein Direktvertrieb im Ausland schwieriger zu realisieren. Beim Export ist dies auf die mangelnde Marktkenntnis der Auslandsmärkte zurückzuführen, eigene Vertriebsorgane im Ausland sind wiederum sehr kostspielig. Hieraus lässt sich die Empfehlung ableiten, im internationalen Marketing je nach Verfügbarkeit der Distributionsorgane auf den Ländermärkten verschiedene direkte und indirekte Vertriebskanäle einzusetzen und miteinander zu kombinieren. Darstellung 130 zeigt Beispiele alternativer Vertriebswege in der internationalen Distribution für einen Hersteller elektrischer Komponenten.

Ziel der internationalen **Marketinglogistik** ist es, die nachgefragte Ware in der gewünschten Art, Menge und Zusammensetzung zum gewünschten Zeitpunkt am gewünschten Ort zur Verfügung zu stellen (▶ Kap. 11.3). Im Vergleich zur nationalen Vertriebslogistik sind die Distributionsprozesse (Verpackung, Versand, Transport u. a.) im internationalen Marketing meist komplexer. Es ist zu entscheiden, welche Ländermärkte von welchen Produktions- und Lagerstätten aus bedient werden sollen. Neben Kostenaspekten sind hier auch die Kundenanforderungen an die Logistik (insb. an die Lieferzeit) zu berücksichtigen.

Auch hinsichtlich der **Gestaltung der Verkaufsaktivitäten** existieren im internationalen Marketing einige Besonderheiten. Dies betrifft insb. Verkaufsverhandlungen, da hier kulturelle Faktoren eine besondere Rolle spielen. Hier lohnt ein erneuter Blick auf die Kulturdimensionen nach Hofstede in Abschnitt 3.2.4, die Anhaltspunkte darauf liefern, wie sich Mitglieder verschiedener Kulturen in Verhandlungssituationen verhalten. Von besonderer Bedeutung für den Verhandlungsstil ist das Kontinuum Individualismus vs. Kollektivismus. Hierzu liegen folgende Befunde vor (vgl. Williams et al. 1998):

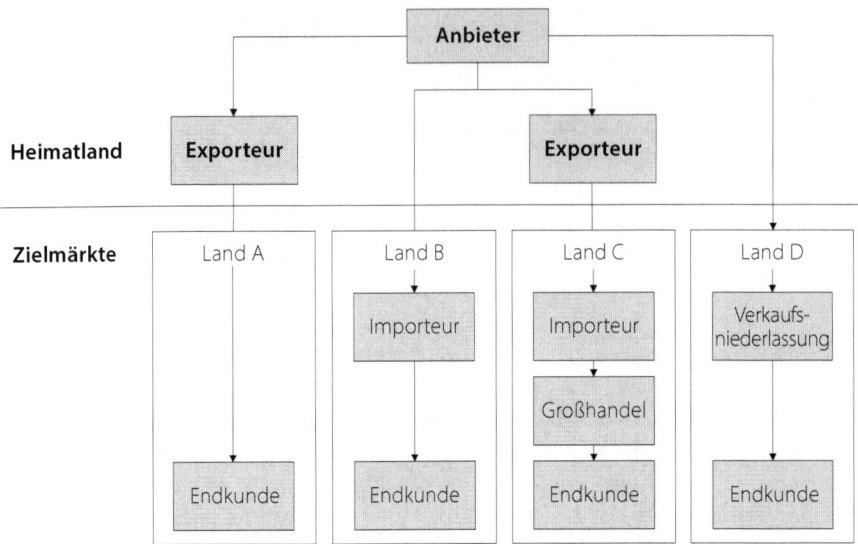

Dar. 130: Länderübergreifende Gestaltung des Vertriebssystems eines Herstellers elektrotechnischer Komponenten (vgl. Homburg 2020, S. 1222)

- Individualistisch geprägte Kulturen weisen ein schwächeres Bedürfnis nach persönlichen Beziehungen auf. Insofern spielen bei internationalen Verhandlungen mit Verhandlungspartnern aus individualistischen Kulturen (z. B. den USA, England, Australien) persönliche Beziehungen nur eine untergeordnete Rolle (vgl. Homburg 2020, S. 1224).
- In kollektivistischen Kulturen ist das Bedürfnis nach persönlichen Beziehungen dagegen stärker ausgeprägt. Daher spielen in internationalen Verhandlungen mit Verhandlungspartnern aus kollektivistischen Kulturen (z. B. China, Indonesien, Pakistan) persönliche Beziehungen eine wichtigere Rolle.

Teil VI Implementierung und Steuerung des Marketing

13 Marketingimplementierung

13.1 Bedeutung, Ziele und Aufgaben der Marketingimplementierung

In der Praxis ist es häufig zu beobachten, dass der Planung einer Marketingstrategie viel Zeit gewidmet wird, wohingegen der Umsetzung weit weniger Aufmerksamkeit entgegengebracht wird. Scheitert eine Marketingstrategie, bedeutet das nicht zwangsläufig, dass ihre Qualität unzureichend war, möglicherweise ist ihre Umsetzung im Unternehmen nicht gelungen. Zum Erfolg führt eine gute Marketingstrategie nur dann, wenn sie erfolgreich umgesetzt wird, d. h. die Qualität der Implementierung hoch ist. Misslingt die Umsetzung einer guten Strategie, muss von einer verspielten Chance gesprochen werden, da vorhandene Wachstumspotenziale nicht ausgeschöpft werden konnten. Wird eine ungeeignete Strategie schlecht umgesetzt, kann zumindest von einer verhinderten Gefahr gesprochen werden, daher ein hoher Ressourceneinsatz ggf. verhindert werden kann. Wird eine schlechte Strategie erfolgreich implementiert, führt dies zum Misserfolg und oft hohen Kosten. Darstellung 131 veranschaulicht die Zusammenhänge.

Dar. 131: Mögliche Ursachen für Erfolg oder Misserfolg von Marketingstrategien (vgl. Meffert et al. 2024, S. 783)

		Qualität der Marketing**strategie**	
		schlecht	gut
Qualität der Marketing-**implementierung**	schlecht	Verhinderte Gefahr	Verspielte Chance
	gut	Misserfolg	Erfolg

Das Ziel der **Marketingimplementierung** besteht darin, die Marketingstrategie im Unternehmen erfolgreich umzusetzen. Sie soll die Voraussetzungen dafür schaffen, dass alle marktbezogenen Aktivitäten eines Unternehmens wirksam (effektiv) und effizient (ressourcenschonend) durchgeführt werden. Um dieses Oberziel zu erfüllen, müssen folgende Unterziele erreicht werden:

- **Durchsetzungsziele**: Die Mitarbeiter müssen die Marketingstrategie akzeptieren und motiviert sein, ihren Beitrag zur Umsetzung zu leisten. Um die Strategie

unternehmensintern durchsetzen zu können, ist es erforderlich, dass die Mitarbeiter die Strategie kennen und verstehen sowie diese auch umsetzen können und wollen.
- **Umsetzungsziele**: Das Marketing muss in der Organisation verankert werden. Hierzu müssen Strukturen und Prozesse im Unternehmen geschaffen werden, die einen reibungslosen Ablauf der Marketingaktivitäten ermöglichen. Darüber hinaus müssen Budgets definiert und die für die Entscheidungen benötigten Informationen bereitgestellt werden.

Aus diesen Zielen ergeben sich für Marketingimplementierung folgende Aufgaben (vgl. Meffert et al. 2024, S. 781):

- Zur **Durchsetzung der Marketingstrategie** muss unternehmensintern Akzeptanz für die Strategie geschaffen werden, damit bei den Beschäftigten mögliche Implementierungsbarrieren abgebaut werden. Die ist eine Aufgabe sowohl auf der Ebene des Gesamtunternehmens als auch auf Abteilungs- und Individualebene. Hier spielt die Unternehmenskultur eine zentrale Rolle.
- Zur **Umsetzung der Marketingstrategie** sind folgende Teilaufgaben zu bewältigen:
  - Organisatorische Verankerung des Marketing in Unternehmensstrukturen (Aufbauorganisation) und Prozessen (Ablauforganisation)
  - Budgetierung der Marketingaktivitäten
  - Bereitstellung entscheidungsrelevanter Informationen mithilfe eines Marketing- und Vertriebsinformationssystems

13.2 Durchsetzung der Marketingstrategie

Damit die Mitarbeiter die Marketingkonzeption akzeptieren und sie damit letztendlich »leben«, ist es notwendig, eine strategieförderliche **Unternehmenskultur** zu etablieren. Die Unternehmenskultur spiegelt unverwechselbare Vorstellungs- und Orientierungsmuster der Mitarbeiter wider und prägt das Verhalten aller nach innen und außen nachhaltig (vgl. Schreyögg, Koch 2020, S. 582). Die Unternehmenskultur kann als ein System aus langfristig stabilen Werten und Überzeugungen verstanden werden, die von den Beschäftigten geteilt werden.

Die Unternehmenskultur spiegelt sich auf drei Ebenen wider (vgl. Bruhn 2016, S. 281):

- **Gesamtunternehmensebene**: Die Kultur kann als Selbstverständnis des Unternehmens aufgefasst werden, das darauf gerichtet ist, das Verhalten der Beschäftigten auf die Bedürfnisse aktueller oder potenzieller Kunden auszurichten.
- **Gruppenebene**: In Unternehmen entstehen häufig Subkulturen, oftmals entstanden an Abteilungs- oder Hierarchiegrenzen bzw. aus Beschäftigten gleicher ethnischer oder nationaler Gruppen.

- **Individualebene**: Alle Mitarbeiter nehmen jeweils einzeln als Träger der Unternehmenskultur eine bedeutende Rolle für deren Wirkung und Stärkung ein.

Für die Marketingimplementierung muss zunächst die im Unternehmen vorhandene Ist-Kultur ermittelt werden. Hierfür stehen dimensionsorientierte Ansätze und Kulturtypologien zur Verfügung (vgl. Voeth/Herbst 2013, S. 627). Während die Unternehmenskultur bei **dimensionsorientierten Ansätzen** auf Basis verschiedener Dimensionen eingeschätzt wird, kann sie unter Zuhilfenahme von **Kulturtypologien** wie die von Hofstede idealtypisch charakterisiert werden (z. B. beschäftigtenorientiert). Parallel zur Ist-Kultur kann die Soll-Kultur für das Unternehmen definiert werden. Durch deren Abgleich mit der ermittelten Ist-Kultur können Änderungsbedarfe identifiziert und entsprechende Maßnahmen eingeleitet werden.

Zur Entwicklung einer Unternehmenskultur, die der Marketingimplementierung förderlich ist, gibt es eine Vielzahl an Instrumenten (vgl. Voeth/Herbst 2013, S. 628), wie die im Folgenden beispielhaft genannten:

- Instrumente des Personalmanagements (Personalauswahl oder -entwicklung),
- Führungsstil und -grundsätze,
- Ausgestaltung des Kommunikationssystems,
- Ausgestaltung eines geeigneten Anreizsystems.

Einen zentralen Stellenwert bei der Marketingimplementierung nehmen die Fähigkeiten und das Verhalten der Mitarbeiter ein, da letztlich alle Entscheidungen in einem Unternehmen von ihnen getroffen und umgesetzt werden. Eine zentrale Aufgabe der Marketingimplementierung liegt daher darin, unternehmensweit Akzeptanz für die Marketingkonzeption zu schaffen und mögliche Widerstände abzubauen (vgl. Voeth/Herbst 2013, S. 621). Dabei sind folgende Implementierungsbarrieren zu beachten (vgl. Meffert et al. 2024, S. 783 f.):

- **Mentale Barrieren**: Die Mitarbeiter lehnen Veränderungen aktiv oder passiv ab.
- **Rationale Barrieren**: Die Mitarbeiter argumentieren logisch nachvollziehbar gegen Veränderungen an.
- **Politische Barrieren**: Die Mitarbeiter fürchten v. a. den Verlust ihrer jeweiligen hierarchischen Stellung im Unternehmen.
- **Emotionale Barrieren**: Die Mitarbeiter haben Angst vor Veränderungen und ein nicht rational zu begründendes, negatives Empfinden.

Die Akzeptanz der Marketingstrategie seitens der Mitarbeiter hängt u. a. vom »Kennen«, »Können«, »Verstehen« und »Wollen« ab.

- **»Kennen« der Marketingstrategie**: Die Mitarbeiter sollten die wichtigsten Inhalte und Ziele der verfolgten Marketingstrategie sowie deren Chancen und

Risiken kennen. Die Führungskräfte sollten die Gründe des strategischen Wandels, die Inhalte und Erfolgserwartungen des Managements hinreichend kommunizieren.
- **»Verstehen« der Marketingstrategie**: Die Mitarbeiter sollten den Sinn, die Rolle und Bedeutung der Marketingstrategie intellektuell nachvollziehen können. Hierfür ist eine gezielte interne Kommunikation unverzichtbar (vgl. Becker 2019, S. 855).
- **Können**: Die Mitarbeiter müssen über die notwendigen Fähigkeiten zur Umsetzung der Inhalte der Marketingstrategie verfügen. Mögliche Qualifikationslücken, die sich nach einer Überprüfung ergeben könnten, sollen durch geeignete Anpassungsqualifikationen geschlossen werden.
- **Wollen**: Die Mitarbeiter müssen die Strategie auch verinnerlichen und umsetzen wollen. Hierzu müssen mögliche Implementierungsbarrieren identifiziert und verringert bzw. beseitigt werden, wobei oftmals informelle Kommunikation (»Vier-Augen-Gespräche«) unerlässlich ist. Zudem haben Anreizsysteme einerseits und die Sanktionierung unerwünschten Verhaltens andererseits hohe Bedeutung.

13.3 Umsetzung der Marketingstrategie

Bei der Umsetzung einer Marketingstrategie spielt die Marketingorganisation eine zentrale Rolle. Sie umfasst dabei alle struktur- und prozessbezogenen Regelungen (Aufbau- und Ablauforganisation), die zur Erfüllung Marketingaufgaben notwendig sind (vgl. Bruhn 2019, S. 287).

13.3.1 Aufbauorganisation

Bei der Gestaltung der Aufbauorganisation eines Unternehmens werden Aufgaben und Kompetenzen der Aufgabenträger sowie die Art und Weise der Aufgabenkoordination festgelegt. Die Aufbauorganisation kann anhand dreier Gestaltungsparameter beschrieben werden (vgl. Kieser/Walgenbach 2010, S. 81 ff.):

- **Spezialisierung**: Es ist über den Grad der Arbeitsteilung und den Spezialisierungsgrad der Mitarbeiter zu entscheiden. Eine funktionsorientierte Spezialisierung liegt vor, wenn ein Aufgabenträger nur eine bestimmte Funktion ausübt. Von einer objektorientierten Spezialisierung wird gesprochen, wenn sich die Arbeitsteilung bspw. an einzelnen Produkten, Kunden oder Regionen orientiert.
- **Koordination der organisatorischen Einheiten**: Folge der Spezialisierung ist ein Koordinationsbedarf der im Zuge der Arbeitsteilung gebildeten organisatorischen Einheiten. Alternativen sind Fremdkoordination (persönliche Weisungen, Programme, Pläne) und Selbstkoordination (Selbstbestimmung, organisationsorientierte Märkte, Organisationskultur).

- **Entscheidungsdelegation**: Entscheidungsbefugnisse werden innerhalb der Organisation verteilt. Einzelnen Mitarbeitern sind Aufgaben zuzuordnen, die dafür benötigten Rechte (Weisungsrechte nach innen und Vertretungsrechte nach außen) bereitzustellen und Verantwortlichkeiten zuzuweisen. Entscheidungsbefugnisse können in der Unternehmensspitze gebündelt (zentralisiert) oder auf hierarchisch nachgeordnete Instanzen übertragen (dezentralisiert) werden.

Nach der Art der Beziehung zwischen den Instanzen zweier Hierarchieebenen können Einlinien- und Mehrliniensysteme unterschieden werden: Bei einem **Einliniensystem** erhält eine bestimmte Instanz nur Weisungen von einer einzelnen übergeordneten Instanz, bei einem **Mehrliniensystem** von mehreren. Diese Organisationsformen werden im Folgenden vorgestellt. Eine eindimensionale Marketingorganisation kann **funktionsorientiert** oder **objektorientiert** erfolgen (▶ Dar. 132).

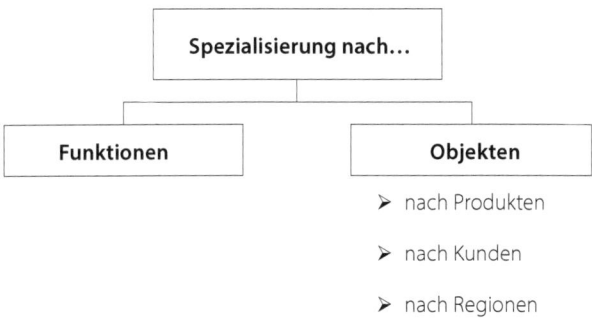

Dar. 132: Spezialisierungsarten der Organisation (vgl. Homburg 2020, S. 1237)

Die **funktionsorientierte Organisation** ist in der Unternehmenspraxis die klassische Organisationsform. Bis in die 1960er-Jahre hinein hatte sie sich in Großunternehmen als vorherrschende Organisationsform etabliert, bis sie nach und nach von divisionalen und matrixartigen Organisationsformen zurückgedrängt wurde. Bei kleinen und mittleren Unternehmen hingegen ist sie nach wie vor dominierend, was v. a. daran liegt, dass der Planungs- und Koordinationsaufwand bei wenigen (homogenen) Produkten auf überschaubaren Märkten noch bewältigt werden kann (vgl. Busch et al. 2008, S. 619 f.). Bei dieser Art der Organisation sind die der Unternehmensleitung nachgelagerten Ebenen nach Funktionen (z. B. Marketing, Produktion, Finanzen) gegliedert. Damit werden gleichartige Aufgaben zusammengefasst, sodass sämtliche dem Marketing zufallenden Aufgaben (z. B. Marktforschung, Werbung, Verkaufsförderung, Verkauf oder Marketinglogistik) durch eine einheitliche Marketingleitung koordiniert werden. Darstellung 133 zeigt beispielhaft den möglichen Aufbau einer funktionsorientierten Marketingorganisation.

Eine funktionsorientierte Marketingorganisation bietet verschiedene **Vorteile**:

- hohe Spezialisierung der Organisationsmitglieder (Expertenwissen),
- klare Zuständigkeiten der Mitarbeiter für einzelne Funktionen,

Dar. 133: Funktionsorientierte Marketingorganisation (vgl. Weis 2018, S. 123)

- einheitlicher Marktauftritt über Produkte, Kunden und Regionen hinweg,
- zentrale Entscheidungsmöglichkeiten.

Auf immer dynamischeren Märkten überwiegen allerdings die **Nachteile** einer funktionsorientierten Marketingorganisation (vgl. Busch et al. 2008, S. 621):

- Aufgrund schwerfälliger Entscheidungswege kann auf Marktveränderungen nur bedingt flexibel reagiert werden.
- Innovationsideen müssen oftmals einen zeitintensiven Instanzenweg durchlaufen, bevor sie an der richtigen Stelle ankommen.
- Dem Unternehmenserfolg sind Beiträge einzelner Funktionen problematisch zuzurechnen.

Bei einer **objektorientierten Organisation** steht nicht die Art der Aufgabe im Vordergrund, sondern deren Bezugsobjekt: Die Aufgaben des Marketing werden dann an Marktbesonderheiten ausgerichtet wie bspw. einzelnen Produkten, Zielgruppen, Regionen oder Projekten. Eine objektorientierte Marketingorganisation ist besonders für Unternehmen geeignet, die heterogenen Zielgruppen ein vielfältiges und umfangreiches Produktprogramm anbietet. Ist dies der Fall, bietet sich eine **produktorientierte** Marketingorganisation an, in der jeweils eine Person für die verfolgte Marketingstrategie und den Marketing-Mix eines Produktes bzw. einer Marke verantwortlich ist (vgl. Bruhn 2019, S. 294, ▶ Dar. 134). Ein derartiges Produktmanagement wurde von Procter & Gamble erstmals bereits in den 1920er-Jahren eingeführt (vgl. Matys 2018, S. 28).

> Dazu ein Praxisbeispiel: Die Neueinführung der Seife CAMAY durch P&G drohte zum Misserfolg zu werden. Daraufhin wurde ein Mitarbeiter damit beauftragt, sich ausschließlich um dieses neue Produkt zu kümmern. Nachdem sich dieses Konzept als sehr erfolgreich herausgestellt hatte, führte P&G das Konzept des Produktmanagements in vielen weiteren Bereichen ein. Heute verfolgen zahlreiche Unternehmen die Organisationsform des Produkt- oder Markenmanagements (vgl. Kotler et al. 2017, S. 836 f.).

Verschiedene Aspekte veranlassen Unternehmen dazu, ihre Marketingorganisation primär produktorientiert auszurichten (vgl. Bruhn 2019, S. 291):

- geringes Konfliktpotenzial,
- Möglichkeit der Bezugnahme auf Produktbesonderheiten,
- Schnelle Reaktion auf Marktveränderungen,
- Verbesserung der Reaktionsmöglichkeiten auf Kundenwünsche,
- Führung der Einheiten durch gewinnverantwortliche Einzelpersonen.

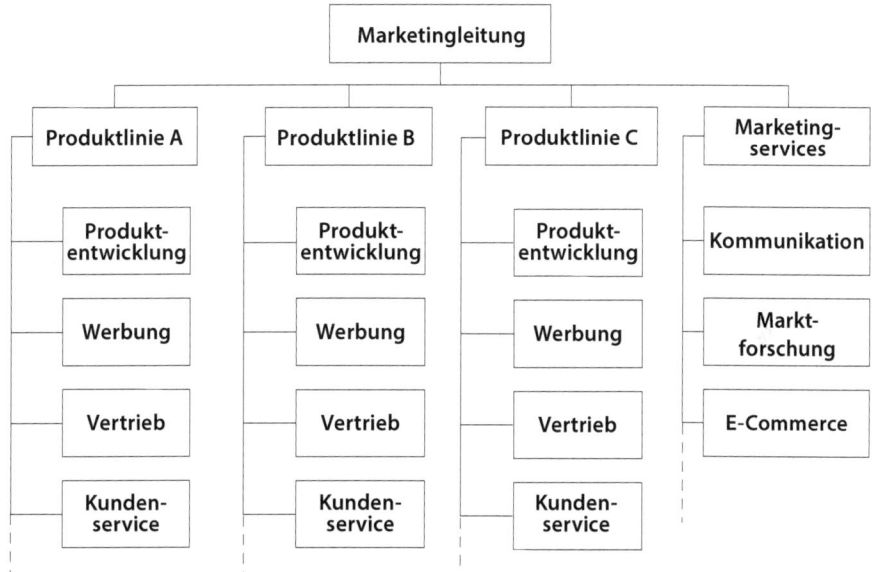

Dar. 134: Alternative Möglichkeiten einer produktorientierten Marketingorganisation (vgl. Bruhn 2019, S. 292)

Eine produktorientierte Marketingorganisation bietet verschiedene Vorteile:

- Produktspezifische Besonderheiten können berücksichtigt werden. Dies ist insb. bei erklärungsbedürftigen Investitionsgütern vorteilhaft, da Kunden bezüglich der Produkteigenschaften gut beraten werden können.
- Unternehmensmitglieder haben eine starke Verantwortung für »ihr« Produkt.
- Aufgaben, Kompetenzen und Verantwortlichkeiten sind leicht zuzuordnen.

Diesen Vorteilen stehen folgende Nachteile entgegen:

- Vorhandene Cross-Selling-Potenziale werden möglicherweise nicht ausgeschöpft.
- Bei vielen unterschiedlichen Produkten besteht die Gefahr eines uneinheitlichen Marktauftritts, wenn Kunden mehrere Produkte eines Unternehmens nachfragen.

- Zwischen Produkt- und Key-Account-Management können Interessenkonflikte entstehen.
- Es besteht die Gefahr der Mehrfacharbeit, z. B. im Bereich der Marktforschung.

Über das Produktmanagement hinaus geht das **Category-Management** (Produktgruppenmanagement), bei dem nicht einzelne Produkte, sondern ganze Produktkategorien oder -gruppen das Bezugsobjekt für die Organisation der Marketingaktivitäten darstellen. Hierdurch soll einerseits verhindert werden, dass Verbundbeziehungen zwischen den Leistungen vernachlässigt werden (vgl. Voeth/Herbst 2013, S. 629), andererseits sollen Cross-Selling-Potenziale optimal abgeschöpft werden.

Bei einer **kundenorientierten Marketingorganisation** wird der Fokus sehr eng auf die optimale Orientierung an den Bedürfnissen der verschiedenen Zielgruppen ausgerichtet. Diese Organisationsform bietet sich insb. dann an, wenn ein Unternehmen Produkte auf verschiedenen Märkten und an verschiedene Kundensegmente verkauft, deren Bedürfnisse sehr unterschiedlich sind. Mit dem Erstarken des Handels im Konsumgüterbereich hat diese Organisationsform in den letzten Jahrzehnten stark an Bedeutung gewonnen. Hier ist jeweils eine verantwortliche Person zuständig für die Entwicklung von Marketingstrategien für ihren Kunden bzw. ihre Zielgruppe. Demzufolge liegt der zentrale Vorteil dieser Organisationsform darin, dass ein Unternehmen gezielt auf die individuellen Bedürfnisse einzelner Kunden(gruppen) eingehen kann. Insofern kommt die zielgruppenorientierte Ausrichtung des Produktprogramms dem Ideal des Marketing am nächsten.

Eine spezielle Form der kundenorientierten Marketingorganisation ist das **Key-Account-Management** (▶ Kap. 11.2.5), bei dem einzelne Key-Account-Manager je nach Aufgabenspektrum, Zielsetzung und beabsichtigtem Kompetenzumfang organisatorisch als Stabs- oder Linieninstanzen eingegliedert werden können (vgl. Homburg 2020, S. 1258 f.). Hauptaufgaben von Key-Accountern in Stabsstellen sind Informationsbeschaffung, Planung und Kontrolle der Marketingaktivitäten einzelnen Kunden gegenüber, in Linieninstanzen besitzen sie die Verantwortung für sämtliche Marketingmaßnahmen gegenüber »ihren« Kunden. Darstellung 135 verdeutlicht eine mögliche zielgruppenorientierte Organisationsvariante:

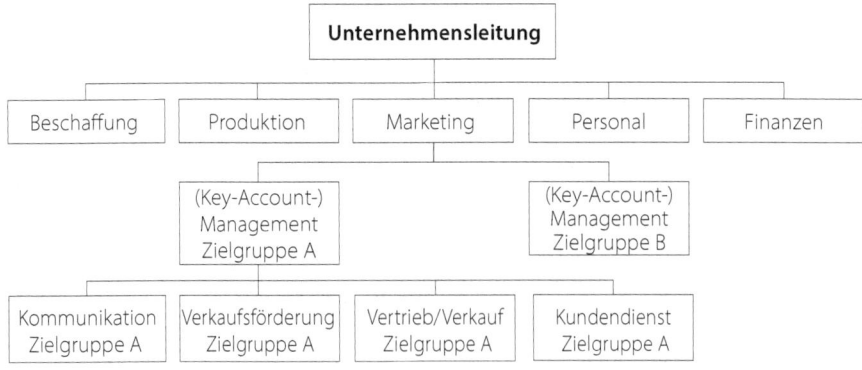

Dar. 135: Kundenorientierte Marketingorganisation (in Anlehnung an Weis 2018, S. 127)

Eine zielgruppenorientierte Marketingorganisation bietet verschiedene Vorteile:

- Marketingaktivitäten können auf die Bedürfnisse einzelner Zielunternehmen oder Zielgruppen ausgerichtet werden,
- es lassen sich bessere Informationen über spezifische Bedürfnisse und Entwicklungen von Zielgruppen gewinnen,
- Probleme können gemeinsam mit Personen aus der Zielgruppe gelöst werden,
- Cross-Selling-Potenziale können ausgeschöpft werden.

Diesen Vorteilen stehen folgende Nachteile gegenüber:

- diese Organisationsform erfordert zusätzliche Kosten und Koordinationsaufgaben,
- es können Kompetenzkonflikte zwischen dem Zielgruppenmanagement und dem Vertrieb/Verkauf entstehen,
- es kommt möglicherweise zu Interessenkonflikten zwischen Produkt- und Zielgruppenmanagement.

> Praxisbeispiel: Key-Account-Management bei SIEMENS (vgl. Voeth/Herbst 2013, S. 631) »Die Nähe zum Kunden ist entscheidend für unternehmerischen Erfolg. Ich selbst verbringe mehr als die Hälfte der Zeit bei unseren Kunden«, so Ex-Siemens-Vorstand Peter Löscher (...). Weltweit kümmern sich bei SIEMENS mehr als 1.200 Key-Account-Manager um ca. 2.000 Kunden, die für rund 40 % des SIEMENS-Umsatzes stehen. Zum weiteren Ausbau des Key-Account-Managements investiert SIEMENS mittelfristig (...) in den Aufbau weiterer Key-Account-Manager, die Aus- und Weiterbildung der Angestellten im Vertrieb und die Entwicklung einer verbesserten Softwareunterstützung zur optimalen Gestaltung der Kundenprozesse.

Bei einer z. B. aufgrund kultureller Unterschiede stark ausgeprägten Heterogenität von Ländermärkten bietet es sich im Rahmen einer internationalen Geschäftstätigkeit an, die Marketing- bzw. Vertriebsorganisation **regionenorientiert** zu gestalten (vgl. Kleinaltenkamp/Saab 2021, S. 158 f.). Sind die betreffenden Ländergruppen in sich weitgehend homogen (z. B. Südamerika oder der asiatisch-pazifische Raum), können sie den Bezugspunkt für die Marketingorganisation darstellen. Häufig sind die in den jeweiligen Ländern oder Ländergruppen zuständigen Verantwortlichen direkt vor Ort tätig (bspw. in Verkaufsbüros oder Länderniederlassungen). Darstellung 136 zeigt ein Beispiel für eine regionenorientierte **Vertriebs**organisation.

Eine regionenorientierte Marketingorganisation besitzt den Vorteil, dass jeweils vor Ort intensive Beziehungen zu Kunden, Behörden, Banken etc. aufgebaut und länderspezifische Marktkenntnisse gesammelt werden können. Die Marketinganstrengungen werden bei dieser Organisationsform an die Charakteristika und An-

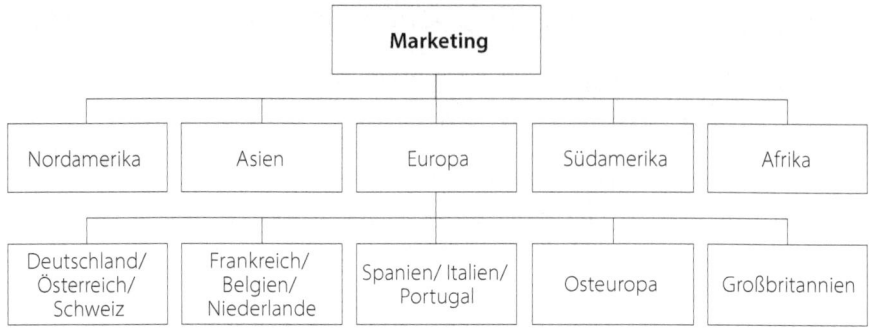

Dar. 136: Beispiel einer regionenorientierten Vertriebsorganisation (vgl. Kleinaltenkamp/Saab 2021, S. 159)

forderungen der jeweiligen Region angepasst, woraus sich eine differenzierte Marketingstrategie ergibt. Folgende Vorteile sind zu nennen:

- es können spezielle Bedürfnisse oder Erfordernisse der jeweiligen Regionen berücksichtigt werden,
- es kann sich regionenindividuell an den jeweils Kaufinteressierten orientiert werden,
- das Unternehmen erhält bessere Information über Marktentwicklungen, die Wettbewerbssituation oder mögliche politische Veränderungen.

Ein Nachteil dieser Organisationsform liegt jedoch in der hohen Anforderung an das verantwortliche Regionenmanagement, das bei einer hohen Anzahl von Produktvarianten schnell überfordert sein kann (vgl. Kleinaltenkamp/Saab 2021, S. 159):

- Die Übertragung neuer Ideen auf andere Regionen gestaltet sich oft schwierig (Not-invented-here-Syndrom),
- es besteht die Gefahr von Parallelarbeit für dieselbe Leistung in unterschiedlichen Regionen,
- eventuell wird die Förderung einzelner Produkte zugunsten der Regionen vernachlässigt.

> Auch dazu ein Praxisbeispiel: Regionenbezogene Marketingorganisation bei ATLAS COPCO Portable Energy (vgl. Voeth/Herbst 2013, S. 630; ATLAS COPCO Deutschland 2011, o. S.) Der Industriekonzern ATLAS COPCO ist mit seinen Produkten und Dienstleistungen in den Branchen Kompressoren- und Drucklufttechnik, Bau und Bergbau sowie Industriewerkzeuge und Montagesysteme weltweit führend. Portable Energy ist eine Ergänzung und Weiterentwicklung des Geschäftsbereichs Portable Air der ATLAS COPCO Construction Technique. Dieser Bereich entwickelt, produziert und vertreibt weltweit fahrbare Kompressoren, Hochdruck-Booster, Generatoren und Entwässerungs-Tauchpumpen.

> Um näher an seine Kunden heranzureichen, führte ATLAS COPCO in diesem Geschäftsbereich 2009 eine gebietsorientierte Marketingorganisation ein. Man hatte erkannt, dass es nur auf diese Weise möglich ist, den individuellen Bedürfnissen jedes Gebiets gerecht zu werden. Zuvor war das Marketing stark auf Europa fokussiert, da sich dort (in Belgien) der Hauptsitz der Division befindet (Hauptsitz des Konzerns ist Schweden), von wo bis dahin alle Marketingaktivitäten koordiniert wurden. Nach der Reorganisation wurden mehr Entscheidungskompetenzen in die Regionen verlagert.

Große Unternehmen, die eine Vielzahl an Produkten für unterschiedliche Regionen und Zielgruppen anbieten, verwenden häufig eine Kombination aus funktions-, produkt-, zielgruppen- und regionenorientierter Marketingorganisation. Damit wird gewährleistet, dass allen Funktionen, Produkten und Zielgruppen in jeder Region genügend Aufmerksamkeit zuteilwird. Allerdings führt dies oftmals zu einem hohen Planungs- und Koordinationsaufwand, der sich in erheblich höheren Marktbearbeitungskosten niederschlägt und die Flexibilität des Unternehmens einschränkt. Dennoch überwiegen meist die Vorteile einer Kombination verschiedener Spezialisierungsarten.

Bei einer **mehrdimensionalen Marketingorganisation** wird die Marketingabteilung nach zwei oder mehr Kriterien strukturiert. Daraus ergibt sich eine Mehrfachunterstellung der Marketingmitarbeiter. Im Zuge der mehrdimensionalen Marketingorganisation kann zwischen der Matrixorganisation und der Tensororganisation unterschieden werden. Im Rahmen einer **Matrixorganisation** wird die Gesamtaufgabe in objektorientierte und funktionsorientierte Teile aufgespalten, was meist mit der Einrichtung eines Produktmanagements einhergeht (vgl. Weis 2018, S. 130 f.). Diese Organisationsform nahm ihren Anfang in den USA der 1960er-Jahre, wo im Rahmen von Großprojekten der Luft- und Raumfahrtindustrie die Projekt-Matrix-Organisation entwickelt und implementiert wurde (vgl. Busch et al. 2008, S. 628). Im Regelfall der Matrixorganisation wird, wie zuvor skizziert, jede Position zwei Instanzen unterstellt (▶ Dar. 137).

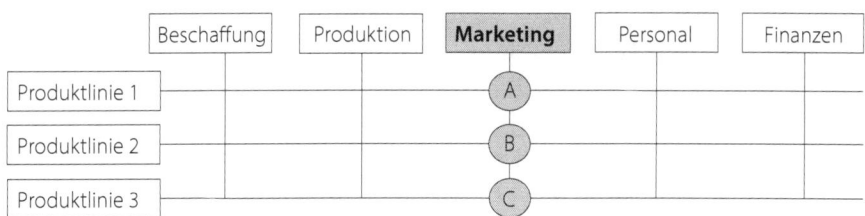

Dar. 137: Beispiel für eine Matrixorganisation (vgl. Bruhn 2019, S. 293)

Mit einer Matrixorganisation wird beabsichtigt, die Nachteile des streng hierarchischen, reinen Liniensystems des produkt-, regionen- und zielgruppenorientierten Managements zu überwinden. Es soll eine bestmögliche Aufteilung der Aufgaben mit Blick auf wahrzunehmende Funktionen, zu verkaufende Produkte und zu bearbeitende Märkte erfolgen. Durch die zwangsläufig entstehenden Mehrfachunterstellungen ergeben sich häufig Konflikte, aus deren Lösung jedoch oftmals bessere Entscheidungen resultieren, da sie auf einer größeren Anzahl von Überlegungen und Argumenten und einem höheren Informationsstand der gesamten Marketingabteilung basieren. Zudem wird gewährleistet, dass die funktions- bzw. objektbezogene Perspektive nicht vernachlässigt wird (vgl. Busch et al. 2008, S. 629).

> Praxisbeispiel zur Matrixorganisation bei DUPONT (vgl. Kotler et al. 2007, S. 1155): Vor ihrer Aufspaltung wählte die Textilfasersparte von DUPONT die in Darstellung 137 veranschaulichte Matrixorganisation. Diese Sparte verfügte jeweils über separate Produktmanager für Rayon, Acetat, Nylon, Orlon und Dacron sowie über separate Kundenmanager für Herrenbekleidung, Damenbekleidung, Heimtextilien (Gardinen, Teppiche, Bezugsstoffe) und für industrielle Textilanwender. Jeder Produktmanager war verantwortlich für die Umsatz- und Gewinnplanung seiner Faser und konzentrierte seine Anstrengungen darauf, das mit ihr erzielte wirtschaftliche Ergebnis zu verbessern. Er erfuhr im Kontakt mit den Kundenmanagern, wie viel von seiner Faser in jedem Markt abgesetzt werden könnte. Der Kundenmanager andererseits richtete seine Anstrengungen vornehmlich darauf, die Bedürfnisse in seinem Markt zu erfüllen, statt eine bestimmte Faser verkaufsmäßig in den Vordergrund zu stellen. Wenn er seinen Marktplan vorbereitete, brachte er von jedem der Produktmanager in Erfahrung, welche Preisentwicklung und Verfügbarkeit bei den einzelnen Fasern in der Planungsperiode zu erwarten wäre. Die letztendlich erarbeiteten Verkaufsprognosen der Kunden- und Produktmanager sollten in der Gesamtsumme gleich sein.

Werden drei oder mehr Dimensionen zur Strukturierung verwendet, wird von einer **Tensororganisation** gesprochen (vgl. Becker 2019, S. 842 f.). Mit dieser Organisationsform wird v. a. bei Unternehmen mit heterogenem Produktangebot und heterogenen Zielgruppen versucht, die Bedürfnisse der verschiedenen Zielgruppen noch besser zu erfüllen. Aufgrund der hohen Komplexität und des daraus resultierenden hohen Koordinationsaufwands können bei einer Tensororganisation dieselben Probleme auftreten wie bei einer Matrixorganisation. Eine mögliche Variante dieser Organisationsform wird in Darstellung 138 gezeigt.

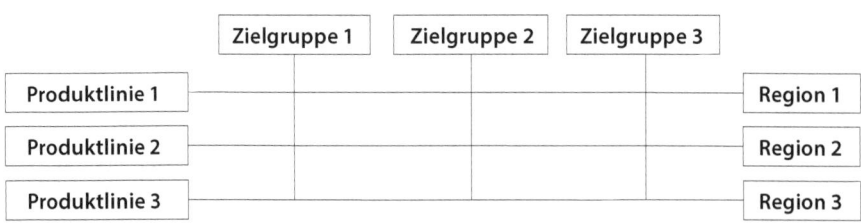

Dar. 138: Beispiel einer Tensororganisation (Scharf et al. 2022, S. 80)

Alle genannten Organisationsformen neigen zum Kästchen- bzw. Abteilungsdenken. Für die Mitarbeitenden stehen folgende Fragen im Vordergrund (vgl. Busch et al. 2008, S. 630 f.):

- Wer macht was?
- Wer darf was tun und wer darf welche Entscheidung treffen?
- Wofür bin ich, wofür sind mein Team/meine Abteilung/mein Standort zuständig?
- Wie wichtig ist die von mir ausgeübte Funktion?
- Welche Instanz betreibt das Marketing?

Wenn sich Beschäftigte hauptsächlich mit derartigen Fragestellungen befassen, sind Effizienzschwächen in der operativen Arbeit und in der strategischen Planung vorprogrammiert. Auf folgenden Feldern kann es zu Konflikten kommen:

- Sicherung der eigenen Reserven,
- Abstecken des eigenen Aufgabenbereichs,
- unreflektierte Übernahme hierarchischer Ordnungen,
- weitreichende Orientierung in Richtung der vor- bzw. der nachgelagerten Instanz.

13.3.2 Ablauforganisation

Während sich die Aufbauorganisation mit der Schaffung passgenauer Strukturen im Unternehmen beschäftigt, stehen bei der **Ablauforganisation** die Gestaltung und die Optimierung von Unternehmensprozessen im Vordergrund. Unter einem Prozess ist eine Folge von Tätigkeiten zu verstehen, die zur Erfüllung einer Aufgabe durchlaufen werden muss. Hierbei sind – unter Berücksichtigung der Aufbauorganisation – folgende Entscheidungen zu treffen (vgl. Scharf et al. 2022, S. 82 f.), die am Beispiel der Markteinführung eines neuen Erfrischungsgetränkes konkretisiert werden (▶ Dar. 139):

- **Definition des Arbeitsinhalts**: Welche Verrichtungen sollen an welchen Arbeitsobjekten (inbses. Produkten) vorgenommen werden? Beispielsweise besteht eine Aufgabe bei der Produkteinführung darin, das neu entwickelte Getränk dem Einzelhandel vorzustellen.
- **Zuordnung der Arbeit**: Wer muss diese Arbeitsinhalte bearbeiten und wer ist für den reibungslosen Arbeitsablauf verantwortlich? Die Marketingleitung legt bspw. fest, dass der Produktmanager das Getränk zunächst den Key-Account-Managern vorstellt, die das Getränk wiederum den Handelspartnern präsentieren.
- **Festlegung von Zeitplänen**: In welcher Reihenfolge und innerhalb welcher Zeit müssen die einzelnen Teilaufgaben bewältigt werden? Das neue Getränk soll

bspw. vor dem Sommer eingeführt werden, daher müssen Teilaufgaben wie die Produktpräsentation oder Produktionsplanung rechtzeitig abgeschlossen sein.
- **Ordnung des Arbeitsraums**: Wie können durch eine zweckmäßige Anordnung der Arbeitsplätze Abläufe optimiert und der Koordinationsaufwand minimiert werden? Beispielsweise sollte sichergestellt werden, dass sich die an der Markteinführung beteiligten Personen regelmäßig austauschen, um Prozesse besser aufeinander abzustimmen.

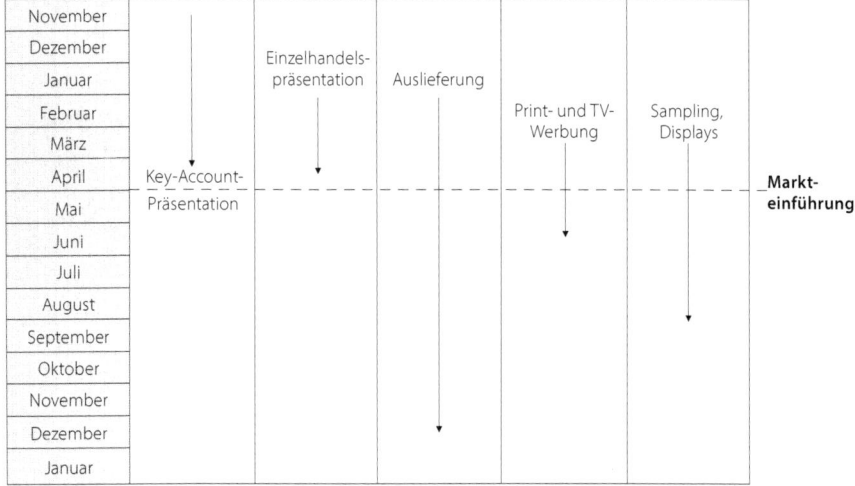

Dar. 139: Zeitplan zur Markteinführung eines Erfrischungsgetränks (vgl. Scharf et al. 2022, S. 83)

Bei der Prozessoptimierung sind insb. vier grundlegende Anforderungen an Prozesse zu beachten (vgl. Homburg 2020, S. 1268):

- **Effektivität**: Hat der Prozess zum gewünschten Ergebnis geführt? Dies kann bspw. anhand der erzielten Kundenzufriedenheit bewertet werden.
- **Effizienz**: Inwieweit ist der Ressourceneinsatz mit Blick auf das erzielte Ergebnis angemessen? Dies kann bspw. anhand von Kostengrößen bewertet werden.
- **Schnelligkeit**: Sie wird üblicherweise in Zeiteinheiten gemessen, die z. B. für die Auslieferung einer Leistung oder die Abwicklung eines Auftrags benötigt wurden.
- **Anpassungsfähigkeit**: Kann der Prozess an sich ändernde Rahmenbedingungen flexibel angepasst werden? So ist es bspw. von großer Bedeutung, inwieweit ein Unternehmen bei der Auftragsabwicklung auf nachträgliche Änderungswünsche eingehen kann, um einen hochwertigen Lieferservice zu erreichen.

13.3.3 Budgetierung der Marketingaktivitäten

Unter einem Marketingbudget kann ein formalzielorientierter, in monetären bzw. quantitativen Größen formulierter Plan verstanden werden, der einer Marketingorganisationseinheit für eine festgelegte zeitliche Dauer mit einem bestimmten Verbindlichkeitsgrad vorgegeben wird (vgl. Horváth 2011, S. 201 ff.). Budgetierung hat allgemein die folgenden vier Funktionen (vgl. Schreyögg/Koch 2020, S. 300):

- **Orientierung**: Die Entscheidungsträger sollen auf bestimmte Ziele (z. B. Umsatz- und Deckungsbeitragsziele) verpflichtet werden. Zusätzlich soll ihnen ihre Ergebnisverantwortung vor Augen geführt werden.
- **Koordination** und **Integration**: Durch die Aufteilung des Gesamtbudgets in Teilbudgets sollen die verschiedenen parallelen bzw. über- und untergeordneten Maßnahmen koordiniert und aufeinander abgestimmt werden.
- **Kontrolle**: Die quantitativen Budgetvorgaben können als Maßstab zur Zielerreichung und damit zur Kontrolle und Überwachung dienen. Durch Abweichungsanalysen lassen sich auch Abweichungsursachen erforschen und Gegenmaßnahmen einleiten.
- **Motivation**: Die Motivation der Mitarbeitenden soll gefördert werden, indem sie bei der Budgetfestlegung beteiligt und ihnen Handlungsfreiräume eingeräumt werden, die sich positiv auf ihre Eigenverantwortung, Kreativität und Engagement auswirken.

Für die Marketingbudgetierung können drei Verfahren unterschieden werden (vgl. Tomczak et al. 2014, S. 258 f.):

- Beim **Top-down-Verfahren** wird das Marketingbudget von einer hierarchisch übergeordneten Ebene (Unternehmensleitung, Leitung einer strategischen Geschäftseinheit oder Marketing- und Vertriebsleitung) vorgegeben und schrittweise durch Verantwortliche auf nachgelagerten Stufen auf kleinere Betrachtungsobjekte (z. B. Absatzregionen, Produktgruppen) heruntergebrochen (vgl. Homburg 2020, S. 1305). Hierdurch werden sämtliche Marketing- und Vertriebsbereiche auf die übergeordneten Ziele ausgerichtet. Jedoch stoßen die Zielvorgaben auf den untergeordneten Ebenen oftmals auf Akzeptanzprobleme, wenn die verfügbaren Mittel als nicht ausreichend beurteilt werden.
- Das **Bottom-up-Verfahren** läuft entgegengesetzt: Die hierarchisch untergeordneten Organisationseinheiten erarbeiten Budgetierungsvorschläge und stimmen diese dann mit übergeordneten Instanzen ab. Ein wesentlicher Vorteil dieses Ansatzes gegenüber dem Top-down-Verfahren liegt darin, dass vorhandenes Markt- und Kundenwissen besser in die Budgetierung einfließen kann. Auch die höhere Motivation der von der Budgetierung betroffenen Mitarbeitenden ist vorteilhaft zu bewerten. Nachteilig hingegen sind ein hoher Koordinationsaufwand und die Gefahr opportunistischen Verhaltens durch überhöhte Budgetforderungen.

- Beim **Gegenstromverfahren** werden das Top-down- und Bottom-up-Verfahren miteinander kombiniert: Die Eröffnung der Budgetierungsvorschläge kann wahlweise aus einer der beiden Richtungen erfolgen. Ein Gegenstromverfahren mit Top-down-Eröffnung bietet den Vorteil, dass den Gewinn- und Zielvorgaben der Leitung eine hohe Priorität eingeräumt, jedoch gleichzeitig das Wissen der untergeordneten Organisationseinheiten in die Budgetierung einbezogen wird, was die Motivation der beteiligten Mitarbeiter fördert.

Die Budgethöhe kann mithilfe analytischer oder mithilfe heuristischer Ansätze festgelegt werden (▶ Dar. 140).

Dar. 140: Ansätze und Methoden der Marketingbudgetierung (vgl. Reinecke/Janz 2007, S. 131)

Bei den **analytischen Verfahren** der Marketingbudgetierung wird eine Reaktionsfunktion ermittelt, die den Wirkungszusammenhang zwischen der Inputgröße (Kostenbudget) und Outputgrößen (Umsatz, Deckungsbeitrag, Marktanteil usw.) beschreibt (vgl. Tomczak et al. 2014, S. 259 f.). Die Ansätze berücksichtigen u. a. zeitliche Wirkungseffekte über mehrere Perioden (vgl. Steffenhagen/Guhl 2011), Interdependenz- und Interaktionseffekte zwischen einzelnen Marketinginstrumenten sowie Wettbewerbsreaktionen und Unsicherheit, um die komplexen Wirkungsbeziehungen besser zu erfassen. Obwohl analytische Budgetierungsansätze den heuristischen Methoden im Hinblick auf die Ermittlung des optimalen Budgets überlegen sind, besitzen sie in der Praxis eine geringe Bedeutung, da die Erfassung der komplexen Wirkungszusammenhänge regelmäßig große Schwierigkeiten bereitet.

In der Praxis dominieren demzfolge **heuristische Methoden** der Budgetierung, die im Gegensatz zu analytischen Ansätzen keine optimalen, sondern hinreichend gute Lösungen erzielen. Große Verbreitung in der Praxis besitzen folgende Ansätze (vgl. Reinecke/Janz 2007, S. 132):

- **Fortschreibungsmethode**: Das Marketingbudget wird am Budget der Vorperiode orientiert, was den Vorteil besitzt, dass es schnell und mit geringem Aufwand festgelegt werden kann. Die Fortschreibungsmethode besitzt jedoch den Nachteil, dass sich ändernde Rahmenbedingungen (wie etwa verändertes Käufer- oder Wettbewerbsverhalten) nicht in die Planung einbezogen werden.
- **Prozentmethode**: Das Marketingbudget wird als Prozentsatz von einer Bezugsgröße (z. B. Umsatz oder Deckungsbeitrag) festgelegt. Vorteile sind hier die einfache Anwendung und die Berücksichtigung verfügbarer finanzieller Mittel. Wesentliche Nachteile sind die fehlende Sachlogik bzw. ein Zirkelschluss: Das Budget hängt von einer Bezugsgröße ab, die wiederum selbst vom Budget abhängt. Hier besteht also die Gefahr einer prozyklischen Marketingbudgetierung (vgl. Benkenstein/Brock, S. 187).
- **Finanzkraftorientierte Methode**: Das Marketingbudget wird an den zur Verfügung stehenden finanziellen Ressourcen ausgerichtet. Vor- und Nachteile sind dieselben wie bei der Prozentmethode.
- **Wettbewerbsorientierte Methode**: Das Marketingbudget wird an den Budgets der Wettbewerber ausgerichtet. Nachteil ist, dass unternehmensindividuelle Marketingziele nicht adäquat berücksichtigt werden. Das Marketingbudget des Wettbewerbs ist zudem meist nicht genau zu ermitteln, sondern kann nur geschätzt werden.
- **Ziel- und aufgabenorientierte Methode**: Zunächst werden die Kosten der zur Zielerreichung erforderlichen Marketingaufgaben bzw. -maßnahmen abgeschätzt, um anschließend das Marketingbudget daran auszurichten. Zentrale Voraussetzung für das Gelingen ist das – in der Praxis oft nicht vorhandene – Wissen um die Wirkungsbeziehungen zwischen Budgethöhe und angestrebtem Zielausmaß.

Die verschiedenen Methoden der Marketingbudgetierung werden in der Praxis unterschiedlich intensiv eingesetzt. Es lässt sich jedoch, wie oben erwähnt, feststellen, dass die heuristischen Methoden nach relativ neuen Studienergebnissen immer noch am weitesten verbreitet sind (▶ Dar. 141).

13.3.4 Informationssysteme in Marketing und Vertrieb

Damit eine Marketingstrategie erfolgreich implementiert werden kann, müssen im Unternehmen geeignete Managementinformationssysteme installiert werden, die den Entscheidungsträgern die für Marketingentscheidungen benötigten Informationen zur Verfügung stellen. Unter einem Marketing- und Vertriebsinformations-

Teil VI Implementierung und Steuerung des Marketing

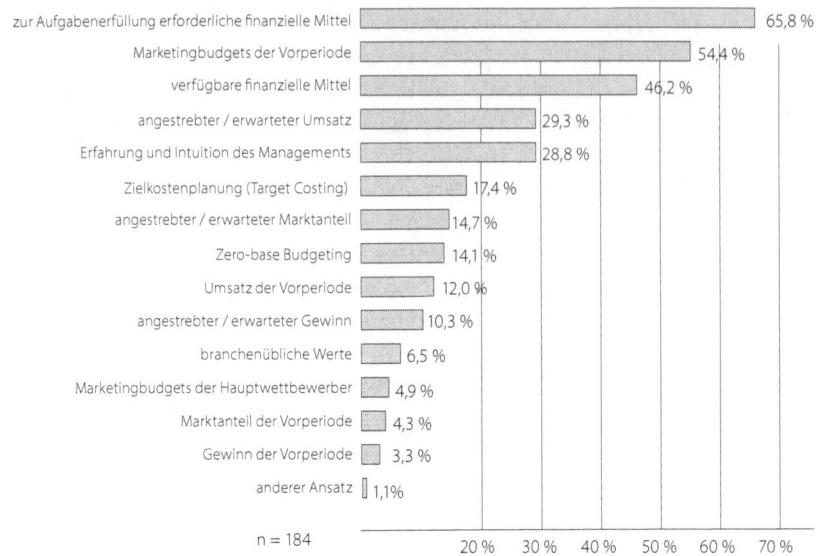

Dar. 141: Marketingbudgetierung in der Unternehmenspraxis (Studie; n = 179; max. 3 Antworten möglich; vgl. Reinecke/Tombach 2021, S. 10)

system sind technische Einrichtungen und Verfahren zu verstehen, die die »Entscheidungsträger bei der Gewinnung, Systematisierung, Analyse, Bewertung und Weitergabe zeitnaher, zutreffender Informationen im Rahmen der Entscheidungsfindung unterstützen« (Homburg 2020, S. 1276; vgl. ähnlich auch Link 2000; Link/Weiser 2011). Sie informieren die Entscheidungsträger über den derzeitigen Stand der Implementierung und zeigen Anpassungsbedarf in Strategie und Umsetzung auf. Unabhängig von der konkreten Gestaltung eines Managementinformationssystems sind einige grundlegende Anforderungen an das System zu stellen (vgl. Homburg 2020, S. 1278 f.):

- **Benutzerorientierung**: Die Informationen sind aktuell und sorgfältig verdichtet und der Systemzugriff sowie eine einfache Bedienung durch die beteiligten Mitarbeiter sind sichergestellt.
- **Integrations- und Koordinationsfähigkeit**: Ein effizienter Informationsaustausch zwischen unterschiedlichen, bereichsspezifischen Systemen ist sichergestellt.
- **Wirtschaftlichkeit**: Der Mehrwert des Systems muss dessen Systempflegeaufwand übersteigen.
- **Sicherheit**: Die Verfügbarkeit der Daten muss gewährleistet sein und das System muss gegen Zugriffe Unberechtigter geschützt werden.
- **Akzeptanz durch die Nutzer**: Es werden bspw. Kontrollängste abgebaut und Schulungsmaßnahmen zur erfolgreichen Arbeit mit dem System angeboten.

Darstellung 142 stellt ein idealtypisches Marketing- und Vertriebsinformationssystem beispielhaft dar (vgl. auch Kotler et al. 2022, S. 197). In der Praxis werden häufig nur einzelne Komponenten eines solchen Systems realisiert. Wie umfassend ein solches Marketinginformationssystem letztlich ausfällt, hängt u. a. von der Unternehmensgröße, den verfügbaren personellen und finanziellen Ressourcen sowie von der Größe des Kundenstamms ab (vgl. Homburg 2020, S. 1280).

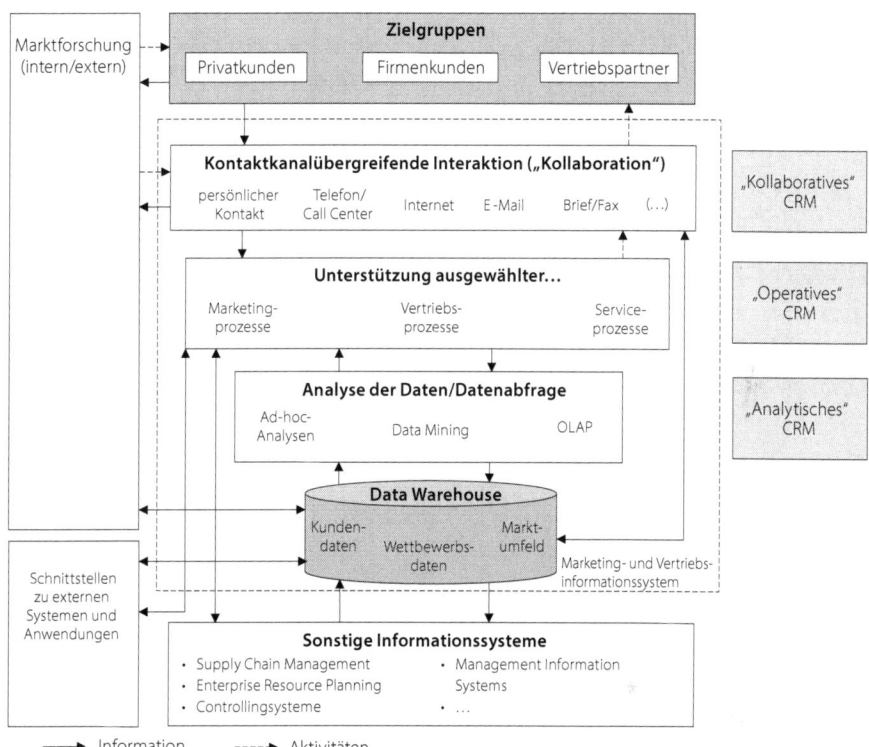

Dar. 142: Idealtypischer Aufbau eines Marketing- und Vertriebsinformationssystems (vgl. Homburg 2020, S. 1280)

Wie Darstellung 142 verdeutlicht, stehen die Marketing-, Vertriebs- und Servicebereiche des Unternehmens mit Kunden und Vertriebspartnern über zahlreiche Kontakt- und Kommunikationskanäle (z. B. Telefon/Callcenter, persönlicher Kontakt, Internet) in Verbindung. Diese Kontakte und Interaktionen können durch ein Marketing- und Vertriebsinformationssystem integriert und miteinander verknüpft werden (**kollaboratives CRM**, vgl. Buck-Emden und Zencke 2005; Schnauffer/Jung 2004). Die Informationen, die durch die Interaktion mit den Kunden gewonnen werden, werden in einer zentralen Datenbank des Marketing- und Vertriebsinformationssystems (**Data Warehouse**) zusammengeführt, analysiert und strukturiert. In dieser zentralen Datenbank werden v. a. Kunden-, Unternehmens- und Wettbewerbsdaten sowie Informationen zum Marktumfeld gespeichert. Werden Marketing- und Vertriebsaktivitäten durch das Marketing- und Vertriebsinformationssystem unterstützt, indem z. B. das System Prozesse wie die Angebotserstellung oder Beschwerdebehandlung erleichtert, wird von **operativem CRM** gesprochen (vgl. Hippner/Wilde 2003; Schnauffer/Jung 2004). Von **analytischem CRM** wird wiederum gesprochen, wenn die im Data Warehouse verwalteten Daten für weitergehende Analysen wie z. B. der Unterstützung von Marketing- und Vertriebsentscheidungen genutzt werden (vgl. Hippner/Wilde 2003; Schnauffer/Jung 2004). Im Zusammenhang mit großen Datenmengen fällt oft der Begriff **Big Data** (vgl. Kotler et al. 2022, S. 227 ff.). Er drückt aus, dass Unternehmen mit dem Aufkommen neuer technischer Möglichkeiten immer größere Datenmengen mit relativ geringem Aufwand gewinnen, auswerten und integrieren können (vgl. Schroeck et al. 2012; Provost/Fawcett 2013). Diese Daten stammen bspw. aus sozialen Medien, der Websitenutzung, Online-Käufen und Standortdaten. Beispielsweise besitzt NETFLIX eine sehr umfangreiche Kundendatenbank und nutzt diese dazu, den Abonnenten personalisierte Vorschläge für Filme und Serien zu machen, um so die Customer Experience und Kundenbindung zu erhöhen.

14 Marketingcontrolling

14.1 Bedeutung, Ziele und Aufgaben des Marketingcontrollings

Marketingcontrolling umfasst die Identifikation und Bereitstellung sämtlicher interner und externer Informationen, die zur Sicherung der Effektivität (Wirksamkeit) und Effizienz (Wirtschaftlichkeit) der Marketingaktivitäten entlang des gesamten Marketingmanagementprozesses benötigt werden (vgl. Meffert et al. 2024, S. 825). Das Marketingcontrolling hat in den letzten stark an Bedeutung gewonnen. Dies liegt u. a. daran, dass Marketingverantwortliche dessen Effizienz aufgrund verbesserter Marketing- und Vertriebsinformationssysteme (▶ Kap. 13.3.4) besser beurteilen können und hierüber auch Rechenschaft ablegen müssen. Zudem haben sich moderne Controllingkonzepte wie die Balanced Scorecard (▶ Kap. 14.5) etabliert und finden zunehmend auch im Marketing Anwendung.

Das zentrale **Ziel** des Marketingcontrolling ist sowohl eine punktuelle als auch eine kontinuierliche Analyse der Marketing-Aktivitäten sowie der dadurch ausgelösten Ergebnisse (vgl. Kreutzer 2017, S. 437 f.). Das Marketingcontrolling hat vier übergeordnete Aufgaben (vgl. Meffert et al. 2024, S. 825; Reinecke/Janz 2007, S. 51):

- **Informationsfunktion**: Das Marketingcontrolling ist dafür verantwortlich, die erforderlichen unternehmensbezogenen und externen Daten für Marketingentscheidungen zu beschaffen und zusammenzustellen. Diese Informationen fließen unmittelbar in die Planungs- und Steuerungsentscheidungen im Marketingmanagementprozess mit ein.
- Die **Kontrollfunktion** baut unmittelbar auf der Informationsfunktion auf. Ihr Ziel ist es, Verbesserungspotenziale und Fehlentwicklungen mittels Soll-Ist-Vergleichen und Marketingaudits (mehr dazu später) frühzeitig aufzudecken.
- Mithilfe der **Planungsfunktion** soll die strategische und operative Marketingplanung unterstützt werden. Beispielsweise sollen Wettbewerbs- und Branchenanalysen den Marketingverantwortlichen Anhaltspunkte darüber liefern, in welchen Bereichen das eigene Unternehmen Wettbewerbsvor- bzw. -nachteile aufweist.
- Die **führungsübergreifende Koordinationsfunktion** beinhaltet Aufgaben jenseits des operativen Alltagsgeschäfts wie etwa Coaching und Beratung, Tätigkeiten des Projekt- oder des Kooperationscontrollings.

Wie diese Aufgaben verdeutlich, soll das Marketingcontrolling nicht bloß »kontrollieren«, sondern den gesamten Marketingmanagementprozess von der Planung bis hin zur Umsetzung unterstützen. Es dient damit der »Qualitätssicherung« im Marketing (vgl. Horváth et al. 2020, S. 30 f.; Köhler 2006, S. 39 ff.). Darstellung 143 zeigt auf, welche Controllinginstrumente in der Marketingpraxis mit welcher Intensität Anwendung finden.

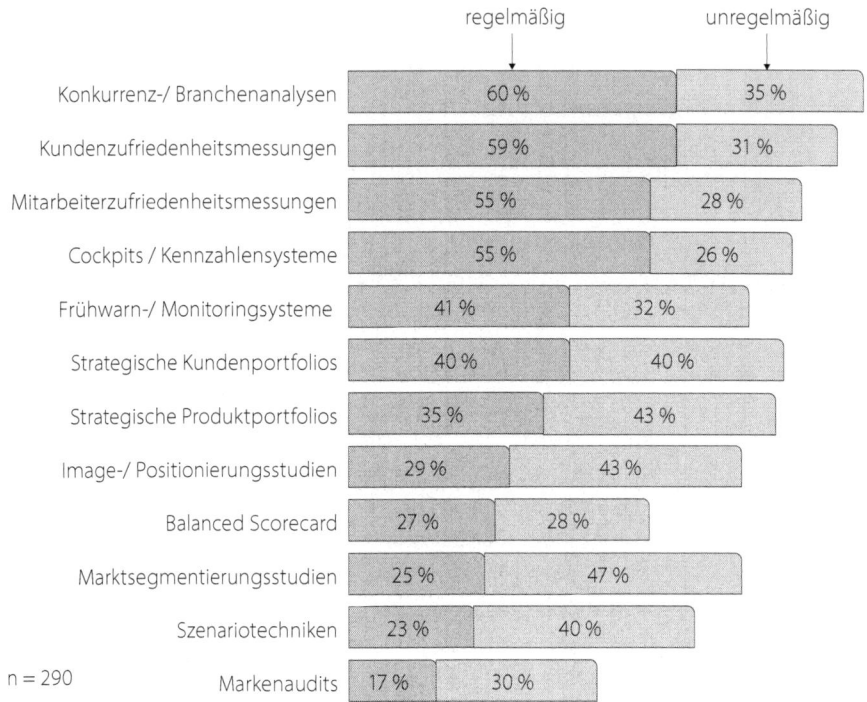

Dar. 143: Einsatz von Marketingcontrollingverfahren in der Praxis (vgl. Meffert et al. 2024, S. 827 in Anlehnung an Reinecke 2014, S. 23)

Die Verfahren des Marketingcontrollings lassen sich dahingehend klassifizieren, ob sie im Rahmen des strategischen oder des operativen Marketingcontrollings angewandt werden. Die Aufgabe des **strategischen Marketingcontrollings** besteht darin, das Management durch eine entsprechende Informationsversorgung zu befähigen, die langfristigen Erfolgspotenziale des Unternehmens bestmöglich zu entwickeln. Das **operative Marketingcontrolling** unterstützt v. a. die Planung und Steuerung des Marketing-Mix, um die vorhandenen Erfolgspotenziale bestmöglich auszunutzen. Während sich das strategische Marketingcontrolling vorwiegend mit der Effektivität (Wirksamkeit) der zu planenden Marketingstrategien befasst, stehen beim operativen Marketingcontrolling Fragen der Effizienz (Wirtschaftlichkeit) der Marketingmaßnahmen im Vordergrund (vgl. Esch et al. 2017, S. 410). Tabelle 144 gibt einen systematisierenden Überblick über die strategischen und operativen Instrumente des Marketingcontrollings.

Dar. 144: Systematisierender Überblick über die Instrumente des Marketingcontrollings (vgl. Reinecke/Janz 2007, S. 56)

Unterstützung der strategischen Marketingplanung Strategische Überwachung	Unterstützung der operativen Marketingplanung Operative Marketingkontrolle	Führungsübergreifende Koordinationsaufgabe
• Frühwarn-, Früherkennungs- und Frühaufklärungssysteme • Branchenstrukturanalysen • Stärke-Schwächen-Profile, Benchmarking • Portfolios (z. B. bezgl. Geschäftsfeldern, Kundschaft, Innovationen, Marken oder Sortiment) • Segmentierungs-, Image- und Positionierungsstudien • Kundschafts- und Markenwertberechnungen, Markenstärkeanalysen • Investitionsrechnungen • Langfristige Budgetierung • Auditmethoden, Auditchecklisten • Kontolle der Marketingkernaufgaben (Akquisition und Bindung von Kundschaft, Leistungsinnovation und Leistungspflege)	• Versorgung der Marketing- und Verkaufsorganisationseinheiten mit Informationen u. a. aus der Marktforschung, Außendienstberichten, Absatzstatistik und Rechnungswesen (z. B. Kundschaftszufriedenheitsstudien oder Deckungsbeitragsrechnungen) • Informationen zur Planung und Abstimmung des Marketing-Mix • Kurzfristige Budgetierung • Kontrolle des Marketing-Mix • Marktleistungsgestaltung • Preisgestaltung • Kommunikation, Marktbearbeitung • Distribution • Ergebnis- und Abweichungsanalysen • Beschwerdeanalysen	• Gestaltung von Kennzahlensystemen für Marketing und Verkauf • Gestaltung von Anreiz- und Provisionssystemen • Target Costing • Analyse, Planung und Kontrolle von Marketing- und Verkaufsprojekten (z. B. Überarbeitung des Markenportfolios) • Analyse, Planung und Überwachung von Marketing- und Verkaufskooperationen • Wissensmanagement in Marketing und Verkauf (z. B. Moderation von Erfahrungsaustausch oder Datenbank mit Lernerfahrung)

14.2 Verfahren des strategischen Marketingcontrollings

Angesichts der Vielzahl an Instrumenten, die im Rahmen des strategischen Marketingcontrollings eingesetzt werden, kann hier nur auf ausgewählte Verfahren eingegangen werden:

- Kundenbezogene Portfolioanalysen
- ABC-Analyse
- Customer-Life-Cycle- bzw. Kundenwertrechnung
- Marketingaudits

Die klassische, auf strategische Geschäftseinheiten bezogene Portfolioanalyse wurde bereits in Abschnitt 7.1 ausführlich vorgestellt. Aus diesem Grunde soll hier ergänzend nur auf die **kundenbezogene Portfolioanalyse** eingegangen werden. Im Rahmen der kundenbezogenen Portfolioanalyse werden im B2B-Geschäft häufig einzelne Kunden, im Konsumgütermarketing i. d. R. Zielgruppensegmente im Portfolio positioniert (vgl. Homburg 2020, S.1315). Diese Variante der Portfolioanalyse ist hinsichtlich des Aufbaus, der Vorgehensweise und der Handlungsempfehlungen mit den bereits dargestellten Portfolioanalysen vergleichbar. Das Kundenportfolio wird aus den beiden Dimensionen **Kundenattraktivität** und **Anbieterposition** erstellt, die sich i. d. R. jeweils wiederum aus mehreren Kriterien zusammensetzen. Kriterien zur Beurteilung der Attraktivität von Kunden sind etwa deren jährlicher Bedarf, das voraussichtliche Wachstum dieses Bedarfs oder die strategische Bedeutung des Kunden für das Unternehmen (vgl. Homburg et al. 2020, S. 1315 f.). Zentrales Kriterium zur Operationalisierung der Anbieterposition ist der Bedarfsdeckungsanteil (Lieferanteil, Share of Customer), also der Anteil des Kundenbedarfs, der beim entsprechenden Anbieter gedeckt wird. Sofern der Bedarfsdeckungsanteil des Kunden beim Hauptwettbewerber bekannt ist, kann – analog zum relativen Marktanteil – ein relativer Bedarfsdeckungsanteil als Kennzahl verwendet werden (vgl. Homburg 2020, S. 1316). Neben der Bedarfsdeckungsquote können ergänzend auch qualitative Kriterien wie etwa die Qualität der Geschäftsbeziehung herangezogen werden. Durch eine Bewertung der Kunden bzw. Kundensegmente hinsichtlich ihrer Attraktivität und Anbieterposition erfolgt die Aufstellung des Kundenportfolios über die Einteilung in Star-, Fragezeichen-, Ertrags- und Mitnahmekunden (▶ Dar. 145).

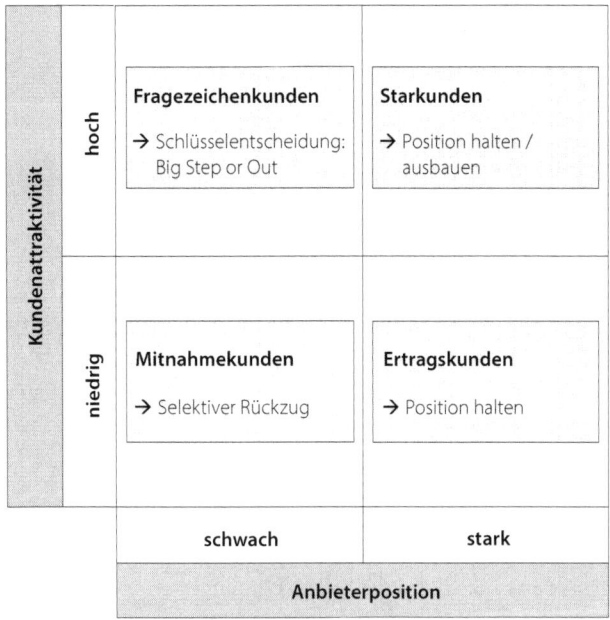

Dar. 145: Das Kunden-Portfolio (vgl. Homburg et al. 2010, S. 196)

Hinsichtlich der Allokation von Ressourcen, z. B. im Vertrieb, empfiehlt die Kundenportfolioanalyse – analog zur klassischen Portfoliotechnik – Normstrategien, wie sie in Darstellung 145 für jedes Portfoliofeld aufgeführt sind. Insbesondere für Fragezeichenkunden ist darüber zu entscheiden, ob eine nachhaltige Verbesserung der Anbieterposition und damit die Entwicklung eines Starkunden angestrebt werden soll (»Big Step« durch massiven Ressourceneinsatz) oder ein Rückzug aus der Geschäftsbeziehung (»Out«; vgl. Homburg et al. 2010, S. 196). Der wesentliche Vorteil der Kundenportfolioanalyse ist in der Visualisierung der Kundenstruktur und der damit verbundenen Kommunikationskraft zu sehen. Die generellen Kritikpunkte an der Portfoliotechnik sind auch bei kundenbezogenen Portfoliobetrachtungen relevant: Insbesondere die Vernachlässigung von Verbundeffekten zwischen den Betrachtungsobjekten (Märkte, strategische Geschäftseinheiten, Produkte etc.) ist in diesem Zusammenhang besonders hervorzuheben (vgl. Homburg 2020, S. 1317).

Im Rahmen des Marketingcontrollings kommt die **ABC-Analyse** v. a. für die Informationsbereitstellung und Planung, häufig zur Anwendung. Sie klassifiziert neben Produkten auch Kunden nach deren Wichtigkeit anhand eines betrachteten Kriteriums (z. B. der Anteil am Gesamtumsatz bzw. am Deckungsbeitrag des Unternehmens). Zentraler Bestandteil der ABC-Analyse ist eine zweidimensionale Visualisierung, bei der die betrachteten Objekte auf der vertikalen Achse nach fallender Größe des betrachteten Kriteriums (z. B. Umsatz, Deckungsbeitrag) geordnet werden und auf der horizontalen Achse der Wert des betrachteten Kriteriums über sämtliche Betrachtungsobjekte (hier: Kunden) kumuliert wird (vgl. Homburg 2020, S. 1312). Darstellung 146 veranschaulicht dies am Beispiel einer umsatzbezogenen Kundenanalyse.

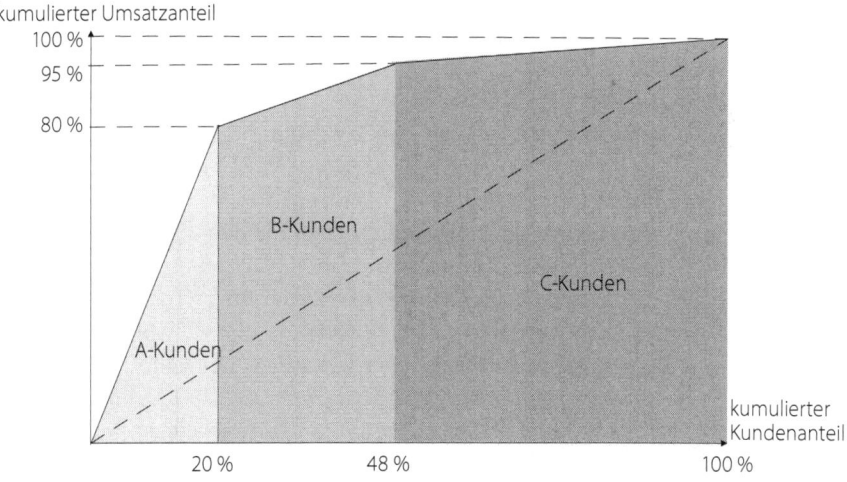

Dar. 146: ABC-Analyse der Kundenstruktur auf der Basis von Umsätzen (vgl. Bruhn et al. 2019, S. 881)

Anhand dieser Visualisierung erfolgt eine ABC-Kategorisierung der betrachteten Kunden, wobei sich häufig eine 80:20-Struktur (Pareto-Regel) ergibt, d. h. das Unternehmen erwirtschaftet ca. 80 Prozent des Umsatzes mit ca. 20 Prozent der Kunden. Diese 20 Prozent werden als A-Kunden eingestuft, Kunden mit mittleren Umsatzwerten als B- und der Rest als C-Kunden. In den einzelnen Kategorien (A, B, C) sind unterschiedliche marketing- und vertriebspolitische Aktivitäten sinnvoll: So sollten etwa kostenintensive Außendienstbesuche auf umsatzstarke Kunden beschränkt bleiben und für umsatzschwache Zielgruppen stattdessen auf kostengünstigere Betreuungsformen (z. B. Callcenter) zurückgegriffen werden.

Insbesondere umsatzbezogene ABC-Analysen sind in der Praxis weit verbreitet. Da zwischen dem Gesamtumsatz und der Profitabilität einer Kundenbeziehung allerdings nicht zwangsläufig ein positiver Zusammenhang bestehen muss, ist eine **deckungsbeitragsbezogene** ABC-Analyse als sinnvoller zu beurteilen (vgl. Esch et al. 2017, S. 428 f.). Der wesentliche Nutzen der ABC-Analyse besteht in der Veranschaulichung der unterschiedlichen wirtschaftlichen Bedeutung der Kunden (vgl. Homburg 2020, S. 1314), ein weiterer Vorteil in der schnellen und einfachen Durchführbarkeit, da die erzielten Umsätze mit Kunden unmittelbar dem Rechnungswesen entnommen werden können (vgl. Esch et al. 2017, S. 428).

Wesentliche Schwachstelle der ABC-Analyse ist die Eindimensionalität des Vorgehens (vgl. Esch et al. 2017, S. 429; Homburg 2020, S. 1313): Die Kunden werden lediglich im Hinblick auf ein einzelnes Kriterium (z. B. Umsatz oder Deckungsbeitrag) klassifiziert. Das Entwicklungspotenzial der Kunden bleibt hier unberücksichtigt: C-Kunden können Unternehmen mit insgesamt geringem Bedarf an den Produkten des Anbieters sein oder aber Kunden mit zwar großem Bedarf, der aber größtenteils beim Wettbewerb gedeckt wird (vgl. Homburg 2020, S. 1313). Weiterhin ist mit Blick auf die Anwendung der ABC-Analyse zu bedenken, dass bspw. mögliche, zwischen einzelnen Produkten bestehende Verbundeffekte vernachlässigt werden (vgl. Esch et al. 2017, S. 429): Bestimmte C-Leistungen (z. B. Heizkörperventile), die für die Vermarktung von A-Leistungen (z. B. Heizkörper) bedeutsam sind, sollten also nicht gleich auf Basis einer ABC-Betrachtung eliminiert werden.

Der **Kunden(lebenszeit)wert** (**Customer Lifetime Value**, CLV) überträgt die Verfahren der dynamischen Investitionsrechnung auf die Betrachtung der Kunden eines Unternehmens. Als klassische Kapitalwertmethode stellt die Kundenwertrechnung konzeptionell nichts wirklich Innovatives dar; das Neue liegt vielmehr darin, dass diese Methode nicht auf typische Investitionsobjekte wie etwa Produktionsanlagen, sondern auf Geschäftsbeziehungen mit einzelnen Unternehmen oder Kundensegmenten angewendet wird (vgl. Homburg 2020, S. 1326). Der Kundenwert (CLV) entspricht dem Kapitalwert aller zukünftig mit dem jeweiligen Kunden verbundenen Nettocashflows. Die Berechnung des CLV basiert folglich auf einer Prognose der für das Unternehmen aus der betrachteten Kundenbeziehung resultierenden, zukünftigen Ein- und Auszahlungen. Da spätere Einzahlungsüberschüsse weniger wert sind als frühere, erfolgt eine Abzinsung, und der CLV wird wie folgt berechnet (vgl. Homburg 2020, S. 1326):

$$CLV = \sum_{t=0}^{n} \frac{e_t - a_t}{(1+i_t)} = e_0 - a_0 + \frac{e_1 - a_1}{(1+i_1)^1} + \frac{e_2 - a_2}{(1+i_2)^2} + \ldots + \frac{e_n - a_n}{(1+i_n)^n}$$

CLV = Customer Lifetime Value
e_t = Einnahmen des Unternehmens von dem Kunden in der Periode t
a_t = Ausgaben des Unternehmens für den Kunden in der Periode t
t = Periode (t = 0, 1, 2, ..., n)
n = (voraussichtliche) Dauer der Kundenbeziehung in Perioden
i_t = Zinssatz in der Periode t (= Diskontierungsfaktor)

Der anzuwendende Diskontierungsfaktor i kann dabei etwa durch einen kunden(segment)spezifisch angepassten, gewichteten Kapitalkostensatz bestimmt werden (vgl. Homburg 2020, S. 1326). Nach diesem investitionstheoretischen Modell lohnt sich die Gewinnung bestimmter Kunden nur dann, wenn der Kapitalwert der Beziehung mit diesen Kunden positiv ist. In Darstellung 147 wird die Ermittlung des CLV an einem Beispiel verdeutlicht.

Dar. 147: Berechnung des CLV am Beispiel eines Industrieunternehmens (vgl. Homburg 2020, S. 1327)

	Jahr 1 (t = 0)	Jahr 2 (t = 1)	Jahr 3 (t = 2)	Jahr 4 (t = 3)	Jahr 5 (t = 4)	Summe
Produktumsatz	10.000.000	9.500.000	9.025.000	8.573.750	8.145.063	45.243.813
+ Dienstleistungsumsatz	80.000	80.000	80.000	80.000	80.000	400.000
– technologische Vorlaufkosten	1.300.000					1.300.000
– vertriebliche Vorlaufkosten	220.000					220.000
– begleitende Kosten	100.000	100.000	300.000	100.000	100.000	700.000
– variable Kosten	6.900.000	6.417.000	5.967.810	5.550.063	5.161.559	29.996.432
– kundenspezifische Vertriebskosten	750.000	765.000	734.400	660.690	594.864	3.505.224
– kundenspezifische Fixkosten der Fertigung	1.800.000	1.854.000	1.909.620	1.966.909	2.025.916	9.556.445
– Folgekosten					250.000	250.000
= Netto-Cashflow	– 900.000	440.000	193.700	375.818	92.724	115.712
Diskontierter Netto-Cashflow (d = 0,1 = 10 %)	– 900.000	403.636	159.645	282.358	63.332	– 81.029

Die dargestellten Zahlen beziehen sich auf ein Industriegüterunternehmen, das mit einem Zeithorizont von fünf Jahren die Geschäftsbeziehung mit einem Großkunden bewertet. Insgesamt ergibt sich ein schwach negativer Kundenwert, die Geschäftsbeziehung ist also als wirtschaftlich problematisch zu bewerten. Da der Kundenwert im Verhältnis zum prognostizierten Umsatzvolumen der Geschäftsbeziehung nur geringfügig negativ ist, sollte das Unternehmen im obigen Beispiel die Geschäftsbeziehung dennoch nicht grundsätzlich infrage stellen, sondern auf die Veränderung einzelner Parameter innerhalb der CLV-Berechnung (etwa die Verringerung von Kosten) hinarbeiten (vgl. Homburg 2020, S. 1326 ff.).

Aufgrund ihrer Zukunftsorientierung ist die Kundenwertrechnung im Rahmen des Marketingcontrollings v. a. für den Bereich der Planung relevant (vgl. Homburg 2020, S. 1328). Bei ihrer Anwendung in der Praxis ergeben sich üblicherweise v. a. zwei Probleme: Zum einen ist die Prognose der zukünftigen Nettocashflows mit einem erheblichen Datenbeschaffungsaufwand verbunden (bzw. führt zu einer »Scheingenauigkeit«), zum anderen ist die Festlegung des Planungshorizonts problematisch. Er sollte ggf. Dieser sollte unter Berücksichtigung der typischen Produktlebenszyklen oder von Vertragslaufzeiten festgelegt werden (vgl. Homburg 2020, S. 1328). Werden die Customer Lifetime Values aller Kunden eines Unternehmens aggregiert, ergibt sich der **Kundenstammwert** (**Customer Equity**). Dieser ist definiert als die Kapitalwertsumme aller Kundenbeziehungen eines Unternehmens (vgl. Burmann 2003, S. 114).

Mittels eines **Marketingaudits** soll das gesamte Marketingsystem eines Unternehmens einer umfassenden Kontrolle unterzogen werden. Ein Marketingaudit ist »eine umfassende, systematische, unabhängige und regelmäßige Untersuchung von Marketingumwelt, -zielen, -strategien, -aktivitäten eines Unternehmens oder einer strategischen Geschäftseinheit« (Kotler et al. 2007, S. 1213). Ziel eines Marketingaudits ist es, die Problembereiche und Chancen herauszufiltern und einen Maßnahmenplan vorzuschlagen, der die Marketingleistung des Unternehmens verbessert.« (Kotler et al. 2017, S. 857). Die möglichen Untersuchungsgegenstände eines Marketingaudits verdeutlicht Darstellung 148 im Überblick.

Dar. 148: Mögliche Teile eines Marketingaudits (vgl. Kotler et al. 2017, S. 858 ff.)

Teilbereich	(Oberkategorie) Ausprägung/Kategorie: mögliche Untersuchungsgegenstände
1: Marketingumfeld	Makroumfeld
	<ul><li>Demografisch: chancen-/risikoreiche Entwicklungen – Maßnahmen</li><li>Wirtschaftlich: mögliche beeinflussende finanzielle Entwicklungen</li><li>Umweltbezogen: Ressourcenverfügbarkeit, Bedenken – Schritte</li><li>Technologisch: technologischer Wandel; mögliche Substitute – Position</li></ul>

Dar. 148: Mögliche Teile eines Marketingaudits (vgl. Kotler et al. 2017, S. 858 ff.) – Fortsetzung

Teilbereich	(Oberkategorie) Ausprägung/Kategorie: mögliche Untersuchungsgegenstände
	• Politisch: mögliche regulatorische Veränderungen – Konsequenzen • Kulturell: öffentliche Wahrnehmung; Veränderung von Lebensstil und Werten
2: Marketingstrategie	Aufgabenumfeld • Märkte: Marktkennzahlen, wichtige Marktsegmente • Kundschaft: Bedürfnisse, Kaufentscheidungsprozesse, Image • Wettbewerb: wichtigste Mitbewerber; Ziele, Strategien, Trends • Vertrieb und Handel: Hauptvertriebskanäle, Effizienzniveau, Wachstumspotenziale • Lieferunternehmen: Verfügbarkeitsperspektiven von Ressourcen, Trends • Vermittlungs- und Marketingunternehmen: Kosten/Verfügbarkeit von Transport- und Lagerkapazitäten sowie finanziellen Ressourcen; Effektivität ggf. beauftragter Werbe- und Marktforschungsunternehmen • Öffentlichkeit: Chancen/Bedrohungen durch öffentliche Gruppen – Schritte
3: Marketingorganisation	• Formale Struktur: Autorität, Verantwortung, Strukturierung der Aufgaben • Funktionale Effizienz: individuell im einzelnen Unternehmen zu prüfen • Schnittstelleneffizienz: mögliche zu lösende Probleme zwischen Marketing und anderen Bereichen des Unternehmens
4: Marketingsysteme	• Marketinginformationssystem • Marketingplanungssystem • Marketingcontrollingsystem • Marketingentwicklungssystem
5: Marketingproduktivität	• Rentabilitätsanalyse • Kosteneffektivitätsanalyse
6: Marketingfunktion	• Leistungen • Preis • Vertrieb • Marketingkommunikation • Vertriebspersonal

14.3 Verfahren des operativen Marketingcontrollings

Die zentrale Aufgabe des operativen Marketingcontrollings sind Soll-Ist-Vergleiche, die sich auf das Tagesgeschäft konzentrieren. Hierbei werden die erreichten Marketingergebnisse (Ist) mit den angestrebten Ergebnissen (Soll) verglichen, die im Rahmen der Marketingmanagementprozesses festgelegt wurden (vgl. Kreutzer 2017, S. 439 f.). Das operative Marketingcontrolling prüft also, ob und inwieweit sich die durchgeführten Maßnahmen als wirksam und effizient erwiesen haben. Es beschränkt sich dabei nicht auf die Feststellung von Abweichungen zwischen den geplanten und den tatsächlich eingetretenen Wirkungen, sondern ermittelt auch Abweichungsursachen, sodass Hinweise für eine Modifikation der Marketingmaßnahmen gewonnen werden (vgl. Esch et al. 2017, S. 412). Im Nachfolgenden werden folgende Verfahren des operativen Marketingcontrollings ausführlicher dargestellt:

- Nettoergebnisrechnung
- Deckungsbeitragsrechnung
- Absatzsegmentrechnung
- Kundenzufriedenheitsmessungen
- Net Promotor Score (Messung der Weiterempfehlungsbereitschaft)

Im Rahmen des Marketingcontrollings zielen Instrumente der Kosten- und Erfolgsrechnung auf eine Bewertung des wirtschaftlichen Erfolgs verschiedener Absatzobjekte (z. B. Produkte, Kunden, Vertriebswege) ab (vgl. Homburg 2020, S. 1317). In der Regel wird die Kosten- und Erfolgsrechnung als **Nettoergebnisrechnung** oder als **Deckungsbeitragsrechnung** durchgeführt (vgl. Reinecke/Janz 2007, S. 65 ff.). Eine **Nettoergebnisrechnung** geht von der Überlegung aus, dass einzelne Produkte, Produktgruppen, Vertriebsgebiete oder -wege als jeweils eigenes Geschäft auch einen eigenen Anteil an den Kosten und den Erlösen des Unternehmens besitzen (vgl. Esch et al. 2017, S. 413). Daher sind die produkt(gruppen)- oder vertriebsgebietsübergreifenden Kosten mittels geeigneter Verrechnungsschlüssel auf diese Kosten- und Erlösträger zu verteilen. Während eine solche Nettoergebnisrechnung im Falle von Produkt(gruppen)- oder Vertriebsgebietsvergleichen prinzipiell durchführbar ist, besteht vielfach die Gefahr in der nicht verursachungsgerechten Verteilung von Gemeinkosten auf einzelne Absatzobjekte. Infolgedessen werden Gewinne bzw. Verluste ermittelt, die nicht dem tatsächlichen wirtschaftlichen Erfolg der Absatzobjekte entsprechen, und dass hieraus Fehlentscheidungen resultieren können wie z. B. die Eliminierung von Produkten (vgl. Esch et al. 2017, S. 413).

Im Rahmen der **Deckungsbeitragsrechnung** bleiben Kosten unberücksichtigt, die dem Absatzobjekt nicht direkt zugerechnet werden können. Aus dem Saldo der direkt zurechenbaren Erlöse und Kosten berechnet sich der Beitrag, den das Absatzobjekt zur Deckung der nicht direkt zurechenbaren Gemeinkosten leistet.

- Bei der **einstufigen Deckungsbeitragsrechnung** (Direct Costing) werden die nicht direkt zurechenbaren Kosten in einer Summe von den Deckungsbeiträgen abgezogen. Diese Variante der Teilkostenrechnung beruht auf der Erkenntnis, dass es bei Unterbeschäftigung kurzfristig sinnvoll sein kann, auf eine Deckung der Vollkosten zu verzichten, aber zumindest eine teilweise Deckung der fixen Kosten zu erreichen (vgl. Deimel et al. 2017, S. 312). Die Deckungsbeitragsrech-

nung eignet sich somit v. a. als Informationsinstrument für taktische Entscheidungen wie etwa die kurzfristige Annahme eines Kundenauftrags oder die kurzfristige Förderung von Produktgruppen (vgl. Esch et al. 2017, S. 413)
- Im Gegensatz zum Direct Costing können bei der **mehrstufigen Deckungsbeitragsrechnung** (stufenweise Fixkostendeckungsrechnung) Fixkosten nach unterschiedlichen Verrechnungsstufen (z. B. Produktgruppen, Bereichen) zugeordnet werden (vgl. Deimel et al. 2017, S. 315). Der Vorteil der mehrstufigen Deckungsbeitragsrechnung ist v. a. darin zu sehen, dass erkennbar wird, welche Produkte oder Produktgruppen das Betriebsergebnis verbessern bzw. verschlechtern, und somit ermittelt werden kann, ob bzw. in welchem Umfang sich das Ergebnis kurzfristig verändert, wenn bestimmte Produkte oder Produktgruppen aus dem Produktprogramm genommen werden (vgl. Deimel et al. 2017, S. 315).

Eine mehrstufige Deckungsbeitragsrechnung hat den in Darstellung 149 gezeigten Aufbau.

	Umsatz	
−	variable Kosten je Produktart	
=	Deckungsbeitrag I	
−	Fixkosten je Produktart	
=	Deckungsbeitrag II a	→ Zusammenfassung nach Produktgruppen
−	Produktgruppenfixkosten	
=	Deckungsbeitrag II b	→ Zusammenfassung nach Bereichen
−	Bereichsfixkosten	
=	Deckungsbeitrag III	→ Zusammenfassung sämtlicher Deckungsbeiträge
−	Unternehmensfixkosten	
=	Betriebsergebnis	

Dar. 149: Beispiel für ein Kalkulationsschema der mehrstufigen Deckungsbeitragsrechnung (vgl. Homburg 2020, S. 1320)

Im Rahmen der Deckungsbeitragsrechnung wurde der Erfolg einzelner Produkte bzw. Produktgruppen ermittelt. Im Rahmen einer **Absatzsegmentrechnung** wird der wirtschaftliche Erfolg eines Unternehmens einzelnen Absatzsegmenten (z. B. einzelnen Kunden, Kundensegmenten, Verkaufsregionen, Vertriebswegen oder einzelnen Aufträgen) zugeordnet (vgl. Homburg 2020, S. 1320). Solche Absatzsegmente sind gedanklich unterscheidbare Teilbereiche der Absatztätigkeit, denen nur Kosten und Erlöse zugerechnet werden, die in einem unmittelbaren Zusammenhang mit den betreffenden Absatzsegmenten stehen (relative Einzelkosten, vgl. Riebel 1994). Alle nicht direkt zurechenbaren Kosten werden auch nicht auf die Segmente verteilt. Als Voraussetzung für diese Betrachtung müssen geeignete Bezugsgrößen identifiziert werden. Diese Identifikation mündet in eine hierarchische Strukturierung, ähnlich der mehrstufigen Deckungsbeitragsrechnung. Der Deckungsbeitrag eines Segments ist dann die Differenz aus den Erlösen dieses Segments und den diesem Segment eindeutig zurechenbaren Kosten (vgl. Homburg 2020, S. 1320 f.). Zur Verdeutlichung folgt in Darstellung 150 ein Beispiel für eine Hierarchie von Bezugsgrößen, wie sie bei der Vorbereitung einer Absatzsegmentrechnung entstehen könnte.

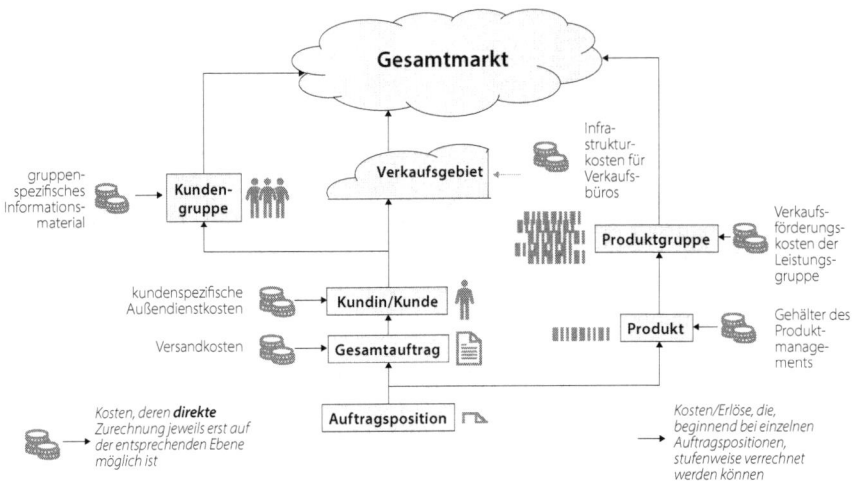

Dar. 150: Beispiel einer Bezugsgrößenhierarchie als Basis einer Absatzsegmentrechnung (vgl. Homburg 2020, S. 1321)

Die Verkaufsförderungskosten für eine Produktgruppe bspw. wären, bezogen auf ein einzelnes Produkt, Gemeinkosten. Der Produktgruppe als Bezugsobjekt können sie jedoch als (relative) Einzelkosten zugerechnet werden. Eine Absatzsegmentrechnung könnte dann folgendermaßen aussehen (▶ Dar. 151).

Innerhalb des Marketingcontrollings kann der Nutzen von Absatzsegmentrechnungen insb. in ihren Beiträgen zur Informationsversorgung und Kontrolle sowie zur systematischen Entscheidungsfindung (etwa zu möglichen Preiszugeständnissen oder Verkaufsförderungsaktivitäten) in Bezug auf einzelne Kundensegmente gesehen werden (vgl. Homburg 2020, S. 1321 f.).

Um den Erfolg der Marketingmaßnahmen umfassend einschätzen zu können, sind neben ökonomischen Zielen wie dem Deckungsbeitrag auch psychografische Zielgrößen zu erfassen (▶ Kap. 3.2.1). Aufgrund ihrer hohen Bedeutung für das Kaufverhalten und die Kundenloyalität werden hier die gängigsten Verfahren der **Kundenzufriedenheitsmessung** vorgestellt. Zur Erinnerung: Kundenzufriedenheit ist das Ausmaß, in dem eine erworbene Leistung die Erwartungen der Kunden erfüllt: Werden die Erwartungen der Kunden nicht erfüllt, entsteht Unzufriedenheit, werden sie hingegen erfüllt oder gar übererfüllt, führt dies zu Zufriedenheit oder Begeisterung (vgl. Kotler et al. 2019, S. 961 f.).

Dar. 151: Beispielhafter Aufbau einer Absatzsegmentrechnung (vgl. Homburg 2020, S. 1322)

Verkaufsgebiet	Region Nord						Σ
Kunde	A			B			
Auftrag	A_1 ...	... A_x	$Σ_A$	B_1 ...	... B_x	$Σ_B$	
Brutto-Auftragswert							
./. Erlösschmälerung							
= Netto-Auftragswert							
./. Einzelkosten der pro Auftragszeile ausgewiesenen Leistungen							
= Auftragsdeckungsbeitrag I							
./. gesonderte Auftragseinzelkosten							
= Auftragsdeckungsbeitrag II							
= Kundendeckungsbeitrag I							
./. gesonderte Kundeneinzelkosten							
= Kundendeckungsbeitrag II							
= Gebietsdeckungsbeitrag I							
./. gesonderte Gebietseinzelkosten							
= Gebietsdeckungsbeitrag II							

Im Rahmen der Zufriedenheitsmessung ist zunächst zwischen objektiven und subjektiven Verfahren zu unterscheiden: **Objektive Verfahren** ziehen auf der Grundlage beobachtbarer, quantitativer Zielgrößen Rückschlüsse auf die Kundenzufriedenheit. So mag ein Hersteller von Erfrischungsgetränken aus einem Anstieg des Umsatzes auf eine gestiegene Zufriedenheit mit einem Produkt schließen. Objektive Verfahren haben jedoch zwei Nachteile: Erstens bleiben weitere Einflussgrößen auf die Erfolgsgröße außen vor (z. B. könnte der Umsatz auch aufgrund des Marktaustritts eines Wettbewerbers gestiegen sein), zweitens bleiben die Ursachen der (Un-)Zufriedenheit unerkannt.

Subjektive Verfahren ermitteln die Zufriedenheit auf Basis individueller Kundeneinschätzungen. Hier ist wiederum zwischen ereignisorientierten und merkmalsgestützten Verfahren zu unterscheiden. **Ereignisorientierte Verfahren** betrachten die Zufriedenheit mit einem Ereignis oder einer Interaktion, bspw. einem Telefonat, einer bestimmten Onlinetransaktion oder einem Beratungsgespräch. Von den ereignisorientierten Verfahren wird insb. die Critical Incident Technique angewendet, bei der Konsumenten dazu aufgefordert werden, in einem offenen, unstrukturierten Interview ihre letzten Erlebnisse mit dem Unternehmen zu reflektieren (vgl. Esch et al. 2017, S. 420 f.). Bei einer **merkmalsgestützten Kundenzufriedenheitsmessung** werden bestimmte Kriterien verwendet, um die Zufriedenheit der Kunden zu bewerten. Indirekte (implizite) **Methoden** leiten die Zufriedenheit aus dem Verhalten der Kunden (insb. dem Beschwerdeverhalten) oder der Befragung Dritter ab, **direkte (explizite) Methoden** erfassen die Zufriedenheit zumeist multiattributiv anhand bestimmter Items (vgl. Esch et al. 2017, S. 421). Mithilfe sogenannter Likert-Skalen werden Kunden direkt nach ihrer Zufriedenheit befragt. Einzelne Dimensionen dieser Zufriedenheit sind dabei etwa die empfundene Qualität der Produkte, die Zuverlässigkeit der Lieferprozesse oder die Freundlichkeit der Verkaufs- und Servicemitarbeiter (vgl. Homburg 2020, S. 48). Darstellung 152 zeigt die Verfahren der Zufriedenheitsmessung im Überblick.

Da Kundenzufriedenheit immer das Resultat eines individuellen Vergleichsprozesses ist, bieten sich **subjektive Verfahren** zur Zufriedenheitsmessung an. In der Praxis ist es ratsam, merkmalsgestützte und ereignisorientierte Verfahren zu kombinieren, um verschiedene Aspekte der Zufriedenheit zu erfassen. Durch die Nutzung unterschiedlicher Verfahren der Zufriedenheitsmessung ist es für ein Unternehmen möglich, unterschiedliche Typen unzufriedener bzw. zufriedener Kunden und deren Verhaltensabsicht zu ermitteln (▶ Dar. 153).

Dar. 152: Verfahren zur Messung von Kundenzufriedenheit (vgl. Becker 2019, S. 876)

Objektive Verfahren	Subjektive Verfahren	
	Merkmalsgestützte Verfahren	
Erfassung von Marktbearbeitungsgrößen wie	Indirekte Messung (implizite Methoden)	Direkte Messung (explizite Methoden)
<ul><li>Absatz</li><li>Umsatz</li><li>Marktanteil</li><li>Wiederkaufrate</li><li>Kundschaftseroberungs-/-verlustraten</li></ul>	<ul><li>Erfassung von Beschwerden</li><li>Erfassung von Beschwerdezufriedenheit</li><li>Häufigkeit nicht artikulierter Klagen (Unvoiced Complaints)</li><li>Problempanels</li></ul>	<ul><li>Erfassung enttäuschter Erwartungen (ex-ante und ex-post bzw. nur ex-post)</li><li>Ein- bzw. mehrdimensionale Messung von Zufriedenheitsgraden</li><li>Meinungsforschung beim Verkaufspersonal bzw. beim Handel</li></ul>

Dar. 152: Verfahren zur Messung von Kundenzufriedenheit (vgl. Becker 2019, S. 876) – Fortsetzung

Objektive Verfahren	Subjektive Verfahren
Erfassung der Häufigkeit von • Leistungsmängeln/Leistungsrückrufen • Gewährleistungsansprüchen • Reparaturen	**Ereignisorientierte Verfahren**
Durchführung von Qualitätskontrollen • Im eigenen Unternehmen • Beim Handel • Bei Endkonsumenten	Critical Incident Technique

Dar. 153: (Un-)Zufriedenheitstypen und deren Verhaltensabsicht (vgl. Stauss/Neuhaus 2004, S. 91)

(Un-)Zufriedenheitstypen		Zustand nach dem Konsum/Konsum einer Leistung in Bezug auf …		
		… Gefühl	… Erwartung	… Verhaltensabsicht
Fordernd …	… Zufriedene	• Optimismus • Zuversicht	Die Leistung muss künftig mit ihnen Schritt halten	Werden wiederkaufen, da die Leistung bisher ihren ständig neuen Anforderung schritthielt.
Stabil …		• Beständigkeit • Vertrauen	Es soll alles bleiben wie bisher	Werden wiederkaufen, da die Leistung bisher ihren Anforderungen entsprach.
Resigniert …		• Gleichgültigkeit • Anpassung	»Mehr konnte man nicht erwarten.«	Werden wiederkaufen, denn aus ihrer Sicht sind die Leistungen anderer Anbieter auch nicht besser.
Stabil …	… Unzufriedene	• Enttäuschung • Ratlosigkeit	Hatten eigentlich mehr erwartet, aber	Werden nicht wiederkaufen, können dafür aber keinen

Dar. 153: (Un-)Zufriedenheitstypen und deren Verhaltensabsicht (vgl. Stauss/Neuhaus 2004, S. 91) – Fortsetzung

(Un-)Zufriedenheitstypen	Zustand nach dem Konsum/Konsum einer Leistung in Bezug auf ...		
	... Gefühl	... Erwartung	... Verhaltensabsicht
Fordernd ...		»was soll man machen?«	konkreten Grund angeben.
	• Protest • Einflussnahme	Erwarten Verbesserung der Leistung in einigen Punkten	Werden nicht wiederkaufen, denn sie fühlen sich trotz einiger Bemühungen nicht ernstgenommen.

Während sich v. a. fordernd unzufriedene und fordernd zufriedene Kunden an den Anbieter wenden, ist von den anderen Kunden kaum Feedback zu erwarten. Die Kenntnis des jeweiligen (Un-)Zufriedenheitstyps ist somit zentral, um geeignete Maßnahmen zur Bindung der betreffenden Kunden ergreifen zu können (vgl. Esch et al. 2017, S. 423 f.).

Der **Net Promotor Score (NPS)** ist eine einfach zu ermittelnde Kennzahl zur **Messung der Weiterempfehlungsbereitschaft** bzw. **Loyalität** von Kunden. Die Methode wurde von Satmetrix Systems, Inc., Bain & Company und Fred Reichheld entwickelt. Kunden werden anhand der Beantwortung der folgenden Frage in drei Gruppen eingeteilt:

»Auf einer Skala von 0 (sehr unwahrscheinlich) bis 10 (äußerst wahrscheinlich) – wie wahrscheinlich ist es, dass Sie ein Unternehmen oder seine Produkte in Ihrem Bekanntenkreis weiterempfehlen?«

- **Promotoren** (Wert von 9 oder 10) sind mit den Produkten eines Anbieters sehr zufrieden bzw. sogar begeistert. Sie neigen dazu, den Anbieter bzw. das Produkt im Bekanntenkreis weiterzuempfehlen.
- **Detraktoren** (Wert von 1 bis 6) sind mit dem Anbieter bzw. dessen Leistungen unzufrieden. Sie neigen dazu, in ihrem sozialen Umfeld negative Mund-zu-Mund-Propaganda zu betreiben, was dem Ruf des Anbieters erheblichen Schaden kann.
- **Passive** Kunden (Wert von 7 oder 8) sind mit dem Anbieter bzw. Produkt grundsätzlich zufrieden. Da allerdings nicht davon auszugehen ist, dass sie den Anbieter bzw. das Produkt weiterempfehlen, werden sie in die Berechnung des NPS nicht einbezogen.

Der Net Promotor Score wird nun ermittelt, indem der Prozentsatz der Detraktoren vom Prozentsatz der Promotoren abgezogen wird:

Net Promotor Score
= Promotoren (in % aller Befragten)
− Detraktoren (in % aller Befragten)

Der Net Promotor Score kann Werte zwischen +100 % und -100 % annehmen. Er ist sehr einfach zu messen, lässt aber keine Rückschlüsse auf Ursachen zu.

14.4 Kennzahlen

Kennzahlen sind als quantifizierte Größen die Grundlage der Steuerungsfunktion des Controllings. Sie stellen in konzentrierter Form zahlenmäßig erfassbare betriebswirtschaftliche Sachverhalte, Zusammenhänge und Entwicklungen dar (vgl. Homburg 2020, S. 1231 f.). Sie erfüllen zwei Funktionen (vgl. Reinecke/Janz 2007, S. 346):

- eine **Analyse- und Entscheidungsfunktion** (bspw. der relative Marktanteil, der im Rahmen der Portfolioanalyse zur Entwicklung von Normstrategien herangezogen wird und
- eine **Steuerungs- und Lenkungsfunktion** (bspw. die Kennzahl Umsatzerlöse zur Festlegung eines Jahresziels für einen Vertriebsmitarbeiter).

Beispiele für Kennzahlen (vgl. Meffert et al. 2024, S. 828 f.) sind etwa:

- Umsatzrentabilität $= \frac{\text{Gewinn}}{\text{Umsatz}}$
- Umsatzwachstumsrate $= \frac{\text{Umsatz}(t_1) - \text{Umsatz}(t_0)}{\text{Umsatz}(t_0)}$
- Gesamtkapitalrendite $= \frac{(\text{Gewinn} + \text{Fremdkapitalkosten})}{\text{Gesamtkapital}}$
- Deckungsbeitrag $= (\text{Erlös} - \text{variable Kosten}) \times \text{Absatzmenge}$

Kennzahlen übernehmen im Rahmen des Marketingcontrollings verschiedene Funktionen (vgl. Weber/Schäffer 2020, S. 181):

- **Anregung**: sie dienen zum Auffinden von Auffälligkeiten und zum Erkennen von Veränderungen.
- **Operationalisierung**: Sie machen die Zielerreichung konkret messbar.
- **Vorgabe**: Sie können zum Setzen von Vorgaben verwendet werden.
- **Steuerung**: Unter Umständen lassen sich komplexe Steuerungsprozesse mithilfe weniger Kennzahlen vereinfachen.
- **Kontrolle**: Auf ihrer Basis können Soll-Ist-Vergleiche durchgeführt und Abweichungen analysiert werden.

Es lassen sich zwei Typen von Kennzahlen unterscheiden (vgl. Homburg 2020, S. 1329 f.):

- **Absolute Kennzahlen:** Dabei handelt es sich um Einzelzahlen, Summen, Differenzen und Durchschnittswerte. Sie können zeitpunktbezogen (Bestandskennzahlen, z. B. Lagerbestand) oder zeitraumbezogen (Bewegungskennzahlen, z. B. Umsatz) sein.
- **Relative Kennzahlen:** Sie bilden Beziehungen zwischen mindestens zwei (absoluten) Größen und den dazugehörigen Sachverhalten ab, etwa den Umsatzanteil von Produkten, die noch keine drei Jahre angeboten werden. Relative Kennzahlen werden in drei Kategorien unterteilt:
  - Bei den **Gliederungszahlen** wird der Anteil einer Teilgröße an einer Gesamtgröße dargestellt (z. B. Umsatz von Produkt A am Gesamtumsatz).
  - **Beziehungskennzahlen** setzen verschiedenartige Größen, die in einem sachlogischen Zusammenhang zueinander stehen, zueinander ins Verhältnis (z. B. das Verhältnis der Vertriebskosten zum Umsatz).
  - **Indexzahlen** verdeutlichen die zeitliche Entwicklung gleichartiger Merkmale (z. B. Preisindex, bei dessen Berechnung das Preisniveau eines Jahres als Basis und Vergleichswert verwendet wird).

Nach der inhaltlichen Ausrichtung lassen sich Kennzahlen wie folgt einteilen (vgl. Homburg 2020, S. 470 f.):

- **Potenzialbezogene Kennzahlen** beziehen sich auf Zielgrößen, die für das Kaufverhalten ursächlich sind. So kann z. B. eine hohe Kundenzufriedenheit (potenzialbezogen) zu einem hohen Absatz führen.
- **Markterfolgsbezogene Kennzahlen** beziehen sich auf Zielgrößen, die den Erfolg eines Unternehmens bzw. einer strategischen Geschäftseinheit auf dem Markt anhand der erfolgten Verkäufe abbilden.
- **Wirtschaftliche Kennzahlen** sind ökonomische Erfolgsgrößen, die in engem Verhältnis zur Gewinn- und Verlustrechnung stehen (z. B. Umsatz, Kosten, Gewinn).

Schließlich lassen sich Kennzahlen danach unterscheiden, ob sie **effektivitätsbezogen** sind, d. h. den Grad der Zielerreichung erfassen, oder **effizienzbezogen** sind, d. h. das Ergebnis ins Verhältnis zum entstandenen Aufwand setzen. Eine Typologie von Marketing- und Vertriebskennzahlen zeigt Tabelle 154.

Dar. 154: Typologie von Marketing- und Vertriebskennzahlen (vgl. Homburg 2020, S. 1331)

	Effektivität	Effizienz
Potenzialbezogene Kennzahlen	z. B. • Kundenzufriedenheit • Preisimage des Anbieters • Lieferzuverlässigkeit	z. B. • Anzahl erzielter Kontakte im Verhältnis zu den Kosten einer Werbeaktion • Kundenzufriedenheit mit der Verkaufsunterstützung im Verhältnis zu den

Dar. 154: Typologie von Marketing- und Vertriebskennzahlen (vgl. Homburg 2020, S. 1331) – Fortsetzung

	Effektivität	Effizienz
		Kosten der Verkaufsunterstützung • Anzahl der wiederkehrenden Website-Besucher • Durchschnittliche Verweildauer pro Besucher auf der Website • Anzahl der Follower und Anzahl der Likes • Buzz Volume und Tonalität (Wie häufig und wie »freundlich« tauschen sich Nutzer über das Unternehmen und dessen Produkte aus?
Markterfolgs-bezogene Kennzahlen	z. B. • Anzahl der Gesamtkunden • Anzahl der Neukunden • Marktanteil eines Produktes • am Markt erzieltes Preisniveau	z. B. • Anzahl der Kundenbesuche pro Auftrag • Anzahl der Angebote pro Auftrag (= Trefferquote) • Anzahl gewonnener Neukunden/Kosten der Aktivität der Direktkommunikation
Wirtschaftliche Kennzahlen	z. B. • Umsatz, bezogen auf Produkt/Produktgruppe • Umsatz bezogen auf Kunden/Kundengruppe • Umsatz aufgrund von Aktivitäten der Direktkommunikation	z. B. • Gewinn • Umsatzrendite • Kundenprofitabilität • Umsatz aufgrund einer Messeteilnahme im Verhältnis zu den Kosten der Messeteilnahme

14.5 Kennzahlensysteme

Werden mehrere Kennzahlen so zusammengestellt, dass sie in einer sinnvollen Beziehung zueinanderstehen, sich gegenseitig ergänzen und den Analysegegenstand als Ganzes möglichst vollständig erfassen, spricht man von einem **Kennzahlensystem**. Kennzahlensysteme lassen sich nach der Herleitung der Ursache-Wirkungsbeziehungen in Rechensysteme und Ordnungssysteme unterteilen (vgl. Ziegenbein, S. 204 f.). Je nach Gestaltung der Beziehungen zwischen den enthaltenen Kennzahlen können zwei Arten von Kennzahlensystemen unterschieden werden (vgl. Homburg 2020, S. 1332):

- In **Rechensystemen** bestehen, ausgehend von einer Spitzenkennzahl, zwischen den einzelnen Kennzahlen dieses hierarchisch aufgebauten Systems exakt definierte arithmetische Regeln. Ein Beispiel für ein derartiges Kennzahlensystem ist das DUPONT-System (of Financial Control) (auch RoI-Baum; ▶ Dar. 155), das vom **Return on Investment** (RoI) als Spitzenkennzahl ausgeht und insb. die Führung eines Konzerns mit mehreren Geschäftsbereichen erleichtert, indem es den RoI auf monetäre Größen herunterbricht.

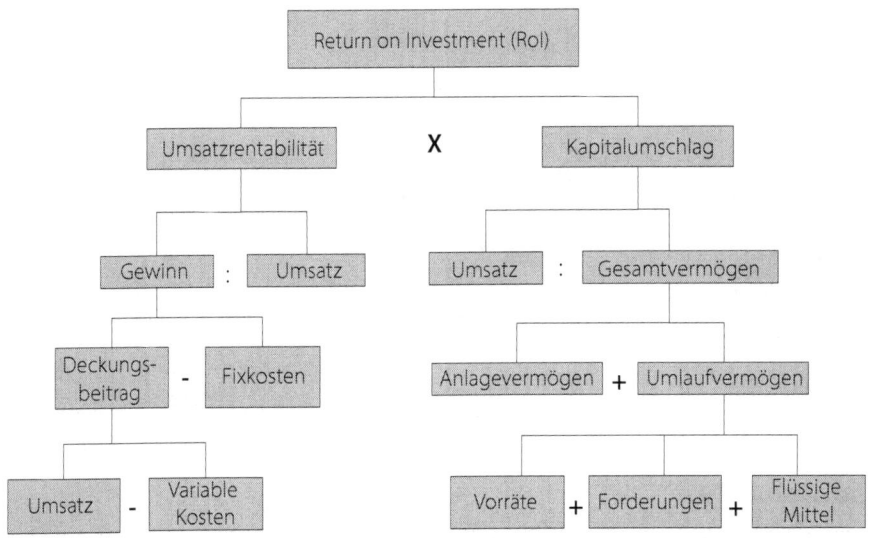

Dar. 155: Das DuPont-Kennzahlensystem (vgl. Meffert et al. 2024, S. 831)

Ordnungssysteme weisen keine arithmetischen Verbindungen zwischen den enthaltenen Größen auf, sondern gruppieren die einzelnen Kennzahlen nach inhaltlichen Überlegungen (vgl. Homburg 2020, S. 1332). Ein Beispiel für ein derartiges Kennzahlensystem ist die **Balanced Scorecard**, die im Vergleich zu rein monetär ausgerichteten, klassischen Kennzahlensystemen zusätzlich auch qualitative Größen berücksichtigt (vgl. Meffert et al. 2024, S. 832). Diese wird im Folgenden vorgestellt.

Die von Kaplan/Norton entwickelte **Balanced Scorecard** (»ausgewogener Berichtsbogen«) verfolgt die Idee, mithilfe eines ausgewogenen Kennzahlensystems die Leistungen eines Unternehmens oder einer Geschäftseinheit ganzheitlich zu bewerten (vgl. Meffert et al. 2024, S. 832). Die Ausgewogenheit kommt dadurch zum Ausdruck, dass nicht nur finanzielle Ziele berücksichtigt werden, sondern auch solche, die zur Erfüllung der finanzwirtschaftlichen Ziele beitragen. Für jede dieser Perspektiven werden entsprechende Kennzahlen identifiziert, die ausgewogen (»balanced«) über den Ausprägungsgrad von Früh- und Spätindikatoren informieren. Hierbei werden kurz- und langfristige, quantitative und qualitative sowie monetäre und nicht-monetäre Indikatoren einbezogen (▶ Dar. 156).

Dar. 156: Aufbau der Balanced Scorecard (vgl. Meffert et al. 2024, S. 832 in Anlehnung an Kaplan/Norton 1997, S. 9)

	Vision und Strategie			
	Kunde	**Finanziell**	**Interne Geschäftsprozesse**	**Lernen und Entwicklung**
Leitfrage	Wie sollen wir gegenüber unseren Kunden auftreten, um unsere Vision zu verwirklichen?	Wie sollen wir gegenüber Teilhabern auftreten, um finanziellen Erfolg zu haben?	In welchen Geschäftsprozessen müssen wir die Besten sein, um unsere Teilhaber und Kunden zu befriedigen?	Wie können wir unsere Veränderungs- und Wachstumspotenziale fördern, um unsere Vision zu verwirklichen?
Kennzahlen (Beispiele)	Kundenzufriedenheit, Kundenbindung, Marktanteil, Kundenanteil	RoI, Wertschöpfung	Qualität, Reaktionszeit, Kosten, Produktneueinführung	Mitarbeiterzufriedenheit, Verfügbarkeit von Informationssystemen

Diese Ziele und Kennzahlen stehen in einem Ursache-Wirkungszusammenhang (vgl. Esch et al. 2017, S. 172). So kann bspw. ein Umsatzwachstum (finanzielle Perspektive) durch eine erhöhte Kundenbindung (Kundenperspektive) erreicht werden. Kundenbindung wird wiederum durch eine schnelle Auftragsbearbeitung (interne Geschäftsprozesse) gefördert, die qualifizierte Marketing- und Vertriebsmitarbeiter (Lernen und Entwicklung) erfordert (vgl. Tomczak et al. 2014, S. 271 f.). Mittels einer Balanced Scorecard lässt sich durch die Verbindung von Ergebnissen und deren Ursachen (Leistungstreibern) die Strategie eines Unternehmens abbilden. Sie kann damit sowohl zur Leistungsbeurteilung als auch zur Unternehmenssteuerung eingesetzt werden. Die Balanced Scorecard hat aufgrund ihrer hohen situationsspezifischen Anpassungsmöglichkeit eine weite Verbreitung in der Praxis gefunden (vgl. Meffert et al. 2024, S. 832). Darstellung 157 zeigt am Beispiel einer **Vertriebs**strategie, wie eine Balanced Scorecard konkret ausgestaltet werden kann. Ein Nachteil der Balanced Scorecard ist darin zu sehen, dass ein direkter Einbezug des Wettbewerbs hier ebenso fehlt wie eine differenzierte Berücksichtigung marketingspezifischer Fragestellungen (vgl. Reinecke 2004, S. 115).

Teil VI Implementierung und Steuerung des Marketing

Balanced Scorecard	Strategische Ziele	Maßgrößen	Zielwert	Aktionsprogramm
Finanzperspektive *Was wollen wir unseren Kapitalgebern bieten?*	• Renditeansprüche der Eigentümer erfüllen/übertreten • Profitabilität • Schnelles Wachstum • Cash Flow > Investment	• DCF-Rendite • Umsatzrentabilität • Umsatzwachstum • Cash-Flow	• >10% • 15% • 100 Mio. € • 200 Mio. €	• Kauf von 3 Unternehmen • 1 Joint Venture in Europa
Kundenperspektive *Wie sollen uns unsere Kunden wahrnehmen?*	• Kundenerwartungen erkennen und erfüllen • Neue Kunden gewinnen • A/B Kunden Focus • Wettbewerbsfähige Preise	• CSI • Umsatzanteil Neukunden • UA A/B Kunden • Preisindex	• +++ • 20 % • 90% • 0,9	• Kundenzufriedenheitsprojekt • Akquisitionsprogramm • Fokusprogramm • Preis-Monitor
Prozessperspektive *Bei welchen Prozessen müssen wir hervorragendes leisten?*	• Cross Selling über optimierte Marketing- und Vertriebsprozesse • Kurze Entwicklungszeiten • Wettbewerbsfähige Produktions- und Logistikprozesse • Kostengünstiger Distributionskanal	• Cross Selling Ratio • First to market • Kosten • Distributions kosten	• 25% • 5 • -20 Mio. € • -20 Mio. €	• Prozeßoptimierung Marketing und Vertriebsprozesse • Prozeßopti. FuE-Prozesse • Komplexitätsreduktionsprojekt • Rabattsystem ändern
Potenzialperspektive *Wie gewährleisten wir langfristig unseren Erfolg?*	• Innovative Produkte entwickeln • Zugang zu strategischen Infos schaffen (Branche, Wettbewerber, Kunde, Markt) • Empowerment der Mitarbeiter • Kontinuierliche Verbesserung	• UA neuer Prod. • verfügbarer strat. Infos • Mitarb.-zufried. • Kostensenkung	• 20% • 100 • ++ • 10%	• Aufbau Datenbank • Job Rotation Programm • Einführung KVP

Dar. 157: Balanced Scorecard am Beispiel einer ehemaligen Vertriebsleitung (vgl. Homburg 2020, S. 1358)

Literatur

Aaker, D. A. (2007). Strategic market management. European Edition. New York: Wiley.

Allan, D. (2006). Effects of popular music in advertising on attention and memory. Journal of Advertising Research, 46(4), 434-444.

Ahlert, D.; Kenning, P.; Brock, C. (2018). Handelsmarketing. Grundlagen der marktorientierten Führung von Handelsbetrieben. 2. Aufl., Berlin: Springer Gabler.

Amazon (2024). Who we are. https://www.aboutamazon.com/about-us. Abgerufen am 26.1.2024.

Andresen, T. (1988). Anzeigenkontakt und Informationsüberschuß: Eine empirische Untersuchung über Determinanten des Anzeigenkontaktes in Publikumszeitschriften mit Hilfe der Blickaufzeichnung. Saarbrücken: Diss.

Ansoff, H. I. (1965). Corporate strategy. New York: McGraw-Hill.

Ansoff, H. I. (1966). Management-Strategie. München: Moderne Industrie.

Apple (2024). Leitbild, Vision und Grundwerte – Business Strategy Hub. https://isost.org/de/apple-leitbild-vision-und-grundwerte. Abgerufen am 26.1.2024.

Atkinson, R. C.; Shiffrin, R. M. (1968). Human Memory: A Proposed Systemand its Control Processes. Psychology of Learning and Motivation, Vol. 2, 89-195.

Backhaus, K.; Erichson, B.; Gensler, S.; Weiber, R.; Weiber, T. (2021). Multivariate Analysemethoden – Eine anwendungsorientierte Einführung, 16. Aufl. Wiesbaden: Springer.

Backhaus, K.; Schneider, H. (2009). Strategisches Marketing, 2. Aufl. Stuttgart: Schäffer-Poeschel.

Backhaus, K.; Voeth, M. (2010). Internationales Marketing. 6. Aufl., Stuttgart: Schaeffer Poeschel.

Backhaus, K.; Voeth, M. (2014). Industriegütermarketing. 10. Aufl., München: Vahlen.

Backhaus, K.; Voeth, M. (2015). Besonderheiten des Industriegütermarketing In: Backhaus, K.; Voeth, M. (Hrsg.), Handbuch Business-to-Business-Marketing. Wiesbaden: Springer Gabler, 17-29.

Bänsch, A. (2002). Käuferverhalten, 9. Aufl., München: Oldenbourg.

Barth, K.; Hartmann, M.; Schröder, H. (2015). Betriebswirtschaftslehre des Handels. 7. Aufl., Wiesbaden: Springer.

Bauer, E. (1977). Markt-Segmentierung. Stuttgart: Poeschel.

Bhattacharjee, S.; Gopal, R. D.; Marsden, J. R.; Sankaranarayanan, R. (2011). Digital goods and markets: Emerging issues and challenges. ACM Transactions on Management Information Systems (TMIS), 2(2), 1-14.

Beck, N.; Rygl, D. (2015). Categorization of multiple channel retailing in multi-, cross-, and omni-channel retailing for retailers and retailing. Journal of Retailing and Consumer Services, 27(1), 170-178.

Becker, J. (2019). Marketing-Konzeption. Grundlagen des ziel-strategischen und operativen Marketing-Managements. 11. Aufl., München: Vahlen.

Becker, W. (1973). Beobachtungsverfahren in der demoskopischen Marktforschung. Stuttgart: Ulmer.

Benkenstein, M.; Brock, C. (2021). Strategisches Marketing. Ein wettbewerbsorientierter Ansatz. 4. Aufl., Stuttgart: Kohlhammer.

Berekoven, L. (1985). Internationales Marketing, 2. Aufl., Herne: NWB Verlag.

Berekoven, L. (1995). Erfolgreiches Einzelhandelsmarketing: Grundlagen und Entscheidungshilfen. 2. Aufl., München: Beck.

Berekoven, L.; Eckert, W.; Ellenrieder, P. (2009). Marktforschung – Methodische Grundlagen und praktische Anwendung. 12. Auf. Wiesbaden: Gabler.

Bundesverband E-Commerce und Versandhandel – Bevh (2023). E-Commerce-Umsatz mit Waren in Deutschland in den Jahren 200 bis 2022 (in Milliarden Euro). Statista. https://de.statista.com/statistik/daten/studie/71568/umfrage/online-umsatz-mit-waren-seit-2000/#:~:text=Im%20Jahr%202022%20erzielte%20das,um%20knapp%20neun%20Prozent%20gesunken. Abgerufen am 17.2.2024.

Bijmolt, T.; Van Heerde, H.; Pieters, R. (2005). New empirical generalizations on the determinants of price elasticity. Journal of Marketing Research, 42(2), 141-156

Binder, C. U. (2019). Lizensierung von Marken. In: Esch, F.-R. (Hrsg.), Handbuch Markenführung. Wiesbaden: Springer Gabler, S. 371-391.

Bischof, N. (1985). Das Rätsel Ödipus. Die biologischen Wurzeln des Urkonflikts zwischen von Intimität und Autonomie. München: Psychosozial-Verlag.

Bischof, N. (1993). Untersuchungen zur Systemanalyse der sozialen Motivation I: Die Regulation der sozialen Distanz – von der Feldtheorie zur Systemanalyse. Zeitschrift für Psychologie, 201(1), 5-43.

Bleymüller, J.; Weißbach, R.; Dörre, A. (2020). Statistik für Wirtschaftswissenschaftler. 18. Aufl., München: Vahlen.

Bloch, P.; Brunel, F.; Arnold, T. (2003). Individual differences in the centrality of visual product aesthetics: Concept and measurement. Journal of Consumer Research, 29(4), 551-565.

BMW (2024). Group Strategie. https://www.bmwgroup.com/de/unternehmen/strategie.html. Abgerufen am 26.1.2024.

Böhler, H.; Germelmann, C. C.; Baier, D.; Woratschek, H. (2022). Marktforschung. 4. Aufl., Stuttgart: Kohlhammer.

Bonoma, T. (1982). Major sales: Who really does the buying? Harvard Business Review, 60 (3), 111-119.

Bortz, J.; Schuster, C. (2010). Statistik für Human- und Sozialwissenschaftler, 7. Aufl. Berlin: Springer.

Brockhoff, K. (1998). Der Kunde im Innovationsprozess. Göttingen: Vandenhoeck und Ruprecht.

Bruhn, M. (2014). Unternehmens- und Marketingkommunikation: Handbuch für ein integriertes Kommunikationsmanagement, 3. Aufl., München: Vahlen.

Bruhn, M. (2016). Relationship Marketing. Das Management von Kundenbeziehungen. 5. Aufl., München: Vahlen.

Bruhn, M. (2018). Kommunikationspolitik. Systematischer Einsatz der Kommunikation für Unternehmen. 9. Aufl., München: Vahlen.

Bruhn, M. (2019). Marketing. Grundlagen für Studium und Praxis. 14. Aufl., Wiesbaden: Springer Gabler.

Bruhn, M.; Meffert, H.; Hadwich, K. (2019). Handbuch Dienstleistungsmarketing. Planung – Umsetzung – Kontrolle. 2. Aufl., Wiesbaden: Springer Gabler.

Büning, H.; Haedrich, G; Kleinert, H; Kuß, A.; Streitberg, B. (1981). Operationale Verfahren der Markt- und Sozialforschung. Berlin: de Gruyter.

Buck-Emden, R.; Zencke, P. (2005). mySAP CRM: Kundenbezogene Geschäftsprozesse mit SAP CRM 4.0. Bonn: SAP Press.

Burmann, C. (1995). Fläche und Personalintensität als Erfolgsfaktoren im Einzelhandel. Wiesbaden: Gabler.

Burmann, C. (2001). Strategische Flexibilität und Strategiewechsel in turbulenten Märkten – Neuere theoretische Ansätze zur Unternehmensflexibilität. Die Betriebswirtschaft, 61(2), 169-188.

Burmann, C. (2003). »Customer equity« als Steuerungsgröße für die Unternehmensführung. Zeitschrift für Betriebswirtschaft, 73(3), 113-138.

Burmann, C.; Halaszovich, T. F.; Schade, M.; Klein, K.; Piehler, R. (2021). Identitätsbasierte Markenführung. Grundlagen – Strategie – Umsetzung – Controlling. 3. Aufl., Wiesbaden: Springer Gabler.

Busch, R.; Fuchs, W.; Unger, F. (2008). Integriertes Marketing. Strategie – Organisation – Instrumente. 4. Aufl., Wiesbaden: Gabler.

Buser, C.; Ruedin, E. (2008). E-Mail – der Zwitter: Vermeintliche und wirkliche Einfüsse des E-Mails auf den Menschen. Zürich: Benziger.
Chaffey, D.; Hemphill, T.; Edmundson-Bird, D. (2019). Digital business and e-commerce management. 7. Aufl., London: Pearson.
Christen, T. (2002). Kundenevents im Marketing für komplexe Leistungen. Thexis, 19(1), 24-25.
Coca-Cola (2024). Purpose and Vision. https://www.coca-colacompany.com/about-us/purpose-and-vision. Abgerufen am 26.1.2024.
Corsten, H.; Gössinger, R. (2015). Dienstleistungsmanagement. 6. Aufl., Berlin: Oldenbourg.
Czinkota, M. R.; Ronkainen, I. A. (2013). International Marketing, 10. Aufl., Mason: Cengage Learning.
Damasio, A. R. (2014). Der Spinoza-Effekt – wie Gefühle unser Leben bestimmen, 8. Aufl. Berlin: List.
Dechêne, C. (2006). Abwechslung und Werbewirkung. Theoretische Überlegungen und experimentelle Prüfung. Wiesbaden: Gabler.
Deges, F. (2020). Grundlagen des E-Commerce. Strategien, Modelle, Instrumente. Wiesbaden: Springer Gabler.
Deimel, K.; Erdmann, G.; Isemann, R.; Müller, S. (2017). Kostenrechnung. Das Lehrbuch für Bachelor, Master und Praktiker. Hallbergmoos: Pearson.
Deutsche Bundesbank (2023). Direktinvestitionsstatistik. https://www.bundesbank.de/resource/blob/804078/89c7b7a95fea7677a13b9e730cc3eb1d/mL/0-direktinvestitionen-data.pdf. Abgerufen am 5.1.2024.
Diller, H. (2003). Aufgabenfelder, Ziele und Entwicklungstrends der Preispolitik. In Diller, H.; Hermann, A. (Hrsg.), Handbuch Preispolitik. Wiesbaden: Gabler, 3-32.
Diller, H. (2008). Preispolitik, 4. Auf. Stuttgart: Kohlhammer.
Diller, H.; Müller, S.; Ivens, B.; Beinert, M. (2021). Pricing. Prinzipien und Prozesse der betrieblichen Preispolitik, 5. Aufl., Stuttgart: Kohlhammer.
Eckardt, G. H. (2010). Business-to-Business-Marketing. Eine Einführung für Studium und Beruf. Stuttgart: Schäffer Poeschel.
Engelhardt, W. H. (1990). Dienstleistungsorientiertes Marketing – Antwort auf die Herausforderung durch neue Technologien. In Adam, D.; Backhaus, K.; Meffert. H.: Wagner. H. (Hrsg.), Integration und Flexibilität. Wiesbaden: Gabler, 269-288.
Engelhardt, W. H.; Günter, B. (1981). Investitionsgüter-Marketing. Anlagen, Einzelaggregate, Teile, Roh- und Ersatzstoffe, Energieträger. Stuttgart: Kohlhammer.
Ergenzinger, R.; Zenhäusern, R.; Janoschka, A.; Thommen, J.-P. (2020). Marketing. Konzepte, Strategien, Instrumente, Controlling. Zürich: Versus.
Esch, F.-R. (2018). Strategie und Technik der Markenführung. 9. Aufl., München: Vahlen.
Esch, F.-R.; Herrmann, A.; Sattler, H. (2013). Marketing. Eine managementorientierte Einführung. 4. Aufl., München: Vahlen.
Esch, F.-R.; Herrmann, A.; Sattler, H. (2017). Marketing. Eine managementorientierte Einführung. 5. Aufl., München: Vahlen.
FDW Werbung im Kino e. V. (2010). Kinobesucher in der MA 2009: Analyse der Frühjahrsberichterstattung der MA 2009
Felser, G. (2015). Marketinginstrumente – psychologisch betrachtet. In: Moser, K. (Hrsg.), Wirtschaftspsychologie. 2. Aufl., Heidelberg: Springer, 139-160.
Foscht, T.; Swoboda, B.; Schramm-Klein, H. (2017). Käuferverhalten. Grundlagen – Perspektiven – Anwendungen. 6. Aufl., Wiesbaden Springer Gabler.
Freter, H. (2008). Markt- und Kundensegmentierung – Kundenorientierte Markterfassung und -bearbeitung, 2. Aufl. Stuttgart: Kohlhammer.
Friege, C. (2015). Der Direktvertrieb in Mehrkanalstrategien. Eine Einführung mit Beispielen für die Umsetzung. Wiesbaden: Springer Gabler.
Fritz, W. (2004). Internet-Marketing und Electronic Commerce. Wiesbaden: Springer Gabler.
Gaca, C. (2007). Markenmanagement in Video- und Computerspielen. Wege zur erfolgreichen Integration von In-Game-Advertising in die Kommunikationsstrategien von Unternehmen. Saarbrücken: VDM Verlag.
Gälweiler, A. (1974). Unternehmensplanung. Frankfurt a. M.: Herder und Herder.
Geigenmüller, A. (2003). Regionale Marken und Konsumentenverhalten. Konsequenzen für die Markenführung. Wiesbaden: Gabler.

Gerrig, R. J. (2014). Psychologie (20. Auf.). Hallbergmoos: Pearson.
Gilbert, X.; Strebel, P. (1987). Strategies to Outpace the Competition. In: Journal of Business Strategy, 8(1), 28-36.
Golder, P.; Tellis, G. (1993). Pioneer Advantage – Marketing Logic or Marketing Legend. Journal of Marketing Research, 30(2), 158-170.
Green, P. E.; Tull, D. S. (1982). Methoden und Techniken der Marketingforschung, 4. Aufl. Stuttgart: Schäffer-Poeschel.
Guhl, D.; Steffenhagen, H. (2016a). Kommunikationsbudgetierung: Analytische Ansätze, in Bruhn, M., Esch, F.-R., Langner, T. (Hrsg.). Handbuch Strategische Kommunikation: Grundlagen – Innovative Ansätze – Praktische Umsetzungen. Wiesbaden: Springer Gabler, S. 345-376.
Guhl, D.; Steffenhagen, H. (2016b). Kommunikationsbudgetierung: Heuristische Ansätze. In Bruhn, M.; Esch, F.-R.; Langner, T. (Hrsg.), Handbuch Strategische Kommunikation: Grundlagen – Innovative Ansätze – Praktische Umsetzungen. Wiesbaden: Springer Gabler, 377-400.
Haller, S. (2017). Dienstleistungsmanagement. Grundlagen – Konzepte – Instrumente. 7. Aufl., Wiesbaden: Springer Gabler.
Hammann, P.; Erichson, B. (2006). Marktforschung. 5. Aufl., Stuttgart: UTB.
Handelsverband Deutschland – HDE (2023). Zahlenspiegel 2023. https://einzelhandel.de/images/attachments/article/11331/HDE_Zahlenspiegel_2023.pdf. Abgerufen am 3.1.2024.
Hax, A.; Majluf, N. (1996). The Strategy Concept and Process, 2. Aufl., Upper Saddle River (NJ): Prentice Hall.
Heinemann, G. (2016). Der neue Online-Handel: Geschäftsmodell, Geschäftssysteme und Benchmarks im E-Commerce. 7. Auf., Wiesbaden: Springer Gabler.
Hermanns, A. (1995). Aufgaben des internationalen Marketing-Managements. In: Hermanns, A.; Wißmeier, U. K. (Hrsg.), Internationales Marketing-Management. Grundlagen, Strategien, Instrumente, Kontrolle und Organisation. München: Vahlen, 23-68.
Hilke, W. (1989). Grundprobleme und Entwicklungstendenzen des Dienstleistungsmarketing. In Hilke, W. (Hrsg.), Dienstleistungsmarketing. Wiesbaden: Gabler Springer, 5-44.
Hippner, H.; Wilde, K. (2003). CRM – Ein Überblick. In: Helmke, S.; Uebel, M.; Dangelmaier, S. W. (Hrsg.), Effektives Customer Relationship Management. Instrumente – Einführungskonzepte – Organisation. 3. Aufl., Wiesbaden: Gabler, 3-38.
Hofmann, S.; Akbar, P. (2019). Konsumentenverhalten. Konsumenten verstehen – Marketingmaßnahmen gestalten. 2. Aufl., Wiesbaden: Springer Gabler.
Hofstede, G. (1980). Culture's consequences: International differences in work-related values. Beverly Hills: Sage Publications.
Hofstede, G.; Hofstede, G. J.; Minkov, M. (2017). Lokales Denken, globales Handeln. Interkulturelle Zusammenarbeit und globales Management. 6. Aufl., München: dtv Beck.
Homburg, C. (2020). Marketingmanagement. Strategie – Instrumente – Umsetzung – Unternehmensführung. 7. Aufl., Wiesbaden: Springer Gabler.
Homburg, C.; Bucerius, M. (2016). Kundenzufriedenheit als Managementherausforderung. In: Homburg, C. (Hrsg.): Kundenzufriedenheit. Konzepte – Methoden – Erfahrungen. 9. Aufl., Wiesbaden: Springer Gabler, 53-91.
Homburg, C; Schäfer, H.; Schneider, J. (2010). Sales Excellence. Vertriebsmanagement mit System. 6. Aufl., Wiesbaden: Gabler.
Horváth, P. (2011). Controlling. 12. Aufl., München: Vahlen.
Horváth, P.; Gleich, R.; Seiter, M. (2020). Controlling, 14. Auf., München: Vahlen.
Hubert, M.; Kenning, P. (2008). A Current Overview of Consumer Neuroscience, Journal of Consumer Behavior, 7(4), 272-292.
Hutter, K.; Hoffmann, S. (2011). Guerilla-Marketing – eine nüchterne Betrachtung einer viel diskutierten Werbeform. International Journal of Marketing, 50(2), 121-135.
Hutzschenreuter, T. (2001). Wachstumsstrategien. Wiesbaden: Gabler.
IKEA (2024). Werte, Vision & Geschäftsidee. https://www.ikea.com/de/de/this-is-ikea/about-us/vision-werte-geschaeftsidee-pub9aa779d0. Abgerufen am 26.1.2024.
Interbrand (2022). Best Global Brands 2022. https://interbrand.com/cologne/newsroom/best-global-brands-2022. Abgerufen am 10.1.2024.

Jacob, M. (2015). Integriertes Online-Marketing. Strategie, Taktik und Implementierung. Wiesbaden: Springer.

Jacobi, H. (1963). Werbepsychologie. Wiesbaden: Gabler.

Jap, S. D. (2002). Online reverse auctions: Issues, themes, and prospects for the future. Journal of the Academy of Marketing Science, 30(4), 506-525.

Jeannet, J.-P.; Hennessey, H. D. (2004). Global Marketing Strategies. 6. Aufl., Boston: Houghton Mifflin.

Johnston, W.; Bonoma, T. (1981). The buying center, structure and interaction patterns. Journal of Marketing, 45(3), 143-156.

Kaplan, R. S.; Norton, D. P. (1997). Balanced Scorecard – Strategien erfolgreich umsetzen. Stuttgart: Schäffer-Poeschel.

Kavassalis, P.; Spyropoulou, N.; Drossos, D.; Mitrokostas, E.; Gikas, G.; Hatzistamatiou, A. (2003). Mobile permission marketing: Framing the market inquiry. International Journal of Electronic Commerce, 8(1), 55-79.

Kenning, P. (2020). Consumer Neuroscience. Ein transdisziplinäres Lehrbuch. 2. Aufl., Stuttgart: Kohlhammer.

Kepper, G. (2008). Methoden der qualitativen Marktforschung. In Herrmann, A.; Homburg, C.; Klarmann, M. (Hrsg.), Handbuch Marktforschung. Methoden – Anwendungen – Praxisbeispiele. 3. Aufl., Wiesbaden: Springer Gabler, 175-212.

Kieser, A.; Walgenbach, P. (2010). Organisation, 6. Auf., Stuttgart: Schäffer-Poeschel.

Kleinaltenkamp, M. (1988). Marketing-Strategien des Produktionsverbindungshandels. Thexis, 5(2), 38-43.

Kleinaltenkamp, M. (2000). Einführung in das Business-to-Business Marketing. In Kleinaltenkamp, M.; Plinke, W. (Hrsg.), Technischer Vertrieb: Grundlagen des Business-to-Business Marketing. 2. Aufl., Berlin: Springer, 171-247.

Kleinaltenkamp, M.; Jacob, F. (2006). Grundlagen der Gestaltung des Leistungsprogramms. In Kleinaltenkamp, M.; Plinke, W.; Jacob, F.; Söllner, A. (Hrsg.), Markt- und Produktmanagement: Die Instrumente des Business-to-Business Marketing. 2. Aufl., Wiesbaden: Springer, 3-82.

Kleinaltenkamp, M.; Saab, S. (2021). Technischer Vertrieb. Eine praxisorientierte Einführung in das Business-to-Business-Marketing. 2. Aufl., Wiesbaden: Springer Gabler.

Klimke, D.; Lautmann, R.; Stäheli, U.; Weischer, C.; Wienhold, H. (2020). Lexikon der Soziologie. 6. Aufl., Wiesbaden: Springer Gabler.

Klump, R. (2021). Wirtschaftspolitik. Instrumente, Ziele und Institutionen. 4. Aufl., Hallbergmoos: Pearson.

Koch, J.; Gebhardt, P; Riedmüller, F. (2016). Marktforschung – Grundlagen und praktische Anwendungen, 7. Aufl., München: Oldenbourg.

Köhler, R. (2006). Marketingcontrolling: Konzepte und Methoden. In Reinecke, S.; Tomczak, T. (Hrsg.), Handbuch Marketingcontrolling. 2. Auf., Wiesbaden: Gabler, 39-62.

Kotler, P. (1972). A generic concept of marketing. Journal of Marketing, 36(2), 46-54.

Kotler, P.; Armstrong, G.; Harris, L. C.; Piercy, N. (2019). Grundlagen des Marketing. 7. Aufl., Hallbergmoos: Pearson.

Kotler, P.; K. Keller (2021). Marketing-Management, 16. Aufl. Harlow: Pearson Higher Education.

Kotler, P.; Keller, K. L.; Opresnik, M. O. (2015). Marketing-Management. Konzepte – Instrumente – Unternehmensfallstudien. 14. Aufl., Hallbergmoos: Pearson.

Kotler, P.; Keller, K. L.; Opresnik, M. O. (2017). Marketing-Management. Konzepte – Instrumente – Unternehmensfallstudien. 15. Aufl., Hallbergmoos: Pearson.

Kotler, P.; Armstrong, G.; Harris, L. C.; He, H. (2022). Grundlagen des Marketing. 8. Aufl., München: Pearson.

Krafft, M.; Frenzen, H. (2001). Erfolgsfaktoren für Vertriebsteams, Studie des Zentrums für Marktorientierte Unternehmensführung (ZMU). Vallendar.

Kreis, H.; Wildner, R.; Kuß, A. (2021). Marktforschung. Grundlagen der Datenerhebung und Datenanalyse. 7. Aufl., Wiesbaden: Springer Gabler.

Kreutzer, R. T. (2017). Praxisorientiertes Marketing: Grundlagen, Instrumente, Fallbeispiele. 5. Aufl., Wiesbaden: Springer Gabler.

Kreutzer, R. T. (2018). Praxisorientiertes Online-Marketing. Konzepte – Instrumente – Checklisten. 3. Aufl., Wiesbaden: Springer Gabler.

Kroeber-Riel, W. (1996). Bildkommunikation: Imagerystrategien für die Werbung. München: Vahlen.

Kroeber-Riel, W./Gröppel-Klein, A. (2019). Konsumentenverhalten. 11. Aufl. München: Vahlen.

Kroeber-Riel, W./Weinberg, P./Gröppel-Klein, A. (2009). Konsumentenverhalten. 9. Aufl., München: Vahlen.

Kromrey, H. (1998). Empirische Sozialforschung – Modelle und Methoden der Datenerhebung und Datenauswertung, 8. Aufl. Opladen: Leske + Budrich.

Kromrey, H.; Roose, J.; Strübing, J. (2016). Empirische Sozialforschung – Modelle und Methoden der standardisierten Datenerhebung und Datenauswertung, 13. Aufl. Stuttgart: UTB.

Kulhavy, E. (1993). Internationales Marketing. 5. Aufl., Linz: Trauner Verlag.

Kuß, A.; Tomczak, T. (2007). Käuferverhalten. 4. Aufl., Stuttgart: UTB.

Kuß, A.; Wildner, R.; Kreis, H. (2018). Marktforschung. Datenerhebung und Datenanalyse. 6. Aufl., Wiesbaden: Springer Gabler.

Kuß, A.; Kleinaltenkamp, M. (2020). Marketing-Einführung. Grundlagen – Überblick – Beispiele. 8. Aufl., Wiesbaden: Springer Gabler.

Kutschker, M. (1992). Die Wahl der Eigentumsstrategie der Auslandsniederlassung in kleineren und mittleren Unternehmen. In Kumar, B. N.; Haussmann, H. (Hrsg.), Handbuch der internationalen Unternehmenstätigkeit. München: Beck, 497-530.

Lammenett, E. (2017). Praxiswissen Online-Marketing. Affiliate- und E-Mail-Marketing, Suchmaschinenmarketing, Online-Werbung, Social Media, Facebook-Werbung, 6. Auf. Wiesbaden: Springer Gabler.

Lasswell, H. D. (1967). The structure and function of communication in society. In Berelson, B.; Janowitz, M. (Hrsg.), Reader in public opinion communication. 2. Auf., New York: Free Press, 178-192.

Lehmann, A. (1995). Dienstleistungsmanagement, Strategien und Ansatzpunkte zur Schaffung von Servicequalität. 2. Aufl., Stuttgart: Schäffer-Poeschel.

Lehmann, D. R.; Gupta, S.; Steckel, J.-H. (1998). Marketing Research. Reading et al.: Pearson.

Lenz, T. (2008). Supply Chain Management und Supply Chain Controlling in Handelsunternehmen. Bremen: CT Salzwasser.

Levitt, T. (1983). The globalization of markets. Harvard Business Review, 61(5), 87-91.

Link, J. (2000). Kundenorientierte Informationssysteme im Marketing-Controlling. In Weber, J.; Homburg, C. (Hrsg.), Marketing-Controlling, Kostenrechnungspraxis – Zeitschrift für Controlling, Accounting und System-Anwendungen. Sonderheft 3/2000, Wiesbaden, 35-45.

Link, J.; Weiser, C. (2011). Marketing-Controlling: Systeme und Methoden für mehr Markt- und Unternehmenserfolg. 3. Auf., München: Vahlen.

Loebbecke, C. (2002). Digital goods: An economic perspective. In Bidgloi, H. (Hrsg.). Encyclopedia of information systems. San Diego: Academic Press, 635-647.

Lovett, M. J.; Staelin, R. (2016). The role of paid, earned, and owned media in building entertainment brands: Reminding, informing, and enhancing enjoyment. Marketing Science, 35(1), 142-157.

Lucking-Reiley, D. (2000). Auctions on the internet: What's being auctioned, and how? The Journal of Industrial Economics, 48(3), 227-252.

Luxem, R. (2001). Digital Commerce. Electronic Commerce mit digitalen Produkten. 2. Aufl., Lohmar: Eul Verlag.

Mangelsdorf, M. (2015). Von Babyboomer bis Generation Z. Der richtige Umgang mit unterschiedlichen Generationen im Unternehmen. Offenbach: Gabal Verlag.

Markengesetz (2024). Aktueller Gesetzestext. https://www.gesetze-im-internet.de/markeng. Abgerufen am 30.1.2024.

Mars (2024). Unsere Produkte. https://deu.mars.com/hergestellt-von-mars?language_content _entity=de. Abgerufen am 26.1.2024.

Maslow, A. M. (1975). Motivation and Personality. In Levine, F. M. (Hrsg.), Theoretical Readings in Motivation. Chicago: Rand McNally College Publishing Company.

Matys, E. (2018). Praxishandbuch Produktmanagement. Grundlagen und Instrumente. 7. Aufl., Frankfurt a. M.: Campus.

Mayer, H.; Boor, W. (1988). Familie und Konsumentenverhalten. Jahrbuch der Absatz- und Verbrauchsforschung, 34(2), 120-153.

McCarthy, J. (1960). Basic Marketing: A Managerial Approach. 5. Aufl., Homewood: Irwin.

Meffert, H.; Burmann, C.; Becker, C. (2010). Internationales Marketing-Management. 4. Aufl., Stuttgart: Kohlhammer.

Meffert, H.; Burmann, C.; Kirchgeorg, M.; Eisenbeiß, M. (2024). Marketing. Grundlagen marktorientierter Unternehmensführung. Konzepte – Instrumente – Praxisbeispiele. 14. Aufl., Wiesbaden: Springer Gabler.

Meffert, H.; Kirchgeorg, M (1998). Marktorientiertes Umweltmanagement. 3. Auf., Stuttgart: Schäffer-Poeschel.

Meyer, A. (1996.). Dienstleistungsmarketing: Erkenntnisse und praktische Beispiele. 7. Aufl., Augsburg: Springer Gabler.

Möhlenbruch, D.; Schmieder, U.-M. (2002). Mobile Marketing als Schlüsselgröße für Multichannel-Commerce. In Silberer, G.; Wohlfahrt, J.; Wilhelm, T. (Hrsg.), Mobile Commerce: Grundlagen, Geschäftsmodelle, Erfolgsfaktoren. Wiesbaden: Gabler, S. 67-89.

Monroe, K. B. (2003). Pricing. Making profitable decisions, 3. Aufl., Boston: McGraw-Hill.

Nieschlag, R.; Dichtl, E.; Hörschgen, H. (2002). Marketing, 19. Aufl., Berlin: Duncker und Humblot.

Olbrich, R. (2006). Marketing. Eine Einführung in die marktorientierte Unternehmensführung. 2. Aufl., Wiesbaden: Springer.

Olbrich, R.; Battenfeld, D. (2014). Preispolitik. Ein einführendes Lehr- und Übungsbuch. 2. Aufl., Wiesbaden: Springer Gabler.

Osterwalder, A. (2004). The business model ontology. A proposition in a design science approach. PhD-thesis, Universite de Lausanne.

Osterwalder, A.; Pigneur, Y. (2010). Business model generation. Hoboken: John Wiley and Sons.

Parasuraman A.; Zeithaml, V. A.; Berry L. L. (1985). A conceptual model of service quality and its implications for future research. Journal of Marketing, 49(3), 41-50.

Parasuraman, A.; Zeithaml, V.; Berry, L. (1988). SERVQUAL: A multiple-item scale for measuring consumer perceptions of service quality. Journal of Retailing, 64(1), 12-40.

Perlitz, M.; Schrank, R. (2013). Internationales Management. 6. Aufl., Stuttgart: UTB.

PIMS Associates Ltd. (Hrsg.). Strategic Benchmarking 4.0. The PIMS® Beginnings. https://www.pimsassociates.com/strategic-benchmarking. Abgerufen am 30.6.2021.

Pfohl, H.-C. (2018). Logistiksysteme: Betriebswirtschaftliche Grundlagen, 9. Aufl. Berlin: Springer Nature.

Piehler, R. (2011). Interne Markenführung: Theoretisches Konzept und fallstudienbasierte Evidenz. Wiesbaden: Gabler.

Pigou, A. C. (1962). The Economics of Welfare. London: Macmillan.

Piller, F. (2015). Kundenintegration im Innovationsprozess als Schlüssel zur Kundenzufriedenheit. In Homburg, C. (Hrsg.), Kundenzufriedenheit: Konzepte-Methoden-Erfahrungen. 9. Auf., Wiesbaden: Gabler, 395-424.

Pojda, F. (2012). Das Lebenszyklusmodell. In WISU – Das Wirtschaftsstudium, 41(12), 1575-1578.

Porter, M. E. (1999). Wettbewerbsstrategie – Methoden zur Analyse von Branchen und Konkurrenten. 10. Aufl., Frankfurt a. M.: Campus.

Porter, M. E. (2000). Wettbewerbsvorteile. Spitzenleistungen erreichen und behaupten, 6. Aufl., Frankfurt a. M.: Campus.

Porter, M. E. (2008). The Five Competitive Forces That Shape Strategy. Harvard Business Review, 86(1), S. 78-93.

Porter, M. E. (2013). Wettbewerbsstrategie. Methoden zur Analyse von Branchen und Konkurrenten. 12. Aufl., Frankfurt a. M.: Campus.

Provost, F.; Fawcett, T. (2013). Data science for business – What you need to know about data mining and data-analytic thinking. Sebastopol: O'Reilly.

Quarantelli, E. (1988). Disaster crisis management: A summary of research fndings. Journal of Management Studies, 25(4), 373-385.

Raab, G.; Unger, A.; Unger, F. (2016). Marktpsychologie. Grundlagen und Anwendungen. 4. Aufl., Wiesbaden: Springer Gabler.

Rayna, T. (2008). Understanding the challenges of the digital economy: The nature of digital goods. Communications and Strategies, 71(3), 13-36.

Reinecke, S. (2004). Marketing Performance Management: Empirisches Fundament und Konzeption für ein integriertes Marketingkennzahlensystem. Wiesbaden: Deutscher Universitätsverlag.

Reinecke, S. (2014). Return on Marketing 2014. Sicherstellen der Marketing Performance in der Praxis. St. Gallen: Institut für Marketing an der Universität St. Gallen. https://www.alexandria.unisg.ch/server/api/core/bitstreams/ad7e3e96-32d9-4694-a86e-f31d427e5d26/content. Abgerufen am 5.3.2024.

Reinecke, S.; Janz, S. (2007). Marketingcontrolling. Stuttgart: Kohlhammer.

Reinecke, S.; Tombach, A. (2021). Marketingcontrolling in der Unternehmenspraxis. In: Becker, W.; Ulrich, P. (Hrsg.). Praxishandbuch Controlling. Wiesbaden: Springer Gabler. https://doi.org/10.1007/978-3-658-04795-5_17-2.

Richter, H. P. (2001). Investitionsgütermarketing. Business-to-Business-Marketing von Industrieunternehmen. München: Hanser Verlag.

Riebel, P. (1994). Einzelkosten- und Deckungsbeitragsrechnung. 7. Aufl., Wiesbaden: Gabler.

Robinson, W. T.; Fornell, C.; Sullivan, M. W. (1992). Are market pioneers intrinsically stronger than late entrants? Strategic Management Journal, 13(8), 609-624.

Rogers, E. M. (1962). Diffusion of innovations. New York: Free Press.

Roland Berger (2012). Mastering product complexity. https://www.agitano.com/roland-berger-mastering-product-complexity-komplexe-produktions-und-vertriebsprozesse-beeintraechtigen-wettbewerbsfaehigkeit-der-unternehmen/41670. Abgerufen am 4.1.2024.

Rolke, L. (2003). Studie Kommunikation – Produkt- und Unternehmenskommunikation im Umbruch: Was die Marketer und PR-Manager für die Zukunft erwarten. Frankfurt: FAZ-Institut für Management-, Markt- und Medieninformation.

Rolls, E. T. (2000). Memory systems in the brain. Annual Review of Psychology, 51, 599-630.

Ronneberger, F.; Rühl, M. (1992). Theorie der Public Relations: Ein Entwurf. Opladen: Westdeutscher Verlag.

Roscheck, C.; Anderl, E.; Schumann, J. H. (2013). Effektivitätsmessung im Online-Marketing. WiSt – Wirtschaftswissenschaftliches Studium, 42(5), S. 238-244.

Runia, P.; Wahl, F.; Geyer, O.; Thewißen, C. (2019). Marketing. Prozess- und praxisorientierte Grundlagen. 5. Aufl., Berlin: De Gruyter Oldenbourg.

Runia, P.; Wahl, F. (2022). Markenmanagement. Lehrbuch der professionellen Markenführung. Berlin: De Gruyter.

Schacter, D. L.; Tulving, E. (1994). Memory systems. London: MIT Press.

Scharf, A.; Schubert, B.; Hehn, P. (2022). Marketing. Einführung in Theorie und Praxis. 7. Aufl., Stuttgart: Schäffer-Poeschel/Haufe.

Schmalen, H. (1992). Kommunikationspolitik: Werbeplanung, 2. Auf. Stuttgart: Kohlhammer.

Schmidt, G. (1994). Marktaustrittsstrategien. Frankfurt a. M.: Campus.

Schmidt, R.; Steffenhagen, H. (2007). Quality Function Deployment. In Albers, S.; Herrmann, A. (Hrsg.), Handbuch Produktmanagement: Strategieentwicklung, Produktplanung, Organisation, Kontrolle. 3. Aufl., Wiesbaden: Gabler, 699-715.

Schnauffer, R.; Jung, H.-H. (2004). CRM-Entscheidungen richtig treffen: Die unternehmensindividuelle Ausgestaltung der Anbieter-Kunden-Beziehung. Berlin: Springer.

Schögel, M.; Schmidt, I.; Sauer, A. (2004). Multi-Channel Management im CRM. Prozessorientierung als zentrale Herausforderung. In Hippner, H.; Wilde, K. D. (Hrsg.), Management von CRM-Projekten. Handlungsempfehlungen und Branchenkonzepte. Wiesbaden: Gabler, 105-134.

Schramm-Klein, H. (2003). Empirische Untersuchung zur Wirkung von Multi-Channel-Systemen im Handel. In Schramm-Klein, H. (Hrsg.), Multi-Channel-Retailing – Verhaltenswissenschaftliche Analyse der Wirkung von Mehrkanalsystemen im Handel. Wiesbaden: Deutscher Universitätsverlag, 180-325.

Schramm-Klein, H. (2012). Standortpolitik im Handel. In Zentes, J.; Swoboda, B.; Morschett, D.; Schramm-Klein, H. (Hrsg), Handbuch Handel. 2. Aufl., Wiesbaden, 487-506.

Schreyögg, G.; Koch, J. (2020). Management. Grundlagen der Unternehmensführung. Konzepte – Funktionen – Fallstudien. 8. Aufl., Wiesbaden: Springer.

Schroeck, M.; Shockley, R.; Smart, J.; Romero-Morales, D.; Tufano, P. (2012). Analytics: Big Data in der Praxis. Wie innovative Unternehmen ihre Datenbestände effektiv nutzen. Oxford: IBM Institute for Business Value.

Schweiger, G.; Schrattenecker, G. (2021). Werbung: Einführung in die Markt- und Markenkommunikation, 10. Auf. München: UVK.

Schulz, C.; Grimm, S. (2015). Perspektiven und Wandel in der Digitalen Revolution. In Steinke, L. (Hrsg.), Die neue Öffentlichkeitsarbeit – Wie gute Kommunikation heute funktioniert. Strategien – Instrumente – Fallbeispiele. Wiesbaden: Springer, 31-48.

Scott, W. D. (1908). The psychology of advertising. Boston: Small, Maynard and Company.

SevenOne Media (2022). Media activity guide. https://www.seven.one/documents/20182/6085232/Media+Activity+Guide+2022+deutsch.pdf/9fd470a8-7315-5932-6be0-ec77e9c935bd?t=1666105513360. Abgerufen am 28.4.2023.

Sharma, A.; Stafford, T. (2000). The effect of retail atmospherics on customers' perceptions of salespeople and customer persuasion: An empirical investigation. Journal of Business Research, 49(2), 183-191.

Siegert, P. F. (2008). Die Geschichte der E-Mail: Erfolg und Krise eines Massenmediums. Bielefeld: transcript.

Simon, H.; Möhrle, M. (1993). Werbebudgetierung. In Berndt, R.; Hermann, A. (Hrsg.), Handbuch Marketing-Kommunikation: Strategien, Instrumente, Perspektiven. Wiesbaden: Springer Gabler, 301-317.

Simon, H.; Fassnacht, M. (2016). Preismanagement. Strategie – Analyse – Entscheidung – Umsetzung. 4. Auf., Wiesbaden: Springer.

Skiera, B.; Albers, S. (2000). Regressionsanalyse. In Herrmann, A.; Homburg, C. (Hrsg.), Marktforschung. Methoden – Anwendungen – Praxisbeispiele. 2. Aufl., S. 203-236.

Skiera, B.; Spann, M. (2003). Auktionen. In H. Diller; Herrmann, A. (Hrsg.), Handbuch Preispolitik. Wiesbaden: Springer Gabler, 622-641.

Skinner, B. F. (1938). The behavior of organisms: an experimental analysis. New York: Appleton-Century.

Smava.de (2021). Apple vs. Samsung – Die Preisentwicklung der Smartphone-Giganten, smava.de/info/smartphone-preisentwicklung.

Smith, H.J; Dinev, T; Xu, H. (2011). Information privacy research: an interdisciplinary review. MIS.

Smith, T.; Gopalakrishna, S.; Smith, P. (2004). The complementary effect of trade shows in personal selling. International Journal of Research in Marketing, 21(1), 61-76.

Solomon, M. R. (2013). Konsumentenverhalten. 9. Aufl., München: Pearson.

Specht, G.; Fritz, W. (2005). Distributionsmanagement, 4. Auf. Stuttgart: Kohlhammer.

Staffage, M. (2016). In-store Mobile Marketing-Kommunikation – Empirische Analysen von Determinanten aus Konsumentensicht. Wiesbaden: Springer Gabler.

Starbucks (2024). Über Starbucks. https://www.starbucksathome.com/at/kaffee-story/ueber-starbucks. Abgerufen am 26.1.2024.

Statista (2022). Handelsmarkenanteile im Einzelhandel in Deutschland von September 2020 bis September 2022. https://de.statista.com/statistik/daten/studie/1346250/umfrage/entwicklung-handelsmarkenanteil-deutscher-einzelhandel. Abgerufen am 3.1.2024.

Statista (2023a). Anzahl der tätigen Personen im Handel in Deutschland nach Wirtschaftsbereichen in den Jahren 2018 bis 2021. https://de.statista.com/statistik/daten/studie/198896/umfrage/beschaeftigte-im-handel-in-deutschland-nach-wirtschaftsbereichen. Abgerufen am 2.1.2024.

Statista (2023b). Die 20 größten Exportländer weltweit. https://de.statista.com/statistik/daten/studie/37013/umfrage/ranking-der-top-20-exportlaender-weltweit. Abgerufen am 4.1.2024.

Statista (2023c). E-Commerce – Umsatzentwicklung 2023. https://de.statista.com/statistik/daten/studie/3979/umfrage/e-commerce-umsatz-in-deutschland-seit-1999. Abgerufen am 4.1.2024.

Statista (2024). Ranking der größten Social Networks und Messenger nach der Anzahl der Nutzer im Januar 2024. https://de.statista.com/statistik/daten/studie/181086/umfrage/die-weltweit-groessten-social-networks-nach-anzahl-der-user. Abgerufen am 13.2.2024.

Statistisches Bundesamt (2020). Produzierendes Gewerbe. Beschäftigte, Umsatz und Investitionen des Verarbeitenden Gewerbes sowie des Bergbaus und der Gewinnung von Steinen und Erden 2019 (Fachserie 4, Reihe 4.2.1). URL: https://www.destatis.de/DE/Themen/Branchen-Unternehmen/Industrie-Verarbeitendes-Gewerbe/Publikationen/Downloads-Struktur/beschaeftigte-umsatz-investitionen-2040421197004.pdf. Abgerufen am 31.12.2021.

Statistisches Bundesamt (2023a). Volkswirtschaftliche Gesamtrechnungen, Inlandsproduktberechnung. Lange Reihen ab 1970. https://www.destatis.de/DE/Themen/Wirtschaft/Volkswirtschaftliche-Gesamtrechnungen-Inlandsprodukt/Publikationen/Downloads-Inlandsprodukt/inlandsprodukt-lange-reihen-pdf-2180150.pdf. Abgerufen am 29.12.2023.

Statistisches Bundesamt (2023b). Außenhandel. https://www.destatis.de/DE/Themen/Wirtschaft/Konjunkturindikatoren/Lange-Reihen/Aussenhandel/lrahl01a.html. Abgerufen am 5.1.2024.

Stauss, B.; Neuhaus, P. (2004). Das Qualitative Zufriedenheitsmodell (QZM). In Hinterhuber, H. H.; Matzler, K. (Hrsg.), Kundenorientierte Unternehmensführung. Kundenorientierung – Kundenzufriedenheit – Kundenbindung. 4. Aufl., Wiesbaden: Springer, 85-100.

Steffenhagen, H. (1999). Wirkungen absatzpolitischer Instrumente. Theorie und Messung der Marktreaktion. Stuttgart: Poeschel.

Steffenhagen, H. (2000). Eine austauschtheoretische Konzeption des Marketing-Instrumentariums als Beitrag zu einer allgemeinen Marketing-Theorie. In: Backhaus, K. (Hrsg.), Deutschsprachige Marketingforschung: Bestandsaufnahme und Perspektiven, Stuttgart: Schäffer-Poeschel, 141-174.

Steffenhagen, H. (2003). Konditionensystem. In Diller, H.; Herrmann, A. (Hrsg.), Handbuch Preispolitik. Wiesbaden: Springer Gabler, 575-596.

Steffenhagen, H. (2002). Die Planung von Marketingzielen als Bestandteil der Strategieentwicklung und -implementierung in markthierarchisch gegliederten Unternehmen. In: Böhler, H. (Hrsg.), Marketing-Management und Unternehmensführung. Stuttgart: Schaeffer Poeschel, 137-184.

Steffenhagen, H. (2008). Marketing. Eine Einführung. 6. Aufl., Stuttgart: Kohlhammer.

Steffenhagen, H.; Guhl, D. (2011). Carry Over- und Lag-Effekte in der Werbung. WiSt – Wirtschaftswissenschaftliches Studium, 40(11), 571-577.

Stephen, A. T.; Galak, J. (2012). The effects of traditional and social earned media on sales: A study of a microlending marketplace. Journal of Marketing Research, 49(5), 624-639.

Strohte, D. (2006). Identifikation und Bewertung der Konfiguration internationaler Marktein- und Marktaustrittsstrategien junger Technologieunternehmen. Frankfurt a. M.: Peter Lang.

Subramani, M.; Walden, E. (2001). The impact of e-commerce announcements on the market value of firms. Information Systems Research, 12(2), 135-154.

Swoboda, B.; Schramm-Klein, H.; Halaszovich, T. (2022). Internationales Marketing. Going und Being International. 4. Aufl., München: Vahlen.

Tacke, G. (1992). Nichtlineare Preisbildung: Höhere Gewinne durch Differenzierung. Wiesbaden: Springer Gabler.

The Business Model Analyst (2023). https://businessmodelanalyst.com/ryanair-business-model. Abgerufen am 2.3.2024.

Tomczak, T.; Kuß, A.; Reinecke, S. (2014). Marketingplanung. Einführung in die marktorientierte Unternehmens- und Geschäftsfeldplanung. 7. Aufl., Wiesbaden: Springer Gabler.

Triandis, H. C. (1975). Einstellungen und Einstellungsmessungen. Weinheim: Beltz Verlag.

Trommsdorff, V.; Teichert, T. (2011). Konsumentenverhalten. 8. Aufl., Stuttgart: Kohlhammer.

Van Westendorp, P. (1976). NSS-Price Sensitivity Meter (PSM). A new approach to study consumer perception of prices. In Proceedings of the 29th ESOMAR Congress. Amsterdam, 139-167.

Voeth, M.; Herbst, U. (2013). Marketing-Management. Grundlagen, Konzeption und Umsetzung. Stuttgart: Schäffer-Poeschel.

W&V (2007). Wirkungsnachweis für Kinowerbung. http://www.wuv.de/special/mp_kino/text_01.php. Abgerufen am 8.6.2007.

Walsh, G.; Deseniss, A.; Kilian, T. (2020). Marketing. Eine Einführung auf der Grundlage von Case Studies. 3. Aufl., Wiesbaden: Springer Gabler.
Weber, J.; Schäffer, U. (2020). Einführung in das Controlling, 16. Aufl., Stuttgart: Schäffer-Poeschel.
Webster, F.; Wind, Y. (1972). A general model for understanding organizational buying behavior. Journal of Marketing, 36(2), 12-19.
Weiber, R.; Adler, J. (1995). Positionierung von Kaufprozessen im informationsökonomischen Dreieck. Zeitschrift für betriebswirtschaftliche Forschung, 47(2), 99-123.
Weiber, R.; Pohl, A. (2017). Innovation und Marketing. Stuttgart: Kohlhammer.
Weis, H. C. (2018). Marketing. 18. Aufl., Herne: Kiehl.
Weis, H. C.; Steinmetz, P. (2012). Marktforschung. 8. Aufl., Ludwigshafen: Kiehl.
Werner, H. (2020). Supply Chain Management: Grundlagen, Strategien, Instrumente und Controlling. 7. Auf. Wiesbaden: Springer Gabler.
Whittington, R.; Regnér, P.; Angwin, D.; Johnson, G.; Scholes, K. (2021). Strategisches Management. Eine Einführung. 12. Aufl., München: Pearson.
Wildner, R. (2003). Marktforschung für den Preis. Jahrbuch der Absatz- und Verbrauchsforschung, 49(1), 4-26.
Williams, J.; Han, S.-L.; Qualls, W. (1998). A conceptual model and study of cross-cultural business relationships. Journal of Business Research, 42(2), 135–143.
Winkelmann, P. (2012). Vertriebskonzeption und Vertriebssteuerung. Die Instrumente des integrierten Kundenmanagements – CRM. 5. Aufl., München: Vahlen.
Wißmeier, U. K. (1992). Strategien im internationalen Marketing. Ein entscheidungsorientierter Ansatz. Wiesbaden: Springer.
Witte, E. (1976). Kraft und Gegenkraft im Entscheidungsprozess. Zeitschrift für Betriebswirtschaft, 46(4/5), 319-326.
Yip, G. S. (1982). Barriers to entry. Lexington: Lexington Books.
Zanger, C. (2001). Eventmarketing. In Tscheulin, D.; Helmig, B. (Hrsg.), Branchenspezifsches Marketing: Grundlagen – Besonderheiten – Gemeinsamkeiten. Wiesbaden: Gabler, 833-853.
Zeithaml, V. A.; Bitner, M. J.; Gremler, D. D. (2008). Services Marketing. 5. Aufl., New York: McGraw Hill.
Zentes, J.; Swoboda, B.; Foscht, T. (2012). Handelsmanagement. 3. Aufl., München: Vahlen.
Zentralverband der deutschen Werbewirtschaft – ZAW (2022). Werbemarkt nach Medien. https://zaw.de/branchendaten/werbemarkt-nach-medien. Abgerufen am 14.4.2023.
Zerfaß, A.; Buchele, M. S. (2008). Kommunikationscontrolling: Forschungsstand und Entwicklungen. Marketing Review St. Gallen, 25(1), 20-24.
Zerres, M.; Zerres, C. (2006). Marketing. Die Grundlagen. 2. Aufl., Stuttgart: Kohlhammer.
Zerres, C., Tscheulin, D. K.; Israel, K. (2021). Online-Marketing-Controlling. In Zerres, C. (Hrsg.), Handbuch Marketing Controlling. Grundlagen – Methoden – Umsetzung. 5. Aufl., Berlin: Springer, 295-312.
Ziegenbein, K. (2012). Controlling. 10. Aufl., Herne: Kiehl.
Zukunftsinstitut (2024). Blog Megatrends. https://www.zukunftsinstitut.de/blog-megatrends. Abgerufen am 6.2.2024.